Maderthaner / Schafranek / Unfried (Hg.)

"Ich habe den Tod verdient"

"Ich habe den Tod verdient"

Schauprozesse und politische
Verfolgung in Mittel- und Osteuropa
1945 - 1956

**Wolfgang Maderthaner
Hans Schafranek
Berthold Unfried
(Hg.)**

 Verlag für Gesellschaftskritik

CIP-Titelaufnahme der Deutschen Bibliothek

"Ich habe den Tod verdient" : Schauprozesse und politische Verfolgung in Mittel- und Osteuropa 1945 - 1956 / Wolfgang Maderthaner ... (Hg.). - Wien : Verl. für Gesellschaftskritik 1991
    ISBN 3-85115-145-3
NE: Maderthaner, Wolfgang [Hrsg.]

Umschlagentwurf: Katharina Uschan
ISBN 3-85115-145-3
©   1991. Verlag für Gesellschaftskritik Ges.m.b.H. & Co KG
A-1070 Wien, Kaiserstraße 91
Alle Rechte vorbehalten
Druck: rema print, Wien

INHALT

Einleitung   7

George Hermann Hodos
Schauprozesse in Osteuropa 1948 bis 1954   15

Lazar Brankov
Ein Augenzeugenbericht zum Rajk-Prozeß   33

Karel Kaplan
"Massenungesetzlichkeit" und politische Prozesse
in der Tschechoslowakei 1948 bis 1953   37

Stefano Bianchini
Säuberungen und politische Prozesse in Jugoslawien
in den Jahren 1948 bis 1954   57

Jan Foitzik
Politische Prozesse und Säuberungen in Polen
1944 bis 1956   87

Keith Hitchins
Der Fall Pătrăşcanu   101

Hermann Weber
Politische Säuberungen und die Vorbereitung eines
Schauprozesses in der DDR 1948 bis 1956   113

Wilfriede Otto
Zur stalinistischen Politik der SED Anfang der fünfziger Jahre   129

Ulrich Heyden
Säuberungen in der KPD 1948 bis 1951   139

Reiner Tosstorff

Innerparteiliche Säuberungen in den Kommunistischen
Parteien Frankreichs und Spaniens 1948 bis 1952   159

Georg Scheuer

Stalinismusrezeption in Frankreich 1948 bis 1956   189

Fritz Keller

Die KPÖ und die Schauprozesse in Osteuropa
1948 bis 1953   199

Abkürzungsverzeichnis   219

Autor/inn/enverzeichnis   221

Einleitung

Die politischen Umwälzungen in den Ländern des ehemaligen sogenannten Ostblocks haben mit einem Schlag in das Bewußtsein breitester Massen gehoben, was bislang offensichtlich nur den unmittelbar Betroffenen, einer schmalen politischen Elite und einem noch viel kleineren Kreis entsprechend spezialisierter Fachhistoriker und -historikerinnen klar zu sein schien: Nicht die Tatsache an sich, sondern das ungeheure Ausmaß des stalinistischen Terrors, die nahezu perfekt geplante, bis ins kleinste, perfideste Detail durchorganisierte Unterdrückungs- und Überwachungsmaschinerie, die zu blinder Willfährigkeit degenerierte Justiz stehen zur Debatte. Die Reaktionen darauf scheinen ebenso vertraut: Während im Westen eine selbstzufriedene, undifferenzierte Haltung des "Immer-schon-gewußt-Habens" an die Stelle der allzulange versäumten, konkreten Auseinandersetzung tritt, will im Osten eben keiner etwas gewußt haben und keiner dabei gewesen sein. Fatale Parallelen zur Faschismusaufarbeitung und "Vergangenheitsbewältigung" hierzulande drängen sich auf. Es gibt keine Täter, es gibt ausschließlich Opfer; individuelle Verantwortlichkeit und schuldhaftes Verhalten sind offenbar dann obsolet, wenn man sich auf das Eingebundensein in streng hierarchisch gegliederte Kommandostrukturen und Befehlsebenen, auf opportunistische Karriereerfordernisse ebenso wie auf den "banalen" Zwang, sich und seiner Familie das alltägliche Überleben zu sichern, berufen kann. Vom vielbeschworenen Experiment der Schaffung eines "Neuen Menschen" blieb nichts als materielles und geistiges Elend, Perspektivlosigkeit, der Verlust politischer Identität und kollektiven wie individuellen Selbstwertgefühls.

Otto Bauer hatte es in einer beklemmenden Prophezeiung bereits 1931 vorausgesehen: Der Sozialismus könne nur unter voller Aufrechterhaltung der bürgerlichen Freiheiten, der Freiheit der Versammlung und der Presse, des Wortes und der Schrift aufgebaut werden. Nur so sei garantiert, daß eine sozialistische Regierung der Volksmehrheit verantwortlich bleibe und entsprechend handeln müsse. Der Despotismus einer terroristischen Diktatur könne niemals die Grundlage für die Installierung eines demokratischen Sozialismus sein. Die Aufgabe der bürgerlichen Freiheiten führe zwangsweise zur Diktatur der vom Volk abgehobenen Apparatschiks, zu Resignation, Indifferenz und schließlich zur ökonomischen Sabotage durch die Arbeiterschaft.

"Jeder Despotismus züchtet Gesinnungslose, die sich den Mächtigen anpassen, Spitzel, Denunzianten, Streber, die um ihre Gunst buhlen; es ist klar, wie ungünstig dadurch die Auslese bei der Besetzung führender Stellen in dem Wirtschaftsorganismus beeinflußt wird." (Kapitalismus und Sozialismus nach dem Weltkrieg, Wien 1931, S. 219).

Was Otto Bauer trotz erstaunlicher analytischer und prognostischer Fähigkeiten nur in Ansätzen erahnen konnte, das war zentrales Thema eines Mitte November 1990 in Wien vom Verein für Geschichte der Arbeiterbewegung und dem Bundesministerium für Wissenschaft und Forschung durchgeführten internationalen Symposions: die Analyse der inneren Logik und der politischen Strukturen stalinistischer Macht- und Terrorapparate in einer Reihe von ost- bzw. mitteleuropäischen Ländern, von der Konstituierung der "sozialistischen Republiken" bis zu ihrer vorläufigen Konsolidierung. Ziel des Symposions, das - in diesem Umfang erstmalig - Fachhistoriker und -historikerinnen aus Ost und West versammelte, war eine komparatistische Zusammenschau stalinistischer Herrschafts- und Unterdrückungsmechanismen und ihrer konkreten Ausformung in den jeweiligen Ländern; die Referate der Tagung legen wir in diesem Sammelband vor.

Wenn man, wie etwa der bundesdeutsche Historiker Jan Foitzik, den Stalinismus als eine Verfahrensmethode begreift, "in dem das Individuum oftmals nicht einmal einen statistischen Wert hatte", ist man zuallererst mit den nackten Zahlen konfrontiert. Und selbst diese sind, aufgrund der überaus schwierigen Quellenlage, äußerst problematisch und, wie neuere Forschungen zeigen, zumeist nach oben hin zu revidieren. In Polen etwa muß in den Jahren 1944 bis 1948 von 2500 Todesurteilen, etwa 10.000 ohne Gerichtsverfahren Liquidierten und 300.000 Lagerhäftlingen ausgegangen werden. Deutlicher als in anderen "Volksdemokratien" läßt sich gerade an der polnischen Entwicklung ablesen, daß der stalinistische Massenterror jener Jahre durchaus nicht als eine Folge des Kalten Krieges zu verstehen ist, sondern in erster Linie eine "prophylaktische" Funktion zu erfüllen hatte. Zeitlich phasenverschoben gilt dies gleichermaßen für die Tschechoslowakei. Der durch rechtsstaatlichen Schutz zunächst noch eingedämmte Terror, vorerst auf die Deutschen und sogenannte "Kollaborateure" beschränkt, weitete sich seit 1948 zu einer generellen Abrechnung mit der politischen Opposition aus, wobei auch - gleichfalls unter präventiven Gesichtspunkten - an die 300 zum Teil hochrangige kommunistische Funktionäre Opfer der einsetzenden Hexenjagd wurden. Von Oktober 1948 bis Jänner 1953 wurden in der Tschechoslowakei 232 Todesurteile gefällt und 178 vollstreckt, für die Zeit bis Ende 1954 konnten von Karel Kaplan bislang an die 50.000 politische Häftlinge und mehr als 100.000 Insassen von Zwangsarbeitslagern erfaßt werden.

Die SBZ/DDR stellt in gewisser Hinsicht einen Sonderfall dar. Im Rahmen der Entnazifizierungsmaßnahmen wurden hier zwischen 1945 und 1950 durch die sowjetische Besatzungsmacht mehr als 122.000 Personen interniert, von denen 43.000 in der Haft starben und 756 zum Tode verurteilt wurden. Von den Repressionswellen, die die SED-Führung in "Eigenregie" durchführte, waren mindestens 40.000 bis 60.000 Menschen betroffen. Die Verfolgungen zielten zum Teil auf ehemalige Sozialdemokraten in der SED, griffen aber, wie für alle stalinistischen Säuberungen typisch, sehr rasch auf Kommunisten selbst über und richteten sich hier insbesondere gegen ehemalige Westemigranten oder frühere "Abweichler". Was die spezielle Problematik der Schauprozesse betrifft, so wurde bis in die jüngste Zeit immer wieder der Mythos von der "Standfestigkeit" Ulbrichts gegenüber dem Druck Moskaus verbreitet. Mit dieser Legende hat unter anderem der renommierte Mannheimer Stalinismus-Forscher Hermann Weber gründlich aufgeräumt. Er zeigt in seinem Beitrag auf, daß auch in Ost-Berlin umfangreiche Vorbereitungen zur Inszenierung eines großen Schauprozesses nach Budapester bzw. Prager Muster getroffen wurden, daß jedoch die deutschen Angeklagten zu spät "gestanden" hatten und die dem Tod Stalins folgenden innenpolitischen Veränderungen in der UdSSR eine Modifikation der Anklagepunkte und der Prozeßmodalitäten erforderten. Der 1952 verhaftete Paul Merker, neben Franz Dahlem als Hauptopfer für den geplanten Schauprozeß vorgesehen, wurde noch im März 1955, zwei Jahre nach Stalins Tod, vom Obersten Gericht der DDR zu einer achtjährigen Zuchthausstrafe verurteilt (sein Freispruch erfolgte 1956 im Rahmen eines Wiederaufnahmeverfahrens).

Die Forschungen Hermann Webers, in der DDR jahrzehntelang ignoriert bzw. mit gehässiger Kritik bedacht, werden nun zunehmend von Historikern der ehemaligen DDR bestätigt und ergänzt. Der Beitrag von Wilfriede Otto (Mitarbeiterin des Ostberliner "Instituts für Geschichte der Arbeiterbewegung" und der dort installierten Arbeitsgruppe "Opfer des Stalinismus") befaßt sich mit der stalinistischen Politik der SED Anfang der fünfziger Jahre und benennt auch die Mitverantwortung und Defizite, die der "Parteigeschichtsschreibung" bei der Tabuisierung der stalinistischen Verbrechen in der DDR anzulasten sind:

"Die Anbindung der DDR-Geschichtsschreibung an die Politik der SED und die Einengung des Geschichtsbildes auf eine schematische, erfolgreiche Kontinuitätslinie der Arbeiterbewegung blendete die Aufarbeitung von Stalinismus und Repressalien aus. Andeutungs- und Erklärungsversuche blieben im einzelnen haften, erfaßten nicht das Prinzip, nicht das System."

Man wird diese Bemühungen, aus der Sackgasse herauszufinden, nicht die Anerkennung versagen, auch wenn manche Einschätzungen Wilfriede Ottos zum Widerspruch herausfordern, etwa die These vom "demokratischen Gründungsverständnis" der SED 1946.

* * *

Die Schauprozesse in den Volksdemokratien der Nachkriegsära waren multifunktional und präventiv angelegt, sie richteten sich exemplarisch gegen ganze soziale, nationale, politische und berufliche Gruppen. Man kann die ihnen zugrunde liegende Struktur in der Dimension von "Terror als Fortsetzung der Politik mit anderen Mitteln" (Jan Foitzik) begreifen. Wenngleich nur *eine* Qualität, *ein* Element der insgesamt durchgeführten terroristischen Maßnahmen, so fällt doch, neben den immer deutlicher hervortretenden antisemitischen Aspekten, die Verfolgung von Kommunisten durch Kommunisten ins Auge. Im Verlauf des Terrors in der Sowjetunion der dreißiger Jahre, dem unter anderem die gesamte alte Garde des Bolschewismus zum Opfer fiel, war es - wie Georg Hermann Hodos, Hauptreferent der Wiener Tagung, in seinem einleitenden Beitrag ausführt - bei den früheren "Abweichlern" von der "Parteilinie" (Trotzkisten, Bucharinisten, Sinowjewisten) um die Konstruktion eines subjektiven Schuldbewußtseins gegangen, das zum objektiven Verbrechen "umpolitisiert" werden konnte. Anders gestaltete sich jedoch die Auswahl der Opfer nach dem Krieg. Nunmehr wurden nicht durch politische Kapitulation demoralisierte und in jahrelanger Haft zermürbte ehemalige oppositionelle Kommunisten liquidiert, sondern treu ergebene Anhänger und Schüler Stalins, die Statthalter seines Satellitenreiches.

Der Augenzeugenbericht Lazar Brankovs, eines Überlebenden des Rajk-Prozesses, führt uns direkt in die untergegangene Welt des Stalinismus. Überzeugter Kommunist seit seiner frühen Jugend, Mitglied der Partisanen seit Beginn ihrer Aktivität nach der deutschen Okkupation 1941, bekleidete Brankov nach 1945 hohe Staats- und Militärfunktionen. Als es 1948 zum Bruch zwischen Tito und Stalin kam, war er diplomatischer Vertreter Jugoslawiens in Budapest und Verbindungsmann zwischen den Zentralkomitees der beiden kommunistischen Parteien. Brankov ergriff Position gegen Tito. Umso unbegreiflicher erschien ihm seine Verhaftung im Juli 1949. Erst langsam wurde ihm klar, daß er, der Anti-Titoist, in dem bevorstehenden Schauprozeß gegen László Rajk als dessen Verbindungsmann zum jugoslawischen Geheimdienst aussagen sollte.

Der Prozeß gegen Rajk war der erste große Schauprozeß gegen führende Kommunisten in den neuentstandenen "Volksdemokratien". Den Beginn dieser Epoche des Terrors markiert der erwähnte Bruch zwischen Stalin und Tito, kodifiziert in der Kominform-Resolution gegen die jugoslawische "Häresie" vom Juni 1948; ihr Ende zog sich vom Tod Stalins bis zum berühmten XX. Parteitag der KPdSU 1956 hin.

Sieht man von dem albanischen Innenminister Koci Xoxe einmal ab, so entbehrte das Verdikt des "Titoismus", das man den angeklagten Staats- und Parteifunktionären der soeben etablierten "Volksdemokratien" anlastete, jeglicher Grundlage. Im übrigen zeichnete sich das jugoslawische System auch keineswegs durch größere Liberalität aus. Zehntausende "Kominformisten" verschwanden in den Konzentrationslagern des Insel-Gulags Goli Otok. Die jugoslawischen Lager gehörten, wie der italienische Historiker Stefano Bianchini (Bergamo) in seinem auf Aussagen von überlebenden Insassen (das Aktenmaterial dazu ist noch nicht zugänglich) basierenden Beitrag zeigt, zum Schlimmsten, was die Geschichte der modernen Massenrepressionen zu bieten hat. Die Häresie dieses Konkurrenzstalinismus war sein national eigenständiger Weg, und die Prozesse wirkten als Mittel, in Hinkunft die geringste Tendenz in diese Richtung schon im Keim zu ersticken. Ihr Hauptzweck war die Schaffung einer Atmosphäre permanenten Terrors, in der die Eliten der neu etablierten kommunistischen Staatsparteien Mittel- und Osteuropas in ständiger Unsicherheit leben mußten. Jeder noch so ergebene nationale Parteiführer war im Grunde verdächtig. Schließlich war auch Tito die längste Zeit ein treuer Stalinist gewesen. Die Logik dieser Prozesse scheint so schwer verständlich, da sie nicht wenig dazu beitrugen, das Prestige der kommunistischen Parteien zu ruinieren und ihre Herrschaft langfristig zu untergraben. Letztlich dienten sie aber der Absicherung der totalen Herrschaft Stalins und der Sowjetunion über ihre mittel- bzw. osteuropäischen Subsysteme.

Die Auswahl der Prozeßopfer enthielt, was ihre Loyalität betrifft, zweifellos ein "irrationales" Element: Sie hätten genausogut auch die Rolle der Ankläger einnehmen können. Viele der Angeklagten hatten sich selbst in den politischen Verfolgungen nach der kommunistischen Machtübernahme besonders hervorgetan. Der Beitrag von Karel Kaplan stellt sie in den Zusammenhang der "Massenungesetzlichkeit" in den Jahren der Etablierung stalinistischer Systeme in Mittel- und Osteuropa. Aus Tätern konnten binnen kurzem Opfer der Prozesse werden: nicht selten - wie beispielsweise im Slánský-Prozeß - saßen ironischerweise hohe Funktionäre der Staatssicherheit neben jenen, die sie vor kurzem noch für diesen Prozeß zu präparieren hatten, auf derselben Anklagebank und endeten auf demselben Galgen.

Doch zeigen sich in den Beiträgen gemeinsame Kennzeichen, die die Opfer der Prozesse für ihre Rolle prädestinierten. Es handelte sich nicht um wirkliche, sondern - aufgrund ihrer Vergangenheit, ihres Habitus, ihrer Persönlichkeit - um potentielle Träger von Widerstand. Für die Rolle von Agenten der westlichen Geheimdienste eigneten sich Westemigranten, vor allem die Gruppe der Spanienkämpfer; Westemigranten waren schon aufgrund ihrer Kontakte und ihrer westeuropäischen Lebenskultur verdächtig; für die Rolle von Spitzeln der faschistischen Polizei wurden Aktivisten des antifaschistischen Widerstandes auserkoren, deren Überleben - trotz Verhaftung und Konzentrationslager - man in der Prozeßdramaturgie dem Umstand zuschreiben konnte, daß sie sich als Spitzel hatten anwerben lassen. In der letzten Phase der Terrorwelle nahmen die Prozesse eine deutlich antisemitische Wendung: Nun waren Kommunisten jüdischer Abstammung als "zionistische Agenten" bevorzugte Opfer; und nicht einmal die Tatsache, daß sie die Emigration in Moskau verbracht hatten, konnte sie, wie im Fall Rudolf Slánskýs, vor der ihnen zugedachten Rolle bewahren.

Der große Schauprozeß gegen Slánský, den Generalsekretär der tschechoslowakischen KP, und 13 Mitangeklagte seines "staatsfeindlichen

Verschwörerzentrums" im November 1952 war neben dem Rajk-Prozeß die spektakulärste Veranstaltung dieser Art. In dieser letzten Phase, als Stalin in Moskau den sogenannten "Ärzteprozß" als Auftakt zu einer ganzen Serie "antizionistischer" Prozesse in seinem Machtbereich vorbereiten ließ, traten antisemitische Züge stark hervor. Schon in den Verhören sahen sich die Angeklagten antisemitischen Tiraden ausgesetzt, die dem Nazijargon in nichts nachstanden. (Sie trafen übrigens bei den Verhören und in den Gefängnissen und Lagern, in denen sie ihre Strafe absaßen, nicht selten auf ehemalige Gestapo-Leute und ihre Kollaborateure, die vom NKWD als Spezialisten ihres Faches weiterbeschäftigt wurden.) Im Prozeß selbst wurde die jüdische Herkunft des Großteils der Angeklagten ständig in penetranter Weise hervorgehoben. "Jüdischer Abstammung" - so wurde in Abgrenzung zu "tschechisch" oder "slowakisch" ihre Nationalität definiert, "kosmopolitisch" kam als Kennzeichnung ihres verworfenen Lebens hinzu, und die "Geständnisse" verlagerten sich in Richtung "zionistischer Agententätigkeit". Manchmal genügte große Popularität als Verdachtsmoment für eine potentiell "nationalkommunistische" Orientierung, um einen Spitzenfunktionär auf die Anklagebank zu befördern. Auch Unterlegene innerparteilicher Machtkämpfe eigneten sich gut dafür, wie Keith Hitchins am Fall von Lucrețiu Pătrășcanu nachzeichnet, der wichtige Funktionen in der rumänischen KP einnahm, bevor er 1948 plötzlich verhaftet und schließlich hingerichtet wurde.

Wenn die Beiträge zum Symposion diese gemeinsamen Kennzeichen in Motiven und Opferauswahl der Prozesse deutlich machen, so zeigen sie doch gleichzeitig, daß es darin keine klare Logik gibt und daß im Phänomen der Prozesse rational Unerklärliches bleibt.

Auffallend ist, daß kaum jemand der "Bearbeitung" für seinen Prozeß standhielt. Dabei handelte es sich nicht selten um Leute, die der Tortur der faschistischen Verhöre widerstanden hatten. Allen Zeugnissen von Überlebenden der Prozesse nach zu schließen war die Technik, mit der die Angeklagten für ihre Rolle präpariert wurden, viel subtiler, als es die Primitivität und offensichtliche Abstrusität der "Geständnisse" vermuten ließen. Natürlich waren diese "Geständnisse" erfoltert worden. Aber das letzte Argument der Vernehmungsbeamten war der Appell an die Parteiloyalität: mit dem Geständnis sollte der Partei ein letzter Dienst erwiesen werden. Die Verhörmethoden operierten überaus erfolgreich mit einem latent vorhandenen Schuldgefühl gegenüber der Partei als metaphysischer Instanz, vor der man nichts verheimlichen könne. Wer war ihr gegenüber schon frei von Schuld? Ein Ausweg: Die Schuld, auch in den abstrusesten Formulierungen, auf sich nehmen, sterben, damit die Partei lebt. Nicht wenige waren noch nach ihrer Rehabilitierung und nachdem der Mechanismus der Prozesse weithin bekannt war, von ihrer eigenen Schuld überzeugt. Stalin-Opfer weinten beim Tod Stalins und weigerten sich, an ihre Schuldlosigkeit zu glauben, um weiter an die Reinheit und Unfehlbarkeit des ihrem individuellen Schicksal übergeordneten corpus mysticum der Partei glauben zu können.

Seitens der Ankläger hatte die oft ins Groteske übersteigerte Grobschlächtigkeit der "Geständnisse" vielleicht Methode. Nachdem die Angeklagten physisch und psychisch gebrochen worden waren, sollte durch die Monstrosität ihrer "Geständnisse" auch die Erinnerung an sie zerstört, die "Monstren in Menschengestalt" vollständig vergessen werden. "Gegen tolle Hunde gibt es nur eine Methode der Abwehr: man muß sie erschlagen." "Den Hunden ein Hundetod", resümierten die Ankläger im Rajk- und im Slánský-Prozeß. Dementsprechend wurden die Hingerichteten auch anonym verscharrt, sodaß man, als die Opfer der ungarischen Prozesse "rehabilitiert" wurden, Schwierigkeiten bei ihrer Exhumierung hatte. Diese Möglichkeit bestand für die elf Hingerichteten von Prag nicht mehr: Ihre Asche war auf einer vereisten Landstraße verstreut worden. Aber noch die Gehenkten spielten eine wichtige politische Rolle. Die Erinnerung an die Prozesse löste in der Entstalinisierung eine Dynamik aus, die sich gegen die verantwortlichen Führer kehrte. Das zeigt sich besonders deutlich im tschechischen Fall. Zwischen 1955 und 1968 arbeiteten mehrere, von der Parteiführung widerstrebend eingesetzte Kommissionen an der "Rehabilitierung" der (kommunistischen) Opfer der Schauprozesse. Die Rolle, die sie in den politischen Auseinandersetzungen bis hin zum Prager Frühling und der neostalinistischen "Normalisierung" spielten, ist ein Beispiel für die andauernde Sprengkraft der Prozesse.

* * *

Die Referenten des Symposions näherten sich dem Komplex "Stalinismus" in seiner Dimension als Repressionsmaschinerie - seine enorme emotionelle und intellektuelle Anziehungskraft, die schon während der dreißiger Jahre namhafte Intellektuelle in ihren Bann gezogen hatte (man denke etwa an die Apologie der Moskauer Schauprozesse durch Ernst Bloch, Lion Feuchtwanger, Frédéric Joliot-Curie oder Manès Sperber), war nicht Thema der Tagung. Sie wird aber in Beiträgen über die Stalinismus-Rezeption in Westeuropa gestreift, in denen z. B. das Phänomen der starken Anziehungskraft des Stalinismus auf die französische Intelligenz zur Sprache kam. Georg Scheuer, der diesen Aspekt andeutet, zeigt aber auch, daß sich in Frankreich Anfang der fünfziger Jahre sehr starke Gegentendenzen entwickelten, die immense Nahrung erhielten, als durch die von Victor Krawtschenko (1949) bzw. David Rousset (1950) angestrengten Ehrenbeleidigungsprozesse gegen KPF-Redakteure erstmals Details über die stalinistischen Konzentrationslager ins Bewußtsein einer breiten Öffentlichkeit drangen.

Die kommunistischen Parteien außerhalb des stalinistischen Machtapparats konnten *ihre* fiktiven "Titoisten" nicht an den Galgen befördern. Ansonsten bestanden aber, wie die Beiträge von Reiner Tosstorff (KPF/KPSp), Fritz Keller (KPÖ) und Ulrich Heyden (KPD) deutlich aufweisen, frappierende Ähnlichkeiten - in der zeitlichen Koordinierung, der gruppenspezifischen Auswahl der Opfer und der "Amalgamierung" mit den Angeklagten in Budapest, Prag und Sofia. Damit nicht genug: Auch die Methoden der Denunziation und des Psychoterrors unterlagen, wie in Osteuropa, den barbarischen Gesetzen der Sippenhaftung. So wurde z. B. die vom französischen Parteiapparat unter immensen Druck gesetzte Frau von André Marty (dieser war 1952 neben Charles Tillon das prominenteste Säuberungsopfer in der KPF) gezwungen, sich von ihrem Ehemann scheiden zu lassen. Auch die Auswechselbarkeit von Opfern und Tätern findet in den westlichen KPen manches Pendant; so hatte sich z. B. der KPD-Spitzenfunktionär Kurt Müller 1950 als rabiater Exekutor der "Säuberung" in Hamburg seine stalinistischen Sporen verdient - wenig später wurde er in Ost-Berlin gekidnapt und verschwand für lange Jahre hinter Zuchthausmauern. Ulrich Heyden weist darauf hin, daß bei der "Überprüfung" von KPD-Funktionären durch die jeweiligen Kaderabteilungen nicht nur eine fraktionell "belastete" politische Vergangenheit Verdachtsmomente "begründete": Auch Homosexualität oder "mangelnde Verläßlichkeit des Ehepartners" galten den westdeutschen Apparatschiks als Kriterium.

* * *

Die in den letzten beiden Jahren zugrundegegangenen "realsozialistischen" Regimes waren durch Terror nicht mehr in Unsicherheit gehaltene bürokratische Systeme. Ihre Protagonisten waren langweiliger Abklatsch ihrer Vorgänger, deren Ideologie nur mehr öffentlich in ritualisierter Sprache rezitiert werden mußte; privat konnte man glauben, was man wollte. Schwer vorstellbar, daß diese Ideologie einmal Überzeugungskraft hatte. Dennoch war "Stalinismus" ehedem etwas, woran man mit apostolischer Gewißheit glaubte.

Letztlich ist die Logik des stalinistischen Systems, sowohl was den von ihm entfalteten Terror als auch was seine Anziehungskraft betrifft, in der heutigen Gesellschaft ebenso schwer verstehbar wie die Essenz des Faschismus. Seine Aura ist unzugänglich. Seine Zeugnisse und seine Überlebenden, Opfer wie Täter, ragen wie ausgeglühte Meteoriten eines anderen Universums in die Landschaften unserer modernen Gesellschaften. Der eschatologische Glaube, als Teil der Partei, des metaphysischen Werkzeugs der Geschichte selbst, apostolisch mitzuwirken an der Vollstreckung ihres Plans, das bleibt als ein Ausläufer des transzendentalen Denkens vormoderner Gesellschaften ein Faszinosum des Stalinismus auch für den heutigen Historiker.

Die Herausgeber

George Hermann Hodos

Schauprozesse in Osteuropa 1948 bis 1954

Zur Einleitung eine Definition: Den Begriff "Schauprozesse" verwende ich in einem engen, aber zugleich auch sehr weiten Sinn. Ich beschränke ihn einerseits auf die Liquidierung von Kommunisten durch Kommunisten und lasse somit die stalinistischen Schauprozesse gegen tatsächliche Regimefeinde außer acht. Andererseits beziehe ich nicht nur öffentliche Prozesse mit ein, sondern auch die vielen geheimen, die in ihrer abschreckenden Wirkung durch die spurlos Verschwundenen demselben Ziel dienten wie die propagandistisch in großem Stil verwerteten Spektakel. Zu den Schauprozeßopfern zähle ich auch die vielen Tausenden von Kommunisten, die aufgrund des Moskauer Lügenkonzepts "nur" deportiert, in Internierungslager gesperrt, aus ihren Stellen entfernt wurden; Prozesse, in denen Kinder gegen Eltern, Frauen gegen Männer gehetzt wurden. Im Begriff "Schauprozesse" spiegelt sich der ganze stalinistische Terror wider.

Am Ende des Zweiten Weltkrieges feierte die Sowjetunion ihren größten Triumph, die siegreiche Rote Armee okkupierte den Kontinent östlich der Linie von Stettin im Norden bis Triest im Süden. Stalin begann, das militärische fait accompli in ein politisches umzuwandeln, den besetzten Ländern ein moskaufreundliches Regime aufzuzwingen. Die Stationen dieses Prozesses in Osteuropa sind bekannt: Errichtung formell-demokratischer Systeme unter Sowjetkontrolle, mit den entscheidenden Machtpositionen in kommunistischen Händen; Gründung des Kominform zur Erzwingung der Konformität im Sowjetimperium; Abkehr vom Konzept eines nationalen, demokratischen Weges zum Sozialismus; Vorschreibung einer einheitlichen Taktik zur totalen Machtergreifung, zur gleichgeschalteten Eingliederung in einen Sowjetblock. Ebenfalls bekannt ist die Auflehnung Titos gegen den Versuch Stalins, auch in Jugoslawien Politik und Wirtschaft, Regierung und Partei zu kontrollieren. Alarmierend für Stalin waren das wachsende Ansehen Titos in allen Volksdemokratien sowie dessen Versuch, eine sozialistische Föderation der Donau- und Balkanstaaten zu errichten. Der Konflikt erreichte seinen Höhepunkt am 28. Juni 1948 mit jener Kominformsitzung, in der Jugoslawien exkommuniziert wurde.

An dieser Stelle ist eine Bemerkung fällig. Jugoslawien ist aus meiner hier vorliegenden Abhandlung ausgeklammert, der Terror gegen die sogenannten Kominformisten, also die echten und nicht erfundenen Oppositionellen in der Partei, gehört in eine andere Kategorie des totalitären Kommunismus und wird von Stefano Bianchini an anderer Stelle dieses Buches ausführlich behandelt. Der Bruch mit Stalin unterbrach zugleich Titos Weg einer Kopierung des Sowjetsystems und damit zu stalinistischen Schauprozessen.

Doch zurück zum historischen Hindergrund. Die Antwort des von den Vereinigten Staaten geführten Westens auf die stetige Verbreiterung des sowjetischen Einflußbereichs war auf militärischem Gebiet die Intervention im griechischen Bürgerkrieg, in wirtschaftlicher Hinsicht der Marshall-Plan, politisch die Verdrängung der Kommunisten aus den Regierungen Frankreichs und Italiens, die Teilung Deutschlands und schließlich die Gründung der NATO, um nur die wichtigsten Stufen der "Politik der Eindämmung" zu erwähnen.

1948 war die Konfrontation beiderseits schon zum Kalten Krieg eskaliert und ein "heißer" schien nicht mehr ausgeschlossen. Im Sowjetbereich war es das Jahr der Wende: die demokratische Fassade wurde fallengelassen, die Diktatur des Proletariats verkündet, die bürgerlichen Parteien wurden zerschlagen, die Sozialdemokraten zur Fusion mit den kommunistischen Parteien gezwungen. Die absolute Unterwerfung unter die Sowjetunion schien mit der Alleinherrschaft der kommunistischen Parteien gesichert. Mit der Auflehnung Titos war jedoch für Stalin auch diese Sicherung ungenügend geworden, lag es doch im Bereich des Möglichen und des Denkbaren, daß sogar stalinistische Parteiführer revoltierten. Sie mußten so nachhaltig eingeschüchtert werden, daß in ihnen jeder Gedanke an eine Nachahmung Titos, an jede auch nur kleinste Abweichung von der Moskauer Linie von vornherein im Keim erstickt würde. Stalin griff zum bewährten Mittel der Schauprozesse.

Der Hauptzweck der Schauprozesse war also die Vorbeugung eines jeden Ungehorsams, die Ausschaltung selbst der Möglichkeit einer unabhängigen Regung in den nach der Zerschlagung jeglicher Opposition mit unumschränktem Machtmonopol regierenden kommunistischen Parteien. Sie dienten letztendlich der totalen Sicherung der Herrschaft Stalins über die neu erworbenen Satellitenstaaten.

Darin liegt auch der Unterschied zu den Schauprozessen der dreißiger Jahre innerhalb der Sowjetunion. Damals ging es Stalin um die terroristische Ausschaltung der tatsächlichen innerparteilichen Opposition, um die Errichtung seiner totalen Alleinherrschaft über Partei und Staat. Die Opfer Trotzki, Sinowjew, Kamenew, Bucharin, Radek usw. standen fest, das verlogene Drehbuch, das ihre politische Opposition in kriminelle Spionage und Sabotage verwandeln sollte, mußte nachträglich konstruiert werden. In den osteuropäischen Staaten hingegen war das Drehbuch der zu konstruierenden Verbrechen vorgezeichnet, die dazu geeigneten Darsteller mußten nachträglich ausgesucht werden. Rajk, Kostow, Slánský, Luca und ihre zu Kriminellen gefolterten Genossen waren keine Oppositionellen, sie alle waren treue Stalinisten, der Sowjetunion bedingungslos ergeben.

Es kann überhaupt keinen Zweifel darüber geben, daß die Schauprozeßserie in Osteuropa zentral von Moskau geplant, vorbereitet, koordiniert, organisiert und kontrolliert wurde. Spätestens im Mai 1948 gab Stalin seinem

MWD-Chef Berija den Auftrag, in allen Satellitenstaaten die "Entlarvung" Titos und die Liquidierung potentieller Titoisten zu organisieren. Zunächst wurde das für ganz Osteuropa gültige Drehbuch entworfen: eine Verschwörung, angezettelt von der jugoslawischen Führung im Solde der westlichen Nachrichtendienste, um die Volksdemokratien von der UdSSR loszutrennen und das sozialistische System zu stürzen. Als nächster Schritt wurden die Kategorien festgelegt, denen die Rollen der Verschwörer zugewiesen werden sollten, die potentiell die Fiktion der vom Feind angeworbenen Verräter glaubhaft machen konnten. Die Kategorie der Westemigranten lag auf der Hand, das Exil in England, Frankreich, in der Schweiz, in Amerika machte sie von vorneherein zu Verdächtigen. Eine "Unterabteilung" bildeten die Spanienkämpfer der Internationalen Brigaden, die nach der Niederlage im Bürgerkrieg in der Westemigration geblieben waren. Eine weitere Kategorie bildeten jene Kommunisten, die in der Untergrundbewegung ihrer Länder von der faschistischen Polizei verhaftet oder von der Gestapo in Konzentrationslager gesperrt, aber nicht gehängt, vergast oder sonstwie umgebracht wurden; sie hätten ja ihr Leben dem Umstand verdanken können, daß sie als Spitzel angeworben worden waren. Diese Kategorie wurde bald ausgedehnt auf "Heimkommunisten", die in der Illegalität zwar einer Verhaftung entgangen, aber vielleicht nur deshalb freigeblieben waren, weil sie bereits in Polizeidiensten standen. Es war nicht schwer, im Drehbuch auch der Kategorie der zur KP übergelaufenen Linkssozialisten eine Rolle zuzuschreiben. Sie wurden als Trotzkisten abgestempelt und waren daher laut stalinistischer Definition "imperialistische Spione". Später kamen zu diesen Hauptkategorien die Kommunisten jüdischer Abstammung hinzu, deren jüdisches Blut sie besonders empfänglich für kapitalistische Ideologien und ketzerische Gedanken machte.

Drehbuch und Opferkategorien konnten freilich nicht starr vorgeschrieben werden, sie variierten von Fall zu Fall, doch sie bewegten sich um jenen Kern, der in Moskau festgelegt wurde. Wichtig erscheint es für unsere Zwecke, hier auf die Zusammenhänge aufmerksam zu machen, die die scheinbar unterschiedlichen Schauprozesse zu Teilen einer Gesamtkonzeption machten, ihnen andererseits trotz dieser Gesamtkonzeption entsprechend der historischen und persönlichen Gegebenheiten ihren ganz spezifischen Charakterzug gaben.

Zu Beginn der Kette waren diese Zusammenhänge noch verschleiert. Der albanische Schauprozeß war eher ein Nachläufer der "klassischen" stalinistischen Liquidierungswelle der dreißiger Jahre, Koci Xoxe war tatsächlich der Mann Titos, das Opfer stand also von vorneherein fest. Sein Prozeß war aber zugleich das Bindeglied zu den Nachkriegsprozessen, indem das erste Mal das Drehbuch der titoistisch-imperialistischen Spionage und Verschwörung in Szene gesetzt wurde. Die fast gleichzeitig konstruierte Patrascanu-Affäre in Rumänien und der darauffolgende Kostow-Prozeß in Bulgarien waren hingegen schon Liquidierungen des neuen Typs, in denen unter der Leitung von Sowjetberatern - dieser Experten im Erfoltern falscher Geständnisse - das gesamte bisherige Leben moskautreuer Kommunisten in sein Gegenteil verkehrt wurde und sie in der Rolle des Polizeispitzels, des Komplizen Titos und dessen imperialistischen Hintermannes aufzutreten hatten. Doch das Drehbuch war noch unvollständig, es blieb in den Grenzen Bulgariens und Rumäniens stecken.

Der Rajk-Prozeß in Ungarn wurde zum Wendepunkt. Die sowjetische Sicherheitszentrale schuf die Fiktion Noel Field als dem Anwerber aller in den Westen emigrierten Kommunisten für den amerikanischen Spionagedienst, als das Bindeglied zwischen der imperialistischen und titoistischen Unterwanderung aller Satellitenparteien. Der amerikanische Kommunist Field war während des Krieges Leiter des Hilfswerks Unitarian Service Committee mit Sitz in der Schweiz gewesen, er führte einen wahrhaft heroischen Kampf zur Unterstützung der im deutschbesetzten Europa verfolgten Menschen, darunter in erster Linie Kommunisten, Interbrigadisten des spanischen Bürgerkrieges und Mitglieder der antifaschistischen Widerstandsbewegungen. Hunderte verdankten ihm die Rettung vor dem Tod, die meisten nahmen in der Nachkriegszeit leitende Positionen in den Volksdemokratien ein. Field bot für Berija ein ideales Sprungbrett, die Liquidierungswelle von Ungarn in die übrigen Satellitenländer vorwärtszutreiben, indem er aus ihm einen amerikanischen Meisterspion konstruierte, seine Hilfestellung in Anwerbungen umkehrte, aus Unterstützten Spione fabrizierte. Es begann ein schmutziges Zusammenspiel zwischen den osteuropäischen Parteispitzen und Sicherheitsdiensten, von Stalin, Berija und seiner MWD dirigiert. Noel Field und seine Frau wurden aus der Schweiz nach Prag gelockt und von dort nach Budapest überstellt, drei Monate später lockten die polnischen Sicherheitsorgane Noels Bruder Hermann Field nach Warschau, im Juni 1950 geriet mit einem ähnlichen Trick die Pflegetochter Fields, Erica Wallach, von Paris kommend, in Ost-Berlin in die Falle. In all diesen Ländern stellten die "Fieldisten" - also all jene Kommunisten, die jemals Kontakt zu den Fields gehabt hatten - gleichsam den "Vortrupp" der Verhafteten. Ihre in Ungarn erfolterten Aussagen wurden vom KP-Chef Rákosi an seinen tschechoslowakischen Kollegen Gottwald denunziert, der wiederum in Warschau mit dem polnischen Ministerpräsidenten Bierut die Liste koordinierte. Polnische und ostdeutsche Sicherheitsoffiziere reisten nach Budapest und Prag, um belastendes Material über die präsumptiven Opfer in ihren Ländern zu sammeln. Die Verhaftungen betrafen bald auch Freunde und Genossen der Fieldisten und zogen immer weitere Kreise in den Parteiapparaten: die Field-Linie hatte ihren Dienst erfüllt und wurde zur Rajk-, Slánský-, Gomulka-, Luca- und Merker-Linie.

Acht Angeklagte standen am 16. September 1949 vor dem Volksgericht: László Rajk, György Pálffy, Tibor Szönyi, András Szalai, Béla Korondy, Pál

Justus, Lazar Brankov und Milan Ognjenovic. Es handelte sich um einen stalinistischen Schauprozeß, dessen eigene Gesetze die der Justiz auf den Kopf stellten: Zuerst kam der politische Zweck, dem der Prozeß dienen sollte, dann die Auswahl der Angeklagten, die als geeignetste Kandidaten diesem Zweck zu opfern waren, und erst zum Schluß die Konstruktion erfundener Verbrechen, die sich dem vorgegebenen Zweck und der Laufbahn der Opfer einfügen mußten.

Die von der Troika Rákosi-Farkas-Gerö verfaßte, ins Russische übersetzte und dann wieder ins Ungarische rückübersetzte Anklage verdeutlichte den Charakter des Schauprozesses:

"Die Bedeutung dieses Prozesses ist international. Muß ja doch nicht allein über Angeklagte ein Urteil gefällt werden, die ihre Hand gegen die staatliche Ordnung unserer Volksrepublik, gegen die großen Errungenschaften unserer Demokratie erhoben haben, sondern gleichzeitig auch über solche, die in ihrer verschwörerischen Tätigkeit Mittel, an Drähten gezogene Marionetten der ausländischen imperialistischen Feinde des ungarischen werktätigen Volkes waren, das den Sozialismus aufbaut. Es sind nicht allein Rajk und Konsorten, die hier auf der Anklagebank sitzen, sondern auch ihre ausländischen Herren, ihre imperialistischen Anstifter in Belgrad und Washington ... Die Eigenart dieses Strafprozesses besteht darin, daß als Vermittler, als Hauptagenten der Befehle der ausländischen Imperialisten, als Sturmtruppe des Imperialismus jene leitende jugoslawische Clique - Tito und seine Bande - auftritt, die heute die heldenmütigen Völker Jugoslawiens unterjocht und die Macht in Jugoslawien usurpiert ...

Es ist die reine Wahrheit, daß, indem der ungarische Volksgerichtshof über László Rajk und seine Verschwörerbande urteilt, er im politischen und moralischen Sinne auch über die Verräter Jugoslawiens, über die Verbrecherbande von Tito, Rankovic, Kardelj, Djilas urteilt ... Wir enthüllen ihre Doppelzüngigkeit, ihre Arglist, ihre Ränke gegen die Demokratie und den Sozialismus, ihre meuchelmörderischen Pläne und Taten. Dieser Prozeß hat die Tito-Leute, das Gros der heute in Jugoslawien Regierenden als Verbündete der amerikanischen Imperialisten, als ganz gewöhnliche Agenten imperialistischer Spionageorganisationen entlarvt ...

Aus dem Material der Verhandlung geht deutlich hervor, daß die amerikanischen Spionageorganisationen sich bereits zur Zeit des Krieges gegen Hitler auf den Kampf gegen die Kräfte des Sozialismus und der Demokratie vorbereiteten, auch mit den heimtückischen Mitteln der inneren Zersetzung der revolutionären Arbeiterparteien. Hinter Rankovic stehen die Schatten von Field und Dulles ... Das Wesen ihres Geheimplanes wurde von der Schweizer Zeitung 'Die Tat' in ihrer Nummer vom 26. April 1949 nach John Foster Dulles wie folgt zusammengefaßt: 'Der Westen versucht vor allem, sich an die Kader und an die Elite der herrschenden Klasse der Volksdemokratien heranzumachen, und hat in dieser Richtung angeblich alle Erwartungen übertreffende Ergebnisse erzielt' ...

Die amerikanischen und englischen Spionageorganisationen erkauften sich die Tito-Leute noch zur Zeit des Krieges gegen Hitler, um die nationale und soziale Befreiung der Völker Südosteuropas zu verhindern, die Sowjetunion zu isolieren, den dritten Weltkrieg vorzubereiten ... Auch der von den Tito-Leuten entworfene und der Spionenbande Rajks durchzuführende Staatsstreich in Ungarn kann nicht ohne seinen Zusammenhang mit den internationalen Plänen der amerikanischen Imperialisten verstanden werden ..." (László Rajk und Komplicen vor dem Volksgericht, Berlin/Ost 1949, S. 313ff.)

"Geständnisse" und "Zeugenaussagen" hatten einzig und allein die Funktion, diesem Gespenst der "titoistisch-imperialistischen Verschwörung" Fleisch und Blut zu verleihen. Dazu mußte zunächst die politische Vergangenheit der Prozeßopfer in den Schmutz getreten, ihr Parteinimbus zerstört, ihr langjähriger Kampf für die sozialistische Revolution in einen Dienst an der faschistischen Konterrevolution "umpolitisiert" werden.

László Rajk, vor kurzem noch der legendäre Held der Untergrundbewegung und des Spanischen Bürgerkrieges, war nun seit frühester Jugend ein Verräter. Er "gestand", seit 1931 Polizeispitzel gewesen zu sein, als Student seine kommunistischen Kommilitonen denunziert, als Gewerkschaftsfunktionär streikende Bauarbeiter der Polizei ausgeliefert zu haben. Auch nach Spanien sei er in Polizeiauftrag gereist, um die Mitglieder des ungarischen Bataillons zu bespitzeln. Nach dem Zusammenbruch des Bürgerkrieges habe er in den französischen Internierungslagern dem Deuxième Bureau Berichte über Kommunisten geliefert. Noel Field habe versucht, ihn als einen sogar in Washington bekannten Polizeispitzel für den amerikanischen Spionagedienst anzuwerben. Mit Hilfe eines Gestapomajors sei er dann über Deutschland nach Ungarn heimgekehrt, wo er sich unverzüglich beim Chef der Politischen Polizei Horthys gemeldet und den Auftrag erhalten habe, die illegale Widerstandsbewegung zu zersetzen. Im Oktober 1944 sei er vom ungarischen militärischen Abwehrdienst in Haft genommen worden, doch als er offenbart habe, für die Polizei zu arbeiten, sei er ohne Urteil nach Deutschland überstellt worden, von wo aus er bei Kriegsende in das befreite Ungarn habe zurückkehren können. Rajk gestand ferner, im August oder September 1945 von einem Mitglied der amerikanischen Militärmission angesprochen und aufgefordert worden zu sein, in den Dienst der amerikanischen Spionageorgane zu treten, sowie bereits im Jahre 1945 Verbindungen zu den jugoslawischen Spionageorganen unterhalten zu haben. Der Kreis war geschlossen, der Weg vom Polizeispitzel über den französischen und amerikanischen Spionagedienst zur titoistischen Verschwörung "bewiesen".

Ähnlich mußte das Leben des in der Partei hoch angesehenen Kommunisten András Szalai, der im Untergrund gekämpft hatte, in sein Gegenteil verkehrt werden. Er sei, so gestand er, schon mit 15 Jahren zum Polizeispitzel geworden und habe Dutzende von Genossen denunziert. Als er nämlich Ende 1943 verhaftet worden sei, habe ihn der Gefängnisdirektor von Sátoraljaújhely als Denunzianten angeworben, im Frühjahr 1946 sei er der jugoslawischen Spionage angegliedert worden.

Auch alle übrigen Angeklagten wurden in Ungeheuer verwandelt. György Pálffy, Organisator der kommunistischen Partisanengruppen, "gestand", seit früher Jugend ein Bewunderer des Faschismus gewesen zu sein. Diese Überzeugung habe dann seinen Weg zur Militärspionage für Jugoslawien und zur Mitarbeit an der titoistischen Verschwörung geebnet. Tibor Szönyi gab zu, sich und seine Genossen in der Schweiz für einige Hundert Franken an Noel Field und Allen Dulles verkauft zu haben, um seine Spionagegruppe zuerst den Amerikanern, dann den Jugoslawen und Rajk zu Verfügung zu stellen. Pál Justus sagte aus, daß er im Jahr 1932 angeworben worden sei, linkssozialistische und kommunistische Genossen denunziert habe und nach der Befreiung in den Dienst der französischen, später der jugoslawischen Geheimpolizei getreten sei - mit dem Ziel, eine trotzkistische Gruppe zu organisieren und den Sturz der Regierung herbeizuführen. In der Anklageschrift hieß es:

"László Rajk und seine Spießgesellen ... (haben) die Heimtücke und die Tarnung zum System erhoben, nicht als offene Feinde, sondern im Dunkel lauernd, sich in die führende Partei unserer Volksdemokratie und in unseren republikanischen Staatsapparat einschleichend, (gingen sie) zum Angriff vor ... Wir stehen kriecherischen, hinterlistigen Schlangen gegenüber, einem Feind, der gefährlicher und hassenswerter ist als irgendein anderer vor dem." (ebd., S. 313f.)

Die gleiche Taktik, Ungeheuer zu fabrizieren, wurde auch auf die jugoslawischen Führer angewandt. Freilich konnten Tito und seine Genossen nicht selber auf die Anklagebank gesetzt werden und Folter-"Geständnisse" abgeben; also mußten Rajk und seine "Verschwörerbande" diese Aufgabe übernehmen. Die jugoslawischen Spanienkämpfer Koszta-Nagy, Milic und Vukomanovic seien bereits im Jahr 1939 in den Internierungslagern Vernet und Gurs Trotzkisten, Agenten des Deuxième Bureau und der Gestapo gewesen, sagte Rajk aus, und im Herbst 1946 habe er von amerikanischen Diplomaten in Budapest erfahren, daß das amerikanische Spionagenetz in Südost- und Mitteleuropa den Jugoslawen übertragen worden sei. Und im Sommer 1947, in Abbazia, "wurde es mir zum erstenmal klar, daß nicht nur Rankovic, Vukomanovic, Milic und andere, die in Spanien waren, ... mit den Organen des amerikanischen Spionagedienstes in Verbindung stehen, sondern auch Tito selbst" (ebd., S. 64).

"Das feindliche Verhalten von Tito, Kardelj, Djilas und Rankovic gegenüber der Sowjetunion begann nicht erst nach der Kominform-Resolution, sondern schon vorher. Bereits während des Krieges gelang es den Imperialisten, sie unter ihren Einfluß zu bekommen und in ihren Dienst zu stellen ... Es wurde offenbar, daß die jugoslawischen Umsturzpläne für den Balkan und Mitteleuropa nicht von Tito, Kardelj, Rankovic und Djilas ausgeheckt wurden, sie waren nur Vollstrecker des Planes. Die Inspiratoren waren die Engländer und die Amerikaner, die imperialistischen Nachrichtendienste ... Das von Tito geleitete jugoslawische Regime ist bloß Werkzeug der anglo-amerikanischen Ziele." (ebd., S. 144)

Tibor Szönyi rundete das Bild ab mit seinem "Geständnis", daß OSS-Chef Allen Dulles ihn bereits im Jahr 1944 in der Schweiz mit jugoslawischen Spionen im Solde der amerikanischen Nachrichtendienste in Verbindung gebracht habe.

Es erübrigt sich, auf die Einzelheiten der "gegen László Rajk und Konsorten wegen des auf den Sturz der demokratischen Staatsordnung gerichteten Verbrechens und anderer Strafhandlungen anhängigen Strafsache" einzugehen. Die Funktion des Prozesses bestand in der "Entlarvung" Titos, der, wie Rajk in seinem kurzen Schlußwort sagte, "den Spuren Hitlers folgt" (ebd., S. 360). Damit war der Zweck voll erfüllt, das phantastische Lügengewebe der einzelnen "Verbrechen" war bloß ein für das Pseudo-Justizverfahren notwendiges Anhängsel, mit beliebig veränderbarem Inhalt und auswechselbaren Angeklagten. Tito und seine Clique haben Hand in Hand mit den Amerikanern ihren als Kommunisten getarnten Agenten den Auftrag gegeben, im Rahmen einer Verschwörung die Regierung durch einen Militärputsch zu stürzen, die geliebten Führer Rákosi, Gerö und Farkas zu ermorden und den Kapitalismus wieder zu errichten. Jeder der acht Angeklagten gestand die haarsträubenden Einzelheiten seiner Rolle bei der Verschwörung, in den Umsturz- und Mordplänen.

Die einzige Panne ereignete sich, als Szönyi auf der ihm vorgezeigten Photographie seinen "Spionagechef" Allen Dulles nicht erkannte. Und die einzige Spur eines Zweifels an der Glaubwürdigkeit des Schauermärchens kann aus einem Satz des Schlußwortes von Rajk herausgehört werden:

"Mit den meisten Feststellungen des Herrn Volksanwaltes bin ich völlig einverstanden, und hier meine ich darunter nicht die Detailfragen, die man fast außer acht lassen kann und die ohnedies nicht wichtig sind, sondern das Wesentliche." (ebd., S. 360)

Diese in sein Schuldbekenntnis eingeschmuggelte Unschuldserklärung Rajks entging anscheinend der Wachsamkeit der sowjetisch-ungarischen Regisseure des Schauprozesses.

Die Details des Rajk-Prozesses waren deshalb so beliebig, seine Angeklagten deshalb so auswechselbar, weil er als Muster zu dienen hatte, das im Satellitenreich Stalins in Variationen kopiert werden sollte. Diese Funktion des Prozesses kam in den "Geständnissen" klar und deutlich zur Sprache. So sagte Pálffy aus, seine jugoslawischen Auftraggeber hätten oft erwähnt, daß Tito nach einem koordinierten Plan eine ähnliche Spionage- und Verschwörungstätigkeit in allen Volksdemokratien entfalte.

"Ich weiß es, weil ... (man) mir die Staaten der geplanten Balkan-Föderation: Ungarn, Bulgarien, Albanien und als führende Macht Jugoslawien aufzählte. Ich hörte ... auch Polen erwähnen, das, dem amerikanischen Plan gemäß, nach Ungarn der nächste Staat sei, wo die Wendung eintreten werde ... Natürlich kann zwischen Ungarn und Polen auch die Tschechoslowakei nicht ausgelassen werden ..." (ebd., S. 128)

Noel Field wurde weder im öffentlichen Hauptprozeß, noch in den geheimen Folgeprozessen auf die Anklagebank gesetzt, auch nicht als Zeuge aufgeführt. Er blieb in der Isolierzelle des Gefängnisses des Staatssicherheitsdienstes in Budapest, ein am Leben gehaltenes Gespenst, Ausgangspunkt der fiktiven amerikanisch-titoistischen Verschwörung, die in der Folge des Rajk-Prozesses auch in Prag, Warschau und Ost-Berlin aufgedeckt werden mußte.

Die Verhandlungen dauerten eine Woche, das Urteil wurde am 24. September 1949 verkündet. Es stand natürlich schon vor Prozeßbeginn fest und war von Stalin abgesegnet worden; der Gerichtspräsident bekam es erst kurz vor Sitzungsbeginn in die Hand gedrückt. László Rajk, Tibor Szönyi, András Szalai wurden zum Tode durch den Strang, Lazar Brankov und Pál Justus zu lebenslänglichem, Milan Ognjenovic zu neunjährigem Zuchthaus verurteilt; György Pálffy und Béla Korondy wurden dem Militärgericht übergeben, das über beide die Todesstrafe verhängte.

Rajk, Szönyi und Szalai wurden am 15. Oktober 1949 erhängt. Rajk ging erhobenen Hauptes unter den Galgen und ließ die Partei, Stalin und Rákosi hochleben, Szalai beteuerte schreiend seine Unschuld, Szönyi rief mit zitternder Stimme den die Hinrichtung überwachenden Mihály Farkas und Gábor Péter zu, er sei betrogen worden. Am 24. Oktober folgte die Erschießung von Pálffy, Korondy und der beiden mit ihnen im Geheimprozeß zu Tode verurteilten Offiziere Dezsö Németh und Otto Horváth.

Die sieben Leichen wurden in Säcken verschnürt und in einem Wald in der Nähe von Budapest verscharrt. Sechs Jahre später, vor der feierlichen Beisetzung der rehabilitierten Opfer, hatten die Staatsschutzbehörden große Mühe, die Stelle wiederzufinden, wo sie sich ihrer Opfer entledigt hatten.

* * *

Mit der Internationalisierung der stalinistischen Säuberung war auch eine Ausdehnung der Drehbücher verbunden. Die anfangs noch auf Albanien, Bulgarien und Rumänien beschränkte titoistische Verschwörung und Spionage wurde zu einem alle Volksdemokratien unterwühlenden Netz der imperialistischen Nachrichtendienste und ihrer Kettenhunde Tito und Ben Gurion erweitert. Bald ließ die Moskauer Regie in Ungarn, in Bulgarien, in der Tschechoslowakei, in Polen die politischen und militärischen Führer der kommunistischen Untergrundbewegung unter die Räder des Terrors kommen. Der Zionismus - verstanden als "Agentur der Imperialisten" - trat in den Vordergrund. Damit war das Schicksal von Kommunisten jüdischer Abstammung besiegelt, nicht nur in der Tschechoslowakei, auch in Rumänien, in Ungarn, in Polen, in der DDR. Der antisemitische Faktor wurde so stark, daß er sogar das anfängliche Verbot aufhob, aus Moskau heimgekehrte Kommunisten nicht anzurühren. Jude zu sein wog schwerer als der bisherige Schutz durch das Sowjetexil.

Die örtliche, zeitliche und inhaltliche Koordinierung lag in den Händen Berijas, der einerseits die allgemeinen Richtlinien Stalins befolgte, andererseits Stalins Paranoia mit eigenständigen "Entlarvungen" von neuen Feinden neue Nahrung gab. Die Richtlinien dieser obersten Befehlsspitze wurden mit Hilfe der MWD-Berater an die Führer der Partei, der Regierung und der Sicherheitsdienste weitergeleitet, die allesamt sehr bald zu bloßen Werkzeugen der sowjetischen "Lehrmeister" degradiert wurden und deren Wünsche und Empfehlungen widerstandslos befolgten. Das heißt freilich nicht, daß die lokalen Sicherheitsdienste und Parteiführer keine Eigeninitiative entfalteten - nicht zuletzt auch, um offene Rechnungen mit unliebsamen Genossen und Konkurrenten zu begleichen.

Die sowjetischen "Berater" waren die wichtigsten Glieder in der Kette einer einheitlichen Strategie und Taktik des Terrors. Sie unterwiesen ihre Kollegen von den nationalen Sicherheitsdiensten in der "Kunst", mit physischen und psychischen Foltern aus unschuldigen, parteitreuen Kommunisten Verbrecher, Polizeispitzel, Mörder und Spione zu fabrizieren. Sie schüchterten Generalsekretäre und Politbüromitglieder ein, die wußten, jedes Zögern, jeder Widerspruch würde sofort an Berija und von diesem an Stalin weitergehen und konnte damit die Freiheit, ja das Leben kosten. In Prag beispielsweise waren es die Berater - die beim ersten Hauch der antisemitischen Wende im Kreml die Verhöre sofort in antijüdische Richtung steuerten und der verblüfften tschechoslowakischen Parteiführung das Märchen eines zionistischen Verschwörerringes auftischten -, die in Mißachtung der Direktiven der Parteiführung belastendes Material gegen Slánský erfolterten. Sie präsentierten die falschen Aussagen Gottwalds, der Angst vor einer klaren Festlegung hatte und sich an Stalin wandte, der seinerseits zunächst die Verhaftung Slánskýs verbot. Doch die Berater manipulierten schließlich auch Stalin mit einem gefälschten Brief, worin Slánský Fluchthilfe in den Westen angeboten wurde, was dessen Schicksal schlußendlich besiegelte.

Die einheitliche Technik der Berater erbrachte das einheitliche Ergebnis der Geständnisse scheußlichster Verbrechen. Die Opfer in der Untersuchungshaft wurden mit Gummiknüppeln und Gewehrkolben geschlagen, ihre Fingernägel herausgerissen, sie mußten Salz vom Boden auflecken und durften nicht trinken, sie wurden nackt ins Wasserbad gesteckt und mit elektrischem Strom gepeinigt, sie wurden tagelangen pausenlosen Verhören unterworfen, durften nicht schlafen, nicht sitzen, sich nicht niederlegen, man sperrte sie in Käfige und Särge, man führte sie zu falschen Hinrichtungen, drohte ihnen, ihre Frauen und Kinder zu verhaften oder sie bis zu ihrem Lebensende in unterirdischen Kellern verrotten zu lassen, man konfrontierte sie mit gebrochenen Freunden und Genossen, die ihnen eine auswendig gelernte falsche Zeugenaussage ins Gesicht sagten. Zwischendurch versprach man den Opfern, das falsche Geständnis mit einer kurzen Strafe, ja mit sofortiger Freilassung zu belohnen, man appellierte an ihre Parteitreue, mit der

Unterzeichnung und Rezitierung der Schauermärchen der Sache des Kommunismus einen Dienst zu erweisen. Man ließ zynisch und augenzwinkernd durchblicken, man wisse ohnedies, daß all dies nicht stimme, und paukte ihnen jene stalinistische "Dialektik" ein, wonach ihre politischen Fehler - und wer hatte im Laufe der Jahre keine gemacht? - subjektiv zwar gut gemeint waren, objektiv jedoch dem Klassenfeind, den Imperialisten dienten - sie objektiv zu Bundesgenossen und Helfershelfern der Spione und Saboteure, also letztendlich selbst zu Spionen, Saboteuren, Verbrechern geworden seien.

Die Technik versagte nur in ganz seltenen Fällen, wenn es etwa einem Untersuchungshäftling gelang, Selbstmord zu begehen, oder den Schlägern der Kunstfehler unterlief, das Opfer totzuschlagen, noch bevor es "legal" gehängt oder erschossen werden konnte. Am Ende gestand fast jeder und unterschrieb alles, was man von im wünschte, ja das körperliche und seelische Zerstörungswerk erreichte bei vielen den Punkt, wo sie selber von ihrer vagen, "objektiven" Schuld überzeugt waren, ihr umnebeltes Gehirn zwischen Wahrheit und Lüge nicht mehr klar unterscheiden konnte. Die einzige große Ausnahme, der Widerruf Kostows, bestätigt nur die Regel.

Die Regisseure der Schauprozesse verließen sich freilich nicht auf das Schuldbekenntnis in der Untersuchungshaft, sie sorgten dafür, daß die Opfer auch im öffentlichen oder geheimen Schauprozeß ihre Verbrechen laut und deutlich eingestanden und ihre mitangeklagten Genossen denunzierten. Häftlinge und Zeugen mußten ihre Rolle - das genaue Frage- und Antwortspiel zwischen Angeklagten, Zeugen und Richtern - auswendig lernen und so lange unter Aufsicht der Berater proben, bis alles reibungslos vor sich gehen konnte. Die Richter wurden einer ähnlichen Prozedur unterworfen, auch sie hatten Fragen und Antworten genau einzustudieren und durften vom Text nicht abweichen. Es erübrigt sich zu erwähnen, daß die sogenannten Zeugen alle zugleich auch Verhaftete waren und für ihre Aussagen mit langjährigen Strafen, manchmal auch mit dem Tod "belohnt" wurden. Auch die Verteidigung wurde zu einem zynischen Hohn. Es gab keine Entlastungszeugen, die sogenannten Verteidiger bekamen vom Staatssicherheitsdienst die Aufgabe zugeteilt, die Abscheulichkeiten ihres Schützlings ein weiteres Mal anzuführen und nur bei seinem vollen Geständnis auf mildernde Umstände zu plädieren.

Theoretisch also gab es eine perfekte Organisation des Terrors mit einer lückenlosen Befehlsleiter von Berija und den MWD-Beratern an der Spitze über die lokalen Parteizentralen und Sicherheitsdienste bis hinab zu den Schlägern und Gefängniswärtern, den Staatsanwälten, Richtern und Verteidigern. Theoretisch konnte also nichts im Wege stehen, mit den Schauprozessen die letztmögliche Oppositionsquelle, nämlich die innerhalb der herrschenden Partei, präventiv zu liquidieren, die totale Herrschaft Stalins über sein Satellitenreich zu sichern.

Praktisch jedoch wies die totalitäre und monolithische Terrorherrschaft des Sowjetblocks nicht wenige Risse auf. Nur im ungarischen Rajk-Prozeß gelang es, ein perfektes Muster zu konstruieren. An der ungarischen Parteispitze standen vier Kommunisten, alle vier aus dem Moskauer Exil heimgekehrt und vom sowjetischen Sicherheitsdienst kontrolliert; sie waren Augenzeugen der stalinistischen Schauprozesse in der Sowjetunion gewesen. Sie waren eingeschüchterte, willige Werkzeuge Berijas, die ihre Position mit besonderer Diensteifrigkeit und Kriecherei zu retten versuchten und das von der MWD vorgeschriebene Plansoll an Terror zu überbieten trachteten. Das fünfte Rad dieses Gespanns, das Politbüromitglied Rajk, hatte überhaupt keine Chance, ebensowenig wie die Spanienkämpfer, die Westheimkehrer, die Führer der Untergrundbewegung oder die linkssozialistischen Weggefährten. Später, in der antisemitischen Phase der Säuberungen zur Zeit des Slánský-Prozesses, war der Rajk-Prozeß schon zu Ende gebracht - dem jüdischen Vierergespann an der Spitze der ungarischen Partei war somit erspart worden, mit der antisemitischen Welle in den Schauprozeß hineingezogen zu werden. Erst als in der Sowjetunion die Judenverfolgung in der Vorbereitung des sogenannten Ärzteprozesses gipfelte (mit dem Drehbuch, wonach jüdische Ärzte eine Verschwörung zur Ermordung der Kremlführer planten), mußte auf Befehl Moskaus auch die Rákosi-Clique mitmachen und verordnete eine antisemitische Verhaftungswelle. Indem sie Gábor Péter, den jüdischen Chef des Sicherheitsdienstes, dem Henker auslieferten, glaubten sie, ihre eigene Haut retten zu können. Sie alle hatten insofern Glück, als Stalin wenige Monate später starb. Nach Freilassung der Sowjetärzte wurden auch deren ungarische Kollegen freigelassen, Gábor Péter kam mit einer langen Freiheitsstrafe davon, die Rákosi-Clique kam nicht mehr an die Reihe.

In Rumänien war es der subjektive Faktor, der in Ungarn die sklavische Konformität gesichert hatte, der zur Hauptursache der Abweichung von der Regel wurde. Nach dem Moskauer Schema hätte Generalsekretär Gheorghiu-Dej präzise der festgelegten Opferkategorie entsprochen: er war Mitglied der illegalen Bewegung, von der faschistischen Polizei verhaftet, doch am Leben gelassen worden. Doch er hatte Glück; sein politischer Machtkampf mit Pătrășcanu, seinem Konkurrenten in der Parteiführung, kam zu einer Zeit, als der sowjetisch-titoistische Streit noch in den Anfängen steckte. Als der Konflikt sich zuspitzte und Berija den Auftrag bekam, potentielle Titoisten in den Satellitenländern zu liquidieren, hatte Gheorghiu-Dej rasch die Gefahr erfaßt und überließ es nicht Berija, das Opfer auszuwählen, sondern verhaftete Patrascanu noch vor der "Verdammungskonferenz" des Kominform. Die Sowjetberater hatten nichts einzuwenden, sie hatten ihr Soll erfüllt, das Opfer war in ihren Händen und wurde systematisch zum Titoisten, Polizeispitzel und Spion gefoltert. Dennoch kam es nicht zu einem Schauprozeß, besser gesagt, nicht zu dem von Stalin vorgesehenen Zeitpunkt. Möglicherweise wurde der Prozeß verzögert, um eine repräsentativere Gruppe von Opfern ausfindig zu machen. Dies sollte schon sehr bald geschehen, als mit dem Slánský-Prozeß die antisemitischen Aspekte des Terrors in den Vordergrund traten. Gheorghiu-Dej wich erneut einer Verhaftung aus, indem er die Moskauer Fraktion im Politbüro, mit der Jüdin Anna Pauker an der Spitze, als Opfer präsentierte. Die Folterverhöre waren noch nicht abgeschlossen, als Stalin starb.

Chruschtschows Entstalinisierung begann damit, mit dem Mord von Kommunisten an Kommunisten Schluß zu machen. Der Plan eines öffentlichen Schauprozesses wurde begraben. Um seinen Sturz zu verhindern und politisch zu überleben, ließ Gheorghiu-Dej rasch in einem geheimen Schauprozeß Pătrăşcanu erhängen, in einem anderen den Moskowiter Luca zum Tode verurteilen. Sein Kollege Gheorgescu erhielt ein lange Gefängnisstrafe, Pauker wurde zur Unperson erklärt und verschwand aus dem öffentlichen Leben. Auch Rumänien hatte also seine Schauprozesse, auch sie endeten mit den üblichen Morden und Verurteilungen von Unschuldigen. Doch wichen sie vom Moskauer Schema insofern ab, als die Opfer nicht von der MWD in Zusammenarbeit mit dem Generalsekretär, sondern vielmehr vom Generalsekretär in Zusammenarbeit mit der MWD ausgewählt wurden. Es war Gheorghiu-Dej gelungen, seine Meister zu manipulieren, die von Moskau verordneten Schauprozesse für seine persönliche Machtsicherung auszunützen und sich selbst aus der Liquidierungswelle herauszuhalten.

In Prag hatte es eine Weile danach ausgesehen, als ob die stalinistische Säuberungswelle in ihren Anfängen steckenbliebe. Die Prager Führung mit Gottwald an der Spitze gehörte der einzigen osteuropäischen Satellitenpartei an, die in der Zwischenkriegszeit legal funktioniert hatte und innerhalb eines demokratischen Systems die Unterstützung eines bedeutenden Teils der Bevölkerung genoß. Die Sympathien zu KP wuchsen noch, als die Sowjetunion sich dem Münchner Verrat Frankreichs und Englands nicht anschloß. Nach dem Krieg war die Tschechoslowakei das einzige osteuropäische Land, das von der Roten Armee nicht okkupiert blieb und in dem die Kommunisten in freien Wahlen als stimmenstärkste Partei hervorgegangen waren. Diese demokratische Tradition färbte auch auf die Führer der Partei ab, sogar die Moskauer Emigranten wie Gottwald konnten rechtsstaatliche Prinzipien nicht sofort aufgeben.

Als Rákosi - entsprechend dem aus Moskau ergangenen "Internationalisierungsbefehl" - Gottwald eine lange Liste von aus dem Westen heimgekehrten prominenten tschechischen Kommunisten übergab, die in den erfolterten Lügenaussagen in Budapest zu Spionen abgestempelt worden waren, gab dieser wie auch sein Zentralkomitee dem Druck zunächst nicht nach. Auf Wunsch der MWD ließ er zwar eine kleine Gruppe von "Fieldisten" verhaften, doch eine Untersuchungskommission befand alle anderen von Rákosi Denunzierten für unschuldig. Auf den konzentrierten

Druck aus Moskau, Budapest und Warschau mußten in der Folge allerdings Sowjetberater eingeladen werden, die dem unerfahrenen tschechischen Sicherheitsdienst beim Aufspüren verkappter Feinde "behilflich" sein sollten. Gottwald bekam Angst; er wußte, daß ein Zögern Stalins Verdacht erregen würde. Er gab nach, und die Berater übernahmen Vorbereitung und Organisation der Schauprozesse. Die Parteiführung mit Gottwald und der Staatssicherheitsdienst waren zu willigen Werkzeugen geworden. Zur Illustration nur ein Detail, das auch für alle übrigen Satelliten kennzeichnend ist: Der Sowjetberater Lichatschew forderte vom slowakischen Sicherheitschef Balaž die Verhaftung des aus dem Londoner Exil heimgekehrten Sekretärs der slowakischen KP, Koloman Moškovič. Balaž wies die Forderung zurück, da gegen Moškovič kein belastendes Material vorliege. Worauf Lichatschew ihn anschrie:

"Stalin schickte mich hierher, um einen Prozeß vorzubereiten. Ich habe keine Zeit zu verlieren, ich kam in die Tschechoslowakei, um Köpfe zum Rollen zu bringen. Ich werde eher hundertfünfzig andere Hälse umdrehen, aber nicht meinen eigenen hinhalten. Es ist mir egal, ob Sie das Material haben und ob es der Wahrheit entspricht. Überlassen Sie das mir. Überhaupt, was kümmert Sie das Schicksal eines Scheißjuden?"

Als Balaž einwandte, er müsse die Angelegenheit mit dem Parteivorsitzenden Široky besprechen, antwortete der Berater: "Das ist nicht nötig, wir werden auch Široky in den Arsch treten."

Gottwald zögerte noch ein zweites Mal, als der Chefberater Bestschasnow Slánskýs Verhaftung forderte, doch ein Telefonat Stalins genügte, um ihn zu überzeugen. Und als die Urteile im Slánský-Prozeß in der Parteiführung besprochen wurden, war Gottwald der eifrigste Befürworter der elf Todesurteile. Kurz vorher war er an der Spitze einer Parteidelegation in Moskau gewesen und tief besorgt nach Prag zurückgekommen; er hatte Stalin um eine Privataudienz gebeten, doch der Diktator fand keine Zeit, ihn zu empfangen. Dies könne, wie er meinte, ein ominöses Zeichen sein, und drückte nicht nur rasch die Todesurteile durch, sondern widersetzte sich auch dem Vorschlag, einige der Verurteilten zu begnadigen.

Die Geschichte der Schauprozesse in Polen bewies, daß sklavischer Gehorsam nicht unter allen Umständen unumgänglich war, daß auch die scheinbare Allmacht Berijas ihre Grenzen hatte. Der polnischen Parteiführung gelang es, die Moskauer Befehle bis zum Tode Stalins weitgehend zu sabotieren, womit dann auch der Druck, einen spektaktulären Schauprozeß mit Gomulka auf der Anklagebank zu organisieren, aufhörte. Die Hauptursache für diese beispiellose Widersetzlichkeit ist in der Geschichte der kommunistischen Partei Polens zu suchen. Ihre Kader waren in den stalinistischen Säuberungen der dreißiger Jahre fast vollständig ausgerottet, die Partei selbst aufgelöst worden. Am Leben blieben nur Kommunisten, die zu jener Zeit in polnischen Gefängnissen saßen, oder vereinzelte Emigranten in

Moskau, die sich in besonderem Maße für den NKWD verdient gemacht hatten.
Wie in Ungarn und in der Tschechoslowakei, so wurden auch in Polen die Säuberungen mit der Verhaftung der sogenannten Field-Gruppe eröffnet. Parallel dazu wurde auf Befehl Moskaus, als Vorspiel zu seiner Verhaftung, die politische Entmachtung Gomulkas betrieben. Doch in beiden Fällen brach die von Berija diktierte Linie plötzlich zusammen. Das Trauma der Liquidierungswelle der dreißiger Jahre löste in der polnischen Parteiführung mit Bierut an der Spitze und im polnischen Sicherheitsdienst unter der Leitung von Berman eine "stille Verschwörung" der Verzögerungstaktik aus. Als nach Monaten brutaler Folterungen die Opfer der Field-Gruppe noch keine falschen Geständnisse unterschrieben hatten und keine Beweise aus Budapest oder Prag aufzutreiben waren, ordnete Berman mit Zustimmung Bieruts eine Unterbrechung der Folterverhöre an, denn er wußte, daß die vollständige Brechung der Verhafteten nur eine Frage der Zeit sein konnte, und fürchtete, früher oder später selbst an die Reihe zu kommen (seine Privatsekretärin war schon verhaftet, er selbst war jüdischer Abstammung). Die Field-Gruppe blieb im Gefängnis, doch der Prozeß wurde wegen ungenügender Vorbereitung immer wieder verschoben. Eine ähnliche Taktik wurde auch gegenüber Gomulka angewandt. Bierut mußte zwar nach langem Hinauszögern seiner Verhaftung zustimmen, als Berija den alten Trick anwandte und vertrauliche Informationen fabrizierte, wonach Gomulka seine Flucht in den Westen vorbereitete. Bierut und Berman verboten aber die Folterung Gomulkas, und ohne Terrormethoden war er freilich nicht in einen imperialistischen Spion und Gestapoagenten umzuwandeln. Die Parteiführung war vorsichtig genug, auf jedes ungeduldige Drängen Stalins die demütige, doch ausweichende Antwort zu geben, es seien nur noch einige Lücken in der Beweisführung zu schließen, dann werde der Prozeß unverzüglich stattfinden.
Die "stille Sabotage" konnte nur um den Preis einer Opferung der zweiten und dritten Garnitur von kommunistischen Funktionären erfolgreich sein: der prominenteste unter ihnen war Gomulkas Kampfgefährte in der Illegalität, General Spychalski, Führer der kommunistischen Untergrundarmee. Auch die Verhaftung des Spanienkämpfers General Komar und der Mitglieder des von ihm geleiteten Generalstabs der Militärabwehr mußte in Kauf genommen werden. Als die Vernehmungsprotokolle Komars, in denen prominente Mitglieder der Parteiführung als Agenten seiner Spionagegruppe denunziert wurden, dem Politbüro vorgelegt wurden, verordnete Bierut eine Untersuchung, die sich so lange hinzog, bis Stalin gestorben war. Sein Tod brachte Gomulka, Spychalski, Komar und den Fieldisten die Freiheit und wandte von den Köpfen Bieruts und Bermans die drohende Gefahr ab, in einem Schauprozeß ebenfalls auf die Anklagebank gesetzt zu werden.

Obschon der in Moskau geplante, große polnische Schauprozeß nicht stattfand, gab es zahlreiche kleinere, geheime Prozesse, in denen Kommunisten in "altbewährter" Manier zu Spionen, Polizeispitzeln und Gestapoagenten gefoltert und hingerichtet wurden. Einige wurden in den Wahnsinn oder in den Selbstmord getrieben, andere im Untersuchungsgefängnis zu Tode geprügelt. Die Umstände waren von ganz spezifischer Art, die polnische Führung stand unter einem doppelten tödlichen Druck; einerseits dem Druck Stalins nachgeben zu müssen, mit der Verhaftung Gomulkas die Lawine der Schauprozesse ins Rollen zu bringen, andererseits unter dem Druck der eigenen Parteigeschichte, der aus dem Trauma der dreißiger Jahre herrührenden, von den Rajk- und Slánský-Prozessen und der antisemitischen Hexenjagd verstärkten Angst, früher oder später selbst unter der Lawine begraben zu werden.

In der DDR begann die stalinistische Säuberung in gleicher Weise und zur gleichen Zeit wie in Ungarn, in Polen und in der Tschechoslowakei. Im Sommer 1949 wurde eine Gruppe von Kommunisten verhaftet, die während des Krieges im französischen oder schweizerischen Exil mit Noel Field in Verbindung gestanden waren. Auch der alte MWD-Trick wurde ein weiteres Mal angewandt und Erica Wallach, die Pflegetochter Fields, aus Paris nach Ost-Berlin gelockt, um aus ihr eine "Mata Hari [Spionin im Ersten Weltkrieg] der Imperialisten" zu fabrizieren. Doch diesmal war es Stalin selbst, der Ulbrichts Plan eines ostdeutschen Schauprozesses vereitelte. Die Gründe dafür waren weltpolitischer Natur: Die Frage eines vereinten, neutralen Deutschlands war noch nicht entschieden, und in der Bundesrepublik gab es eine bedeutende Gruppe von "Fieldisten" außerhalb von Berijas Machtbereich, die ein inszeniertes Schauermärchen widerlegen hätten können. Ferner war dazumal die Grenze zwischen West- und Ost-Berlin noch offen, die Verdächtigten wären leicht der Verhaftung entkommen. Statt eines geplanten "ostdeutschen Rajk-Prozesses" wurden die Verhafteten einzeln oder zu zweit vom sowjetischen Militärgericht verurteilt und verschwanden im Gulag. Ein "Fieldist" wurde im Untersuchungsgefängnis zu Tode gefoltert, ein ehemaliges Politbüromitglied der Pariser Exilpartei hatte nach den ersten politischen Verhören Selbstmord begangen, ein anderer wurde in ein Uranbergwerk verbannt und starb an den fürchterlichen Arbeitsbedingungen.

Ulbricht nahm nach dem Prager Prozeß einen weiteren Anlauf. Im Rahmen einer als "antizionistisch" ausgegebenen, tatsächlich aber antisemitischen Kampagne wurde der aus Mexiko heimgekehrte Paul Merker, Mitglied des ZK, verhaftet, wie sich auch die Falle um den ebenfalls aus dem Westexil heimgekehrten Franz Dahlem, den zweiten Mann neben Ulbricht, zu schließen drohte. Stalins Tod machte auch diesen Plan eines "ostdeutschen Slánský-Prozesses" zunichte. Merker wurde 1955 zu acht Jahren Zuchthaus verurteilt, doch schon ein Jahr danach rehabilitiert. Der ostdeutsche Schauprozeß fand nicht statt.

Ihrem Wesen nach bedeuten die Nachkriegsprozesse in Osteuropa die einheitliche Anwendung des von Stalin und Berija konzipierten Terrors gegen die Satellitenparteien. Für die Greuel sind aber nicht sie allein verantwortlich. Die Parteiführer der Volksdemokratien waren keine bloßen Marionetten in den von Moskau produzierten Horrorszenarios. Ihr persönliches Handeln konnte den Ablauf der Säuberungen intensivieren oder verzögern, beeinflußte die Auswahl der Opfer innerhalb der von Moskau festgelegten Kategorien, der Status von Befehlsempfängern enthebt sie nicht ihrer Verantwortlichkeit für die Terrorurteile und Justizmorde. Das gleiche gilt für die Verantwortlichkeit der Sicherheitsorgane, die zwar bloße Zweigstellen der MWD waren, doch genügend Spielraum hatten, um auf eigene Faust Terror auszuüben. Ebenso drückte die vorkommunistische Geschichte der Satellitenstaaten dem Verlauf der Säuberungen ihren Stempel auf; eine Geschichte, die, wie massiv auch immer der sowjetische Druck sein mochte, nicht ohne weiteres aus der Welt zu schaffen war. Die jeweiligen osteuropäischen Schauprozesse sind ohne die zentrale Steuerung aus Moskau nicht verständlich, doch ebensowenig können sie ohne die spezifischen Umstände, die lokalen Gegebenheiten und Persönlichkeiten begriffen werden.

Sobald mit Stalins Tod und Berijas Hinrichtung der Terror nachließ, kehrte sich die Waffe der Schauprozesse gegen die Führer der Satellitenstaaten. Auf Druck Chruschtschows mußten die erlogenen, erfolterten Terrorurteile von denselben Stalinisten revidiert werden, die sie mitorganisiert hatten. Dieser grundlegende Widerspruch charakterisierte den Revisionsprozeß in den Satellitenstaaten, seine Lösung bestimmte den Charakter der spätstalinistischen Phase in diesen Ländern. In Rumänien, Bulgarien und in der DDR gelang es der alten Führung, sich der Verantwortung zu entziehen und die Alleinschuld am Terror Stalin und Berija zuzuschieben. In unseren Ländern habe es keine Schauprozesse gegeben, sie seien bloße Erfindungen der Imperialisten - so logen übereinstimmend Gheorghiu-Dej, Tscherwenko und Ulbricht. Sie verwandelten die ermordeten Opfer zu Unpersonen und strichen sie aus der Geschichte der Partei. In Polen, in Ungarn und etwas später in der Tschechoslowakei war die Schuldfrage in den Mordprozessen einer der wichtigsten Faktoren für den Ausbruch des Polnischen Oktobers, der Ungarischen Revolution und des Prager Frühlings. Auch nach Unterdrückung dieser von Reformkommunisten geführten Entstalinisierungsversuche blieben die Gespenster der Schauprozeßopfer Symbole der stalinistischen Verbrechen und spielten bis zuletzt eine nicht unwesentliche Rolle im Zusammenbruch des Systems.

Lazar Brankov

Ein Augenzeugenbericht zum Rajk-Prozeß

Ganz nach dem Beispiel der Moskauer Prozesse der dreißiger Jahre konzipiert, sollte der Prozeß von Budapest 1949, besser bekannt unter dem Namen Rajk-Prozeß, als Modell der Prozese in Sofia, Prag etc. dienen. Er wurde auf Initiative des Generalsekretärs der ungarischen Kommunistischen Partei, Rákosi, in Zusammenarbeit mit einer Gruppe sowjetischer Berater unter dem NKWD-Chef für Mitteleuropa, Generalleutnant Bjelkin, organisiert.

Wir waren acht Angeklagte in diesem Prozeß, sechs Ungarn und zwei Jugoslawen. Fünf wurden zum Tode verurteilt und hingerichtet, zwei zu lebenslänglicher Haft, einer zu neun Jahren Gefängnis. Ich bin heute der einzige Überlebende. Da auf mich als jugoslawischen Staatsangehörigen der Hochverratsparagraph nicht angewandt werden konnte, auf den die Todesstrafe stand, wurde ich "nur" zu lebenslanger Haft verurteilt. Nach sieben Jahren Einzelhaft wurde ich im Zuge der Entstalinisierung nach dem XX. Parteitag der KPdSU von 1956 als letzter freigelassen. Ich wurde nach Györ in Hausarrest überstellt, erlebte dort die Revolte vom Oktober, wurde Mitglied des Revolutionsrates und flüchtete schließlich im November nach Österreich. Nach einem kurzen Aufenthalt in Linz erhielt ich politisches Asyl in Frankreich, später auch die französische Staatsbürgerschaft.

Der Krieg war noch nicht zu Ende, als ich im März 1945 von der jugoslawischen Regierung mit einer Militärmission, die Teil der amerikanisch-englisch-jugoslawisch-tschechoslowakischen Kontrollkommission war, nach Ungarn entsandt wurde. Ihr Vorsitzender war Marschall Woroschilow. In meiner Funktion als Chef der jugoslawischen Militärmission wurde ich nach der Aufnahme diplomatischer Beziehungen zwischen den beiden Ländern zum ersten Geschäftsträger der jugoslawischen Botschaft in Ungarn ernannt. In meiner Funktion als permanenter Delegierter des ZK der jugoslawischen KP beim ungarischen ZK, die ich gleichzeitig ausübte, stand ich fast täglich in Kontakt mit den Führern der ungarischen KP wie Rákosi, Nagy, Gerö, Farkas, Révai, Rajk und Kádár. Entsprechend den engen und freundschaftlichen Beziehungen zwischen den beiden Parteien waren auch unsere persönlichen Beziehungen amikal. Das ersparte mir jedoch nicht meine Verhaftung und die unmenschliche Behandlung, die mir wenig später von meinen Freunden und Brüdern von gestern zugefügt wurde.

* * *

Die Wurzeln des Budapester Prozesses von 1949 liegen im Kampf um die Nachfolge Rákosis als Generalsekretär der KP, der gegen Ende 1947 begann. Nachdem sie Rákosi geholfen hatten, Imre Nagy zu eliminieren, sahen sich die beiden Anwärter auf die Führung, Gerö und Farkas, von Rajk bedroht. Zwar trat Rajk nicht als Kandidat für die Rákosi-Nachfolge auf, verhielt sich vollkommen loyal sowohl Rákosi als auch Gerö und Farkas gegenüber. Aber er war jung, bescheiden, couragiert, ein überzeugender Redner, und seine Popularität in der Partei wuchs lawinenartig an, vor allem bei den Jungen. Im Verlauf des Jahres 1948 gelang es Gerö und Farkas, Rákosi gegen Rajk einzunehmen. Anfang dieses Jahres traf ein Bericht von in der Schweiz operierenden ungarischen Geheimagenten ein, der fatal für Rajk werden sollte. Diesem Bericht zufolge befand sich ein Agent des amerikanischen Imperialismus in der Führung der ungarischen Partei. Die Nachricht schlug wie eine Bombe ein. Es begann die Suche nach dem amerikanischen Agenten, der so bald wie möglich gefunden werden mußte. Wer war der Autor dieses Berichts? Man kennt ihn ebensowenig wie man weiß, wer ihn inspirierte oder bestellte. Was jedoch bekannt ist, ist die Tatsache, daß der Geheimdienst von Farkas kontrolliert wurde ...

Nach und nach gelang es Gerö und Farkas, den Verdacht Rákosis auf Rajk zu lenken. Am 6. August 1948 erschien gerade zu dem Zeitpunkt im Zentralorgan der Partei "Szabad Nép" ein Lobartikel auf Rajk, als dieser das Innenministerium verließ und Außenminister wurde. Zwei Wochen *vor* der Publikation dieses Artikels war Rajk in einer Geheimsitzung des Politbüros, zu der dieser nicht geladen worden war, offen von Farkas als "amerikanischer Agent" verdächtigt worden. Auf Vorschlag Rákosis wurde beschlossen, Rajk bis zum Eintreffen von "Beweisen" das Innenministerium zu entziehen und provisorisch das Außenministerium zu übertragen. Der Lobartikel zwei Wochen danach hatte natürlich nur den Zweck, ihn in Sicherheit zu wiegen.

Die Liquidierung Rajks war also in ihrer Endphase, als sich plötzlich Ende 1948 alles änderte. Zu dieser Zeit tauchte die Idee auf, in Budapest einen großen antititoistischen Prozeß zu organisieren. Warum in Budapest?

Seit einem Jahr war die Position Rákosis in Moskau nicht mehr gefestigt. Er begriff sofort, daß er sich bei Stalin als Vorkämpfer gegen Tito wertvoll machen konnte. Schon vor der Veröffentlichung der Kominform-Resolution hatte Rákosi gegenüber der jugoslawischen KP den aggressivsten Ton angeschlagen. Nach Titos Verdammung übertraf er die anderen Kommunistischen Parteien an Invektiven gegen Tito und versuchte in fieberhafter Eile, einen antititoistischen Prozeß zu organisieren. Sein Kalkül ging auf: Bis zu Stalins Tod blieb seine Position unerschütterlich.

Im Prozeß sollte gezeigt werden, daß Tito als imperialistischer Agent eine Aggression gegen Ungarn und den Sturz des sozialistischen Systems vorbereite. Es galt also, Personen zu finden, deren Vergangenheit und offizielle Funktion der Anklage einen Schein von Glaubwürdigkeit verleihen konnte. Man suchte dafür sechs Ungarn und zwei Jugoslawen aus. Rákosi beschloß sofort, die geplante Liquidierung Rajks mit dem in Vorbereitung befindlichen antititoistischen Prozeß zu verbinden. Gleichzeitig suchte man fieberhaft nach einem entsprechenden Angeklagten für die jugoslawische Seite. Die Wahl fiel auf Vorschlag Rákosis auf mich. Warum?

Im Dezember 1948 hatte ich in einer Sitzung im ZK unter dem Vorsitz von Farkas die Frage der politischen Linie von Radio Budapest aufgeworfen, das in seinen für Jugoslawien bestimmten Sendungen die Bedeutung des Kampfes der jugoslawischen Völker gegen die faschistische Okkupation schmälerte. Ich sagte, daß diese Sendungen die Gefühle von Millionen Menschen in Jugoslawien verletzten und daß man mit einer solchen Propaganda die Position Titos stärke anstatt sie zu untergraben (Brankov hatte inzwischen Position gegen Tito bezogen, Anm. d. Übers.). Ich selbst fühlte mich als Teilnehmer am Befreiungskrieg gegen den Faschismus tief verletzt von diesen Sendungen.

Meine Position wurde von den Teilnehmern der Sitzung angenommen, aber Farkas enthielt sich einer Meinungsäußerung. Er wußte, daß diese Linie im Radio auf Anordnungen Rákosis selbst beruhte. Nachdem er Rákosi über meine Intervention informiert hatte, weigerte sich dieser in der Folge, mich zu empfangen - zuvor hatte er mich regelmäßig zwei bis drei mal pro Woche ohne Formalitäten empfangen - und ich habe ihn zeitlebens nicht mehr gesehen. Vom ZK wurde ich informiert, daß in Zukunft Farkas mit mir die Verbindung halten würde. Sehr viel später, nach meiner Befreiung 1956, habe ich von Freunden erfahren, daß man damals in meiner Umgebung munkelte, daß ich nicht "sicher" sei, daß es da etwas Verdächtiges gebe und daß es nicht ausgeschlossen sei, daß ich geheime Verbindungen mit Tito unterhalte. So wurde meine Verhaftung und meine Anklage im bevorstehenden Prozeß vorbereitet.

Es begann alles mit der Verhaftung von Tibor Szönyi, Chef der Kadersektion im ZK, am 18. Mai 1949. Vor und während des Krieges hatte Szönyi in der Schweizer Emigration gelebt. Unter der Folter gab er zu, dort eine trotzkistische Gruppe geleitet, während des Krieges Verbindung mit dem amerikanischen "Spion" Noel Field und danach mit dessen Vorgesetzten Allan Dulles, dem für Europa zuständigen Chef des OSS (Office of Strategic Service, amerikanischer Spionagedienst) aufgenommen zu haben. Auf Befehl Dulles' habe er sich mit den Agenten Titos in Verbindung gesetzt, die ihn mit seiner Spionagegruppe durch Jugoslawien nach Ungarn einschleusten, wo er Kontakt mit dem Hauptagenten der Amerikaner in Ungarn, Rajk, aufnahm. Er "gestand", mit Rajk mehrere Unterredungen über den Sturz des sozialistischen Systems in Ungarn und die Machtergreifung durch einen Staatsstreich geführt zu haben.

Auf Grundlage dieser "Geständnisse" Szönyis wurde Rajk am 30. Mai 1949 verhaftet. Am 18. Mai waren gleichzeitig mit Szönyi auch sein Stellvertreter András Szálai, der General György Pálffy, der Oberst Béla Korondi sowie der Abgeordnete Pál Justus und Milan Ognjenovic, Sekretär des

Verbandes der Südslawen in Ungarn, verhaftet worden. Ich selbst wurde am 19. Juni in Moskau auf Verlangen der ungarischen Regierung verhaftet und auf Grundlage der "Geständnisse", die Rajk, General Pálffy und András Szálai unter der Folter abgepreßt worden waren, an die ungarischen Behörden ausgeliefert.

* * *

Im Unterschied zu den Moskauer Prozessen gab es keine "agents provocateurs" unter den Angeklagten. Die physische Folter und der moralisch-psychologische Druck, kombiniert mit Versprechungen und Erpressungen an die Adresse des Angeklagten und seiner Familienangehörigen (die sich ebenfalls in Haft befanden), brachten uns alle so weit, uns selbst zu bezichtigen. Die Belastungszeugen wurden teils aus den Gefängnissen, teils von außen herangebracht; unter den letzteren gab es auch "agents provocateurs". Sie hatten nur die selbstbeschuldigenden Aussagen der Opfer zu vervollständigen. Die "Beweise" beschränkten sich also auf die Geständnisse der Angeklagten und auf die Erklärungen der Zeugen; es gab überhaupt keinen materiellen Beweis. Das nach dem Prozeß publizierte offizielle Protokoll wurde übrigens "überarbeitet" und entspricht nicht dessen Verlauf. Was die "Anwälte" betrifft, so habe ich meinen ein einziges Mal für einige Minuten in Gegenwart eines Polizeioffiziers gesehen ...

Wir wußten, daß uns unter diesen Umständen niemand und nichts auf der Welt würde retten können. Wir kannten alle die Moskauer Prozesse, und von den ersten Verhören an war uns klar, daß wir uns in derselben Situation befanden wie die damals Angeklagten. Wir wußten, daß es für uns keine Rettung geben würde, wie es auch für sie keine gegeben hatte. Dennoch haben wir Widerstand geleistet, mit allen Kräften, allen uns zur Verfügung stehenden Mitteln, unser Leben verteidigt.

Diejenigen, die gestorben sind, sind nicht freiwillig in den Tod gegangen, sondern wurden durch die Folter bis an die Grenzen des Wahnsinns getrieben. Ich will davon nicht sprechen. Aber man stelle sich nur einen Augenblick vor, was man einem Menschen antun muß, um ihn dazu zu bringen, sich selbst zu beschuldigen und selbst zu verlangen, für seine "Verbrechen" gehängt zu werden. In einem solchen Zustand erkennt man, daß man weder Held noch Märtyrer ist, sondern daß man menschlich einfach gar nichts mehr darstellt.

In dieser Extremsituation, wo sich der Mensch dem Geheimnis von Leben und Tod konfrontiert sieht, scheinen viele Dinge ohne Bedeutung. Aber wenn dieser Mensch zufällig überlebt, bleibt ihm ein unauslöschliches Gefühl, eine einzige Haltung der Welt gegenüber: kein Haß im politischen Sinn des Wortes, sondern ein Ekel, ein organischer und physischer Ekel gegen allen Zwang, gegen alles Inhumane und Tyrannische.

Karel Kaplan

"Massenungesetzlichkeit" und politische Prozesse in der Tschechoslowakei 1948 bis 1953

Die "Massenungesetzlichkeit" gehörte nicht nur zu den Erscheinungen, die am nachhaltigsten die Gründerzeit des Regimes (1948 bis 1953) charakterisierten, sondern sie war dessen Bedingung, eine Voraussetzung für das Entstehen und die Formierung des neuen Systems, des Überganges von der Demokratie zur Diktatur. Die Wurzeln der Massenungesetzlichkeit liegen im Regime selbst, in seiner machtpolitischen Konzeption. Das kommunistische Machtmonopol produzierte gleichsam natürlich Ungesetzlichkeit und zersetzte die Rechtsordnung, weil es die politischen Beschlüsse, die Orientierung und die Direktiven der herrschenden Gruppen zum "höchsten Gesetz" erhob - in krassem Widerspruch zur Verfassung und zu den Gesetzen. In der "Gründerzeit" verwirklichte sich die Ungesetzlichkeit auf mehrfache Weise. Die herrschende Schicht schuf Gesetze und erließ politische Direktiven, die in absolutem Widerspruch zum allgemein anerkannten Recht und Rechtsbewußtsein standen. Das Parlament verabschiedete verfassungswidrige Gesetze, Regierung, Ministerien und Ämter der unteren Ebene erließen gesetzeswidrige Verordnungen. Die Herrschenden okkupierten das Recht, standen über dem Recht - einem Recht, das, zur Dienerin der Macht degradiert, Mittel zur Durchführung ihrer Politik wurde. Im Prinzip wurden nur jene Rechtsnormen anerkannt, welche im Einklang mit den unmittelbaren Zielen dieser Politik standen oder die man in dieser Richtung instrumentalisieren konnte. Kommunistische und staatliche Institutionen und ihre Funktionäre überschritten wissentlich oder unwissentlich nicht nur "alte" Gesetze und Verordnungen, sondern auch "neue", von ihnen selbst geschaffene. Sie interpretierten die Rechtsnormen ihren Zwecken entsprechend, politisch und vom "Klassenstandpunkt" aus. Das Machtmonopol schloß die Möglichkeit des Schutzes vor und der Verteidigung gegen die Ungesetzlichkeiten aus. Es liquidierte die dazu unerläßlichen Voraussetzungen, u. a. die Unabhängigkeit der Gerichte, und regelte Gerichts- und Verwaltungsverfahren neu. Das Prinzip der Unschuldspräsumption wurde nicht angewandt.

Die "Massenungesetzlichkeit" fand ihre ideologische Begründung in der *Theorie der Verschärfung der Klassenkämpfe* in der stalinistischen Lesart des Sozialismus. Nach der Resolution des Kominformbüros über Jugoslawien im Juni und vor allem nach dem Besuch des Parteivorsitzenden Gottwald in der UdSSR im September 1948 propagierte die kommunistische Führung in Prag verstärkt diese Theorie und entwickelte sie zu einer ideologischen Schablone, die fest im Bewußtsein der Funktionäre, der Mehrheit der KP-Mitgliedschaft und Teilen der Bevölkerung verankert werden sollte. Trotz anfänglicher Schwierigkeiten, Unverständnis und auch Widerstand wurde diese ideologische Schablone schrittweise zum integralen Bestandteil des politischen Denkens insbesondere der kommunistischen Funktionäre, bestimmte zunehmend deren Einschätzung des gesellschaftlichen Geschehens und deren Bewertung der politischen Ereignisse. Die Verschärfung des Kalten Krieges und die damit einhergehende Militarisierung der Gesellschaft trugen, neben der gegen die "Klassenfeinde" gerichteten und die politischen Prozesse begleitenden Massenpropaganda Bedeutendes dazu bei. Die kommunistischen Machthaber gestalteten so ihre Beziehung zu den Bürgern und die gesellschaftlichen Beziehungen nach dem Prinzip des "verschärften Klassenkampfes". Eine ideologische Schablone, die im Bewußtsein der Funktionäre bald so verankert war, daß sie jede ihrer politischen Entscheidungen mitbestimmte. Als diese Linie im Jahre 1953 von der KPTsch-Führung geringfügig abgeschwächt wurde, stieß dies auf das Unverständnis und den Widerstand ihrer Funktionäre.

Die Stalinsche Theorie des Klassenkampfes und deren Auslegung entwickelten und änderten sich. Bis zum Jahre 1953 stand zunehmend der sektiererische und repressive Aspekt im Vordergrund. Eine ideologische Schablone, die sich für die Machthaber als sehr nützlich erweisen sollte, ermöglichte sie doch, die wirklichen Ursachen des politischen Mißerfolgs zuzudecken, und stellte auch keine großen Anforderungen an das politische Denken der Funktionäre. Nicht nur in kommunistischen Kreisen zeitigte die viel propagierte These über die Tätigkeit "des Klassenfeindes" als Hauptursache der Schwierigkeiten ihre Wirkung.

Der Kreis der "Klassenfeinde" wurde nunmehr offiziell erweitert: In den Jahren 1949 bis 1952 umfaßte er nicht mehr bloß "die Bourgeoisie", sondern auch Lehrer, Professoren, Ärzte, Ingenieure und ähnliche Berufsgruppen. Dazu wurden üblicherweise auch ehemalige Gewerbetreibende, Handwerker, mittlere Bauern usw. gerechnet. Durch derlei Kategorisierung kam man zu dem absurden Schluß, daß "mit Ausnahme der Arbeiterschaft die Mehrheit des Volkes der Bourgeoisie angehört" (Václav Kopecký im Dezember 1953). Kleinere Funktionäre identifizierten in Eigenregie "Klassenfeinde" in ihrer unmittelbaren Umgebung und vermuteten einen solchen in jedem, der mit der offiziellen Linie oder auch nur der lokalen Politik nicht übereinstimmte.

Die Stalinsche Theorie sieht in der umfassenden Entfaltung des Klassenkampfes die Hauptquelle der Dynamik gesellschaftlicher Entwicklung. Davon war es nur noch ein Schritt zur sogenannten aktiven oder offensiven Seite des Klassenkampfes. Führende Funktionäre forderten entschlossen zur Führung des Klassenkampfes auf, kritisierten die unzureichende Zahl der entlarvten Feinde und klärten die kleineren Funktionäre und untergeordneten Institutionen über die bisher unentlarvten Klassenfeinde in jeder Gemeinde, jedem Betrieb und jedem Amt auf.

Auf dem Gebiet des Rechtes und der Rechtspraxis hatte die Umsetzung der Stalinschen Theorie des Klassenkampfes fatale Folgen. Breite Bevölkerungsgruppen wurden zu Bürgern "zweiten Ranges" degradiert, ungleich nicht nur vor dem Gesetz. Eine zweifache Klassenjustiz wurde zur offiziellen Rechtspraxis. Einerseits waren die Rechtsnormen Ausdruck des "Klassenstandpunktes"; andererseits ließen sich Gerichte und andere Rechtsinstitutionen bei der Qualifizierung von Schuld und Strafausmaß ausschließlich von diesem "Klassenstandpunkt" leiten. Die Klassenjustiz generierte und praktizierte ein Prinzip, wonach bestimmte Tatbestände als "notorisch bekannt" vorausgesetzt wurden und als solche nicht mehr bewiesen zu werden brauchten. So war es z. B. notorisch bekannt, daß Angehörige gewisser sozialer Schichten, eben der "Klassenfeind", dem Regime gegenüber Straftaten begingen.

Die "Massenungesetzlichkeit" war Bestandteil und Instrument der offiziellen Politik. Sie wurde zur gängigen Methode der Verwirklichung der politischen Linie, der Machtusurpation ebenso wie der Wirtschaftsstrategien, sie konstituierte die Wesensart des Regimes. Der Charakter der Gründerzeit des Regimes, die plötzliche machtpolitische Wende, das schnelle Tempo der gesellschaftlichen Änderungen, die eine unter den Bedingungen der bürgerlichen Demokratie lebende Generation betrafen, vervielfachten Umfang und Härte der Ungesetzlichkeiten. Alle bedeutenderen Eingriffe, Änderungen und Kampagnen auf dem Gebiet der Politik, der Wirtschaft und der Kultur zeugten Ungesetzlichkeiten. Die Zerschlagung der Rechtssicherheit und die Zersetzung des Rechtsstaates wirkten auch als Voraussetzung des Entstehens und der Verbreitung einer "Psychologie der Angst" - ein bedeutender, vorübergehend sogar systemstabilisierender Faktor.

Die "Massenungesetzlichkeit" in den Jahren 1948 bis 1953 verlief in zwei Etappen. In der ersten (bis zum Jahreswechsel 1948/49) diente sie der Absicherung des Februarumsturzes (Machtübernahme der Kommunisten) und der Konstituierung der Diktatur. Sie konzentrierte sich vor allem auf den machtpolitischen Bereich, auf die Zerschlagung der Mechanismen der Demokratie und der bürgerlichen Gesellschaft. In ihrer zweiten Etappe diente sie der Untermauerung des Machtmonopols, der Durchsetzung des gesellschaftlichen Umbaus, unrealistischer wirtschaftlicher Vorhaben und sowjetischer Großmachtpläne. Wie ein Krebsgeschwür wuchs sie in die Gesellschaft hinein, bis sie zur Selbstverständlichkeit wurde, zur Alltagserscheinung im gesellschaftlichen Leben. Sie durchdrang und lähmte das Leben der gesamten Gesellschaft und gefährdete alle, weil keiner vor ihr geschützt war, nicht einmal jene, die sie entfesselt hatten.

In der ersten Etappe der "Massenungesetzlichkeit" überwogen die politischen Säuberungen als Hauptform der Verfolgungen. Die Säuberungen wurden von Aktionskomitees der "Nationalen Front" durchgeführt, die während der Februarkrise von der kommunistischen Mehrheit installiert worden waren. Unmittelbar nach dem Februar 1948 verloren über 4000 Beschäftigte, überwiegend Arbeiter, ihre Stellen, weil sie sich am Generalstreik des 24. Februar nicht beteiligt hatten. An die 5000 Bauern und Gewerbetreibende mußten aus politischen Gründen die Grenzgebiete verlassen, und im März begann die Zwangsumsiedlung von zunächst 9000 Bürgern deutscher Nationalität. Nach offiziellen Angaben wurden über 11.000 Beamte, weiters 3000 Angehörige des Sicherheitsdienstes und knapp 30 Prozent der Armeeoffiziere entlassen. 18 Prozent der insgesamt 48.000 Hochschüler wurden vom Studium ausgeschlossen und über 500 Professoren und Dozenten entlassen. Die offiziellen Angaben von 28.000 aufgrund der Entscheidungen des Aktionskomitees entlassenen Personen umfassen bloß einen Teil der Betroffenen, da in der Mehrheit der Fälle die leitenden Organe der Institutionen und Ämter selbst entschieden.

Die meistverbreitete Form der Verfolgung waren Funktionsenthebungen innerhalb der Machtorgane und Interessensorganisationen. Für die Mehrheit der Betroffenen, vor allem für höhere Funktionäre, war dies sowohl mit unmittelbaren (wie z. B. Versetzung auf weniger qualifizierte Posten oder Ausschließung von der dienstlichen Vorrückung), wie auch dauerhaften Folgen (z. B. Studienverbot für die Kinder) verbunden. Die Gesamtzahl der Mitglieder der Nationalkomitees wurde um 75.000 Angehörige der nicht-kommunistischen Parteien reduziert. Abberufen wurden auch an die 20.000 Gewerkschaftsfunktionäre und Betriebsräte. Aus dem politischen Leben wurden die Funktionäre der nicht-kommunistischen Parteien fast zur Gänze ausgeschlossen. Dies betraf 120.000 Nationalsozialisten, 100.000 Funktionäre der Volkspartei und der Demokratischen Partei und 20.000 Sozialdemokraten. Die Gesamtzahl der von den Säuberungen betroffenen Personen bewegte sich zwischen 250.000 und 280.000.

Die erste Etappe der "Massenungesetzlichkeit" erreichte ihren Höhepunkt in der Reaktion der kommunistischen Führung auf die schwere Krise im Sommer und Herbst 1948. Auf öffentliche geäußerte, moderat formulierte Kritik an der neuen Politik im Rahmen des Sokolkongresses und anläßlich des Begräbnisses von Präsident Beneš am 8. September antworteten die Kommunisten mit umfangreichen Säuberungen im Sokol sowie mit Verhaftungen. Auf die Unwilligkeit der katholischen Hierarchie, sich dem kommunistischen Machtmonopol unterzuordnen, wurde mit Verfolgungen der Kirche und Gefangennahme von Priestern und Laien reagiert. Unzufriedenheit innerhalb der Arbeiterschaft, die v. a. die mangelhafte Versorgung betraf, beantworteten die Kommunisten mit verstärktem Druck auf Gewerbetreibende und Bauern. Auf die erste schwere politische Krise des Regimes reagierte die kommunistische Führung also insgesamt mit der Politik eines "scharfen Kurses" gegen "die Reaktion".

Die zweite Etappe der "Massenungesetzlichkeit" setzte mit einer umfassenden Suspendierung der *bürgerlichen Freiheiten und politischen Rechte* ein.

Es handelte sich dabei um eine eindeutige Verletzung der "Konstitution vom 9. Mai" durch Gesetze, Verordnungen und politische Direktiven. Freie Wahlen, Presse- und Informationsfreiheit, Bewegungsfreiheit (insbesondere Auslandsreisen), Versammlungs- und Koalitionsfreiheit, Religionsfreiheit und Freiheit des Denkens (der Marxismus-Leninismus wurde zur Staatsideologie erklärt) wurden abgeschafft. Das öffentliche Leben wurde der Kontrolle durch kommunistische Institutionen, Staatsbehörden und Staatssicherheit unterstellt, Einzelpersonen und Familien unterlagen geheimer Überwachung und Bespitzelung (Führung der Hausbücher, Kontakte mit Ausländern, System der Hausvertrauensmänner) durch lokale Parteifunktionäre, Parteiorganisationen (Kaderbegutachtungen) und Sicherheitsorgane, vor allem aber durch die Staatssicherheit (intensive Überwachung Tausender "politisch Verdächtiger", Aufbau eines breiten Netzes von Informanten auch aus den Reihen der Lokalfunktionäre der KPTsch).

Mit der Liquidierung der bürgerlichen Freiheitsrechte schufen die Machthaber neue gesellschaftliche Differenzierungen nach politischen Kriterien. Die primäre Gliederung verlief zwischen Kommunisten und Parteilosen. Auch unter den Kommunisten, die im allgemeinen privilegiert waren, gab es Unterschiede: Neben denjenigen, die direkt oder indirekt in den Prozeß der Machtausübung eingebunden waren, standen die passiven, welche sich über ihre Mitgliedschaft soziale Sicherheit und Vorteile zu sichern versuchten. In der Partei hielt sich lange eine Kategorisierung der Mitglieder nach sogenannten "Vorfebruarkadern", "Verläßlichen" und jenen weniger Vertrauenswürdigen, die erst nach dem Februar 1948 zur Partei gestoßen waren. In gleicher Richtung wirkte auch die Kategorisierung nach Klassenzugehörigkeit. Die Parteilosen wurden von der Macht nach ihren Beziehungen zum Regime gegliedert: in Vertrauenswürdige, in jene, die kein volles Vertrauen genossen, in Verdächtige und schließlich in die Kategorie der "Feinde". Außerdem schuf die offizielle Politik eine Art Mehrstufengesellschaft: Auf die erste Stufe stellte sie die Arbeiter, auf die zweite die Bauern, auf die dritte die Intelligenz. Auf der niedrigsten Stufe standen die Angehörigen der Bourgeoisie. Diese politische Differenzierung nach Grad des Vertrauens und sozialer Zugehörigkeit veränderte den Charakter der Beziehung zwischen Macht und Bürgern - es entstand eine politische Struktur, die für die Errichtung der Diktatur unerläßlich war.

Die Liquidierung der Bürgerrechte und der politischen Freiheiten traf die Gesellschaft als Ganzes, wenn auch bestimmte Schichten und Individuen in unterschiedlicher Intensität. Neben ihren gesamtgesellschaftlichen Auswirkungen richtete sich die Ungesetzlichkeit gegen spezifische Gruppen und Bevölkerungsschichten und nahm verschiedenste Formen und breiten Umfang an, sodaß hier nur auf einige ihrer wichtigsten Ausprägungen eingegangen werden kann.

Von der Einschränkung der Religionsfreiheit und der Verfolgung der Kirche und der Gläubigen waren alle Bekenntnisse betroffen. Einige Sekten (Zeugen Jehovas) und kirchliche Organisationen (Heilsarmee, die Griechisch-Orthodoxe Kirche etc.) wurden verboten oder auf anderem Weg abgeschafft. Besonders schwer hatte die katholische Kirche unter den Verfolgungen zu leiden. Alle Kirchen wurden einer staatlichen Aufsicht unterstellt und ökonomisch vom Staat abhängig gemacht. Die Behörden interpretierten die staatliche Aufsicht in einer Weise, die ein massives Eingreifen in das innerkirchliche Leben bedeutete. Die kirchliche Presse wurde Einschränkungen und der Zensur unterworfen, kirchliche Vereine wurden aufgelöst, ihr Einfluß auf das Schulwesen reduziert und ideologisch beeinflußt. Die staatliche Aufsicht richtete sich vor allem gegen die Priester, deren Tätigkeit von den lokalen Parteifunktionären und der Staatssicherheit überwacht wurde. Die Geistlichen standen unter der permanenten Drohung, daß ihnen jederzeit die notwendige staatliche Einwilligung zur Ausübung ihrer Funktion entzogen werden konnte. Betroffen waren aber auch die Gläubigen selbst. Die Sicherheitsbehörden überwachten die Besucherzahlen der Gottesdienste und informierten die kommunistischen Organisationen. Selbst die Zugehörigkeit zu einem Glaubenbekenntnis (in den Kaderfragebögen angeführt) und insbesondere die Teilnahme an Gottesdiensten, festgehalten in den Kaderbegutachtungen, erschwerte oder verunmöglichte den Zugang zu Funktionen oder bestimmten Posten ebenso wie die Zulassung der Kinder zum Studium. Kommunistische Funktionäre überwachten regelmäßig den Religionsunterricht an den Schulen und ordneten die Reduzierung der Anzahl der dazu eingetragenen Schüler an. Im Frühjahr 1951 starteten die Kommunisten eine Kirchenaustrittskampagne, die insbesondere gegen die katholische Kirche gerichtet war.

Die Ungesetzlichkeit, die sich bewußt vor allem gegen die Mittelschichten richtete, hatte weitreichende gesellschaftliche Folgen. Sie trug einen wesentlichen Teil zur Liquidierung der traditionellen Mittelschicht bei und führte so zu tiefgreifenden Veränderungen in der sozialen Struktur des Landes, wie sie auch in großem Maße zur Verbreitung eines Klimas der sozialen Unsicherheit und der Zukunftsängste beitrug. Intelligenz und traditionelle Eliten sahen sich mit einer von oben verordneten Dequalifizierung konfrontiert. Auf Anordnung wurden bei Funktionsbesetzungen und Festlegung von Gehältern - mit Ausnahme der Ärzte - gegebene Ausbildungsniveaus nicht in Betracht gezogen. Bei den Staatsbeamten wurde die Pragmatisierung abgeschafft, womit der traditionelle Schutz vor Entlassungen aus politischen Gründen weggefallen war. Beide Maßnahmen bildeten die notwendige Voraussetzung für Säuberungen in den Reihen der Verwaltungsbeamten und der technischen Intelligenz. Das allgegenwärtige Mißtrauen der kommunistischen Funktionärsbürokratie gegenüber der traditionellen bürgerlichen Intelligenz und ihre Überzeugung von der Notwendigkeit der Zerschlagung des alten Staats- und Führungsapparates waren die politischen Hauptmotive der Säuberungen, bei denen Tausende Beamte und qualifizierte Fachkräfte ihre Posten verloren und nur mehr in Bereichen der unqualifizierten manuellen Arbeit weiter verwendet wurden. So wurden im Rahmen einer großen Kampagne im Jahr 1948 ca. 20.000 Beamte in die "materielle Produktion" gezwungen, 1951 folgten weitere 51.215. Weitere Tausende Angehörige der Intelligenz wurden im Rahmen der Säuberungen in der Armee, den Sicherheitsbehörden und weiteren staatlichen Institutionen entlassen. Das Mißtrauen der Macht gegenüber der Intelligenz schlug auch auf deren Kinder über, für die der Studienzutritt begrenzt und in vielen Fällen gänzlich verunmöglicht wurde.

Nach den Säuberungen unter der Intelligenz und deren Verbänden im Jahre 1948 folgten weitere Verfolgungen, vor allem Publikations- und Ausstellungsverbote für eine Vielzahl von Künstlern, unter anderen Jaroslav Seifert, František Halas, František Hrubín, František Langer, Josef Palivec, Jan Zahradníček, Emil Filla, Vladimír Holan, Václav Černý, Karel Teige. Bedrohliches Ausmaß erreichten die Indexlisten verbotener Literatur und nicht geduldeter Autoren: Im März 1952 veröffentlichte die kommunistische Führung das Verzeichnis sogenannter "trotzkistischer und anti-sowjetischer Literatur", und im April 1953 wurden die Werke von T. G. Masaryk, Eduard Beneš und weiteren bürgerlich-demokratischen Politikern verboten. Aufgrund dieser Indexlisten wurden aus den öffentlichen Bibliotheken 27,5 Millionen Bücher ausgeschieden und größtenteils vernichtet.

Seit dem Herbst 1948 war man auch an die schrittweise Vernichtung der privaten städtischen Kleinwarenproduktion gegangen. Ein Vorgehen, das der Verfassung, aber auch den Versprechungen der kommunistischen Führung widersprach, und das eine unmittelbare Reaktion auf die erste Krise des Regimes darstellt. Tatsächlich aber wurde damit lediglich die Realisierung jener Ziele beschleunigt, die schon von vornehrein im Langzeitprogramm als "Gesetz des Aufbaus des Sozialismus" festgelegt waren. Die Machthaber gingen im Herbst 1948 von der Überlegung aus, daß es notwendig geworden sei, den Widersachern des Regimes ("der Reaktion") ihre soziale Grundlage zu entziehen. Der vulgär-leninistischen Linie der KPTsch zufolge richteten sich diese Maßnahmen zunächst unmittelbar und direkt gegen die Kleinwarenproduzenten, nach zwei Jahren kam zu den bisherigen Motiven ein weiteres hinzu: der dringende Bedarf an Arbeitskräften für den Aufbau der Schwerindustrie. Regierung und Ministerien übten mit einer Reihe diskriminierender ökonomischer Maßnahmen Druck auf die Gewerbetreibenden aus und bereiteten so den Boden für deren beschleunigten Untergang auf. Preis- und Wirtschaftskontrollen sowie das Strafausmaß für Verstöße wurden verschärft - vielerorts wuchsen sich die Kontrollen und Durchsuchungen zu einem planmäßigen "Pogrom gegen die Gewerbetreibenden" aus. Die Behörden begrenzten die Zuliefermengen für das private

Gewerbe, verboten die Einstellung zusätzlicher Arbeitskräfte, Staatsbetriebe stellten die Lieferung bestimmter Waren an den privaten Handel überhaupt ein und errichteten eigenständige Vertriebssysteme. Nachhaltige Wirkung zeitigte die Ausschaltung der Gewerbetreibenden aus dem gebundenen Markt ab Jänner 1949, als diese gezwungen waren, Grundnahrungsmittel und Textilien auf dem freien Markt zu merklich überhöhten Preisen anzukaufen. Begleitet wurde diese ökonomische Kampagne von einer politischen, in der die Notwendigkeit des Übergangs von der Kleinwarenproduktion zu höheren Produktions- und Unternehmensformen betont und eine immer größere Anzahl von Gewerbetreibenden dem sogenannten "Klassenfeind" zugeordnet wurden. Der wachsende ökonomische und politische Druck führte bei den Gewerbetreibenden zu tatsächlicher Existenzbedrohung und in weiterer Folge zu massenhafter Flucht oder zu erzwungenem Übergang in staatliche oder kommunale Betriebe und Genossenschaften.

"Massenungesetzlichkeit" kennzeichnete weiters die Kollektivierung in der Landwirtschaft schon in deren ersten Phasen, als die kommunistische Führung zunächst eine "Klassendifferenzierung" am Lande anstrebte. In einer ersten Welle von Gründungen landwirtschaftlicher Produktionsgenossenschaften (LPG) im Jahre 1949 verschärfte sich diese Ungesetzlichkeit und erreichte ihren Höhepunkt in den darauffolgenden Jahren während der offiziellen Massenkollektivierung. Sie nahm die verschiedensten Formen an, konstruiert und willkürlich, oft auf brutalste Weise von den örtlichen Funktionären durchgezogen. Im Prinzip handelte es sich auch hier um die Kombination von wirtschaftlichem und politischem Zwang mit dem Ziel eines Eintritts der Bauern in die LPGs, um damit die private Landwirtschaft zu zerschlagen. In den Jahren 1948 bis 1950 sollten sich dabei die nach Klassengesichtspunkten festgesetzten Pflichtliefermengen an den Staat als das zentrale Mittel der Repression erweisen. Für die Gruppe der privaten Einzelbauern wurden diese unerfüllbar hoch angesetzt. Es folgten Kontrollen, Durchsuchungen, Beschlagnahmen der Vorräte, aber auch Stromabschaltungen, erzwungenes Ausdreschen in den Gemeinden, Geld- und Freiheitsstrafen etc. Waren im Jahre 1949 noch insgesamt 50.248 Bauern auf diese Weise bestraft worden, so waren es allein während der ersten drei Monate des folgenden Jahres schon 29.115. Jene, die die Lieferungen nicht erbringen konnten, wurden aus dem gebundenen Markt ausgeschlossen, was in vielen Gemeinden an die Hälfte aller Familien betraf. Für viele bedeutete dies wirkliches Elend. Eine verbreitete Form der Repression war die sogenannte Zwangspacht: Die lokalen Behörden wiesen den Bauern gegen deren Willen Brachland zu, um daraufhin die Pflichtliefermengen zu erhöhen (im Jahre 1953 wurden auf diese Weise 649.000 Hektar Land zugeteilt). 1950 wurde eine Zwangsrekrutierung der landwirtschaftlichen Maschinen bei Privatlandwirten, und zwar ohne Kompensation, durchgeführt - Ende März waren bereits 39.233 Maschinen in Beschlag genommen. Eine weitere, verbreitete Form der Ungesetzlichkeit und der Repression war der Austausch von Grundstücken. Im Rahmen der Bildung geschlossener Huben der LPGs wurden die Felder von privaten Bauern eingezogen, die dafür entlegene und schlechtere Grundstücke erhielten. Bis 1953 war davon beinahe die Hälfte der 384.756 privaten Landwirte in Gemeinden mit LPGs erfaßt.

Politisch am schwersten aber sollten die Verfolgungen jener Bauern wiegen, die einen LPG-Beitritt abgelehnt hatten. Von den lokalen Funktionären bedroht, diskriminiert, zu Regimegegnern gestempelt und als Klassenfeinde qualifiziert, schienen sie bald in "schwarzen Listen" auf, die in den Gemeinden auf Veranlassung übergeordneter Behörden angelegt wurden. Die Eintragung in eine solche Liste bestimmte das weitere Verhalten der Behörden den Bauern gegenüber, z. B. bei der Einforderung der Pflichtliefermengen, bei der Festlegung der Höhe der Pönale, bei der Erledigung von Gesuchen, bei Aufnahme der Kinder zum Studium oder zu Lehrstellen außerhalb der jeweiligen Gemeinde usw.

Ein spezifisches Kapitel stellte dabei das Vorgehen gegen die größeren grundbesitzenden Landwirte, die sogenannten "Dorfreichen" oder "Kulaken" dar, die zum größten Feind der Kollektivierung und des Regimes erklärt wurden. Zunächst rechnete man dieser Gruppe Bauern mit mehr als 20 Hektar Grundbesitz zu, später dann jene mit mehr als 15 Hektar. In den Jahren 1948 bis 1953 trieb eine Reihe behördlicher Maßnahmen - mit dem expliziten Ziel der Vernichtung dieser Bauernschicht - die "Kulaken" in den wirtschaftlichen Ruin. Vor dem Bankrott stehend, wurden die Gehöfte der Großbauern unter staatliche Verwaltung gestellt, ihre Besitztümer beschlagnahmt und ihre mit Rückkehrverbot verbundene Ausweisung aus den Heimatgemeinden verfügt. Die rechtliche Basis dafür stellte eine Ministerialdirektive vom 22. Oktober 1951 dar, bis Mai 1953 waren 1077 Familien ausgesiedelt. Direktes Resultat war ein massenhafter wirtschaftlicher Verfall.

Die Ungesetzlichkeit machte aber auch vor traditionellen Arbeiterrechten nicht Halt. Das bereits errungene "Recht auf Arbeit" wurde durch das Regime in "Arbeitspflicht" bis hin zur Beschränkung der freien Beschäftigungswahl umgewandelt. Das Nichteinhalten der Gesetze über die achtstündige Arbeitszeit, über das Verbot der Nachtarbeit von Frauen und Jugendlichen, die Mißachtung der Arbeitssicherheitsvorschriften und anderer arbeitsrechtlicher Normen wurde alltäglich. Die regelmäßige Neufestsetzung der Produktionsnormen und der sogenannte "sozialistische Wettbewerb" bei gleichzeitigem Weiterbestehen der technologischen Rückständigkeit der Produktion führten zu enormer Arbeitsintensivierung. Die Kollektivverträge verkamen zur bloßen Formalität, sie wurden von den Betriebsleitungen nicht anerkannt, ja nicht einmal registriert. Das Arbeitsgesetz wurde von den Gewerkschaften über zehn Jahre lang vorbereitet und erst im Jahre 1963 dem Parlament vorgelegt. Die Arbeiterschaft verfügte weder über Mittel zur Durchsetzung ihrer Forderungen noch zu ihrem Schutz am Arbeitsplatz. Arbeitsämter und -gerichtsbarkeit verfielen und wurden aufgelöst. Die gewerkschaftlichen Organisationen verkamen zu einem Instrument der Umsetzung der offiziellen Politik und Interessen der KPTsch, Streiks waren faktisch verboten; falls es dennoch zu Arbeitskämpfen kam, wurden die Organisatoren verhaftet. In den Betrieben zog die Staatssicherheit ein engmaschiges Informantennetz auf, Partei- und Gewerkschaftsfunktionäre informierten ihre Vorgesetzten über Stimmungen und Haltungen der Belegschaften. Nicht nur Arbeiter, die unverhohlen ihre Unzufriedenheit mit dem offiziellen Kurs äußerten, sondern auch solche, die die Verhältnisse am Arbeitsplatz kritisierten, wurden verfolgt.

In der Skala der "Massenungesetzlichkeit" standen die Strafen ohne gerichtliche Verurteilung an oberster Stelle, anzusiedeln in unmittelbarer Nähe zu den politischen Prozessen. Es handelte sich um Verhaftungen oder Internierungen aufgrund politischer Beschlüsse der Partei- und Staatsinstitutionen. Sie wurden von anonymen Kommissionen verhängt, gegen deren Entscheidungen - die ohne gerichtliche Verhandlung und in Abwesenheit des Betroffenen gefällt wurden - es kein Berufungsrecht gab. Auf diese Weise füllten sich die Konzentrations- und Zwangsarbeitslager (TNP - Tábory nucených prací), die sogenannten "Technischen Hilfsbataillone" (PTP - Pomocné technické prapory) und die "Zentralsammelstellen" für Geistliche in bestimmten Klöstern. Unmittelbarer Anlaß zur Errichtung der TNP war die Krise des Regimes im Herbst 1948, die Entscheidung fiel in den Sitzungen des Politbüros des ZK der KPTsch am 9. und 20. September und am 4. und 11. Oktober 1948. Zunächst sollte es sich bei den Betroffenen um "politisch unzuverlässige" Personen handeln, das Gesetz Nr. 247 vom 25. Oktober 1948 führte dann aber an erster Stelle "arbeitsscheue Elemente" an. In der Praxis überwog bei der Auswahl der Opfer dennoch der politische Aspekt.

Anfänglich hatten die Zentralbehörden Schwierigkeiten, die bereits eingerichteten TNPs aufzufüllen. 1949 und 1950 mußten daher Kampagnen organisiert und die Bezirke zur Aufstellung von Listen potentieller Opfer aufgefordert werden - Kampagnen, in die die kommunistischen Basisorganisationen explizit mit einbezogen wurden. Große Probleme bereitete dabei die soziale Zusammensetzung der Betroffenen. Im April 1949 wurde offenkundig, daß der Anteil der Industriearbeiter in den TNPs bei 80 Prozent lag, so daß er innerhalb eines Jahres auf ein Viertel gesenkt wurde, wobei der Anteil aller abhängig Beschäftigten noch immer bei 79 Prozent lag. Gegen Ende 1950 änderte sich die Einweisungspraxis, in die TNPs wurden Personen nur mehr nach ordentlicher Gerichtsverhandlung oder dem Verbüßen einer ordentlichen Strafe eingeliefert, entschieden wurde in den Kommissionen der Kreisgerichte nach Vorschlägen der Staatsanwälte. Ein Jahr später begann eine langsame Auflösung der TNPs, die bis 1953 abgeschlossen war. Die ge-

naue Zahl der Opfer ist noch nicht bekannt, aufgrund von vorläufigen Angaben kann man von etwa 80.000 Betroffenen ausgehen.
Der schnelle Aufbau einer großen Armee lieferte den unmittelbaren Anlaß zur Errichtung der PTPs, der sogenannten "Schwarzen Bataillone". In den PTPs wurden "politisch unzuverlässige Soldaten" konzentriert und zum Aufbau militärischer Einrichtungen eingesetzt. Ihren größten Umfang erreichten sie in den Jahren 1951/1952, als Minister Čepička auf Beschluß des politischen Sekretariats des ZK der KPTsch die Einberufung aller Männer zwischen 17 und 60 (die Untauglichen eingeschlossen) zu zeitlich nicht begrenzten Manövern anordnete. Mit 1. Jänner 1952 befanden sich in den PTPs 23.865 Personen, und ihre Zahl stieg weiter an. Die für das Jahr 1953 geplante Zahl von 53.000 wurde jedoch nicht erreicht - im Gegenteil: Gegen Ende des Jahres kam es zur schrittweisen Auflösung der PTPs, die mit 1. Mai 1954 vollendet war. In den "Sammelklostern" wurden im Jahre 1950 2736 Ordensbrüder (davon 175 in gesonderten Internierungsklostern) sowie 4362 Ordensschwestern interniert.
Zur Kategorie der "Strafen ohne Gerichtsurteil" gehört auch die "Aktion B": "Aussiedlung der Reaktion aus den Großstädten", welche die kommunistische Regierung am 9. September 1948 beschloß. Im Innenministerium wurde eine Evidenz der "staatsfeindlichen Elemente", die entweder für die TNPs oder zur Aussiedlung bestimmt waren, eingerichtet, die um die Jahresmitte 1949 130.000 Personen umfaßte. Die Aussiedlung stützte sich auf das Gesetz vom 4. Juli 1948, das Mietvertragsauflösungen für Wohnungen, in denen "staatlich unzuverlässige Personen" wohnten, ermöglichte. 1951/1952 kam ein weiterer Grund dazu: der Bedarf an Wohnungen für die neuen Armee- und Sicherheitsoffiziere. Namentliche Umsiedlungsvorschläge mußten von kommunistischen Organisationen gutgeheißen werden. Die "Aktion B", die ihren größten Umfang in Prag, Preßburg und Brünn annahm, erstreckte sich über vier Jahre. Die genaue Zahl der Opfer kann noch nicht genannt werden, es handelte sich jedoch um einige Tausend Familien.

Politische Prozesse

Die politischen Prozesse stellen als ein Höhepunkt der "Massenungesetzlichkeit" einen organischen und integralen Bestandteil des kommunistischen Regimes dar, eine Existenzbedingung des totalen Machtmonopols in der damals einzig realisierbaren Form. Das enorme Ausmaß und die Härte dieser Prozesse charakterisierten die Gründerzeit des Regimes, wirkten als eine der Determinanten des politischen Geschehens und gestalteten in hohem Maße das Bild des gegenwärtigen und künftigen gesellschaftlichen Lebens.
Die politischen Prozesse kamen also nicht von ungefähr, sie waren weder eine "unnatürliche Abweichung" noch ein politischer Fehler des Regimes,

sondern planmäßig ins Werk gesetzt, Bestandteil, Produkt und Mittel der offiziellen Politik. Ungesetzliche politische Prozesse als Mittel der Politik und die mit ihnen untrennbar verbundene Willkür und Gewalt, die politischen Verbrechen und die Justizmorde waren eine völlig neue und außergewöhnliche Erscheinung im tschechoslowakischen politischen Leben und widersprachen dessen demokratischer Vergangenheit völlig. Diese Rolle hatten sie schon bei der Machtergreifung der Kommunisten im Jahre 1945 gespielt; in den Jahren 1948 bis 1953 wurden sie zum gängigen, gleichsam alltäglichen Mittel der offiziellen Politik. Sie erfüllten mehrere Zwecke: 1) dienten sie der Durchsetzung des Machtmonopols und der Stabilisierung des Regimes (es ist nur ein scheinbarer Widerspruch, daß sie in der Gründerzeit regimestabilisierend wirkten, was sich später ja auch völlig ins Gegenteil verkehrte); 2) dienten sie der Durchsetzung der sowjetischen Großmachtpläne ebenso wie der Absicherung eines so tiefgreifenden und raschen Umbaus auf allen gesellschaftlichen Gebieten; 3) funktionierten sie als Mittel der Regulierung der ständigen Spannungen zwischen Gesellschaft und Bürgern einerseits und dem Machtmonopol andererseits, als Mittel der Liquidierung tatsächlicher oder mutmaßlicher Regimegegner sowie der Lösung von Auseinandersetzungen und Konflikten in den Reihen der Machthaber selbst; 4) erfüllten sie ihren ideologischen Zweck, die "Beweise" für die Richtigkeit der offiziellen Politik zu erbringen, die wirklichen Ursachen der Mißerfolge und des gänzlichen Scheiterns zu verwischen und diese nicht als Werk der offiziellen Politik, sondern der Feinde des Sozialismus zu präsentieren; 5) wirkten sie als Hauptverursacher einer "Psychologie der Angst" und einer alles erstickenden Atmosphäre der Verdächtigungen, der politischen Hysterie und der "Agentomanie".

In ihrer Anfangsphase gab es kein im voraus durchdachtes, explizites Ziel der politischen Prozesse, wie etwa die Zerstörung der bürgerlichen Gesellschaft oder die Liquidierung der Mittelschichten und der Intelligenz. Die Ursachen waren einfacher und umfassender zugleich: die kommunistischen Funktionäre machten die Prozesse zu einem Mittel der offiziellen Politik, zu einer Form ihrer Realisierung. Jeder bedeutendere Schritt, jede Wendung, jede Kampagne in Politik, Wirtschaft und Kultur (wie z. B. die Wahlen, die Kollektivierung, die Zerschlagung der städtischen Kleinwarenproduktion, die Kirchenpolitik, die Errichtung und die Verteidigung des Machtmonopols, der Umbau des Staatsapparates, der Aufbau der Armee u. a.), wurde von einer spezifischen Welle politischer Prozesse begleitet.

Ausmaß und Härte der politischen Prozesse hatte mehrere Ursachen. Der totale Umbau aller gesellschaftlichen Bereiche wurde in solcher Weise und in solchem Tempo durchgeführt, daß er eine plötzliche und radikale Änderung in der Lebensweise des einzelnen wie auch ganzer Bevölkerungsgruppen erzwang. Er hob die bisherigen Lebensgewohnheiten auf, konstituierte neue Prinzipien und verbot die bislang gültigen; was eben noch gegolten hatte, erklärte er für ungesetzlich, Ungehorsam wurde nicht geduldet und bestraft. In das Leben der Individuen, der Familien, der sozialen Gruppen und Schichten trat etwas Neues, Ungewöhnliches, noch nicht genau Definiertes, das sie aber gleichsam natürlich als unrealistisch und für sie schädlich erkannten. Die Mehrheit paßte sich zwar den neuen Verhältnissen an, bei vielen aber riefen die Pressionen der Macht spontanen oder bewußten Widerstand hervor, der von einem Teil offen artikuliert wurde, während sich andere mit ihrem Widerstand ins Private zurückzogen. Die politischen Prozesse zerstörten nicht nur alle Ausdrucksformen des Widerstandes, sie mußten auch Widersacher präventiv beseitigen und zur allgemeinen Einschüchterung beitragen.

Gleichzeitig spiegelten die politischen Prozesse die Verschärfung der internationalen Spannungen wider. Kalter Krieg, sowjetische Weltmachtpläne, Aufbau einer Großarmee und Militarisierung der Gesellschaft beschleunigten zudem die Realisierung ganz bestimmter politischer Vorhaben (wie z. B. Kollektivierung und Industrialisierung), die dann ihrerseits wieder zu einer Quelle politischer Prozesse wurden. Damit wiederum wurde das Umfeld präsumptiver "Feinde" und Verdächtiger entscheidend ausgedehnt (z. B. Personen, die im Westen oder in Jugoslawien gewesen waren oder Kontakte mit Bürgern dieser Länder hatten). Die politischen Prozesse sollten zur Paralysierung dieses Umfelds beitragen. Schließlich spielte die politische und psychische Disposition der Machthaber selbst eine Rolle. Führende Kommunisten zeigten sich zwar im Jahre 1948 von der Stabilität des Regimes überzeugt, sahen jedoch (unter dem Eindruck sowohl der sowjetischen Hegemonie als auch der Entwicklung im Inneren) in jeglicher oppositionellen oder abweichenden Meinungsäußerung eine Bedrohung oder eine Schwächung ihres Machtmonopols. Dieser Zustand der "permanenten Bedrohung", in den das Regime sich versetzt sah, bildete einen fruchtbaren Boden für immer weitere Prozesse. So gesehen stellten die ehemaligen Funktionäre der nichtkommunistischen Parteien und der mittlerweile verbotenen Vereine eine permanente Gefahr dar; ihre beruflichen, persönlichen und freundschaftlichen Kontakte wurden als Vorbereitung staatsfeindlicher Tätigkeit interpretiert. Die Paranoia wirkte aber auch in anderer Richtung. Indem die kommunistische Führung die politischen Prozesse in Gang setzte, übertrug sie der Staatssicherheit viel zu weitreichende Gewalten. Die Staatssicherheit war zum Souverän geworden, gewann in der Durchführung der Prozesse die Oberhand und verselbständigte sich schließlich so weit, daß auch führende Kommunisten ihre Aktivitäten zu fürchten begannen. Die begründete Furcht der Funktionäre, des Schutzes sogenannter Feinde verdächtigt zu werden, nahm ihnen den Mut zu Widerstand oder zum Versuch einer Abhilfe. Durch ihr Schweigen rechtfertigten sie faktisch sowohl den Umfang der Prozesse als auch die Zahl der Opfer.

Die führenden kommunistischen Funktionäre, vor allem jene in der Staatssicherheit, sahen schon vor dem Februar 1948 politische Prozesse als Bestandteil des Kampfes der Partei um das Machtmonopol. Sie richteten sich gegen Repräsentanten der slowakischen "Demokratischen" und der "Nationalsozialistischen" Partei. Danach kam es vor allem deshalb zu einer Welle von politischen Prozessen, weil die KP sie zum Bestandteil und zum Mittel ihrer offiziellen Politik, zu einer der Formen ihrer Realisierung machte. Die Prozeßwelle erstreckte sich über mehr als fünf Jahre und nahm ein enormes Ausmaß an. Die genaue Zahl der Prozesse (wie auch jene der Opfer) ist noch immer nicht bekannt. Man kann zwar aufgrund bisheriger Forschungen von Schätzungen mit hohem Wahrscheinlichkeitsgrad ausgehen, doch stellt sich in diesem Zusammenhang das Problem der Definition des "politischen Prozesses". Man kann z. B. nicht zwischen "gesetzlichen" und "ungesetzlichen" politischen Prozessen unterscheiden. Auch die "gesetzlichen" Prozesse hatten insofern politischen Charakter, als die Straftaten durchaus politisch qualifiziert wurden; man unterstellte "landesverräterische Motivation" und verhängte unverhältnismäßig hohe Strafen. Überdies galten in der damaligen Auslegung und Anwendung des tschechoslowakischen Gesetzes auch solche Tatbestände als Straftaten, die üblicherweise den Bürgerrechten zugerechnet werden (wie etwa Kritik an der Regierung und ihrer Politik, Aneignung und Verbreitung von Informationen etc.). Schließlich waren alle Prozesse, über deren Vorbereitung, Verlauf oder Strafausmaß außergerichtliche Organe entschieden, im Prinzip ungesetzlich. Die sogenannten "gesetzlichen" Prozesse stellten also nur einen unbedeutenden Bruchteil dar. In den meisten politischen Prozessen wurden Straftaten behandelt, die von der Staatssicherheit oder vom Nachrichtendienst konstruiert oder direkt provoziert worden waren.

Den Kern der politischen Prozesse bildeten die Verurteilungen für Straftaten nach dem Gesetz zum Schutze der Republik Nr. 231/1948 und nach dem ersten Abschnitt des Strafgesetzes Nr. 86/1950. Die meisten davon verhängte das Staatsgericht, das vom November 1948 bis zum 1. Jänner 1953 ca. 27.000 Personen verurteilte. Sowohl vor der Konstituierung als auch nach der Auflösung des Staatsgerichtes wurden politische Prozesse von ordentlichen Straf- und Militärgerichten geführt. Das Oberste Gericht in Prag verurteilte 83.000 Angeklagte (inklusive der "verbalen" Delikte). Diese Angaben beinhalten jedoch noch immer nicht alle politisch motivierten Prozesse und Verurteilungen; hinzugerechnet werden müssen vor allem Delikte ökonomischer Natur (z. B. Lieferverstöße der Bauern). Die detaillierte Auswertung aller vorliegenden und zugänglichen Quellen inklusive der offiziellen Statistiken brachte den Autor zur Schlußfolgerung, daß in den Jahren 1948 bis 1954 40.000 bis 45.000 Bürger zu einem durchschnittlichen Strafausmaß von neun bis zehn Jahren Gefängnis verurteilt wurden. Nach offiziellen Daten verhängte das Staatsgericht 232 Todesurteile, von denen 178 vollstreckt wurden. Bei den Bezirks-, Kreis- und Militärgerichten war die Zahl der wegen politischer oder "ökonomischer" Delikte verurteilten Bürger doppelt so hoch. Das durchschnittliche Strafausmaß bewegte sich hier zwischen fünf und sechs Monaten. Eine Analyse der sozialen Herkunft der Verurteilten bestätigt den "Klassencharakter" der Justiz: den höchsten Anteil (20 bis 25 Prozent) stellten Arbeiter, gefolgt von niederen Beamten und Angehörigen der Mittelschichten, insbesondere mittleren Bauern. Die Gesamtzahl der Opfer politischer Prozesse und außergerichtlich verhängter Strafen erreichte mit 220.000 bis 230.000 beinahe die Viertelmillionengrenze, das sind 2,5 Prozent aller Bürger über dem 18. Lebensjahr.

Binnen kurzem war der Ablaufmechanismus der politischen Prozesse nach dem Februar 1948 voll ausgebildet. Er entwickelte sich aus dem Zusammenspiel von politischen Organen, Sicherheitskräften und der Justiz. Die politischen Organe spielten in diesem Mechanismus eine umfassende Rolle: sie setzten die politischen Impulse, sorgten für die entsprechenden Rahmenbedingungen, gaben in den bedeutenderen Prozessen auch die politische Konzeption vor und bestimmten das Strafausmaß. Eine führende, wenn nicht Schlüsselposition nahm in diesem Mechanismus Klement Gottwald als KPTsch-Vorsitzender und Präsident ein. Entweder im Alleingang oder mit vier Mitarbeitern (Zápotocký, Slánský, Široký, Dolanský) und mit dem Sicherheitsminister wurde über die großen Prozesse und deren Opfer entschieden. Gottwald trug die volle Verantwortung, nützte seine Autorität und Macht weder, um sie zu stoppen, noch um seine Genossen und andere Angeklagte zu retten. Nicht nur war er kein passiver Zuschauer der ausgebrochenen Prozeßwelle, sondern gehörte im Gegenteil zu ihren führenden Initiatoren. Anfangs aus Überzeugung um die Berechtigung des Kampfes gegen den "Klassenfeind", später aus Angst vor Moskau, fand er den Mut nicht, die Schrecken der Ungesetzlichkeit wenigstens zu mildern.

Zur zweiten Gruppe, den Sicherheitskräften, gehörte vor allem die Staatssicherheit und der Abwehrdienst. Ihnen kam eine Schlüsselrolle in der Vorbereitung und Durchführung der politischen Prozesse zu, ihr Hauptbeitrag zur Realisierung der Parteipolitik. Sie bestimmten zur Gänze, zum Teil oder im voraus den Kreis der Betroffenen, organisierten Provokationen, führten Verhöre durch, bei denen fürchterliche physische und psychische Foltern angewandt wurden, entwarfen und bearbeiteten die Verhörprotokolle, erfanden Straftaten und konstruierten Beschuldigungen, initiierten "staatsfeindliche Gruppen", verfaßten die Anklageschriften und bereiteten die Beschuldigten auf ihre Gerichtsverhandlungen vor. Sie hatten die Vorbereitung und den Ablauf des Prozesses gänzlich unter ihrer Kontrolle - von der ersten Observierung des Opfers bis zur Urteilsverkündung, wobei sie in engster Kooperation mit den Parteiorganen vorgingen. Eine außerordentlich wichtige Rolle und faktische Schlüsselposition in allen bedeutenderen Prozessen nahmen die sowjetischen Sicherheitsberater ein. Sie bildeten innerhalb der Staatssicherheit eine autonome Einheit, führten sowjetische Praktiken ein und bestimmten aus dem Hintergrund sämtliche "sicherheitspolitischen" Aspekte. Ihre Vorschläge, Anweisungen und Empfehlungen wurden auch von den politischen Organen und den Ministern widerspruchslos akzeptiert, ihre Denkweise und ihr Vorgehen sukzessive übernommen und internalisiert.

Die dritte Gruppe, die Justiz - also Ministerium, Staatsanwaltschaft, Gerichte und Anwälte - nahm auf zweierlei Weise auf den Ablauf der Prozesse Einfluß. Erstens vermittels Klassengesetzen und Klassenjustiz (Gesetz Nr. 231/1948, Strafgesetz und Strafprozeßordnung, Gesetz über das Staatsgericht) und zweitens, indem sie sich bewußt dazu mißbrauchen ließen, dem Geschehen den Deckmantel der Gesetzlichkeit zu verleihen.

Im Rahmen dieses geschlossenen Ablaufmechanismus kam jedem einzelnen Teilglied seine ganz spezifische Rolle zu, die Staatssicherheit verdankte ihre Existenz im wesentlichen den Prozessen. Entsprechend dieser Logik und um ihre Machtstellung auszubauen, "fabrizierte" sie ständig neue Prozesse. Die einzelnen Teilglieder des Mechanismus paßten ihre Struktur dieser Aufgabe an. Es wurden Abteilungen und Sektionen geschaffen, wie zum Beispiel für kirchliche Angelegenheiten, Trotzkismus und Zionismus, für die Entlarvung der "Feinde" innerhalb der KPTsch, für nichtkommunistische Parteien etc. Die privilegierte Stellung im Staatsapparat, diese außergewöhnliche Machtposition, wurde zu einer ständigen Quelle institutions- und fraktionsinterner Streitigkeiten, es kam zu Konflikten um Führungspositionen und um den Umfang des jeweiligen Einflusses auf den Ablauf der Prozesse.

Es erscheint am zweckmäßigsten, die Prozesse nach dem Februar 1948 nach den sie bedingenden Absichten und Aktionen der offiziellen Politik zu klassifizieren, bestimmten diese doch nicht nur die Motivation der Prozesse, sondern auch deren Ideologie und politische Konzeption. Obgleich bei jedem einzelnen der Prozesse präsent, bestimmten sie bei den großen Prozessen explizit die Wahl der Opfer und den Charakter der konstruierten Verbrechen. Ihre politische Konzeption und ihre konkreten Zielsetzungen reichten vom Zwang zum Beitritt in die LPGs bis zur "Entlarvung" der Pläne des Weltimperialismus. Im voraus festgelegte Prozesse wurden mit organisierter Teilnahme der Bevölkerung öffentlich abgehalten, so etwa auch die Prozesse vor den Kreisgerichten, die z. B. die Verbrechen der "Kulaken" oder den "Landesverrat" ehemaliger nichtkommunistischer Funktionäre enthüllen sollten. Außerordentliche Wichtigkeit kam den Schauprozessen zu, die als große politische Spektakel mit organisierter Teilnahme einer ausgewählten Zuhörerschaft und umfassender Propaganda vorbereitet wurden. Sie sollten "den Verrat und die Niedertracht" der Angeklagten, ihre "volksfeindlichen" Ziele offenbaren, sie als "Söldlinge des Imperialismus" denunzieren. Mit wahrhaft blühender Phantasie wurden Anschuldigungen konstruiert und Straftaten erfunden, man wählte die Beschuldigten so aus, daß sie der jeweiligen politischen Konzeption entsprachen, man erarbeitete die jeweiligen Szenarien und Regiebücher der Prozesse und zwang die Angeklagten zu entsprechenden Aussagen. Die großen Schauprozesse wiesen folgende gemeinsame Merkmale auf: Die Zusammensetzung der Angeklagten sollte zeigen, daß es sich um eine umfassende Verschwörung handelte; die Gefährlichkeit dieser Verschwörung wurde durch sogenannte Folgeprozesse nachdrücklich hervorgehoben; Anklageschrift und erzwungene Geständnisse der Angeklagten beinhalteten eine Unzahl der schrecklichsten Verbrechen, womit die Öffentlichkeit schockiert werden sollte; das Wesen dieser Verbrechen ließ somit nur härteste Strafen zu.

Die politische Konzeption der Prozesse zielte auf die Vollendung des Februar 1948. Es wurden Prozesse zu Ende geführt, die die Kommunisten erfolglos schon vor dem Februar vorbereitet hatten, und solche, die die "Vorbereitung eines konterrevolutionären Umsturzes" durch Funktionäre der nichtkommunistischen Parteien enthüllen sollten. Schon im Frühjahr 1948 fanden zwei Prozesse gegen insgesamt 26 führende Funktionäre der Demokratischen Partei der Slowakei (J. Ursiny, J. Kempný, M. Bugár) statt, im Mai fand ein Prozeß gegen 22 Angeklagte in der sogenannten Spionageaffäre in Brúx statt. Gegenstand eines weiteren Prozesses gegen 13 Personen war ein angeblicher Attentatsversuch auf drei Minister vom Sommer 1947. Als Hauptangeklagten wählten die Sicherheitsorgane den ehemaligen Justizminister Prokop Drtina. Eine kleinere Prozeßwelle wurde gegen die sogenannte "Krajinasche Spionagezentrale" geführt. Eine kompliziert konstruierte Anklage sollte die Vorbereitungen nationalsozialistischer Funktionäre zum bewaffneten Aufstand vor dem Februar 1948 und zugleich deren Spionagetätigkeit beweisen. Im Hauptprozeß wurden 26 Personen verurteilt und in Prozessen auf Bezirksebene noch einige Dutzend weitere Angeklagte.

Nach dem Februar 1948 orientierten sich die Initiatoren der Prozesse an aktuellen Problemen. Anlaß zu einer ganzen Reihe von Prozessen gab die Tätigkeit der Nachfebruaremigration und deren Widerhall auf heimatlichem Boden; der aufsehenerregendste wurde gegen die angeblichen Mörder des kommunistischen Funktionärs A. Schramm, die Gruppe um M. Choc, im November 1948 geführt und zog eine Reihe von Folgeprozessen nach sich. In ihnen sollten die Repräsentanten des Exils als Organisatoren von Terrorattentaten und Morden bloßgestellt werden. Über 120 Personen wurden verurteilt, zwei davon hingerichtet. Während der ersten Krise des Regimes im Sommer 1948 tauchte eine große Zahl von Flugblättern und Druckschriften auf, deren Herstellung und Verbreitung ebenfalls zum Gegenstand politischer Prozesse wurde. Von September bis November 1948 wurden an die 2000 meist jüngere Leute verurteilt.

Die Bemühungen der Kommunisten, sich die Armee unterzuordnen, setzten 1948 bis 1950 eine erste Welle politischer Prozesse gegen Armeeangehörige in Gang, der Aufbau einer Großarmee eine zweite (1950 bis 1952). Unter den Hunderten Opfern waren überwiegend ehemalige Teilnehmer am antifaschistischen Kampf im In- und Ausland. Für die Militärprozesse im besonderen wurden vom Abwehrnachrichtendienst organisierte Provokationen typisch; zu den bedeutendsten unter ihnen gehörte das Gerichtsverfahren gegen General Heliodor Pika im Jänner 1949, das mit seiner Hinrichtung endete, und jenes gegen eine Gruppe slowakischer Partisanen im Oktober 1950 (Žingor-Gruppe, zwei Hinrichtungen).

Die Staatssicherheit widmete nach dem Februar 1948 den ehemaligen Funktionären der nichtkommunistischen Parteien permanente Aufmerksamkeit. Sie hielt diese für potentielle Regimefeinde, für eine Basis staatsfeindlicher Aktivitäten, und stellte sie lange als die Hauptgefahr schlechthin für das Regime dar. Sie konstruierte ihre "staatsfeindlichen Aktionen", organisierte Provokationen, beobachtete sie auch mit Hilfe eingeschleuster Agenten und bauschte ihre Tätigkeit absichtlich auf. Dutzende von politischen Prozessen mit Hunderten Opfern wurden auf diese Weise "produziert". Der größte Prozeß dieser Art, zugleich der größte politische Prozeß in der Nachkriegs-Tschechoslowakei überhaupt, war jener gegen die Führung einer Diversantenverschwörung", gegen Milada Horáková & Co, der vor allem durch sowjetische Berater vorbereitet wurde. Das Gerichtsverfahren wurde am 31. Mai 1949 eröffnet, nach neun Tagen kam es zur Urteilsverkündung: vier Todesurteile, viermal lebenslange Haft und fünfmal Gefängnisstrafen von 15 bis 20 Jahren. In 35 Folgeprozessen verurteilte man 639 Angeklagte: zehn davon zum Tode, 48 zu lebenslanger Haft und den Rest zu insgesamt 7850 Jahren Gefängnis. Unter mehreren Prozessen gegen "Trotzkisten" erlangte der konstruierte Prozeß gegen den sogenannten "Großen Trotzkistischen Rat" vom Februar 1954, in dem sieben Angeklagte zu insgesamt 103 Jahren Gefängnis verurteilt wurden, Bedeutung. Die Prozesse gegen sozialdemokratische Funktionäre fanden in zwei Etappen statt, von 1949 bis 1950 und von 1953 bis 1954. Ihnen fielen viele Dutzende ehemalige Sozialdemokraten, darunter auch der letzte Parteivorsitzende Bohumil Lausman, zum Opfer.

Die Bemühungen der Machthaber zur Unterwerfung der katholischen Kirche und die Realisierung der offiziellen anti-kirchlichen Politik wurden von einer Reihe von Prozessen gegen Geistliche und Laien begleitet. Noch im Jahre 1956 befanden sich 433 Geistliche in den Gefängnissen. Drei Prozesse gegen kirchliche Würdenträger verliefen als große Schauprozesse. Vom 31. März bis 4. April 1950 fand ein Prozeß gegen neun Ordensvorsteher statt, von denen einer zu lebenslanger Haft verurteilt wurde, die anderen zu insgesamt 132 Jahren Gefängnis. Vom 27. November bis 2. Dezember 1950 kam es zum Prozeß gegen die tschechischen Würdenträger Zela & Co., vom 10. bis 15. Jänner 1951 gegen die slowakischen Bischöfe Vojtaššák & Co. Im Februar folgten weitere drei Prozesse gegen Würdenträger unter Ausschluß der Öffentlichkeit, und im Juli 1954 gegen Bischof S. Trochta & Co., während schon 1952 gegen katholische Intellektuelle vorgegangen worden war.

Die zahlenmäßig größte Gruppe der politischen Prozesse stellten die "Wirtschaftsprozesse". Unter ihren Opfern fanden sich alle Kategorien von Angestellten und Kleinproduzenten, ihre Anzahl wuchs mit den zunehmenden Schwierigkeiten und ökonomischen Krisenerscheinungen. Auf der Anklagebank saßen auch die Begründer der tschechoslowakischen Wirtschaftspolitik und Wirtschaftspläne - führende Kommunisten. Ein besonderes Kapitel bildeten die Prozesse gegen Bauern, die zum LPG-Beitritt gezwungen werden sollten, und gegen die "Dorfreichen". Die bekanntesten Fälle waren die Morde von Babice, Koubalova Lhota und Kluky. Allein in diesen provozierten Fällen wurden elf Todesurteile gefällt und 42 Verurteilungen zu langjähriger Haft ausgesprochen. Die Prozesse gegen die "Auslandsfeinde" sollten Spionage und regimefeindliche Tätigkeit von Diplomaten, ausländischen Presseagenturen und Organisationen, die ihre Zentren im Westen hatten, enthüllen. Sie dienten als Vorwand zur Liquidierung dieser Agenturen und Organisationen sowie zur Reduzierung des Personals der diplomatischen Vertretungen der westlichen Länder. Als unmittelbarer Ausdruck des außenpolitischen Interesses der UdSSR verstärkten sie die vom Regime bezweckte Isolierung von der westlichen Welt.

In diesem Sinne wurde der schon erwähnte erste Kirchenprozeß instrumentalisiert, der der tatsächlichen Unterbrechung der diplomatischen Beziehungen mit dem Vatikan im Frühjahr 1950 Vorschub leistete. Eine ähnliche Rolle spielten mehrere antijugoslawisch orientierte Prozesse gegen eine elfköpfige Gruppe mit dem Sekretär des französischen Konsulats in Preßburg an der Spitze, die zu folgendem Urteil führte: zwei Todesstrafen, viermal lebenslänglich, 14 bis 15 Jahre Gefängnis für den Rest der Angeklagten. Im Jänner 1950 wurde eine dreizehnköpfige Gruppe mit dem Niederländer J. Louwers an der Spitze verurteilt. Das gleiche Schicksal traf eine achtköpfige Gruppe um den britischen Vizekonsul in Preßburg. Im April fanden vier Verfahren gegen Angestellte der amerikanischen Botschaft in Prag und deren angeblichen Mitarbeiter statt, gerichtet gegen den "amerikanischen Imperialismus" und die Prager Botschaft als dessen Spionagezentrum. Insgesamt 46 Personen wurden verurteilt, fünf davon zum Tode. Im Juli 1951 wurden der amerikanische Journalist W. Oatis und drei seiner tschechischen Mitarbeiter wegen angeblicher Spionage verurteilt. Von den Organisationen, welche Kontakte mit ihren Auslandszentren aufrechterhielten, wurden v. a. kirchliche Gemeinschaften (Zeugen Jehovas, Adventisten, Baptisten) und die Pfadfinderorganisation empfindlich getroffen. Seit Ende 1948 verbreitete sich außerdem die Praxis, einen Versuch oder eine (sehr oft provozierte) Vorbereitung zum unerlaubten Grenzübertritt als Landesverrat und Spionage zu qualifizieren. Einige Tausend Opfer wurden zu Haft bis zu zehn Jahren verurteilt.

Weiters fanden in den Jahren 1951 bis 1954 mehrere politische Prozesse gegen hohe kommunistische Funktionäre statt. Fast 280 Opfer wurden zu harten Gefängnisstrafen, lebenslanger Haft oder zum Tode verurteilt. Zwölf Personen wurden hingerichtet. Von Bedeutung bei diesen Prozessen war, daß ihre Durchführung direkt mit den außenpolitischen Interessen der Sowjetunion gekoppelt war, und daß sie Gründer und Stützen des Regimes, von denen viele in den Mechanismus der Prozesse aktiv eingebunden waren, trafen. Sowjetische Berater entfalteten in diesen Fällen besondere Aktivität und Initiative und setzten die sowjetischen Interessen durch. Das galt besonders für den Hauptschauprozeß gegen das sogenannte staatsfeindliche Verschwörerzentrum um den Generalsekretär der KPTsch, Rudolf Slánský. Die großen Verhaftungswellen unter den Kommunisten in den Jahren 1950 bis 1952, die Vorbereitung und der Ablauf des Prozesses gegen das Zentrum riefen Angst und Sorge um das eigene Schicksal in den Reihen der führenden kommunistischen Funktionäre hervor. Sie führten auch zu einer innerparteilichen Krise, die schon die Krise des Regimes in den Jahren 1953 bis 1956 ankündigte.

Im Jahre 1953 erreichte die Welle der politischen Prozesse ihren Höhepunkt und wandte sich gegen ihre eigenen Initiatoren und Produzenten. Die Prozesse wurden zwar fortgesetzt, jedoch nicht mehr im früheren Massenumfang und ohne Schauprozesse als politischem Theater. Die Folgeprozesse gegen führende Kommunisten und auch Sozialdemokraten im Jahre 1954 fanden unter Ausschluß der Öffentlichkeit statt und hatten eine andere, von jenen der "Gründerzeit" unterschiedliche Funktion.

Stefano Bianchini

Zwischen Stalinismus und Antistalinismus
Säuberungen und politische Prozesse in Jugoslawien
in den Jahren 1948 bis 1954

Die Jahre 1945 bis 1954 sind eine der schwierigsten, widersprüchlichsten und tragischsten Epochen in der modernen Geschichte Jugoslawiens. Während sich in anderen Ländern die sogenannten Volksdemokratien konsolidierten, dominierte in Jugoslawien der schwere Konflikt mit der Sowjetunion und legte erste Spuren für die Entwicklung in eine andere (und schließlich völlig abweichende) Richtung. Der Kampf gegen die mögliche Abhängigkeit von der Sowjetunion und gegen jede Gleichschaltung führte (v. a. in der ersten Zeit) zu einer internationalen Isolierung des Landes, das gleichzeitig einem vom Kreml initiierten Nervenkrieg verzweifelt standhalten mußte.

Für die jugoslawischen Kommunisten und Kommunistinnen (und schließlich für alle Kräfte im Land) war es eine sehr qualvolle Phase der Neuorientierung weg von der strikten Identifikation mit Moskau, hin zur Suche nach einem originären und eigenständigen Weg. Diese Entwicklung begann schmerzvoll. Zwischen 1940 und 1950 kam es immer wieder zu Säuberungsaktionen und Inhaftierungen, die man meistens mit dem sowjetisch-jugoslawischen Konflikt rechtfertigte, den die jugoslawischen Kommunisten ihrerseits jedoch als eine Spaltung in den eigenen Reihen erleben mußten. Sowohl die Verfolger als auch die Verfolgten waren, mit nur wenigen Ausnahmen, ausschließlich Kommunisten. In einer Logik, die keine war, wird es deshalb oft schwierig zu beurteilen, wo der Punkt liegt, an dem ein und derselbe Mensch vom Verfolgten zum Verfolger wurde. Auf der einen Seite stand Tito mit seinen Anhängern als Opfer der sowjetischen Aggression, auf der anderen gab es die jugoslawischen Kominformanhänger, die für ihre Stalintreue schwer bestraft wurden. Es war eine Situation, die an die chinesischen Schachteln erinnert: Der äußeren Isolation des Landes entsprach die innere Isolation der Inhaftierten, deren Schicksal sich noch einmal verschärfte, als sie einige Jahre später die Aussöhnung Jugoslawiens mit der Sowjetunion erleben mußten, die sie erneut zu Opfern machte, indem die UdSSR für den Konflikt verantwortlich gemacht wurde.

Die Tito-Kommunisten standen damals allerdings auch vor einer Entwicklung, von der sie noch nicht wußten, wohin sie führen würde. Nicht nur, daß Staats- und Parteikonflikte unerwartet ausgebrochen waren, es sollten auch tief verwurzelte Ideologien und Gesellschaftsbilder kollabieren, die gerade die jugoslawischen Kommunisten für unzerstörbar gehalten hatten. Das machte die persönliche Reflexion über den Konflikt so aufwühlend und begünstigte ein Überdenken der Geschichte des Landes im Vergleich mit den Erwartungen nach dem Zweiten Weltkrieg. Immer aber waren solche Gedanken mit einem im antifaschistischen Kampf gestärkten, leidenschaftlichen Willen zu Unabhängigkeit gepaart.

Auf einem von Verunsicherung und Zweideutigkeit geprägten und noch ungeformten Boden begannen also im Jahr 1948 die Kämpfe zwischen den Stalinisten und den Stalinismusgegnern in Jugoslawien. Es waren Kämpfe unter Kommunisten.

Die Problematik der historischen Quellen

Wie der jugoslawische Historiker Branko Petrovic sehr richtig feststellt, ist die jugoslawische Geschichtswissenschaft einer grundsätzlichen Aufarbeitung des Kominform-Konflikts und seiner Auswirkungen bis heute aus dem Weg gegangen. Spuren, die zu den aufgrund der Feindseligkeiten entstandenen und in der politischen Literatur vorrangig als internationaler Konflikt beschriebenen Wunden führen,[1] konnte man bis vor kurzem tatsächlich nur aus Handbüchern zur Geschichte Jugoslawiens oder aus Spezialstudien zu mit dem sowjetisch-jugoslawischen Konflikt verbundenen Teilproblemen finden, in denen aber der wirtschafts- und sozialgeschichtliche Zugang überwog (z. B. in den Analysen der landwirtschaftlichen Probleme [2]).

Vor nicht allzulanger Zeit kam es nun zur Veröffentlichung erster Studien von Radovan Radonjic, Darko Bekic und Cedomir Strbac, die durch neue Zugänge und bisher unbekannte Details[3] die Sicht auf das Problemfeld erweitern. Trotzdem wird man den Eindruck nicht los, daß die Ereignisse, auch wenn sie bereits relativ lange zurückliegen, in gewisser Hinsicht noch immer ein integraler Bestandteil der aktuellen Situation und daher so pulsierend lebendig sind, daß sich tiefergehende Untersuchungen, insbesondere über Machtstrukturen, aber auch über die zur Aufrechterhaltung der öffentlichen Sicherheit verfolgte Politik, als ein Problem darstellen.

Dazu kommt nach wie vor, daß "dem Historiker zur Beantwortung vieler grundsätzlicher Fragen die Primärquellen aus dem Kreis derer, die am Konflikt unmittelbar beteiligt waren, fehlen".[4] So sind die Archive in Albanien und in den anderen ehemaligen Ostblockländern noch immer nicht zugänglich. Lediglich in der Sowjetunion wurden sie geöffnet. Dort ist es nun jugoslawischen Historikern unter offizieller Anerkennung Moskaus erlaubt, gezielte Forschungen über die Zeit nach 1945 zu betreiben. [5]

Auch für unser Thema, in dessen Mittelpunkt die Auswirkungen des Konflikts im Lande direkt stehen, fehlen dem Wissenschaftler vielfach stichhaltige Primärquellen. Laut Vladimir Dedijer, der gute Verbindungen zur politischen Führung Jugoslawiens hatte und in mühevoller Kleinarbeit unzählige Dokumente zusammentrug und publizierte[6], soll ein Großteil dieser

Quellen im Zuge der Verlegung von Nahrungsmittelreserven und Staatsdokumenten nach Bosnien im Sommer 1949, als die akute Gefahr einer sowjetischen Besetzung des Landes bestand (man hatte die alarmierende Nachricht, daß sieben gepanzerte Einheiten der Sowjets an der jugoslawischen Grenze postiert wären), verloren gegangen sein. Außerdem soll es Befehle gegeben haben, ganze Archive zu vernichten.

"Zum Beispiel in der Staatssicherheitsdirektion (UDB-a, mit Renkovic an der Spitze; Anm. d. A.), wo man nach der IV. Plenarsitzung des Zentralkomitees der Kommunistischen Liga im Jahr 1966 daran ging, die Vernehmungsprotokolle von Kominformanhängern, die Einschätzung ihrer Positionen und ähnliche Dokumente zu zerstören."[7]

Es besteht auch kaum Hoffnung, daß jemals die Listen mit den Namen derjenigen auftauchen werden, die als Gefangene der Gegner des Kominform in den Konzentrationslagern gestorben sind. Das gleiche gilt für die Register der Verhaftungen und Verurteilungen. Einige jugoslawische Autoren meinen, sie alle seien nach dem Tod Stalins von der UDB-a vernichtet worden. Dem würde allerdings widersprechen, daß am Vorabend der Reise Chruschtschows nach Belgrad im Jahr 1955 einige Exponenten der "Kominformisten" (die zu Lebzeiten Stalins im Gefängnis waren) aus Sicherheitsgründen wieder in Haft genommen wurden. Das läßt eher darauf schließen, daß die UDB-a noch länger im Besitz zumindest von Kopien der Register war. Auch die in späteren Jahren immer wieder vorkommenden Verhaftungen sowjetfreundlicher Kommunisten, so etwa im Jahr 1958, Ende der sechziger Jahre und noch einmal in der Zeit zwischen 1972 und 1974 deuten in diese Richtung und zeigen, daß die diesbezügliche Aufmerksamkeit der Staatssicherheit nie nachgelassen hat.[8]

Historische Rekonstruktionsversuche stoßen von dieser Seite her also auf Hindernisse. Trotzdem kann sich die Geschichtswissenschaft mittlerweile auf eine ganze Reihe umfangreichen Quellenmaterials stützen, das mehr als nur vage Vermutungen zuläßt und die Nachzeichnung von Ereignissen anhand konsolidierter Fakten ermöglicht.

Zu diesen historischen Dokumenten gehören zunächst die offiziellen Publikationen, wie Zeitungen und Magazine, die Druckwerke der emigrierten Kominformanhänger, die von Dedijer und anderen jugoslawischen Wissenschaftlern herausgegebenen Anthologien, in denen sie Archivmaterial veröffentlicht haben, sowie die Stenographischen Protokolle der Geheimsitzungen des Zentralkomitees der KPJ aus der Zeit zwischen 1948 und 1952 - wobei hier der IV. Plenarsitzung des Zentralkomitees (ZK) am 3. Juni 1951, in der es um Fragen des Rechts und der Legalität ging, besonderes Augenmerk beigemessen werden muß. Hauptredner in dieser Sitzung war Aleksandar Rankovic.[9]

Weiters hat der Soziologe Dinko A. Tomasic, der an der Universität vom Bloomington/Indiana tätig ist und sich besonders mit den West-Ost-Beziehungen beschäftigt, in der Hoover Institution ein sehr reichhaltiges Dokumentenarchiv angelegt (Material, das z. B. der US-amerikanische Historiker Banac für die Arbeiten an seinem 1988 in New York erschienenen Buch über die jugoslawischen Kominformanhänger verwendete). Die Werke der britischen Geschichtswissenschaft zu diesem Themenkreis sind ebenfalls weithin bekannt, wobei die nunmehr zugänglichen Archive des Foreign Office einen noch tieferen Einblick in die internationale Dimension des Konflikts zwischen Jugoslawien und der Sowjetunion gewähren.[10]

Als Quellen aus dem jugoslawischen Bereich sind die v. a. in den achtziger Jahren sehr zahlreich erschienenen Memoiren ehemaliger politischer Führungskräfte zu erwähnen. Sehr oft enthalten sie unveröffentlichtes Material und vermitteln die unterschiedlichsten Eindrücke über die Epoche. Neben den nützlichen Daten, die sie liefern, gewähren sie auch einen Einblick in die Mentalität und Wertvorstellungen der intellektuellen Führung Jugoslawiens der damaligen Zeit und damit in die Art, wie man an die Lösung der Probleme heranging und politische Entscheidungen getroffen hat.[11] Zu solchen geschichtlich-dokumentarischen Erinnerungen gehören auch die Berichte der italienischen Kominformanhänger, die damals in Istrien aktiv waren, sowie die (noch unveröffentlichte) historische Rekonstruktion der Aktivitäten der "Kominformistischen" Organisation in Rijeka/Fiume, mit der sich u. a. Alfredo Bonelli intensiv auseinandersetzte. Die Unterlagen dazu finden sich in der Fondazione Gramsci in Rom und in der Fondazione Feltrinelli in Mailand.[12]

Eine andere, außerordentlich reichhaltige Hilfsquelle, die wir hier nicht unerwähnt lassen dürfen, sind die zahlreichen Romane, Erzählungen, Gedichte und Filme über die Repression, der die Kominformanhänger in Jugoslawien ausgesetzt waren. Darin kommt die alltägliche, politische und menschlich-psychologische Seite des jugoslawisch-sowjetischen Konflikts zum Ausdruck, wodurch sie unzählige Detaileindrücke vermitteln. Eine der ersten dieser künstlerischen Arbeiten ist der mittlerweile berühmt gewordene Roman "Kad su cvetale tikve" (Als die Melonen blühten) von Dragoslav Mihailovic aus dem Jahr 1968. Ihm folgte, speziell in den achtziger Jahren, eine Reihe anderer solcher Werke, die der Literaturkritiker Predrag Matvejevic unter das Schlagwort "Literatur aus Goli Otok" reiht und die wir aus vielerlei Gründen anstelle einer wissenschaftlichen Aufarbeitung und der lange nicht möglichen essayistischen Auseinandersetzung mit den kontroversiellen Momenten der jugoslawischen Zeitgeschichte finden.[13]

Zu guter Letzt sind auch noch die journalistischen Arbeiten, Recherchen, Interviews und Materialsammlungen zu erwähnen, die speziell dann von großem Interesse sind, wenn sie Augenzeugenberichte und Erinnerungen von Emigranten, Gefangenen, Wärtern und Inspektoren aus der Hölle des Konzentrationslagers Goli Otok oder der anderen Gefangenenlager enthalten - selbst wenn die Erzählenden manchmal anonym bleiben. Es ist besonders diese unermüdliche Arbeit, die, unterstützt von der Öffnung in den letzten Jahren, hilft, die den ehemaligen Verfolgten auferlegte Mauer des Schweigens einzureißen. Sie ermöglicht es dem Wissenschaftler wie der Privatperson, besseren Einblick in ihre persönlichen Schicksale, in die Tragik der damaligen Zeit zu gewinnen sowie die ungewöhnliche Härte des Konflikts zu erkennen und so zu den Gründen für ihren unbeugsamen "Philosowjetismus" vorzudringen.[14]

Der Kampf gegen das Kominform und seine Dramatik

"In Goli Otok", berichtete der ehemalige KZ-Häftling Vlado Dapcevic, "haben wir jede Illusion verloren. Ich konnte zuerst nicht begreifen, was los war. In Gradiska hatte ich noch geglaubt, daß wir der Ustascha ausgeliefert waren. Es sind Methoden angewandt worden - Methoden, wie man sie nie wieder und gegen niemanden anwenden darf. Sie waren so unmenschlich, sadistisch und schrecklich, daß ich sie hier gar nicht beschreiben kann. Ihre Anwendung ist durch nichts in der Welt zu rechtfertigen. In Goli Otok habe ich dann begriffen: Es waren Genossen, die einfach voll und ganz auf die andere Seite übergewechselt waren; und wie alle Überläufer waren sie diejenigen, die am gewalttätigsten gegen uns vorgingen. Ja, meine Genossen! Einige kannte ich noch aus der Zeit vor dem Krieg. Am Anfang erlaubte man ihnen zu trinken, besser gesagt, sich mit Alkohol zuzuschütten, damit sie überhaupt fähig waren, uns mit solchen Methoden zu foltern. - Später dann hatten sie sich so sehr daran gewöhnt, daß ihnen die Torturen an uns sogar Spaß machten."[15]

So die Worte aus dem Munde Vlado Dapcevics, einem Mann, der von den siebzig Jahren seines Lebens achtundvierzig in Gefängnissen, im Kriegseinsatz und im Exil (Albanien, Rumänien, Sowjetunion und im Westen) zugebracht hat. Eisern an seinen Überzeugungen festhaltend, glaubt er auch heute noch an einen Kommunismus im Sinne einer sozial gerechten Gesellschaftsform, in der es keine Ausbeutung gibt, und an seine Verwirklichung nach den Prinzipen der Gleichheit, des strikten Kollektivismus und des unerbittlichen Klassenkampfes. Er vertraut auf die Macht der Revolution, die Diktatur des Proletariats ...

Vier Jahre in jugoslawischer Gefangenschaft war der italienische Kominformanhänger Adriano Dal Pont. In seinem Bericht erzählt er, daß er einem Oberst vorgeworfen habe, noch schlimmere Foltermethoden als die Faschisten anzuwenden, "obwohl er doch wissen müßte, daß man damit den Gedanken eines Gefangenen keine Grenzen setzen konnte." Der Oberst soll ihm darauf geantwortet haben:

"Wir wollen eben verhindern, daß das, was unter der faschistischen Herrschaft in Italien und auch hier in Jugoslawien geschehen ist, noch einmal passiert. Damals verließen die Gefangenen die Haft gestählter und kampfentschlossener als sie es davor waren. Mit unserem System aber wollen wir uns die Garantie geben, daß ihr (man sprach die Gefangenen auch einzeln mit 'ihr' an) uns nichts mehr anhaben könnt, und zwar niemals mehr. Ich weiß nicht, ob und wann ihr aus dem Gefängnis entlassen werdet, aber ich kann euch garantieren, daß es euer körperlicher und seelischer Zustand dann nicht mehr erlauben wird, einen Kampf gegen uns zu führen."[16]

Die Gegenüberstellung dieser Zeugnisse einstiger Gesinnungsgenossen zeigt deutlich, wie weit sich einerseits die politischen Positionen der sich nunmehr bekämpfenden Parteien voneinander entfernt hatten, wie sehr sie beide andererseits von der, beiden gemeinsamen, politischen Kultur der damaligen Zeit geprägt waren, in welcher die Übergänge zwischen notwendigen Selbstverteidigungsmaßnahmen des Staates, Ausrottung der politischen Opposition und sadistischer Vergeltung als individuellem Selbstzweck fließend waren. Aus diesem Winkel betrachtet, erscheint auch die Aussage des ehemaligen obersten Wachebeamten von Goli Otok durchaus schlüssig, wenn er in den Erinnerungen zur Rechtfertigung seiner Handlungen darauf anspielt, daß die große Gefahr eines Sieges Stalins über Tito bestanden hatte. Wörtlich sagt er: "Man darf eine große Wahrheit nicht vergessen. Sie lautet ungefähr so: Hätte es Goli Otok nicht gegeben, wäre ganz Jugoslawien zu einem Goli Otok geworden."

Wir stehen hier sichtlich vor der politischen Logik der damaligen Zeit, als man Kämpfe ohne Differenzierung in einer strikten Lagergesinnung ausgefochten hatte. In den aus Belgrad kommenden Maßnahmen zur Aufrechterhaltung der Staatssicherheit regiert eine angstbesessene Entschlossenheit, jede nur mögliche sowjetnahe "Fünfte Kolonne", die im Land Fuß fassen, es destabilisieren und Chaos provozieren hätte können, um jeden Preis zu verhindern. Die Angst war sicherlich begründet, entsprang sie doch einer Erfahrung, die die Kommunisten geprägt hatte: dem Vorgehen der Komintern und der finsteren Jahre der Moskauer Prozesse. Wie vielen politischen Exponenten waren sie sicherlich auch Tito noch in bester Erinnerung. Er und seine Mitstreiter konnten also auch die Gefahren abschätzen und besaßen eine Vorstellung davon, wie man vom Kreml aus versuchen würde, in Jugoslawien vorzugehen. Die Gruppe reagierte darauf in der ihr eigenen Mentalität und mit den vorhandenen kulturellen, politischen, militärischen und rechtlichen Mitteln.

Der Druck der Sowjetunion

Wie allgemein bekannt ist, gaben sich die Kommunisten Jugoslawiens - genauso wie ihre Führer - 1948 ein ganzes Jahr lang der Illusion hin, daß sich die angestrebte Neuorientierung rasch gefestigt haben und ebenso rasch anerkannt sein würde. 1949 mußten sie schließlich der bitteren Realität ins Gesicht sehen: Es zeigte sich nicht nur die wirtschaftliche und politische Isolation des Landes, es drohte auch die Eskalation des Drucks von seiten des "sozialistischen Lagers" - eine Entwicklung, die aber erst in den darauffolgenden zwei Jahren ihren Höhepunkt erreichen sollte. Das kann aus der Zahl der Grenzzwischenfälle entnommen werden: Insgesamt kam es in der Zeit von der ersten Resolution des Kominform an bis zum 1. November 1951 zu 2519 Grenzzwischenfällen, 74 davon im Jahr 1948, 442 im Jahre 1949, 973 im Jahr 1950 und sogar 1066 im Jahr 1951 (das waren im Durchschnitt drei Zwischenfälle pro Tag).[17]

Dazu kam, daß sich in der Armee, trotz einer im Grunde unangefochtenen Treue zu Tito, eine gefährliche Aufnahmebereitschaft für die Ideen des Kominform bemerkbar machte. Unter den 4153 Militärangehörigen, die bereit waren, sich gegen Tito zu stellen, waren sechs Generäle, 43 Majore, 2850 höhere Offiziere und 457 Unteroffiziere. Diese Daten unterscheiden sich damit nur unwesentlich von den Zahlen, die im Bereich des Kominform (z. B. in Albanien) bekannt waren, wo man von der Verhaftung von 5000 Offizieren, also 10,6 Prozent der jugoslawischen Armee, gesprochen hatte.[18] Die Meldung in der Nacht vom 11. auf den 12. August 1948, daß General Arso Jovanovic auf der Flucht nach Rumänien, auf der ihn zwei andere hohe Militärs begleiteten, erschossen worden war, konnte die Nervosität in Belgrad nur verstärken. Dort mutmaßte man denn auch sofort, daß die drei mit Unterstützung von Anna Pauker[19] in Bukarest eine Exilregierung bilden hätten wollen. Da auch die beiden Überlebenden, Vlado Dapcevic und Branko Petricevic, sehr bekannte und hochrangige Persönlichkeiten der jugoslawischen Armee waren, ist es kein Zufall, daß man sie erst zwei Jahre später vor Gericht stellte (der Prozeß fand vom 1. bis 4. Juni 1950 statt) und zu je zwanzig Jahren verschärfter Haft verurteilte.

Im Innenministerium hatten sich, laut neuesten Quellen, 1720 Beamte als Kominformbefürworter deklariert: 496 davon in der Abteilung für Staatssicherheit (UDB-a). In Bosnien-Herzegowina wurde der ganze Apparat des UDB-a "gesäubert", als sich das gesamte Personal des Zweiten Rayons von Sarajevo für Stalin aussprach.[20]

Darüber hinaus sah sich die Regierung in Belgrad auch veranlaßt, genau zu untersuchen, was den 498 sowjetischen Ausbildnern, die sich seit der Zeit der freundschaftlichen bilateralen Zusammenarbeit mit der UdSSR im Land aufhielten, geworden war. Nicht zuletzt deshalb, weil es der sowjetischen Propaganda mittlerweile gelungen war, 5000 Exiljugoslawen, die nach der ersten Resolution geflohen waren oder sich schon davor im Ausland befunden hatten, sowohl zur Propagandaarbeit als auch zur Bildung von militärischen Einheiten zur Besetzung Jugoslawiens[21] zu bewegen. Die Untersuchung ergab, daß 20 der 498 Ausbildner zu Generälen, 91 zu Majoren und 89 zu Offizieren in den Staatsicherheitsdiensten avanciert waren.

Von der UDB-a wurde überdies aufgedeckt, daß sich im Jahr 1949 9322 Ostagenten (die meisten vom NKWD) im Land aufhielten, von denen 8445 bereits vor dem Bruch mit der UdSSR nach Jugoslawien gekommen waren.[22] Dazu kommen 713 Emigranten, die in den Jahren 1948 bis 1952 wieder illegal aus anderen Volksdemokratien zurückkehrten (289 allein aus Bulgarien) und eine genaue Kenntnis über die Durchführung von Sabotageakten und terroristischen Anschlägen besaßen. 337 von ihnen wurden verhaftet oder getötet. Opfer gab es jedoch auch auf jugoslawischer Seite. 40 Soldaten und Polizisten kamen bei Sabotageakten ums Leben, etwa hundert wurden verletzt. Die terroristischen Anschläge richteten sich v. a. gegen Flughäfen (Batajnica, Zemun und Pancevo bei Belgrad). Aber es gab auch solche, bei denen Bürger und Arbeiter zu Schaden kamen.[23] Den von Dedijer zusammengestellten Dokumenten ist überdies zu entnehmen, daß manche der Terrorexperten den Auftrag hatten, Tito zu ermorden, was sich in den Geständnissen der Generäle Moma Duric und Branko Poljanec (die zugaben, geheime Absprachen mit dem NKWD gehabt zu haben) zu bestätigen scheint.[24]

Es scheint ebenfalls bewiesen, daß die Sowjetunion die Pläne für einen Angriff auf Jugoslawien - ähnlich wie in Korea - bereits in der Schublade hatte und daß sie bis ins Jahr 1950/51 aktuell waren - auch wenn Enver Hoxha behauptete, Stalin habe sie bereits im November 1949 ad acta gelegt.[25] In Jugoslawien rechnete man mit der ernsten Gefahr eines sowjetischen Angriffs und richtete im Jahr 1949 nach dem Vorbild der Partisanenkämpfe Widerstandsgruppen ein, die man dem Oberkommando Svetozar Vukmanovic-Tempos unterstellte.[26]

Die parteiinternen Auswirkungen des Konflikts mit der UdSSR

Ivo Banac schätzt, daß im Jahr 1945 ca. jedes fünfte Parteimitglied der KPJ ein Befürworter des Kominform war. Hierzu sei allerdings vermerkt, daß solchen Zahlen generell mit Vorsicht zu begegnen ist, denn erstens gibt es keine wirklich gesicherten Daten und zweitens war die Mitgliederfluktuation in der Partei damals sehr groß. Gesicherten Quellen läßt sich entnehmen, daß es in Jugoslawien damals insgesamt 55.663 Kominformbefürworter gegeben hat (die aber nicht unbedingt alle Parteimitglieder waren). Beinahe jeder zweite kam aus dem Kreis der ehemaligen Partisanen, 2616 waren Parteifunktionäre (darunter zwei Politbüromitglieder, acht ZK-Mitglieder, 16 Funktionäre aus den Zentralkomitees der Teilrepubliken, 50 aus Gemeindekomitees und die bereits erwähnten 733 Bezirksfunktionäre, darunter das gesamte Bezirkskomitee von Bjelo Polje).[27]

Die beiden Dissidenten im Politbüro, Sreten Zujovic und Andrija Hebrang, erregten sicherlich das größte Aufsehen, wobei der Fall Zujovic heute zur Gänze geklärt ist. Aus dem von Dedijer veröffentlichten Sitzungsprotokoll vom 12./13. April 1948 ist ersichtlich, daß er der einzige war, der offen gegen Tito auftrat. In der Diskussion vertrat er die Ansicht, daß der Kommunismus ohne die Sowjetunion keine Zukunft habe (und schon gar nicht gegen sie). Zujovic wurde aus der Partei ausgeschlossen und gefangen genommen. Zwei Jahre später verfaßte er im Gefängnis seinen berühmt gewordenen Reuebrief, den die Tageszeitung "Borba" veröffentlichte, worauf er freigelassen wurde.[28]

Die Geschichte um Andrija Hebrang stellt sich wesentlich widersprüchlicher dar. Er wurde im Jahr 1948 verhaftet und starb wahrscheinlich im Jahr darauf. Nicht geklärt ist, ob er wirklich - wie man vermutet - Selbstmord begangen hat. Der Schauprozeß, den man mit ihm machen wollte, fand jedenfalls nicht mehr statt. Trotzdem kam es zu einer öffentlichen Diskussion, in der man den Toten unter Verwendung von - wie man später herausfand - fingierten Dokumenten[29] der verschiedensten Vergehen bezichtigte, wonach er z. B. ein Informant der Ustascha (faschistische kroatische Organisation) gewesen sei.

Nach wie vor im dunkeln liegt Hebrangs Beziehung zur Sowjetunion, die erst nach der Öffnung bestimmter Archive in der Sowjetunion wirklich geklärt werden kann. Manchen Stimmen zufolge soll Josip Kopinic, slowenisches Komintern-Mitglied und guter Freund Titos, die Verhaftung Hebrangs bewirkt haben, indem er den Marschall von der Kollaboration Hebrangs mit der Sowjetunion informierte.[30] Andere glauben, daß die Verhaftung des Politbüromitglieds, die ja noch vor der Kominformresolution stattfand, auf einen Briefwechsel zwischen Tito und Stalin am Beginn der Strittigkeiten zurückgeht. So schreibt Edvard Kardelj in seinen Memoiren, daß Stalins dritter Brief an die "Genossen Tito und Hebrang" gerichtet gewesen war, woraus man abgeleitet hat, daß Hebrang der vom Kreml favorisierte Kandidat zur Ablöse Titos sein mußte. Bei der Überprüfung dieser Aussage mußten wir jedoch feststellen, daß keine der veröffentlichten Versionen dieses Briefwechsels die Angesprochenen ausweist.[31]

Eine weitere Vermutung lautet, Hebrang habe am 12./13. April dem Zentralkomitee einen Brief vorgelegt, in welchem er sich für das sowjetische System einsetzte. Dieser Brief soll sich unter den zahlreichen Dokumenten zur Geschichte der KPJ in der Zeit von 1945 bis 1948, die noch unter Verschluß stehen, befinden.[32] Der Historiker Zvonko Ivankovic-Vonta schreibt daher zurecht: "Niemand konnte bisher wirklich den Beweis erbringen, daß Hebrang ein Anhänger des Kominform oder ein Sowjetagent war." Zweifel, die für Zujovic nicht gelten.[33]

Suchen wir nach anderen Gründen für die politische (und vielleicht auch physische) Eliminierung Hebrangs, so finden wir speziell in der internationalen Literatur Aussagen, die uns tatsächlich zu ganz anderen Faktoren hinführen. Adam Ulam verglich als erster den Vorfall mit dem Fall Trajco Kostov und stellte die These auf, daß es vielleicht erst nach der Verhaftung Hebrangs zum Vorwurf der Kollaboration gekommen ist.[34] Ivo Banac hält Hebrang für den Verlierer eines der vielen Fraktionskämpfe, die sich seit der Zwischenkriegszeit unter den Kommunisten abspielten. Demnach ginge die Verhaftung Hebrangs auf seinen Konflikt mit Boris Kidric über die wirtschaftliche Lage Jugoslawiens und auf sein ausgeprägtes kroatisches Nationalbewußtsein, das ihn auch *de facto* von Tito trennte, zurück.[35] In einer erst kürzlich in Jugoslawien aufgetauchten weiteren Interpretationsvariante werden die Gründe für die Verfolgung Hebrangs und seiner Anhänger (vier davon starben im Gefängnis) direkt im Konflikt zwischen Serben und Kroaten gesehen: Rankovic soll aus rein nationalistischen Beweggründen eine Beweisschrift vorgelegt haben, nach welcher alle (kroatischen) Angeklagten Agenten der Ustascha oder der Gestapo waren.

Wie immer man es sieht, all diesen Hypothesen (in denen auch das aktuelle politische Klima in Jugoslawien anklingt) fehlen, trotz vorhandener Anzeichen für einen Konflikt zwischen Tito und Kardelj auf der einen und Hebrang auf der anderen Seite, die schlüssigen Beweise.

Einige Aktivitäten der Kominformanhänger

Stalin hatte im Fall Zujovic-Hebrang die Beiziehung sowjetischer Vertreter in den Voruntersuchungen zu den Prozessen gefordert, was Belgrad mit Entschiedenheit ablehnte. Die jugoslawische Führung sah darin nur einen erneuten Versuch der Sowjetunion, die KPJ zu schwächen und zu spalten. Man spürte, wie groß die Gefahr eines Umsturzes war, solange man sich nicht der erklärten Unterstützung der gesamten Partei sicher sein konnte. In der damaligen politischen Kultur des Kommunismus hieß das, daß jeder Bürger und jede Bürgerin seiner bzw. ihrer solidarischen Haltung vorbehaltlos Ausdruck verleihen mußte.

Jedes kleinste Zögern in der Entscheidung für oder gegen die Resolution des Kominform wurde bereits als Zeichen für ein Bejahen des sowjetischen Modells oder als regimefeindlicher Akt gegen die Unabhängigkeit des Landes gewertet. Die Entdeckung prosowjetischer Zellen im Land, die nach den alten konspirativen Grundsätzen des Geheimbündlers Giuseppe Mazzini operierten[36], steigerte daher einmal mehr die phobische Angst vor dem Feind, wie man sie in langen Moskauer Exiljahren und während des antifaschistischen Kampfes kennengelernt hatte.

Den größten Widerstand gegen Tito gab es in Montenegro und Ostserbien sowie überall dort, wo die ehemalige Partisanenbewegung sehr stark war. Zu den russophilen, panslawischen und orthodoxen Traditionen gesellte sich bei den Kommunisten eine enthusiastische Bindung an die Ideale der Oktoberrevolution.[37]

Bald war daher ein gnadenloser Krieg ausgebrochen, in dem es bereits 1948 zu den ersten Verhaftungen kam. Mit der Erklärung Titos im Jänner 1949 vor serbischen Kommunisten, die Propaganda des Kominform sei "ein feindlicher und konterrevolutionärer Akt"[38], nahm dieser Krieg schließlich seinen offiziellen Beginn. Jugoslawische Dokumente lassen erkennen, um wie vieles größer die Zahl der Verhaftungen nach dieser Aussage Titos war:

Kam es im Jahr 1948 noch zu 501 Verhaftungen, so waren es im Jahr 1949 6290, im Jahr 1950 etwa über 3000 und im Jahr 1951 3550. Nachdem sich die erhoffte Veränderung im Konflikt nicht einstellte, hielt man die Isolierung der Kominformbefürworter als alleinige erzieherische Maßnahme für zu wenig und begann, drastischere Methoden anzuwenden.[39]

Eine große Rolle spielten die in Jugoslawien lebenden Minderheiten in dem Konflikt. Sie hätten tatsächlich die Stabilität des Landes gefährden und eine Hebelwirkung im Aufbau sogenannter "Fünfter Kolonnen" haben können. So war laut jugoslawischen Quellen der Prozentanteil an Kominformanhängern z. B. in der bulgarischen Minderheit 4,4 mal höher als im jugoslawischen Durchschnitt.[40] In der albanischen Minderheit war es ähnlich. Die harten Strafen, die über Menschen dieser beiden ethnischen Gruppen verhängt wurden, sollten daher vor allem eine abschreckende Wirkung auf ihre Landsleute haben. Dal Pont[41] erzählt, daß es unter den Lebenslänglichen sogar einen alten Albaner gegeben hatte, der im Gefängnis saß, weil er angeblich, obwohl er ein Analphabet war, Pläne der jugoslawischen Grenzbefestigung gezeichnet hatte. Den Schilderungen Dal Ponts ist auch zu entnehmen, wie unterschiedlich die Herkunft der Gefangenen war. Wenig bekannt ist der Fall der italienischen "Kominformisten"gruppe in Rijeka/Fiume.[42] In Sremska Mitrovica beispielsweise fanden sich neben den italienischen Kominformanhängern auch griechische Partisanen, russische Emigranten (Kommunisten aus verschiedenen Epochen), einige Rumänen und Bulgaren, eine kleine Gruppe echter albanischer Spione aus Tirana sowie etliche echte Verbrecher aus Bulgarien, die in ihrem Heimatland zu langen Haftstrafen verurteilt waren. Man hatte sie mit dem Auftrag, terroristische Anschläge zu verüben, nach Jugoslawien geschickt, wo sie sich aber sofort der Polizei stellten.[43]

Die Repression gegen die Kominformanhänger - Das Konzentrationslager Goli Otok

Die Repression stützte sich auf zwei gesetzliche Bestimmungen, die man im Oktober und im Dezember 1948 erlassen hatte. Eine ordnete an, das Strafausmaß an der Erfordernis der "Ausmerzung sozial gefährlicher Aktivitäten" zu messen, das andere besagte, daß "die Umerziehung und Korrektur des Verurteilten" zu fördern sei. Außerdem hatte man einen Strafenkatalog erlassen und genau festgelegt, wann Zwangsanhaltungen durchzuführen waren, was einerseits den Befugnisrahmen der Verwaltung beträchtlich erweiterte und andererseits auch die sogenannte "Isolation" einführte. Allgemeiner formuliert erlaubte das Gesetz also die Anhaltung eines Inhaftierten ohne richterliches Urteil und das umso mehr, als es die Sicherheitsbeamten ermächtigte, "Beweise in freiem Ermessen zu beurteilen". Das zweite Gesetz legitimierte die Verschleppung der Gefangenen an geheime

Orte, von denen aus sie weder die Möglichkeit zur Flucht noch zur Kontaktaufnahme mit der Außenwelt hatten.[44] Ebenso war es sowohl Beamten als auch Gefangenen bis ins Jahr 1953 verboten, Angehörige über den Verbleib des Gefangenen zu unterrichten. Die sogenannte Untersuchungshaft konnte Monate dauern. Verhöre fanden nur sehr selten statt. Dazwischen hatten die Gefangenen keinen Bezug zur Außenwelt und waren beinahe gänzlich auf sich selbst gestellt. Damit wollte man herausfinden, ob der Gefangene zu anderen, noch freien Kominformanhängern Kontakt hatte. Die Dauer der Gefängnisaufenthalte betrug im Durchschnitt zehn Jahre.

Die Gesamtzahl der Inhaftierten soll sich, laut jugoslawischen Quellen, auf 16.731 Personen belaufen haben (von denen drei Viertel der Isolation in Goli Otok und Grgur ausgeliefert waren). In nur 5037 Fällen kam es zu regulären Prozessen, bei allen anderen handelte es sich um reine Verwaltungsstrafen.

Inwieweit diese Zahlen die Realität wiedergeben, ist schwer zu sagen. Vicentije Djordjevic hat für seine Dissertation Statistiken aufgetrieben, in denen 58.596 Parteiausschlüsse wegen Kominformtreue ausgewiesen sind, 31.142 Mitgliedern wurden aus dem gleichen Grund leichtere Sanktionen auferlegt. Vladimir Dedijer kommt in seinen Berechnungen auf 31.000 bis 32.000 Menschen, die allein durch Goli Otok gingen und schließt, daß es genauere Zahlen darüber wahrscheinlich nie mehr geben werde, da alle diesbezüglichen Aufzeichnungen allem Anschein nach vernichtet worden sind. Dagegen behauptet Dragan Markovic, es müsse sie noch geben, er selbst habe sie gesehen. Sie seien alle gut erhalten, säuberlich geordnet und mit zahlreichen Untersuchungsergebnissen versehen.[45] Was die Todesopfer dieser Politik betrifft, so bedeutet der Beschluß der jugoslawischen Regierung, die Todesstrafe nicht zu exekutieren, keineswegs, daß keine zu beklagen waren.[46] Viele Opfer starben an den Folgen der Folterungen oder an Durst, daran, daß man mit ihnen abrechnete, begingen Selbstmord oder überlebten die Epidemien nicht, die wegen der unhygienischen Bedingungen in den Lagern immer wieder ausbrachen. In Goli Otok starben z. B. 151 Menschen während einer Typhusepidemie im Jahr 1951.[47] Wieviele Menschen so ums Leben kamen, kann nicht mit Sicherheit gesagt werden, schätzungsweise waren es zwischen 343 und 400.

Durchgeführt wurden die Verhaftungen zum Großteil von UDB-a-Beamten aus dem staatlichen Büro oder aus den Büros der Teilrepubliken. Etwa ein Viertel, nämlich 22,5 Prozent, gingen auf das Konto des militärischen Nachrichtendienstes. Die Gefängnisse, in die man die Verhafteten brachte, waren Sremska Mitrovica, Lepoglava, Sisak, Zenica, Banjica und Glavnjaca (Belgrad) oder die Konzentrationslager Stara Gradiska, Grgur, Rab, Ugljan, Bilece und das gefürchtetste, Goli Otok. Aus zahlreichen Augenzeugenberichten wissen wir mittlerweile, wie das Leben unter den schrecklichen Zwangsbedingungen in den Lagern ausgesehen hat, wo die meisten Gefangenen völlig sinn- und nutzlose Schwerstarbeiten verrichten mußten.

Zu den Besonderheiten der jugoslawischen Repression zählte aber die Art und Weise, wie man die Kontrolle in den Lagern organisierte. Sie war den Gefangenen selbst überantwortet, während die Wächter lediglich die äußere Bewachung durchzuführen hatten und so tun mußten, als wüßten sie von nichts. In Goli Otok begann das geplante Kontrollsystem mit der Ankunft des zweiten Schubs von Gefangenen am 9. Juli 1949 zu funktionieren. Während die erste Gruppe noch eine geschlossene Gesinnungsgemeinschaft war, befanden sich in der zweiten viele Bosnier, die leichter bereit gewesen waren, ihre Position zu "überdenken", was die Situation radikal veränderte.

Jeder Neuankömmling mußte nun zunächst eine von den Mithäftlingen gebildete Gasse passieren, in der er beschimpft und gewaltsam verprügelt wurde. Danach begann der sogenannte "Boykott", der den Gefangenen in einen willenlosen Gegenstand verwandeln sollte, meistens damit, daß man ihn zu Boden schleuderte, mit Füßen trat und zwang, den Kopf in die Latrinen zu stecken. Im weiteren ließ man ihn nicht schlafen, die kargen Essensrationen mußte er im Stehen einnehmen. Mit den Wärtern durfte er keinen Kontakt haben.

"Der einzige Weg, den Folterungen zu entgehen," schreibt Dal Pont, "war es, sich als Verräter, Spion oder Feind des Proletariats zu deklarieren und die anderen Mithäftlinge ebenfalls zu verprügeln ... Die aufrichtigen Genossen erkannte man daran, daß ihre Schläge mit weniger Zorn und Gewalt auf einen niederprasselten. Sobald sich Gelegenheit ergab, sprachen sie einem außerdem Mut und Trost zu. Es folgte fast unvermeidlich, daß sie der Neue denunzierte, worauf die Schläge erneut einzusetzen hatten."[48]

Die Leitung des Lagers war einem Gefangenenkomitee anvertraut, das sich aus Häftlingen zusammensetzte, die ihre Standpunkte bereits "von Grund auf revidiert" hatten und der Verwaltung absolut gehorchten. Sie mußten dafür Sorge tragen, daß sich bei den anderen Gefangenen die gleiche Umkehr einstellte, wozu die genannten Methoden dienen sollten, die von Goli Otok aus schnell auch in den anderen Lagern bekannt wurden. Rasch verbreitete sich unter den Häftlingen Haß und Mißtrauen, die soweit gehen konnten, daß "Reuige" ihre Mitgefangenen lynchten.

Zum Kontrollsystem in Goli Otok gehörte auch, daß in jeder der überbelegten Zellen einer der "Reuigen" zum Sprecher der Zelle ernannt wurde. Er und das Komitee waren die einzigen, mit denen der "Boykottierte" sprechen durfte. Wollte ein Gefangener die Änderung seines Standpunktes bekannt geben, so kam es zur sogenannten "Revision". Sie erfolgte mittels eines schriftlichen Berichtes, dem sogenannten "Immerwährenden Dossier", das von der Lagerwache aufbewahrt wurde. Es mußte eine Selbstanklage des Gefangenen sowie Denunzierungen von Freunden, Bekannten und Angehörigen enthalten. Verfaßte ein Gefangener dieses Dossier, so war er meistens seelisch und körperlich an jenem Punkt angelangt, wo er wirklich alles tat, um der Hölle zu entkommen.

Für Frauen galten im Grunde die gleichen Haftbedingungen wie für Männer. In Goli Otok wurden sie von den Männern getrennt und ihre Haftbedingungen waren weniger schwer. Doch in der Regel litten sie meist viel mehr als die Männer unter der Trennung von ihren Familien und unter den Denunziationen der Angehörigen.[49]

Das schwerste Schicksal mußten jene Gefangenen erleiden, denen man den Beinamen "Doppelmotor" gegeben hatte. Es waren diejenigen, die entweder ein zweites Mal nach Goli Otok kamen oder von vorneherein in das Verlies 101 (auch "Monastir" oder "Petrova" genannt) eingewiesen wurden: spionageverdächtige Minister und Generäle, Botschafter, Universitätsprofessoren und Kommunisten der Zwischenkriegszeit, die sich längere Zeit zu Studienzwecken in der UdSSR aufgehalten hatten. Sie wurden völlig abgesondert. In Goli Otok selbst wußte man nicht, wo sich dieses Verließ genau befand, sodaß es eine Aura der Verunsicherung umgab und tiefste psychologische Ängste auslöste. Menschen kamen darin durch Folterungen um, wurden verrückt oder begingen Selbstmord.

Um freigelassen zu werden, genügte die "Revision" allein nicht. Sie bedeutete lediglich eine Milderung der Zwangsbedingungen. Der Gefangene durfte an Arbeitskolonnen teilnehmen oder wurde im Straßen- und Eisenbahnbau außerhalb des Lagers eingesetzt. Wurde er schließlich irgendwann einmal freigelassen - stets mit der Auflage, über das Erlebte zu schweigen - so blieben ihm natürlich die Narben an Körper ud Seele.[50]

"Man hat nicht mehr den Mut, die politischen Aktivitäten wieder aufzunehmen. Wie auch sollte man an so etwas denken, wenn dir hundert Genossen dabei zugesehen hatten, wie du deinen besten Freund verprügelt und deine noch nicht inhaftierten Genossen, deine Familienangehörigen denunziert hast?" so die Worte Dal Ponts in seine Memoiren.[51]

Aber nicht nur wirklich Stalintreue traf die ganze Brutalität der jugoslawischen Repression, sondern auch viele Unschuldige. Aleksandar Rankovic mußte dies in seiner Rede vor dem Zentralkomitee der KPJ am 3. Juni 1951 selbst zugeben. Er berichtete, daß sich ca. 47 Prozent der Verhaftungen, die im Jahr 1949 vorgenommen worden waren, später als ungerechtfertigt herausstellten.[52] Es war also viel zu oft geschehen, daß allzu kritische öffentliche Stellungnahmen des Regimes zu einzelnen Aspekten des Konflikts, der Wunsch, Karriere zu machen sowie persönliche Motivationen und Rachezüge das Leben der Gefangenen ruinieren hatte können.[53] Das wußte man bereits zur damaligen Zeit. Im November 1951 kam es deswegen zur gerichtlichen Verurteilung Oberst Milenko Nikitovics, dem vorgeworfen wurde, seine Position mißbraucht und Unschuldige nach Goli Otok verbannt zu haben. Langsam kam damit auch an den Tag, daß sich in den Schauprozessen und in der Zeit ihrer Untersuchungshaft viele Gefangene zu kriminellen Taten bekannt hatten, die sie nie begangen hatten, um den Folterungen zu entgehen.[54]

Insgesamt mußte die Problematik der "unschuldig Verurteilten" auch auf jene erweitert werden, die den Willen der jugoslawischen Kommunisten, Stalin zu zeigen, daß man an einer Neugestaltung der Situation auch in seinem Sinn interessiert war, am eigenen Leib zu spüren bekamen: der Landbevölkerung.

Die ungeheuren Spannungen auf dem Land

Gleichzeitig mit der Zwangskollektivierung der Landwirtschaft im gesamten sowjetischen Einflußbereich kam es auch in Jugoslawien zu einem solchen Prozeß, gegen den sich die Landbevölkerung erbittert zu Wehr setzte, was die Stabilität des Tito-Regimes schwer in Gefahr brachte.[55] Man braucht sich lediglich die von jugoslawischer Seite zur Verfügung gestellten Statistiken ansehen und wird schnell erkennen, daß die meisten der wegen Kominformtreue inhaftierten Personen aus ländlichen Gebieten stammten. Auch unter den politischen Emigranten waren - so paradox es erscheinen mag - die Bauern die stärkste Gruppe. Außer "Kominformisten" handelte es sich dabei um Bauern, die wegen Widerstand gegen die Kollektivierung und die Zwangsablieferungen schwere Strafen erlitten.

Tatsächlich nahm die Repression in diesem Bereich weit größere Ausmaße an als im Kampf gegen die Kominformanhänger. Allein in der Vojvodina wurden 80.000 Bauern verhaftet. Im Jahr 1950 kam es insgesamt zu 91.024 Strafverfahren, 24.353 davon wegen Verstößen gegen die nationalökonomischen Bestimmungen und 17.092 wegen Verstößen gegen die Eigentumsbestimmungen, in die letztlich 300.000 Personen verwickelt waren. 80 Prozent legten Berufung ein.

Um den großen Widerstand zu brechen, setzte man schließlich anerkannte Intellektuelle ein, die in *ad hoc* Erzählungen schildern sollten, was passiert, wenn gegen Beschlüsse der Volksregierung Widerstand geleistet wird. So wollte man die Bevölkerung gegenüber der Staatsgewalt einschüchtern und ihre Verachtung gegenüber sogenannten "Volksfeinden" schüren. Die KPJ zitierte darüberhinaus auch Stalin, um zu zeigen, daß sie seiner politischen Linie wohlgesinnt war. Zu dieser Zeit gingen die Ansuchen um Aufnahme in die KPJ rapide zurück, im Jahr 1952 kam es überdies zu 10.796 Ausschlüssen von Personen, die sich weigerten, in Kooperativen zu arbeiten.[56]

Die Zwangsablieferungspolitik führte sogar zu Aufständen wie jenem im bosnischen Cazin im Frühsommer 1950, die erkennen ließen, daß sich im Wunsch, das Tito-Regime zu stürzen, auch temporäre Allianzen zwischen Kominformanhängern und religiösen Gruppen (islamischer, katholischer oder orthodoxer Zugehörigkeit) bilden konnten.[57] Längerfristig hätte die stalinistische Politik, zu der die Zwangskollektivierung durchaus gehörte - man hatte ihre Durchführung auf eine Rüge Stalins hin noch vor dem Bruch beschlossen -, vermutlich zu schweren Krisen im Konsens des Landes geführt und Titos Vorherrschaft ins Wanken gebracht - eine Vorherrschaft, die in der Bevölkerung so breite Unterstützung fand, weil sie sich der sowjetischen Bedrohung wirkungsvoll entgegensetzte.

Und wahrscheinlich schob man aus diesem Bewußtsein heraus den Bauern Kominformtreue in die Schuhe, als man gegen sie vorging. Sie waren in kohärenten Gruppen gut organisiert und führten immer wieder lautstarke Protestaktionen durch. Amerikanische Quellen berichten sogar von einem Protestmarsch im Juli 1950, als 600 Menschen unter der Führung des Präsidenten der Republik Serbien und der Kontrollkommission dieses Landes von Smederevo nach Belgrad marschierten, um gegen das bürokratische Vorgehen bei der Verwirklichung der Agrarreform zu protestieren. [58]

Die schrittweise Überwindung der Isolation

Der Moment, an dem die Parteispitze der KPJ ihre Politik gründlich überdenken würde müssen, war unausweichlich. Noch bevor sich die angespannte Lage auf dem Land beruhigen sollte (was erst im Jahr 1952 der Fall war), begann sich um Goli Otok etwas zu rühren.

Da es sowohl für den Staat Jugoslawien als auch für die KPJ dringend erforderlich war, nicht nur die inneren Probleme zu lösen, sondern auch die internationale Isolation zu überwinden, beschloß das Politbüro am 28. Juni 1950 - das war der Tag nach der Verabschiedung des ersten Selbstverwaltungsgesetzes - auf Antrag Kardeljs (den dieser bereits in der III. Plenarsitzung des ZK angekündigt hatte), Kontakte mit der antistalinistischen Linken des Westens aufzunehmen. Das sollte keineswegs die Bedeutung haben, daß Jugoslawien eine internationale Führungsrolle unter diesen Parteien einnehmen wollte. Es lag aber sicherlich in der Absicht Titos, die antistalinistische Linke in Europa zu stärken. Rankovic, Djilas und Vukmanovic-Tempo wurden schließlich mit diesem Aufgabenbereich betraut. [59]

Noch im gleichen Jahr, vom 7. bis 19. September 1950, besuchte eine Delegation der britischen Labour Party das Land und wollte auch Sremska Mitrovica sehen. Im darauffolgenden Bericht kritisierte Parteisekretär Morgan Philips die polizeistaatähnlichen Zustände in Jugoslawien, anerkannte aber die Stabilität des Regimes und unterstrich die Möglichkeit der Regierung in Belgrad, ihren Einfluß auf die sozialistischen Länder geltend zu machen sowie ihre dem Westen dienliche Pufferfunktion. Damit war das Eis gebrochen.[60] Ein Jahr später, am 22. November 1951, empfing man eine französische Delegation in Belgrad. Einige Teilnehmer, darunter auch Journalisten, statteten Goli Otok einen Besuch ab. Obwohl die Gefangenen instruiert wurden, was sie auf Fragen zu antworten hätten, war damit die Isolation gebrochen.⁶¹ Der nächste, der Goli Otok sah, war laut jugoslawischen Quellen im Frühsommer 1951 ein UDB-a-Arzt, der wegen einer Ruhrepidemie dorthin entsandt worden war. Am 17. Juli gab er einen schockierenden Bericht, der bis heute unter Verschluß gehalten wird, über die Erlebnisse im Zuge der Visite ab. Dragan Markovic bezieht sich in einer Rede auf diesen Bericht, um die ihm so bekannt gewordenen, lebensfeindlichen Bedingungen in Goli Otok (fehlende Intimbereiche, fehlende Hygiene, keine Erste-Hilfe-Einrichtungen) zu beschreiben. Er erzählte auch von den Todesopfern, die Bijelic in dem Bericht beklagte. Während der 17 Tage seines Aufenthalts starben im Lager 42 Personen, fünf davon durch den "Boykott", vier begingen Selbstmord, 17 gingen an Sonnenstich und neun an Schwäche und Dystrophie zugrunde.

Kurz darauf, im August 1951, stattete Rankovic der Insel einen Besuch ab, der jedoch keine Hafterleichterungen brachte. Ein Jahr später bekam Dobrica Cosic die Erlaubnis, sich auf Goli Otok niederzulassen, um einen Roman zu schreiben. Aber erst im Jahr 1953, einige Monate nach dem Tod Stalins, so berichten ehemalige Gefangene, wurde eine tiefergehende Veränderung im allgemeinen Lager- und Gefängnisleben spürbar.⁶² Dal Pont erzählt, daß zu dieser Zeit in Sremska Mitrovica erlaubt wurde, Radio zu hören, jugoslawische Zeitungen zu lesen und eine Gefängnisbibliothek einzurichten. Die Möglichkeiten, außerhalb der Strafanstalten zu arbeiten, wurden erweitert. Im Jahr 1954 erlangten schließlich viele ihre Freiheit wieder. Nicht alle und nicht sofort: Die italienischen Gefangenen mußten dazu noch sowohl die Aussöhnung Jugoslawiens mit der Sowjetunion als auch die Anerkennung der italienischen KP durch die KPJ abwarten, ehe sie im Jahr 1956 nach einem Besuch Longos freigelassen wurden.⁶³

Verschiedene Ansätze der Interpretation

Der jugoslawische Stalinismus

Es ist schwierig, die Problematik der individuellen Verantwortung einzelner jugoslawischer Spitzenfunktionäre für Entscheidungen zu umreißen, die im Sinn einer autonomen Selbstverteidigung des Landes getroffen wurden und einen tiefen Einblick in den jugoslawischen Sozialismus der vierziger und fünfziger Jahre geben.

Wenn Dedijer beispielsweise erzählt, wie es dazu gekommen ist, daß gerade die Insel Goli Otok zur Errichtung des Konzentrationslagers ausgesucht wurde, kommt der mächtige Staatssicherheitsapparat im jugoslawischen Innenministerium, dem Rankovic vorstand, nicht zur Sprache. Er läßt uns wissen, daß dieser Beschluß auf die Recherchen des Bildhauers August Augustincic zurückgeht, der dort Steinbrüche ausfindig machte, die ihm das Material für seine Arbeiten liefern konnten. Daraufhin soll der kroatische Innenminister die Idee gehabt haben, das Lager auf Goli Otok zu errichten und sich mit dem Vorschlag an Tito und Kardelj gewandt haben, die einwilligten.[64]

In Wirklichkeit ist es natürlich, beim aktuellen Stand der zugänglichen Informationen, viel schwieriger, jemand namentlich für die repressiven Vorgangsweisen und Maßnahmen verantwortlich zu machen. Momentan sind uns keine Verfügungen bekannt (sofern es solche überhaupt gegeben hat), aus denen sich unmißverständlich ableiten ließe, wer die Art der Erniedrigung und Vernichtung von Personen in den Strafanstalten ersonnen hatte.

Keinen Zweifel kann es allerdings darüber geben, daß die 1948 erlassenen Gesetze und ihre Interpretation durch die Sicherheitskräfte in einem politischen Kontext - in dem auch 1949 die Zwangskollektivierungen durchgeführt wurden - und aus einer politischen Kultur und Mentalität entstanden sind, die tief im Stalinismus wurzelten. Das strikte Feindbild, die Thesen von der "Verschärfung des Klassenkampfes" oder auch die Kultur der "Belagerung" - sie alle waren von der kommunistischen Partei Jugoslawiens, die noch dazu dogmatisch und extremistisch den Sozialismus verfocht und gewisse abenteuerliche Utopien (z. B. in bezug auf die USA oder Großbritannien) mit sich herumschleppte, gut und gerne aus dem Stalinismus übernommen worden. Unvergeßlich bleibt in diesem Zusammenhang die Härte der Kritik, die Kardelj und Djilas in der Gründungssitzung des Kominform an die Adresse der KPI und der KPF richteten.

So gesehen ist der Kampf gegen das Kominform mit den politischen und daher auch kulturellen Waffen einer kommunistischen Partei geführt worden, die bis dahin (und bis in die zweite Hälfte des Jahres 1949) Stalin glühend verehrte. Die gesamte politische Verantwortung für die Geschehnisse, unabhängig davon, wie die Apparate Gesetze und Verordnungen interpretierten, trägt daher die damalige Führungsgruppe und insbesondere der engste Kreis, zu dem Tito, Kardelj, Rankovic und Djilas zu zählen sind.

Andererseits waren die tragischen Vorkommnisse der hohe Preis für eine unter den damaligen Bedingungen außergewöhnliche politische Entwicklung (die ebenfalls Tito zugeschrieben werden muß): In einer Zeit, in der die Spannungen zwischen Ost und West im Kalten Krieg gipfelten, sicherte sie dem Land Unabhängigkeit und Blockfreiheit. Ebenso bemerkenswert ist, daß Jugoslawien sich am Höhepunkt seiner Isolation, also zwischen 1948 und 1950, außer mit den Pressionen der sowjetischen "Satellitenstaaten" auch mit der Triest-Frage und mit dem Bürgerkrieg in Griechenland auseinanderzusetzen hatte. In diesem Konflikt überlagerte sich die starke nationale Verbundenheit der jugoslawischen Mazedonier mit den mazedonischen Slawen, der ELAS (griechische, von Kommunisten beeinflußte Widerstandsorganisation im Zweiten Weltkrieg) mit der Kominformtreue der griechischen Kommunisten. Außerdem häuften sich zu dieser Zeit die Anzeichen für einen "heißen" Krieg: Man denke an die Berlin-Blockade, die Unterzeichnung des Nordatlantikpaktes, den Sieg der Kommunisten in China, die Teilung Deutschlands und nicht zuletzt an den Koreakrieg, der damals begonnen wurde.

Im geschichtlichen Rückblick ist es überdies unbestritten, daß es Tito gelungen war, trotz des Schwankens und der Schwachstellen in Armee und Partei die Kontrolle über die innenpolitische Lage zu bewahren. Aber es hat auch immer wieder jene große Verunsicherung gegeben, die zu einer wahren Kultur des Mißtrauens und der Verdächtigungen geführt hat.

Diese für den Stalinismus jugoslawischer Prägung typische Kultur des Mißtrauens und der Verdächtigungen hatte aber andere Wurzeln, die zum Teil im Land selbst und zum Teil in der damaligen internationalen Situation begründet waren. Wir finden sie als Elemente der Kontinuität in bestimmten Momenten der jugoslawischen Geschichte, in regionalen Episoden, wie es z. B. die sogenannten Dachaucher Prozesse waren.

Die Dachauer Prozesse

Sie fanden in den Jahren 1946 und 1947 in Slowenien statt und wurden so genannt, weil in ihnen ehemalige Häftlinge des Konzentrationslagers Dachau auf der Anklagebank saßen. Es handelte sich um KP-Mitglieder aus der Zwischenkriegszeit. Die meisten von ihnen waren Architekten oder Ingenieure von Beruf, es fanden sich jedoch auch einige Lehrer, Facharbeiter, Studenten, Geschäftsführer, Rechtsanwälte und Journalisten unter ihnen. Einige hatten sogar am Spanischen Bürgerkrieg teilgenommen. Jetzt, nachdem sie Dachau überlebt hatten, warf man ihnen vor, mit der Gestapo kollaboriert zu haben.

Wie schon bei den Moskauer Prozessen bekannten sich auch hier alle Angeklagten noch während der Untersuchungshaft für schuldig, auch für den Westen spioniert zu haben. Die Schauprozesse fanden in Celje (Mai 1947) und Ljubljana (20. bis 26. April 1948 - er wurde im Radio übertragen - und am 9./10. August 1948) statt, einige Nebenprozesse in der Zeit von Mai bis Oktober 1950 in Ljubljana und Split. Es wurden elf Todesurteile ausgesprochen und unzählige Haftstrafen mit verschärften Bedingungen verhängt. Drei der Angeklagten starben bereits in Untersuchungshaft, wahrscheinlich infolge der Drogen, die man ihnen verabreicht hatte, oder an den Folterungen, denen sie ausgesetzt waren, um ihnen die Geständnisse abzupressen. Einer der damals Verurteilten, Mirko Kosir, starb in Goli Otok. Alle Urteile sollten sich schließlich als völlig haltlos herausstellen, worauf man die Gefangenen 1970/71 rechtlich und 1986 auch politisch voll rehabilitierte. [65]

Warum man so sehr auf die Geständnisse der Angeklagten der Dachauer Prozesse erpicht war, erscheint unklar. Nach den uns heute zugänglichen Quellen soll es sich um eine interne Abrechnung der KP-Sloweniens handeln, die ohne Zweifel der politischen Atmosphäre dieser Zeit entsprach. In dieser Frage verbanden sich der herrschende Polizeigeist, die politische Intoleranz und die zeitgenössische stalinistische Praxis in der UdSSR. Im Kreml war man der Ansicht, daß die Rückkehrer aus den deutschen Konzentrationslagern nur deshalb überleben konnten, weil sie sich zu Verrätern gemacht hatten.

Zur Frage, auf welcher Grundlage die Jugoslawen gehandelt haben mögen, meint Dedijer, es wären bewußte Falschinformationen zweier ausländischer Geheimdienste - die er nicht näher nennen wollte - mit im Spiel gewesen. Einige Wissenschaftler und Ex-Häftlinge schlossen sich diesbezüglich einer öffentlichen Erklärung General Jaka Avsics an, der behauptete, die Sowjets hätten damals eine einschlägige Namensliste zur Verfügung gestellt - eine Erklärung, die der bekannte slowenische Politiker Mitja Rivicic mit Entschiedenheit ablehnt. Einer der damals Verurteilten erzählt in diesem Zusammenhang, daß die Sowjets seinerzeit in Ungarn an einen UDB-a-Beamten im jugoslawischen Außenministerium mit dem Verlangen herangetreten waren, für den NKWD zu arbeiten. Seine Ablehnung soll ihm bei den Dachauer Prozessen das Leben gekostet haben.[66] Alle diese Erklärungsversuche lassen sich derzeit nur schwer verifizieren. Ungeklärt ist auch die Rolle Rankovics, den manche für den geistigen Vater dieser Prozesse halten.[67]

Außerdem muß diese Angelegenheit in einen weitergefaßten Kontext gestellt werden. Es gab damals in Jugoslawien immer noch aktive Ustascha-Gruppen, die, obwohl sie keine ernsthafte Bedrohung mehr darstellten, Ängste wachriefen. Die Ustascha hatte den Waffenstillstand von 1945 nicht anerkannt und führte deshalb weiterhin unter dem Namen *krizari* (Die Gekreuzigten) militärische Aktionen durch. Jugoslawischen Quellen zufolge wurden 1946/47 illegal ins Land gekommene Ustascha-Funktionäre und 5611 Ustascha-Mitglieder verhaftet. Durch ihre bewaffneten Angriffe kamen ca. 2000 UDB-a-Leute ums Leben. Dadurch war man selbst innerhalb der Tito-Truppen ständig auf der Hut und traf, speziell im gefährdetsten Gebiet an der Grenze zwischen Kroatien und Slowenien, immer besondere Vorsichtsmaßnahmen.[68]

Das Ensemble dieser Elemente der kommunistischen jugoslawischen Verdächtigungen verschmolz mit den intoleranten Tendenzen der originär jugoslawischen Konzeption der Volksdemokratie, die mit der "Diktatur des Proletariats" identifiziert wurde, zu einem Erscheinungsbild, das sich - wie die Aussagen von Gomulka, Gottwald, Dimitrov und Kostov bestätigen[69] - deutlich von jenem der anderen osteuropäischen kommunistischen Parteien der ersten Nachkriegszeit abhob. Auch im Kampf gegen das Kominform entdecken wir also Elemente des Mißtrauens, die weit über den Rahmen eines Unabhängigkeitskampfes hinausgehen. Hinter ihnen stand letztlich die feste Entschlossenheit, jede wie auch immer geartete Opposition, in der man sofort ein Trojanisches Pferd erblickte, mit dem man das kommunistische Regime oder die Stabilität des Landes gefährden wollte, zu vernichten.

Die komplexen inneren Verhältnisse in der KPJ

Einige Historiker sind der Auffassung, daß viele der Ereignisse in den vierziger und fünfziger Jahren in Jugoslawien, der Kampf gegen das Kominform miteinbezogen, aus der Sicht der sehr komplexen Geschichte der jugoslawischen Kommunisten gesehen werden muß. So stellt Ivo Banac fest[70], daß es nicht möglich sei, die Wirkungen des sowjetisch-jugoslawischen Konflikts auf das Parteileben richtig einzuschätzen, wenn man diesen nicht auch in den Kontext der unzähligen Fraktionskämpfe, unter denen die Partei seit den zwanziger Jahren zu leiden hatte, stelle. Aus seiner Sicht habe das Kominform nichts anderes als eine von Stalin selbst initiierte zusätzliche Konfliktquelle innerhalb der KPJ konstituiert. Dieser Zugang Banacs hat sicherlich einiges für sich, denn er erfaßt die Kontinuität der Geschichte der jugoslawischen Kommunisten.

Außerdem hat er das Verdienst, ein anderes Charakteristikum der KPJ deutlich sichtbar zu machen, nämlich das Faktum, daß sie nie eine monolithische Partei war, sondern immer so viele verschiedene Gesichter hatte wie Jugoslawien selbst. Die vielen Angstreaktionen, die wir in den Entscheidungen und in der Politik Titos - bis hin zu den extremsten Ausformungen - beobachten können, ließen sich auch so erklären. Die Dachauer Prozesse und die vielen anderen Krisen, die sich unter den Kommunisten Jugoslawiens bis heute abspielen, verdeutlichen überdies sehr gut, daß es sich um ein immer noch gültiges Phänomen handelt.

Trotzdem ist es nicht ganz so einfach, den Kampf gegen das Kominform lediglich im Interpretationsschema von Fraktionskämpfen zu sehen, obwohl es an manchen Punkten durchaus möglich erscheint und auch das Archivmaterial in diese Richtung weist, wie wir z. B. im Fall Hebrangs gesehen haben. In der KPJ ging es, trotz der vielen anderen Einflüsse, vorrangig um den Kampf für die Unabhängigkeit Jugoslawiens, womit vielleicht auch Stalin gerrechnet haben mag.

Alle nach der ersten Resolution verhafteten Parteiführer der KPJ konnten sich einer langen Funktionärstätigkeit in Moskau in der Zwischenkriegszeit rühmen.[71] Das könnte zu dem Schluß führen, daß Tito den Gegensatz zu Stalin dazu nützte, sich alter Widersacher zu entledigen. Tito kannte das in den dreißiger Jahren in Moskau herrschende politische Klima und Beziehungsgeflecht ebenso gut wie seine Parteigenossen - Dedijer schildert es sehr gut in einer langen und detaillierten Anmerkung in der ersten Titobiografie aus dem Jahr 1953. Er vermittelt uns darin sehr genau, wie man in Moskau vorging, um einen Kommunisten in das NKWD einzugliedern.[72] Wahrscheinlicher ist daher, daß sich die 1948 durchgeführten Verhaftungen auf

Titos Wissen stützten, wie leicht die Polizei Stalins altgediente Kommunistenführer erpressen konnte - umso mehr, als bis Ende März 1948 die sowjetischen Ausbildner auf jugoslawischem Gebiet operiert hatten. Wir müssen also auch die Angst Titos, diese führenden Persönlichkeiten seien Spione des NKWD geblieben oder geworden, als Grund für ihre Verhaftung anerkennen.

Charakteristika des jugoslawischen Auswegs aus dem Stalinismus

Kämen wir nun nach all dem bisher Gesagten zum Schluß, daß es sich bei dem Konflikt zwischen Jugoslawien und der Sowjetunion um einen Kampf gehandelt hat, bei dem eine Form des Stalinismus ihr Spiegelbild bekämpfte, so wäre das zu kurz gegriffen und gäbe nur einen Teil der Realität wieder.

Denn zum einen gab es grundlegende Auffassungsdifferenzen zwischen Moskau und Belgrad über die Art, wie die Beziehung der Länder des sozialistischen Lagers zueinander aussehen sollten und daher auch zum jugoslawisch-bulgarischen Projekt einer Balkankonföderation. Wie wir wissen, hatte Stalin für die Errichtung des Ostblocks das umfassende Primat der UdSSR und des von ihr vorgegebenen Modells sowohl in bezug auf die Außenbeziehungen des Blocks, als auch auf die Beziehungen der Mitgliedstaaten untereinander beansprucht. Das bedeutete nichts anderes, als daß die übrigen ohne die Zustimmung des Kremls nichts mehr unternehmen durften. Tito akzeptierte eine solche Vorherrschaft lediglich in bezug auf den sogenannten antiimperialistischen Kampf nach außen, nicht aber für die blockinternen Beziehungen. Hier wollte er weitestgehende Autonomie und brachte dies in den Jahren 1945 bis 1948 in den Gesten gegenüber den anderen Volksdemokratien und insbesondere gegenüber Albanien und Bulgarien, aber auch in der Frage des Bürgerkrieges in Griechenland deutlich zum Ausdruck.[73] Dazu kommt, daß eine sozialistische Staatenkonföderation in Südeuropa aus strategischen Gründen und von ihrer territorialen Ausdehnung her ein mögliches Gegengewicht, wenn nicht sogar eine Konkurrenz zur UdSSR darstellen hätte können.[74]

Zum anderen, weil die dramatische Erfahrung des Kampfes gegen das Kominform die Entstehung einer kritischen Analyse des Sowjetsystems begünstigte und die Kommunisten drängte, einen Weg aus den politischen und ideologischen Engpässen zu finden, in die sie geraten waren. Das veränderte die Begriffswelt des Konflikts - der ursprünglich aus Gründen staatlicher Machtansprüche und als Kampf zwischen zwei dogmatischen Parteien entstanden war. Sie blieb nicht unverändert, sondern zeigte zwischen 1949 und 1951 eine Weiterentwicklung, sodaß am Ende des Konflikts weder der Staat Jugoslawien noch die kommunistische Partei dieses Landes dieselbe waren wie zu Beginn.

Ab Mitte 1949 begann man also, wenn auch nur sehr zögernd, sich mit dem Problem auseinanderzusetzen, daß die kommunistische Macht in Jugoslawien, angesichts des anhaltenden Gegensatzes zur UdSSR, einer neuen Legitimationsgrundlage bedurfte, woraus sich letztlich, vor allem wegen des großen Konflikts mit der ländlichen Bevölkerung, ein Überdenken der Rolle des Staates und die Suche nach Konsens entwickelte. Noch im gleichen Jahr erließ man eine Gemeindereform, die den lokalen Regierungen einen autonomen Handlungsspielraum einräumte, was gut zur Selbstbestimmungserfahrung der nationalen Befreiungskomitees während des Zweiten Weltkrieges paßte.[75]

Mit der Einführung der Selbstverwaltung in den Fabriken (27. Juni 1950) erhoffte man, einen weiteren Ansatzpunkt geschaffen zu haben, um den herum ein neues Bild des Sozialismus entstehen konnte. Ebenso begann die Kritik an der Bürokratie und an der wirklichkeitsverzerrenden Omnipräsenz des Staates Gestalt anzunehmen: In einem politischen Akt sollten das Verwaltungssystem und die Eigentumsverhältnisse verändert werden, was gleichzeitig der Kritik an der Sowjetunion ein festes Standbein verleihen sollte.

Die kommunistische Führungsgruppe (insbesondere Edvard Kardelj, Milovan Djilas, Mosa Pijade und Milentije Popovic) suchte nun auch neue theoretische Anhaltspunkte für den Konflikt mit der Sowjetunion und fand sie vor allem in der Bürokratie des Staatswesens. Man vertrat die Ansicht, daß man sich in der Sowjetunion aufgrund der großen Einflußnahme der Bürokratie auf die Wirtschaft von der ursprünglichen Idee einer Sozialisierung der Wirtschaft weit entfernt und, kapitalismusähnlich, neue Formen der Entfremdung geschaffen hatte.[76]

Die Einführung der Selbstverwaltung in den Fabriken, die auch als Reparationsakt angesehen wurde, weil sie die Kontrolle zumindest dem Ideal nach den Arbeitern übertrug und die Umwandlung des staatlichen Eigentums in soziales Eigentum vorbereiten sollte, ging einher mit einer drastischen Umgestaltung der staatlichen Apparate. Damit war also der Grundstein für ein Überdenken der Beziehung von Partei und Staat gelegt. Ein idealer Moment, um die Offenheit der Partei für neue Wege zu signalisieren, war der VI. Parteitag der KPJ im Jahre 1952, bei dem man den Antrag stellte, den Namen der Partei in "Bund der Kommunisten" umzuändern. Die Forderung, daß klassische Parteistrukturen überwunden werden müßten, beinhaltete den Abbau ihrer hierarchischen Strukturen und die Erweiterung der Autonomie an der Basis. In einer vom Parteitag verabschiedeten Resolution wird klar festgehalten, daß

"der Bund keine Funktionen übernehmen will und darf, die zum Inhalt haben, auf das wirtschaftliche, soziale und staatliche Leben lenkend einzugreifen; er soll in Zukunft nur seine politischen und ideologischen Mittel zum Einsatz bringen und vorrangig Bewußtseinsbildung betreiben."[77]

Für Milovan Djilas schien nun der Zeitpunkt gekommen, angesichts der sichtbaren Veränderung und der Anzeichen für eine Entspannung der Lage zwischen Ost und West erneut eine öffentliche Diskussion über die Rolle der Partei im Lichte der am VI. Parteitag begonnenen Überlegungen anzuregen. Bereits im Jahre 1951 hatte er im Zuge seiner Londonreise Gelegenheit gehabt, die Thesen der linken Labourbewegung und ihre Einschätzung des Stalinismus kennenzulernen. Ende 1953 begann er nun, eine Artikelserie in der Tageszeitung "Borba" zu veröffentlichen, was sein rasches politisches Ende zur Folge haben sollte. In der Partei verlor er aufgrund dieser Artikel umgehend jeden Rückhalt, Tito zog sich von ihm zurück und Kardelj begann, ihn heftig zu attackieren. Zu Beginn des Jahres 1954, nach einer dramatischen Debatte im Zentralkomitee, mußte er alle Ämter zurücklegen. "Früher gaben die Menschen alles, sogar ihr Leben, um Berufsrevolutionäre zu werden. Damals waren sie ein unverzichtbares Instrument auf dem Weg zum Fortschritt. Heute allerdings verstellen sie ihn", hatte er wenige Tage vor seinem erzwungenen Rücktritt geschrieben.[78]

Der schwere Angriff auf die Regierung ging in diesen Artikeln (in denen sich bereits sein wichtigstes Buch "Die neue Klasse", für das er ins Gefängnis kommen sollte, ankündigte) einher mit einer Beschreibung der Rolle der Partei. Damit wollte er den Boden für eine offenere Dialektik zwischen verschiedenen Gruppen bereiten, um "zu verhindern, daß eine einzige Führungsmacht ein Monopol im gesellschaftlichen Leben besitzt".[79] Djilas, der die Überlegungen des VI. Parteitages vertiefen wollte, brachte damit ein Dilemma der jugoslawischen Kommunisten klar zur Sprache:

"Unser Fortschritt hat zwei mögliche Wege, die ihm offen stehen: entweder in Richtung eines Staates und einer Partei leninistischen Typs, die heute nicht demokratisch sein könnten, oder in Abkehr von diesem Staat und dieser Partei zu politischen Kampf- und Lebensformen, die demokratischer, offener und weniger zentralisiert sind."[80]

An die Stelle des alten Parteikonzepts, das auf dem Gedanken der Konspiration noch aus der Zeit vor dem Kominform fußte, sollte seiner Ansicht nach eine offene Vereinigung treten, die immer mehr dadurch gekennzeichnet sein müßte, daß sich "allerorts starke ideologische Zentren" bildeten.[81]

Djilas hatte damit ein Fundament aufgezeigt, auf dem sich über den Weg der offenen Dialektik unter den Gruppen ein politischer Pluralismus - ein Terminus, den er selbst damals nicht gebrauchte - herausbilden hätte können. Noch deutlicher wurde er in der "New York Times" im Dezember 1954, wo er als "reiner Privatmann" - er war nicht einmal mehr Mitglied des Bundes der Kommunisten - die Auffassung vertrat, daß es in Jugoslawien einen Gegenpol, etwa in Form einer sozialdemokratischen Partei, geben müsse.

Diese von ihm in den Jahren 1953/54 aufgezeigten Perspektiven hätten, konsequent verwirklicht, impliziert, weit über die Kritik an Stalin hinaus die

Machtstrukturen in Jugoslawien von Grund auf zu verändern. So aber zeigt die Niederlage Djilas' - insofern sie auch das Ende des Reformprozesses bedeutete -, daß Tito, Kardelj und die jugoslawischen Kommunisten insgesamt nicht gewillt waren, über den begrenzten Erfahrungshorizont, wie er sich im Zuge der Ereignisse nach der Oktoberrevolution herausgebildet hatte, hinauszugehen. Infolgedessen ist es den antistalinistischen Kommunisten Jugoslawiens niemals gelungen, trotz einiger weiterer Liberalisierungsversuche in den darauffolgenden Jahrzehnten sowie der zweifellos erfolgreichen Erarbeitung eines eigenen politischen Profils gegenüber der UdSSR und den anderen "Volks-demokratien", diese Zwangsjacke abzuwerfen.

Anmerkungen

An dieser Stelle möchte ich allen, die an der Arbeit mitgewirkt haben, für ihren Einsatz danken, insbesondere Slavoljub Cvetkovic (Institut za Savremenu Istoriju), der mir Kopien einiger schwer zugänglicher Dokumente zur Verfügung stellte, Bozidar Jaksic (Institut Drustvenih Nauka) und Djura Kovacevic (Direktor des Institut za Evropske Studije), mit denen ich zahlreiche Gespräche führen konnte. Bei den Recherchen unterstützte mich auch Francesco Privitera, ein junger Wissenschaftler, der sich mit den Beziehungen der UdSSR zu Südeuropa beschäftigt und mir viele nützliche Hinweise geben konnte. Außerdem wäre diese Arbeit ohne die geduldige Mitarbeit und tatkräftige Unterstützung Maria Bersanis nie fertiggestellt worden.

1) Savo Krzavac und Dragan Markovic, Zavera Informbiroa, Belgrad 1987; Kominform sta je to. Belgrad 1976; Jugoslovensko istorijsko ne! Savezni Komitet za Informacije, Belgrad 1976; Miodrag Nikolic, Informbiro, 2 Bde., Zagreb 1989.
2) Vgl. dazu Dusan Bilandzic, Historija SFRJ. Zagreb 1985; Versch. Autoren, Povijest Saveza Kommunista Jugoslavije. Belgrad 1985; Branko Petranovic, Istoria Jugoslavije, Belgrad 1980; und Rodoljub Colokovic, Dragoslav Jankovic, Pero Moraca, Cempendio storico della LCJ, Rijeka-Fiume 1964. Von den jugoslawischen Werken zu den Fragen Agrarwesen, Bodenkollektivierung und Konflikt mit dem Kominform siehe Vladimir Stipetic, Agrarna reforma i kolonizacija u FNRJ godine 1945 - 1948, Zagreb 1954, S. 439; Nikola Gacesa, Agrarna reforma i kolonizacija u Jugoslaviji 1945 - 1948, Novi Sad 1984, S. 104; und die erst kürzlich erschienenen Aufsätze von Vera Krzisnik-Bulic, Seljastvo u socijalizmu. Institut za Istoriju, Banja Luka 1988; Marijan Maticka, Agrarna reforma i kolonizacija u Hrvatskoj 1945 - 1948, Zagreb 1990 und ders., Sudjelovanje Hrvatske u Saveznoj kolonizaciji 1945 - 1948 godine. In: Zbornik zavoda za povijesne znanosti, Zagreb 1981, Bd. 11; Stanko Jurisna, Agrarna politika i problemi kolektivizacije u Jugoslaviji u vrijeme sukoba KPJ s Informbiroom. In: Casopis za suvremenu povijest, Nr. 1, 1983.
3) Vgl. die Studien von Radovan Radonjic, Izqubljena orijentacija, Belgrad 1985; ders. Sukob, PKJ s Kominformom. Zagreb 1976; Darko Bekic, Jugoslavija u hladnom ratu. Zagreb 1988; Cedomir Strbac, Jugoslavija i odnosi izmedju socijalistickih zemalja. Belgrad 1984; ders., Svedocanstva o 1948. Zavod za udzbenike i nastavna sredstva, Belgrad 1989.

4) Branko Petranovic, Istoriografija i revolucija. Belgrad 1948, S. 63.
5) Dem freudlichen Entgegenkommen von Francesco Privitera verdanke ich die Einsicht in einige erst vor kurzem öffentlich zugänglich gemachte sowjetische Dokumente. Von den bisher erschienenen sowjetischen Studien vgl. L. Gibianskij, Sovjetski Sojuz i novaja Jugoslavija 1941 - 1947, Moskau 1987. Einsicht gewährt auch das lange Interview mit Branko Petranovic in "Nin" vom 7. - 8. Jänner 1990, Nr. 2036, S. 71-74, Nr. 2037, S. 71-73, Nr. 2038, S. 71-72 und Nr. 2039, S. 69-70 sowie die Zusammenfassung der Gespräche, die Wissenschaftler in Moskau geführt haben, in "Nin", Nr. 2040 - 2045, 4. Februar - 11. März 1990.
6) Vgl. Dokumenti 1948. 3 Bde., Belgrad 1979, und Vladimir Dedijer, Novi prilozi za biografiju Josipa Broza Tita, 3 Bde., von 1959 bis heute, Belgrad 1984.
7) Dedijer, Prilozi, 3. Bd., S. 107. Vgl. auch Svetozar Vukmanovic-Tempo, Revolucija koja tece. Zagreb 1982, 4. Bd., S. 77-78.
8) Ivo Banac, Sa Staljinom protiv Tita (orig.: With Stalin against Tito: Cominformist Splits in Yugoslav Communism, New York 1988). Zagreb 1990, insbes. S. 243-251.
9) Ranko Koncar, Branko Petranovic, Radovan Radonjic (Hg.), Izvori za istoriju SKJ. Sednice CK KPJ (1948 - 1952). Belgrad 1985.
10) Strbac, Svedocanstva; Joze Pirjevec, Tito, Stalin e l'Occidente, Triest 1985; von den zahlreich im Westen erschienenen Werken seien hier nur die wichtigsten erwähnt: Stephen Clissold, La Jugoslavia nella tempesta. Mailand 1950; Hamilton S. Armstrong, Tito e Goliath. Paris 1951; Ante Ciliga, La Yougoslavie sous la menace extérieure et intérieure. Paris 1951; Adam Ulam, Titoism and the Cominform. Cambridge 1952; Konni Zilliacus, Tito of Yugoslavia. London 1952; Slobodan M. Draskovic, Tito Moscow's Troyan Horse. Chicago 1957; Charles McVicker, Titoism, Pattern for International Communism. New York 1962; Ernst Halperin, The Triumphant Eretic. London 1958; Eugenio Reale, La nascita del Cominform. Mailand 1958; George Hoffmann, Fred Warner Neal, Yugoslawia and the New Communism. New York 1962; Fernando Claudin, La crisi del movimento comunista. Dal Comintern al Cominform. Mailand 1974; Adriano Guerra, Gli anni del Cominform. Mailand 1977. Lilly Marcou, Le Kominform. Le communisme de guerre froide. Paris 1977.
11) Darunter Milovan Djilas, Conversazioni con Stalin. Mailand 1978 (erste Ausgabe erschienen in England 1968); Vladimir Dedijer, Izqubljena bitka J. V. Staljina. Belgrad 1969; Svetozar Vukmanovic-Tempo, Revolucija Koja tece. 2 Bde., Belgrad 1971 (erweiterte Ausgabe 4 Bde., Zagreb 1982); Miha Marinko, Moji Spomini. Laibach 1974; Eduard Kardelj, Memorie degli anni di ferro. Rom 1980; Jakov Blazevic, Suprotstavljanja ... i ljudi: za novu Jugoslaviju po svijetu. Zagreb 1980; Gojko Nikolis, Korijen stablo, pavetina: memoari. Zagreb 1981; Ales Bebler, Kako sam hitao: secanja. Belgrad 1982; Ljubodrag Djuric, Secanja na ljude i dogadjaje. Belgrad 1989; u. a.
12) AFC (Archivio Fondo Cominform): Das Archiv enthält zahlreiche Memoiren und Erinnerungen, darunter jene von Alfredo Bonelli, viele, die er gesammelt hat und die sich auf die Aktivitäten der Italiener in Rijeka/Fiume, ihre Verhaftungen, ihre Prozesse und ihre Gefangenschaft beziehen.
13) Milovoje Markovic, Preispitivanja: Informbiro i Goli u jugoslovenskom romanu. Belgrad 1986. Die literarischen Werke sind: Dragoslav Mihailovic, Kad su cvetale tikve. Belgrad 1968; Ferdo Godina, Molceci orkester. Maribor 1981; Branko Hofmann, Noc do jutra. Laibach 1981; Antonije Isakovic, Tren 2. Belgrad 1982; Slobo-

dan Selenic, Pismo/Glava. Belgrad 1982; Mladen Marko, Isterivanje Boga. Belgrad 1984; Dragan Kalajdzic, Otok gole istine. Zagreb 1985; Abdulah Sidran, Otac na sluzbenom putu. Belgrad 1985; u. a.
14) Zum Schweigebefehl, den man den Häftlingen in Goli Otok bei ihrer Entlassung gab, siehe Dedijer, Prilozi, 3. Bd., S. 468. Neben den Arbeiten von Savo Krzavac und Dragan Markovic, erschienen in "Nin", Nr. 1626 - 1635, 28. Februar - 2. Mai 1982; siehe die journalistischen Beiträge von Giacomo Scotti, Ritorno all'Isola calva, sowie die Diskussion, die dieser Artikel unter der italienischen Minderheit in Istrien auslöste, in: "La voce del Popolo", 7. August - 5. Oktober 1990. Bezüglich Erinnerungen siehe den kürzlich erschienenen Roman von Dragoljub Jovanovic, Goli Otok, 2 Bde., Belgrad 1990, der eine Fülle von Daten und Details enthält. Bzgl. Dapcevic siehe das als Buch erschienene Interview, geführt von Slavko Curuvija, Ibeovac. Ja Vlado Dapcevic. Belgrad 1990.
15) Curuvija, Ibeovac, S. 261.
16) ACF, 219, "Note sulla repressione contro i cominformisti in Jugoslavia", S. 4-5.
17) Siehe die Angaben in Markovic, Istina, S. 170, und Povijest, S. 360.
18) Vgl. die Angaben von Radonjic, Izqubljena, S. 75-77; S. Lazri Malo, Dans les prisons et les camps de concentration de la Yougoslavie, Tirana 1960; als Quellen werden darin die Angaben einiger jugoslawischer Exilanten zitiert, von denen Vlado Dapcevic (der nach seiner Entlassung nach Albanien geflohen ist) und Mileta Perovic mit Sicherheit erkannt wurden. Djilas spricht in seiner Arbeit mit dem Titel "Tito: The Story from Inside", New York 1980, S. 87, hingegen von 7000 offiziell deklarierten Kominformanhängern.
19) Zur Rolle der Anna Pauker siehe V. Dedijer, Izqubljena, S. 192-195. Zum versuchten Militärputsch unter Jovanovic siehe Francois Fejto, Storia delle democrazie populari. Mailand 1977, S. 193.
20) Vgl. Markovic, Istina, S. 16; Banac, S. 155 und Jelena Lovric, Staljini zam ne miruje. In: "Danas", 16. August 1983, S. 12, 3. Bd., S. 505.
21) Banac, der sich auf die Quellen des Archivo Tomasic und auf Dedijer, Prilozi, S. 505, beruft.
22) Markovic, Istina, S. 18.
23) Vgl. Selim Numic (Hg.), Pali nepobedjeni 1944 - 1964. Savezni odbor za proslavu dvadesete godisnjice Sdb, Belgrad 1965, S. 355-496; das erschütternde Dokument: The Threat to Yugoslavia: Discussion in the Ad Hoc Political Committee of the United Nations Organisation, Sixth Session, Belgrad 1952, insb. S. 58-59; und das berühmte: Livre Blanc sur les procédés aggressifs des gouvernements de l'URSS, de la Pologne, de Tchéchoslovaquie, de Hongrie, de Roumanie, de Bulgarie et de l'Albanie envers la Yougoslavie. Ministère des Affaires Etrangères, Belgrad 1951, insb. S. 250-253, 261-265 u. 400-408.
24) Dedijer, Prilozi, 3. Bd., S. 350.
25) Ebd., S. 443 u. 445-446; vgl. auch Béla K. Kiraly, The Aborted Soviet Military Plans against Tito's Yugoslavia. In: Wayne S. Vucinich (Hg.), At the Brink of War and Peace: the Tito - Stalin Split in a Historic Perspective. Brooklyn 1982, S. 284-285; sowie Enver Hoxha, With Stalin: Memoirs. Tirana, S. 26 u. 142-143.
26) Vukmanovic-Tempo, Revolucija, 4. Bd., S. 177ff.
27) Vgl. Banac, S. 149 und Markovic, Istina, S. 15-16.
28) Vgl. "Zapisnik sa sednice CK KPJ od 12. i 13. aprila 1948". In: Dedijer, Prilozi, 3. Bd., S. 369-387 u. Borba, 25. November und 2. Dezember 1950.

29) Vgl. die Anklageschrift gegen Hebrang und Mile Milatovic, Slucaj Andrije Hebranga. Belgrad 1952, sowie ihre Bekräftigung durch Zvonko Ivankovic-Vonta, Hebrang. Zagreb 1988.
30) Vjenceslav Cencic, Enigma Kopinic. 2 Bde., Belgrad 1983, insb. Bd. 2.
31) Kardelj, Memorie, S. 133. Der Text des Briefes vom 22. Mai im gleichen Buch, S. 230ff.
32) V. Dedijer versuchte mehrmals, den Brief Hebrangs zu Gesicht zu bekommen, vgl. Dedijer, Prilozi, 3. Bd., S. 369.
33) Ivankovic-Vonta, S. 288.
34) Ulam, S. 37.
35) Banac, S. 123. Banac zitiert Ustascha-Quellen, aus denen hervorgeht, daß der von den kroatischen Faschisten gefangen genommene Hebrang auf seinem Patriotismus beharrte, aber zum Ausdruck brachte, daß er sich nur für ein kommunistisches Kroatien einsetzen werde. Zu Hebrang und Ustascha siehe auch Dedijer, Prilozi, 3. Bd., S. 341-342.
36) Die Konspiration nach Grundsätzen von Mazzini, erfunden von kleinen, einander unbekannten Aktionsgruppen, ist auf dem Balkan seit der zweiten Hälfte des 19. Jhd. eine alte Tradition. Siehe Angelo Tamborra, L'Europa centro-Orientale nei secoli XIX e XX. Mailand 1970; Markovic, Istina, S. 17-18.
37) Für Details zur montenegrinischen Situation siehe Branislav Kovacevic, Komunisticka Partije Crne Gore 1945 - 1952 godine. Univerzitetska Rijec, Titograd 1986. Einen Überblick über die Situation in allen Teilrepubliken findet man in Banac, insb. S. 161-168.
38) Die Ankündigung der Wende ist in Titos Rede "Govor druga Tita na II Kongresu KP Srbije", in: Borba, 22. Jänner 1949, S. 1 enthalten.
39) Markovic, Istina, S. 17-18.
40) Ders., Istina ..., s.o., S. 17.
41) AFC, 219, "Memorie di Adriano Dal Pont".
42) Über die historische Rekonstruktion dieser Ereignisse siehe G. Scotti, Il triste quarantotto di Fiume. In: Panorama Nr. 18, 1989; AFC 170, "Memorie di Alfredo Bonelli sulla Organizzazione comunista di Rijeka".
43) AFC, 219, "Note sulla repressione contro i cominformisti in Jugoslavia", S. 12.
44) Vgl. dazu folgende Gesetze: Zakon o izvrsenju kazni. In: Sluzbeni List FNRJ, Nr. 92, 27. Oktober 1948; Zakon o vojnim krivicnim delima. In: Sluzbeni List FNRJ, Nr. 107, 11. Dezember 1948; und Zakon o prekrsajima. In: Sluzbeni List FNRJ, Nr. 107, 17. Dezember 1947 und die Abänderungen in: Sluzbeni List FNRJ, Nr. 87, 18. Oktober 1948.
45) Markovic, Istina, S. 79 und 216; sowie Dedijer, Dokumenti, 3. Bd., S. 189; die Diplomarbeit von Vincentije Djordjevic, KP Srbije 1945 - 1952. In: Dedijer, Prilozi, 3. Bd., S. 449.
46) Savo Krzavac und Dragan Markovic, S. 58 und Milovan Djilas, Vlast, Informbiro. London 1983, S. 192.
47) Markovic, Istina, S. 89.
48) AFC, 219, "Note sulla repressione ...", S. 3-4.
49) Die Frauen ziehen es meist vor, zu schweigen, wenn es um die repressiven Maßnahmen im Kampf gegen das Kominform geht. Trotzdem ist es gelungen, einige Berichte darüber zu veröffentlichen: Dragoslav Simic und Bosko Trifunovic (Hg.), Zenski logor na Golom Otoku. Belgrad 1990.

50) Zur "Literatur aus Goli Otok", von der einige Werke bereits angeführt sind, siehe auch Venko Markovski, Goli Otok, the Island of Death: A Diary in Letters. East European Quarterly, Boulder, Colorado 1984.
51) AFC, 219, "Note sulla repressione ...", S. 5.
52) Der Text der Rede Rankovics u. der anschließenden Debatte, siehe Koncar u. a., Izvori, S. 522. Vgl. auch Alexandar Rankovic, O predlogu novog Statuta KPJ i nekim organizacionim pitanjima Partije. In: VI. Kongres KPJ, Belgrad 1952, S. 127.
53) Einige Fälle sind beschrieben in Savo Krzavac, Dragan Markovic, Informbiro i Goli Otok. In: "Nin", Nr. 1628, 14. März 1982, S. 55 u. in den darauffolgenden Nummern.
54) Zum Fall Nikitovic, siehe das Urteil I. K. 1350/51, Militärgericht Belgrad, 24. November 1951. Zum Prozeß der 14 Angeklagten, denen man Spionagetätigkeit für das NKWD vorwarf, abgehalten vom 5. - 20. Oktober 1951, siehe Markovic, Istina, S. 129-139.
55) Vgl. dazu Bianchini, Tito, Stalin e i contadini. Mailand 1988, und die darin enthaltene Bibliografie.
56) Arhiv CK SKJ, Fond CK SKJ, XV, Nr. 1/26; siehe auch Koncar u. a., Izvori, S. 737. Zur Verteidigung der Zwangskollektivierungen durch Intellektuelle siehe auch Djuro Potkonjak, O klasnojborbi na selu. In: Joza Horvat, Petar Segedin (Hg.), Socijalisticki preobrazaj nasega sela. Zagreb 1950, insb. S. 333-345. Das positiv kommentierte Stalinzitat befindet sich auf S. 141.
57) Für Details zum Fall Cazin, siehe Bianchini, Tito, S. 186-188.
58) Ebd., S. 187.
59) Arhiv CK KPJ und Bekic, S. 267.
60) Strbac, Svedocenje, S. 111-117.
61) Markovic, Istina, S. 206-207.
62) Ebd., S. 100-103 und 214-215.
63) AFC, 219, "Memorie di Dal Pont".
64) Dedijer, Prilozi, Bd. 3, S. 464-466.
65) Zu den Dachauer Prozessen siehe insb. die Erinnerungen in Romanform eines Betroffenen: Igor Torkar (Pseudonym f. Boris Fakin), Umiranje na rate: Dachauski procesi. Zagreb 1984; und Boro Krivokapic, Dachauski procesi. Belgrad 1986.
66) Vgl. Krivokapic, S. 315-318; Dedijer, Prilozi, 3. Bd., S. 484.
67) Iwan Kreft, Neophodna objasnjenja. In: "Nin", 14. August 1983.
68) Jazovka, Zagreb 1990. S. 130-133; Markovic, Istina, S. 230-231.
69) Vgl. Guerra, insb. S. 73-119; Zbigniew Brzezinski, Storia dell' URSS e delle democrazie popolari. Mailand 1975, S. 19-92.
70) Banac, insb. S. 19-141.
71) Vgl. Milomir Maric, Deca komunizma. Belgrad 1987; Slavoljub Cvetkovic, Idejne borbe u KPJ. Belgrad 1985.
72) Vladimir Dedijer, Josip Broz Tito. Prilozi zu biografiju. Belgrad 1953, S. 241-250 (Fußnote).
73) Bianchini, Tito, S. 17-31.
74) Diese Meinung vertreten seit kurzem einige sowjetische Wissenschaftler, wie z. B. Gibianskij; einige vor wenigen Monaten dazu veröffentlichte Dokumente scheinen die These zu bestätigen. Siehe Vestnik MID SSSR, Nr. 6, 31. März 1990. Im übrigen beschäftigte sich die Geschichtswissenschaft nur sehr oberflächlich mit der Balkanföderation, da viele Quellen noch unter Verschluß sind. Siehe dazu jedoch in

jedem Fall Slobodan Nesovic, Bledski sporazumi. Zagreb 1979; Ranko Petkovic, Balkan. Ni "bure baruta", ni "zona mira". Zagreb 1978. Als unumgängliche Lektüre präsentieren sich dazu auch die vom jugoslawischen Außenministerium herausgegebenen historischen Dokumente in 7 Bänden aus der Zeit 1945 - 1947: Dokumenti o spoljnoj politici SFRJ. Belgrad 1984 - 1986. Siehe auch das Interview mit Branko Petranovic, Zapleti oko balkanskog staba i federacije. In: "Nin", Nr. 2038, 21. Jänner 1990, S. 71-72.

75) Bianchini, La Jugoslavia alla ricerca di una "via d'uscita" dallo stalinismo. In: Romain H. Rainero (Hg.), Storia dell'età presente. Mailand 1985; sowie Bianchini, La diversità socialista in Jugoslavia. Triest 1984.

76) Von den zahlreichen Zeitdokumenten möchten wir hier erwähnen: Milentije Popovic, O ekonomskim odnosima izmedju socijalstickih zemalja. Belgrad 1949; Edvard Kardelj, O narodnoj demokratiji u Jugoslaviji. Belgrad 1949; Mosa Pijade, O Tridesetogodisnjici Komunisticke Partije Jugoslavije. Belgrad 1949; ders., La fable de l'aide soviétique à l'insurrection nationale yougoslave. Belgrad 1950; sowie die drei Artikel von Milovan Djilas, Pojava i sustina Sovjetskog Saveza; Dva ili jedan svijet prozet nepomirljivim protivrjecnostima; und Nasa dosadasnja iskustva u borbi za socijalizam, erschienen in der Rubrik "Savremene teme" in der Tageszeitung "Borba", am 19., 23. und 29. November 1950.

77) Rezolucija o zadacima i ulozi SKJ. In: VI. Kongres, S. 268.

78) Milovan Djilas, Subjektivne snage. In: "Borba", 27. Dezember 1953.

79) Ders., Opste i posebno. In: "Borba", 20. Dezember 1953.

80) Ebd.

81) Ders., Savez ili Partija? In: "Borba", 4. Jänner 1954.

Jan Foitzik

Politische Prozesse und Säuberungen in Polen 1944 bis 1956

Es gibt noch keinen genauen Überblick über die Opfer der politischen Verfolgungen in Polen. Nicht einmal ansatzweise sind die polnischen Quellen erschlossen, und die zentralen Archive, so vor allem das Archiv des Innenministeriums, sind noch für jede Benutzung gesperrt, ja es ist fraglich, ob die Öffentlichkeit je Einblick in die Bestände des Polizeiapparates erhalten wird. Gleichwohl wurden im Exil und im Untergrund wichtige Dokumente veröffentlicht.

Tradition des Terrors

Für polnische Kommunisten und Kommunistinnen hat die politische Verfolgung durch Gleichgesinnte eine lange Tradition: Von den zwischen 1918 und 1936 gewählten Mitgliedern und Kandidaten des ZK der Kommunistischen Partei Polens (KPP) haben nach den vorläufigen Forschungsergebnissen 69 Prozent während der Stalinschen Repressionen in der Sowjetunion das Leben verloren[1]. Die erste Verhaftungswelle erfaßte polnische Kommunistinnen und Kommunisten im sowjetischen Exil bereits 1933 bis 1934, eine zweite, vom Umfang her größere, setzte 1937 ein und dauerte bis 1938 an. Nur ein Drittel der alten polnischen kommunistischen Führungsgarnitur (33 Personen) überlebte in der Sowjetunion den Zweiten Weltkrieg.

Stalin versuchte bereits 1935/36 das Sekretariat der Komintern davon zu überzeugen, daß die zahlenmäßig schwache und illegal arbeitende KPP durch Provokateure und feindliche Agenten unterwandert sei. Dimitroff, der Generalsekretär der Komintern, der die KPP zunächst verteidigte, gab Stalins Drängen schließlich nach und sandte ihm am 28. November 1937 den Entwurf eines Beschlusses des Exekutivkomitees der Komintern (EKKI) über die Auflösung der polnischen Partei. Am 2. Dezember 1937 vermerkte hierzu Stalin lakonisch, daß die Komintern sich mit dem Auflösungsbeschluß um zwei Jahre verspätet habe. Vom EKKI wurde die Auflösung schließlich am 16. August 1938 offiziell angenommen, auf eine Beschlußveröffentlichung wurde verzichtet.

Durch die Auflösung der KPP entstand eine Grundlage für die nunmehr dritte sowjetische Verfolgungswelle gegen Polens Kommunistinnen und Kommunisten, als zu Beginn des Zweiten Weltkriegs die Sowjetunion 51,6

Prozent des polnischen Staatsgebietes annektierte, auf dem 33,3 Prozent der früheren Staatsbevölkerung lebten, darunter auch zwei- bis dreitausend Kommunisten. Sie waren ohnehin mitbetroffen von den sowjetischen Massenrepressalien gegen die einheimische Bevölkerung, in deren Verlauf schätzungsweise 2 Millionen Polen und Polinnen deportiert und 15.000 Offiziere durch den NKWD und die Rote Armee ermordet wurden.

Im Jänner 1942 wurde durch Abgesandte der Komintern die illegale Polnische Arbeiterpartei (PPR) gebildet, ihr Gerüst bildeten ehemalige KPP-Mitglieder. Für einen Paranoiker wie Stalin, der ohnehin den gesamten polnischen Untergrund der Kollaboration mit der Gestapo verdächtigte, mußte die Parteibildung unter einem ungünstigen Stern stehen: Die Komintern-Abgesandten wurden im Dickicht der konspirativen Manipulationen zwischen dem sowjetischen Geheimapparat, der Gestapo und den polnischen Untergrundbewegungen ermordet, zum Generalsekretär der jungen Partei avancierte der bis dahin unbekannte Inlandsfunktionär Wladyslaw Gomulka, der die Stalinschen Säuberungen der dreißiger Jahre in polnischen Gefängnissen überlebt hatte, und last but not least: Die Führung der jungen Partei blieb ein halbes Jahr ohne Kontakt zu Moskau, und auch danach weigerte sich Gomulka noch eine Zeitlang aus technisch-konspirativen Gründen, mit den Nachfolgeorganen der Komintern zusammenzuarbeiten. Ende 1943 wurde deshalb Boleslaw Bierut als Vertrauensmann Stalins in das okkupierte Warschau gebracht, und er denunzierte schon im Sommer 1944 Gomulka bei Dimitroff wegen angeblicher Fraktionsarbeit.

Massenterror 1944 bis 1948

Den Weg der polnischen Kommunisten zur Macht markiert die Sitzung des Zentralkomitees der PPR vom 9. Oktober 1944 als ein zentrales Datum. Nach seiner Rückkehr aus Moskau teilte Bierut zunächst dem kleinen Plenum die harte Kritik Stalins am Vorgehen der polnischen Kommunisten mit. In der Diskussion schlug dann Leon Kasman, ein Remigrant aus der Sowjetunion, systematische Terrormaßnahmen gegen die sogenannte Reaktion vor[2]. Stalin selbst sorgte unabhängig davon für Säuberungen in Polen durch den NKWD und die Rote Armee, nutzte den unmittelbaren sowjetischen Einfluß auf die polnische Entwicklung und die neuen Institutionen aus. Der neue Polizeiapparat mit 2500 Mitarbeitern im Dezember 1944 wuchs schon bald nach Kriegsende auf etwa 100.000 an. Das waren etwa dreimal mehr Polizisten als unter dem autoritären Regime der Zwischenkriegszeit und relativ zur Bevölkerungszahl gleich etwa sechsmal mehr als vor 1939. Neben der Miliz arbeitete noch ein spezieller Sicherheitsapparat, entstanden nach sowjetischem Vorbild militärische Einheiten des Sicherheitsministeriums und wurden zu Sicherheitsaufgaben auch das Militär und die sowjetischen

Diensstellen im Land herangezogen. Der gesamte Apparat war nach bewährten sowjetischen Mustern aufgebaut worden, wie der frühere hohe Sicherheitsoffizier Jozef Swiatlo nach seiner Flucht in den Westen glaubwürdig bezeugte. Generaloberst Iwan A. Serow[3] als der erste Beauftragte des NKWD in Polen, später in der Sowjetischen Besatzungszone (SBZ), setzte persönlich die Akzente. Und auch aufgrund seiner Vorbereitung inszenierte Stalin selbst den ersten öffentlichen politischen Prozeß gegen Polen: Dieser fand - für die gesamte Weltöffentlichkeit inszeniert - im Juni 1945 in Moskau gegen den Vizepremier des polnischen nichtkommunistischen Landesministerrats, Jan Stanislaw Jankowski, den letzten Chef der Heimatarmee General Okulicki und 13 andere wegen Spionage, Terror und Diversion Mitangeklagte statt. Die höchsten Strafen lagen zwar "nur" zwischen acht und zehn Jahren, doch drei Verurteilte starben anschließend in der Haft. Im Sommer 1990 wurden alle Justizopfer des Moskauer Prozesses durch ein sowjetisches Gericht rehabilitiert.

Nach den bisherigen Erkenntnissen kann man folgende Bilanz des Massenterrors in Polen in den Jahren 1944 bis 1948 ziehen: Über 2500 zum Tode Verurteilte, die meisten von ihnen wurden hingerichtet (allein 1946 über 1000 Hinrichtungen), und etwa 10.000 durch die polnische Armee und den Sicherheitsapparat ohne Gerichtsverfahren getötete Zivilisten. Außerdem 150.000 politische Gefangene mit langjährigen Gefängnisstrafen sowie 50.000 Angehörige der Heimat-Armee, die 1944/45 aus Ostpolen in die Sowjetunion deportiert wurden. Eine zweite Deportationswelle erfolgte 1945 aus Oberschlesien, Pommern und Großpolen. Von ihr waren annähernd 100.000 Menschen betroffen.[4] Insgesamt ergibt dies eine Summe von über 300.000, in Polen geht man aufgrund älterer Zahlen von etwa 250.000 Opfern aus.[5]

Möglicherweise sind jedoch selbst diese Zahlen zu niedrig angesetzt: 1989 ist in Polen bekanntgeworden, daß von 1944 bis 1955 von polnischen Gerichten drei Millionen "ernstere Urteile" gefällt wurden.[6] Ende der vierziger Jahre gab das Ministerium für Staatssicherheit die Zahl der ab 1944 Arretierten noch mit 100.000 an, die in den sechziger Jahren veröffentlichten Zahlen des Innenministeriums beliefen sich aber auf 150.000 Arretierte im Zeitraum 1944 bis 1948.[7] Die Zahl der ohne Verfahren getöteten Zivilisten wird auf 10.000 geschätzt,[8] wobei das Argument von der angeblichen Bürgerkriegssituation in der unmittelbaren Nachkriegszeit als unbegründetes Alibi abgelehnt wird.

Der Terror als Mittel der revolutionären Prophylaxe setzte schon im Gebiet zwischen den Flüssen Bug und Weichsel massiv ein, wo in der zweiten Hälfte 1944 für ein halbes Jahr zwei Millionen Rotarmisten und etwa 3000 bis 4000 PPR-Mitglieder konzentriert waren. Nach Angaben des Chefs der Heimatarmee wurden zwischen Juli und Dezember 1944 allein 30.000 Soldaten der polnischen Heimatarmee arretiert.[9] Zwischen November 1945 und

Juni 1946 kamen weitere 17.000 Personen in Haft,[10] im Vorfeld des Referendums von 1946 und der ersten Sejm-Wahl (polnisches Parlament) im Jänner 1947 noch einmal 36.000 und allein 1947 fanden über 21.000 Prozesse gegen Angehörige des politischen Untergrundes statt. In den ersten Monaten des gleichen Jahres kamen beispielsweise im Zuge der Sozialisierungsmaßnahmen 24.000 Kleinhändler in Lager.[11]

Eine Schätzung ist schwierig: Bis in die fünfziger Jahre hinein war auch gegen Zivilisten eine unabhängige Militärgerichtsbarkeit tätig, während des Krieges auch die Gerichtsbarkeit der Roten Armee. Nicht berücksichtigt sind ferner die kollektiven Repressalien gegen nationale Minderheiten, vor allem gegen die Ukrainer, Weißrussen, Juden und Deutsche. Insgesamt wurden in den Jahren 1944 bis 1946 etwa 500.000 Personen aus der Ukraine in die Sowjetunion umgesiedelt, im Rahmen der Abschlußaktion "Wisla" 1947 wurden durch breit angelegte Militäraktionen noch einmal 150.000 bis 300.000 Personen erfaßt. Organisierte Judenpogrome und Maßnahmen gegen Deutsche werden neuerdings durch die polnische Tagespublizistik aufgegriffen.

Die Existenz einer legalen Oppositionspartei (PSL) hatte kaum Einfluß auf die Intensität der politischen Verfolgung. So wurden im Herbst 1947 in Krakau gegen politische Oppositionelle acht Todesurteile gefällt, und kurz darauf stand die erste Gruppe von 19 ehemaligen Offizieren vor Gericht, das 17 zu langjährigen Freiheitsstrafen verurteilte. Im Dezember 1947, als der Oppositionsführer Mikolajczyk aus Polen floh, fand ein weiterer Schauprozeß gegen frühere Vertreter des politischen Untergrunds statt, an dessen Abschluß zwei Todesurteile verkündet wurden.[12] Diese zuletzt genannten Prozesse standen bereits unverkennbar im Zeichen der Stalinschen Politik der "Beschleunigung" nach der Gründung des Kominform im September 1947.

Parteisäuberungen 1947 bis 1954

Die permanente Säuberung der Partei stand in Polen von Anfang an auf der Tagesordnung - einer Partei, die 1947 über 600.000 Mitglieder hatte, wobei jedoch nur 160.000 (das sind 26,2 Prozent, 1946 waren es nur 17,1 Prozent) die Beiträge gezahlt hatten[13] und in der während einer Dokumentenumtauschaktion im Herbst 1947 fast zehn Prozent der Mitgliedschaft keine neuen Parteidokumente mehr ausgehändigt wurden.[14] Einer Partei, in der im Sommer 1948 etwa 25 Prozent der Mitglieder das Parteiorgan abonnierten, aber wohl auch nur deshalb, weil die Kosten direkt vom Lohn abgezogen wurden;[15] deren Mitgliedschaft ihr in der zweiten Hälfte 1947 in den Industriegebieten den Rücken kehrte (Austritte und Ausschlüsse in Warschau-Stadt 7,4 Prozent, Lodz-Stadt 2,7 und im Bezirk Warschau 2,6 Prozent) und deren Arbeiteranteil von 65 auf 54 Prozent sank, während der

"Angestellten"-Anteil innerhalb eines halben Jahres von 9 auf 14 Prozent anstieg.[16] Erst im Laufe dieser Säuberung erhöhte sich die Beitragsdisziplin von 26 auf 51 und die Abonennten-Disziplin von 13,9 auf 42, 3 Prozent.

Im Politbüro der PPR wurde am 31. Mai 1947 zum ersten Mal über die Aufdeckung einer Untergrundorganisation innerhalb der Partei berichtet und am 21. Juni 1947 über das erste Urteil gegen Mitarbeiter des Ministeriums für öffentliche Sicherheit referiert, das für den Hauptangeklagten Fajgman auf zehn Jahre lautete. Insgesamt seien die Urteile zu niedrig ausgefallen, um ihren Abschreckungszweck zu erfüllen, monierten die Mitglieder des Zentralkomitees; allerdings war schon damals an eine Amnestie der Verurteilten nach drei Jahren gedacht worden[17], sodaß also bei der Führung kein Zweifel daran bestanden haben konnte, daß es sich um die öffentliche Inszenierung eines Schein-Prozesses handeln mußte. In der zweiten Hälfte 1947 erfuhr Gomulka, daß im Archiv der zweiten Abteilung des Generalstabes (Abwehr) Belege über seine Kontakte zu Wlodzimierz Lechowicz gefunden worden waren. Der Altkommunist Lechowicz, der im Auftrag des sowjetischen Geheimdienstes vor dem Krieg im Kontakt mit der polnischen Abwehr gestanden war, war im Untergrundkrieg als führender Mitarbeiter der Abwehr der kommunistischen Volksgarde und später der Volksarmee wegen parteiintern legalisierter Kontakte mit der Gestapo in den Verdacht der Feindeskollaboration geraten und sollte liquidiert werden. Dieser Parteibeschluß wurde nicht ausgeführt. Die spätere Tätigkeit Lechowicz' bestätigte nicht die alten Verdachtsmomente; er war inzwischen Abgeordneter, Minister und stellvertretender Vorsitzender einer mit der PPR verbundenen Blockpartei geworden. Gomulka selbst brachte damals die Angelegenheit im Zentralkomitee zur Sprache und schlug vor, sich bei der sowjetischen Regierung um Hilfe zu bemühen.[18] Unabhängig davon liefen noch im gleichen Jahr politische Prozesse gegen PPS-Mitglieder an, die kommunistische PPR säuberte auch die oppositionelle PSL. Im Jänner 1948 besuchte Gomulka Stalin. Allgemein hieß es bei der Bewertung der Ergebnisse in der Führungsspitze der Partei: ein großer Erfolg. In der gleichen Sitzung referierte der Minister für Sicherheit über das richtige "Timing" für vier politische Schauprozesse gegen die politische Opposition.[19]

Kurz nach der Verurteilung Jugoslawiens durch das Kominform geriet Gomulka unter politischen Beschuß und wurde stufenweise demontiert: Nach dem Juni-Plenum 1948 wurde er als Generalsekretär faktisch entmachtet, doch seine Selbstkritik wurde zunächst mit Befriedigung aufgenommen. Im November 1948 wurde Gomulka von Stalin nach Moskau eingeladen, wo er mit ihm in Anwesenheit Molotows und Berijas lang verhandelte. Stalin schlug ihm vor, dem Politbüro der zu bildenden Einheitspartei beizutreten, was er - angeblich wegen Aversionen gegen Bierut im Zusammenhang mit dessen Denunziation bei Dimitroff 1944 - abgelehnt hatte.[20] Auch andere gerieten bereits unter Druck. Am 13. Oktober 1948 waren

Wlodzimierz Lechowicz und Alfred Jaroszewicz unter der Beschuldigung, die PPR im Auftrag der Londoner Exilregierung penetriert zu haben, verhaftet worden. Diese Verhaftungen zogen weitere Kreise,[21] vom November 1948 bis Oktober 1949 wurden insgesamt 104 Personen inhaftiert.[22] In die Mystifikation und Provokation des Spionagewahns gerieten bald auch ihre Miturheber.

Gomulka wußte um die Verhaftungen, weil auch sein Ministerium für die wiedergewonnen Gebiete davon stark betroffen war. Auf dem Vereinigungskongreß wurde seine Rede noch mit langanhaltendem Beifall begrüßt und er mit großer Mehrheit ins ZK gewählt. Doch schon im Jänner 1949 verlor er sein Ministerium. Bald wurde auch Gomulkas enger Mitarbeiter Spychalski, verantwortlich für die Kaderarbeit in der Armee, verdächtigt, aus Mangel an Wachsamkeit Angehörige der früheren Heimatarmee, Westemigranten usw. in führende Positionen gebracht zu haben, wo sie auf einen Staatsstreich hinarbeiten würden. Im Zusammenhang mit der Militärverschwörungs-Megalomanie wurden insgesamt 129 Offiziere arretiert, davon 37 zum Tode verurteilt und 19 hingerichtet, drei starben unter ungeklärten Umständen während der Haft, zwei wählten vorher den Freitod, einer wurde zu Tode gefoltert. Die anderen erhielten langjährige Haftstrafen.[23] Ein Schauprozeß fand nur im August 1951 gegen General Tatar und acht hohe Offiziere statt, alle weiteren Verfahren wurden geheim durchgeführt. Doch Berija wollte Gomulka hinter Gittern wissen, er fand aber keinen durchsetzungsfähigen Helfershelfer unter den polnischen Kommunisten.

Die Intrigen kamen von außen: Im September 1949 begann in Budapest der Schauprozeß gegen Rajk, in dem im Zusammenhang mit angeblichen amerikanischen und jugoslawischen politischen Strategien auch Gomulkas Name genannt wurde. Gomulka schrieb sofort einen Artikel gegen den Titoismus, aber die Parteiführung verbot die Veröffentlichung. Vom 11. bis 13. November 1949 fand unter der Parole 'Verschärfung des Klassenkampfes' das III. Plenum des ZK der Polnischen Vereinigten Arbeiterpartei (PZPR) gemeinsam mit der Parteikontrollkommission statt. Ein Ergebnis war der Beschluß über die Umbildung eines im März 1949 entstandenen Spezialbüros des Sicherheitsministeriums für Untersuchungen gegen Parteifeinde im Bereich der ZK-Nomenklatur in "Departement X" sowie die Bildung eines weiteren Departements für die Provinz. Der gesamte Sicherheitsapparat wurde kurz danach unmittelbar der Kontrolle einer Spezialkommission des Politbüros unterstellt. Gegen Spychalski, Gomulka u. a. wurden auf dem Plenum schwere Vorwürfe erhoben, zu denen sich Spychalski bekannte. Daraufhin wurden Gomulka, Kliszko und Spychalski aus dem ZK ausgeschlossen, gleichzeitig verloren sie das Recht zur Bekleidung von Parteiämtern.[24] Am 17. Mai 1950 wurden Spychalski, am 21. Mai 1950 General Grzegorz Korczynski vom Sicherheitsapparat, der mit Gomulka engen Kontakt unterhalten hatte, und am 2. August 1951 schließlich Gomulka und seine Frau verhaftet. Ab Februar 1952 wurde er wegen Begünstigung von Jaroszewicz und Lechowicz verhört; er blieb bis Dezember 1954 in Haft.

Die Angriffe gegen Gomulka mußte der sowjetische Apparat auf drei Nebenkriegsschauplätzen inszenieren, wie G. H. Hodos analysiert: 1. mithilfe der in Ungarn konstruierten Field-Anschuldigungen, 2. über das Umfeld Gomulkas sowie 3. über antisemitische Kampagnen.[25] Aus den Akten des Departements X der polnischen Staatssicherheit, die Gomulka selbst 1980 einer polnischen Historikerin "zugespielt" hatte, lassen sich ebenfalls drei Angriffslinien bestimmen: Die erste Linie führte über die Kooperation zwischen sowjetischem Nachrichtendienst, Gestapo und polnischem Untergrund zu Spychalski und Gomulka. Die zweite Linie über mutmaßliche Trotzkisten, den polnischen Untergrund und die Sozialisten zum gleichen Ziel; die dritte Operationslinie versuchte eine Militärverschwörung mit direkter Beteiligung Spychalski - Gomulka nachzuweisen. Verhaftungen, Verhöre, Vorbereitungsprozesse liefen dementsprechend in allen Richtungen.

Auf der Field-Operationslinie kam es im September 1949 zu ersten Verhaftungen, insgesamt zwölf an der Zahl. Alle Verhafteten standen irgendwann in Kontakt mit Noel Field, dessen Bruder Hermann im August 1949 nach Warschau gelockt und verhaftet wurde. Es folgten drei Jahre ergebnisloser Verhöre: Eine Verbindung zwischen Field und Gomulka konnte weder über die Budapester noch die Prager Angeklagten konstruiert werden. Den größten Erfolg versprach dann der Umweg über eine Verurteilung Spychalskis, mit dem schon 1949 "Gespräche" wegen angeblicher Mitarbeit bei der polnischen Abwehr vor dem Krieg und in der Konspiration und angeblicher Mitwirkung und Mitwisserschaft bei der Liquidierung von PPR-Leuten im Untergrund geführt worden waren. Nach einem Plan des Sicherheitsministers Radkiewicz, der Bierut im Dezember 1952 zur Entscheidung zugestellt wurde, sollte - so der Minister für öffentliche Sicherheit wörtlich - "die Hauptanklage gegen Spychalski und Gomulka gerichtet werden, der - obwohl am Verfahren nicht physisch anwesend - durch die Gesamtheit der Anschuldigung belastet wird". Für die Anklagebank waren neben Spychalski acht weitere Personen vorgesehen, als Anklagepunkte sah die ministerielle Prozeß-Regie vor: Kontakt mit englischen Politikern, Beteiligung an einer Militärverschwörung zum Sturz der Volksregierung, Fraktionsarbeit mit Gomulka mit dem Ziel, mit der internationalen Arbeiterbewegung zu brechen sowie Führungspositionen im Außenministerium, im Ministerium für die wiedergewonnenen Gebiete und im Sicherheitsministerium durch Volksfeinde, Agenten und Trotzkisten zu besetzen, ferner Kontaktversuche mit feindlichen nationalistischen Kräften in den Volksdemokratien, Begünstigung der Spionagearbeit von Hermann Field u. a.[26] Aufgrund eines anderen Regie-Vorschlags von Oberst Anatol Fejgin, dem sowjetischen Chef des X. Departements, wurden sechs Mitangeklagte wieder freigelassen, weil ein Kontakt Spychalski - Field nicht zu belegen war. Dafür montierte Fejgin einen anderen Zeugen der Anklage in die "gruppendynamische Interaktionseinheit" hinein und konzentrierte sie stärker auf die inzwischen durch Urteile "nachgewiesene" Staatsstreichplanung für 1948. Im letzten Planungsprojekt von 1956, nachdem bereits viele Mitangeklagte und geplante Belastungszeugen aus der Haft entlassen worden waren, gab es nur noch einen Angeklagten, obwohl inzwischen selbst der Generalprokurator wegen fehlender Erfolgsaussicht von einer Anklageerhebung gegen Spychalski abgeraten hatte und die sowjetischen Berater und Handlanger schon Ende 1953 aus Warschau abberufen und in der Sowjetunion zu längeren Gefängnisstrafen verurteilt worden waren.

Bieruts Zwangsvorstellungen verloren jede Beziehung zur Wirklichkeit. Er genehmigte sogar Operationen im westlichen Ausland, was im Dezember 1953 Oberstleutnant Swiatlo, der stellvertretende Chef des "Departements X", zur Flucht nutzte. Die "revolutionäre Wachsamkeit" der stalinistischen Staatssicherheit erkennt man auch am Detail: Erst zehn Monate nach Swiatlos Flucht wurde sein Dienst-Stahlschrank kontrolliert, um festzustellen, welches Belastungsmaterial er denn überhaupt mitgenommen hatte. [27]

Im Umfeld Spychalskis wurde im Frühjahr 1950 General Stanislaw Tatar verhaftet, der 1947 aus dem Londoner Exil zurückgekehrt war. Am 31. Juni 1951 begann ein Schauprozeß gegen Tatar und acht weitere Offiziere, die meisten Nichtkommunisten, wegen Spionage und Vorbereitung eines Staatsstreiches. Unter den am 13. August 1951 gefällten Urteilen war nur ein Todesurteil, das aber nicht vollstreckt wurde. In Folgeprozessen standen weitere 99 Personen, meistens hohe Offiziere, vor Gericht, von denen 19 zum Tode verurteilt und hingerichtet wurden. Eine 1952 begonnene Untersuchung gegen General Waclaw Komar, Altkommunist, Teilnehmer am Spanischen Bürgerkrieg, Jude, nach 1945 Stabschef der militärischen Abwehr, sollte außer der durch Spychalski zu verantwortenden Kaderpolitik in der Armee auch sogenannte trotzkistische und "kosmopolitische" Elemente inkriminieren. Die Untersuchung geriet zur Farce, als Komar nach seiner Verhaftung im November 1952 nach monatelangen Folterungen begonnen hatte, nach der Masche der Ankläger führende ZK-Mitglieder zu "belasten". Er wurde Ende 1954 freigelassen und im August 1956 zum Chef der Truppen des Innenministeriums ernannt.

Daß es in Polen zu einem Monsterprozeß nach Prager Muster nicht kam, war weniger den polnischen Untersuchungsbeamten als "Verdienst" anzurechnen. Es ist vielmehr auf den Mangel selbst an Schein-Indizien und das stolz-trotzige "Ein Pole denunziert keinen Polen" (und erst gar nicht bei den Russen) zurückzuführen. Bei dem kleinen übriggebliebenen Kader der polnischen KP, systematisch dezimiert durch Stalin und Hitler, hätte der Verdacht ohnehin alle erfaßt, waren doch alle - und am meisten die Remigranten aus der Sowjetunion - aufgrund vorangegangener Verfolgung von Verwandten, Freunden oder Mitarbeitern "belastet". Hervorhebenswert ist der

Umstand, daß die aus den Stalinschen Schauprozessen allgemein bekannten Mechanismen der falschen Anklage und Selbstbezichtigung bei den polnischen Opfern nicht in Gang gesetzt werden konnten. Stalin mag mit seiner Behauptung recht gehabt haben, daß der Kommunismus für Polen genausogut geeignet sei wie der Sattel für eine Kuh.

Die Rolle Bieruts in diesen Vorgängen wird in Polen sehr kritisch bewertet. Nach Gomulkas Sturz zum faktischen Diktator Polens avanciert, mußten ihm alle wichtigen Verhörprotokolle und -dokumente vorgelegt werden. Er koordinierte das Vorgehen der Untersuchungsbeamten, formulierte Anschuldigungshypothesen, erteilte Regieanweisungen, und er wird auch als die politisch treibende Kraft gegen Gomulka angesehen.[28] Daß es zuletzt zum Prozeß gegen Gomulka und Spychalski nicht kam, führt die Historikerin Turlejska auf den Umstand zurück, daß Stalins Tod in Gomulkas Haftzeit fiel. Es wird nicht ausgeschlossen, daß Chruschtschow, wie in anderen Fällen, Gomulkas Freilassung gefordert hatte. Noch am 6. Dezember 1955 verschickte Bierut einen Brief an die Politbüro-Mitglieder mit der Mitteilung, daß Spychalski nach dem XX. Parteitag der KPdSU der Prozeß gemacht werden solle. Bekanntlich starb Bierut unmittelbar nach dem Parteitag in Moskau. Spychalski wurde im Mai 1956 freigelassen, im Zusammenhang mit einer Amnestie vom April 1956, die 35.000 politischen Häftlingen die Freiheit brachte.[29] Einer der "Zeugen der Anklage", Wlodzimier Lechowicz, berichtete über seine Haftzeit:

Er verbrachte über sieben Jahre in einer Untergeschoßzelle mit kleinem Fenster, dessen Glas grün angestrichen war, isoliert gehalten. Das Fenster wurde nur selten und dann nur für 15 Minuten geöffnet. Über zwei Jahre gab es kein Trinkwasser in der stinkenden Zelle; der Häftling durfte keine persönlichen Sachen besitzen, wie Kamm oder Taschentuch; kein Haareschneiden. Das Eßbesteck mußte nach jedem Essen abgegeben werden; das Rauchen wurde ihm erst nach sechs Monaten erlaubt, 5 Zigaretten und 5 Streichhölzer pro Tag, und nach wenigen Monaten wieder verboten bis Anfang 1952. Kein Kontakt mit der Außenwelt, so daß der Häftling nicht wußte, wo er sich befindet. Zwei Jahre und drei Monate den ganzen Tag und teilweise auch die Nacht wegen Sitzverbots stehend verbracht, anderthalb Jahre ohne Bad. Im ersten Jahr fanden jede Nacht mindestens zwei Verhöre statt, später bis 1950 ein bis zwei pro Nacht. In der Nacht Lärm, Kontrollen durch die Aufseher. Die Ordnungsstrafen: zwei- bis fünfstündiges Knien auf Steinboden mit erhobenen Händen in einem fensterlosen Betonkarzer 1,5 mal 2 Meter groß, nackt, oder auch die ganze Nacht und kübelweise mit kaltem Wasser begossen; Schlagen mit Gummischlagstock oder geflochtenen Stahlruten am ganzen Körper oder auf die nackten Fußsohlen, Faustschläge und Flachhandschläge auf den Kopf und ins Gesicht, Fesselung in der Zwangsjacke und mit Handschellen an die Pritsche.

Aus dem Raum über der Zelle hörte man täglich und vor allem des Nachts Schreie und Schläge, auch einige Male den eigenen Namen erwähnt gehört. Die Gespräche der Wachen vor der Zellentür ließen ihn glauben, daß gleichzeitig sein Vater und seine beiden Brüder in den benachbarten Zellen inhaftiert seien, nachts oft den Wachhabenden ins Telefon fragen gehört: "Aber welchen Lechowicz soll ich denn 'raufschicken? den Alten?" (...) Vom Vernehmungsoffizier verlangte der inhaftierte Sejm-Abgeordnete einmal den Verfassungstext: "Du verreckst dann, wenn wir es wollen, aber vorher wirst du hundert Mal den Tag verfluchen, an dem dich deine Mutter geboren hat. Wir werden dir die Sehnen aus dem Leib reißen und dir alle Knochen brechen, und im zweiten Zimmer legen wir wieder alles zusammen - bis zum Geständnis, und so lange wir wollen. Die Verfassung zeigt dir morgen der Vernehmungsoffizier." Am nächsten Tag: Großer Schlagstock aus geflochtenem Stahl, mit Leder überzogen, mit dieser "Verfassung" am ganzen Körper geschlagen. Diese "Verfassung" war 1948, 1949 und 1950 im Gebrauch. Anfang 1949 schnitt sich der Häftling die Pulsadern auf, keine Chance für einen Freitod. Nach fünf Jahren Haft erster Hungerstreik, um den Haftbefehl zu sehen. Künstliche Ernährung, Zwangsjacke, 1954 und 1955 wieder Hungerstreik, dann erst die Anklageschrift erhalten und eine Woche darauf den ersten Brief von der Familie. Im Prozeß am 4. und 5. Juli 1955 hatte der Verteidiger die Anklage unterstützt, das Urteil lautete auf 15 Jahre Gefängnis. Danach schrieb der Verurteilte mehrere Revisionsanträge bis zur Freilassung am 2. Mai 1956.

Gomulka selbst "gestand" nichts, er wurde auch nicht durch die ausgewählten "Zeugen der Anklage" "belastet". Sein kompromißloser polnischer Unabhängigkeitswille ließ ihn zum Heroen des nationalen Selbstbehauptungswillens wachsen. Dabei war er ein gehorsamer und gelehriger Dolmetscher Stalins. Der Mythos um seine Person beruhte auf dem Mißverständnis einer Überschätzung seiner persönlichen Dickköpfigkeit vor dem Hintergrund des unbeugsamen nationalen Freiheitsdranges. Dieser wuchs und gedieh erst nach Stalins Tod, von Gomulka selbst stilisiert und gepflegt.

Zusammenfassung

● Der Ablauf der kommunistischen Machtübernahme in Polen unterschied sich von dem in der Tschechoslowakei oder in der SBZ eingeschlagenen Weg. In der Tschechoslowakei konnte bis 1948 nicht auf breiter politischer Basis Massenterror ausgeübt werden, er wurde nur gegen Deutsche und - zunächst noch durch rechtsstaatlichen Schutz gehemmt - gegen ihre sogenannten Kollaborateure angewandt. Die Abrechnung mit der politischen Opposition setzte auf einer breiten Skala erst 1948 ein. Opfer dieser sogenannten revolutionären Prophylaxe waren auch etwa 300 hohe kommunistische Funktionäre, die in den dreißiger Jahren, anders als die deutschen oder polnischen Kommunisten, vom Stalinschen Terror verschont geblieben waren. Die SBZ stellte einen Sonderfall dar: Im Rahmen der Entnazifizierungsmaßnahmen wurden dort zwischen 1945 und 1950 durch die sowjetische Besatzungsmacht 122.617 Personen interniert, von denen 42.889 in der Haft starben und 756 zum Tode verurteilt wurden.[30] Diese Angaben wären in etwa zu vergleichen mit den Zahlen über die polnischen Terroropfer, die neben 2500 Todesurteilen in den Jahren 1944 bis 1948 und etwa 10.000 in dieser Zeit ohne Gerichtsverfahren Liquidierten auch noch mindestens 300.000 Lagerhäftlinge enthalten, und mit den Daten aus der Tschechoslowakei, wo vom Oktober 1948 bis Jänner 1953 232 Todesurteile gefällt und davon 178 vollstreckt wurden[31], ferner etwa 50.000 politische Häftlinge sowie mehr als 100.000 Insassen von Zwangsarbeitslagern in den Jahren 1948 bis 1954 erfaßt wurden.[32] In quantitativer Hinsicht könnte also von einer durchaus vergleichbaren Entwicklung ausgegangen werden, zumal jeweils etwa zwei Prozent der Bevölkerung unmittelbar betroffen gewesen waren.

• Die Verschiebung der Terror-Phase in der Tschechoslowakei und seine Interpretation als politische Defensive verleitet zu dem Fehlschluß, daß der Massenterror ursächlich eine Folge des sich ab Mitte 1947 verschärfenden Kalten Krieges war. In Wirklichkeit flaute, was insbesondere die polnische Entwicklung belegt, der Terror als ein Mittel der revolutionären Prophylaxe zu diesem Zeitpunkt bereits deutlich ab bzw. heizte seinerseits den Kalten Krieg vielmehr an.

• Begreift man den Stalinismus als eine Verfahrensmethode, in dem das Individuum oftmals nicht einmal einen statistischen Wert hatte, dann ist es unter Berücksichtigung der aktuellen Quellenlage kaum gerechtfertigt, hinter dem Terror der Schauprozesse nach individuellen politischen Momenten im Lebenslauf der Opfer zu suchen. Schon der planmäßige Ablauf spricht dagegen: Im Jänner 1948 setzt die Kritik an Dimitroff ein, im März 1948 wird Justizminister Pătrășcanu (Rumänien) entlassen und im April verhaftet, im Juni 1948 wird Jugoslawien verurteilt, danach folgt die Kritik an Gomulka, im September wird 1948 Kotsche Dzodze in Albanien verhaftet, im September 1948 erstmals Kritik an der KPTsch-Führung geübt. Die Festnahme Noel Fields erfolgte erst am 11. Mai 1949, und danach wurde die These von der internationalen Verschwörung gegen die Sowjetunion aufgestellt: Im September 1949 begann der Rajk-Prozeß, im November 1949 erfolgten erste Festnahmen von KPTsch-Funktionären. Der rein instrumentale Charakter der Schauprozesse war schon Mitte 1947 im Politbüro der kommunistischen Polnischen Arbeiterpartei bekannt, und dieses Gremium wirkte selbst an der Inszenierung von Scheinprozessen und Scheinurteilen mit Schaucharakter zum Zweck der Abschreckung der Öffentlichkeit mit.

• Die Schauprozesse - in der Tschechoslowakei wurde nur ein Zehntel aller Terror-Prozesse in der Presse vorgestellt, eine ähnliche Relation dürfte auch für Polen gelten - waren multifunktional und präventiv angelegt, sie richteten sich systematisch gegen ganze soziale, nationale, politische, berufliche und andere Gruppen (Landbesitzer, Militärs, Kleinunternehmer und Händler, Priester, Juden, Liberale, Ärzte usw). Daher erscheint es insgesamt legitim und sinnvoll, die den widerrechtlichen Verfolgungen zugrundeliegende Struktur in der Dimension von "Terror als eine Fortsetzung der Politik mit anderen Mitteln" zu begreifen. Der Aspekt der "Verfolgung von Kommunisten durch Kommunisten" (Georg Hermann Hodos) erscheint insofern nicht eindeutig als ein substantielles Spezifikum der Schauprozesse, sondern benennt nur ein Element, eine Qualität der insgesamt durchgeführten terroristischen Maßnahmen. Das Bestreben, dabei selektiv auch die Spitzen der KP zu erreichen, kann auf das strukturelle Moment der "revolutionären Prophylaxe" zurückgeführt werden: Und in der Tat schreckte der Horror der Schauprozesse noch nach Jahrzehnten in Osteuropa breite Massen ab, wären doch - wie der Öffentlichkeit "nachgewiesen" worden war - weder Generalsekretäre der KP noch Staatssicherheitsminister, nicht einmal Generäle oder Marschälle, in der Lage gewesen, eine oppositionelle Tätigkeit zu entwickeln. Mit dieser innenpolitischen Stabilisierungsfunktion der Terrormaßnahmen der vierziger und der frühen fünfziger Jahre korrelierte die absolute Durchsetzung der sowjetischen Hegemonie in den Ländern Osteuropas, wo die kommunistischen Parteien während der Schauprozesse insbesondere ihre internationalistischen Führungszirkel verloren.

● Summarisch gesehen wurde der Terror in allen Ländern in der gleichen totalen Qualität vollstreckt. Länderspezifisch gibt es innerhalb der Vollzugsstruktur aufschlußreiche Phasenverschiebungen: So ließ beispielsweise Albanien schon im Februar 1948 zwei katholische Bischöfe zum Tode verurteilen und hinrichten, im Dezember 1948 wurde in Ungarn Erzbischof Mindszenty und 1950 in der Tschechoslowakei zwei Bischöfe verhaftet und schon 1953 war dort von 17 Ordinarien nur noch ein Weihbischof im Amt.[33] Im erzkatholischen Polen traute man sich aber erst im September 1953, den ersten Schauprozeß gegen einen Bischof zu inszenieren, und am 23. September 1953 den Primas, Kardinal Wyszynski, zu verhaften.

● Daß in Polen auf der Ebene der ZK-Nomenklatur nur zwanzig Offiziere (nicht alle waren Kommunisten) zum Tode verurteilt wurden, das Sekretariat des ZK der KPTsch 1951 bis 1954 jedoch gleich 143 Todesurteile über Parteimitglieder "beschloß", war nicht auf eine besondere polnische Resistenz gegenüber Stalinschen Befehlen zurückzuführen. Wenngleich Spezifika der polnischen Partei dabei eine Rolle spielten, verhinderten der Tod Stalins und Berijas, möglicherweise sogar eine Intervention Chruschtschows zugunsten Gomulkas und schließlich der Tod Bieruts nach dem XX. Parteitag der KPdSU, daß der bis zuletzt von diesem hartnäckig forcierte politische Schauprozeß nicht stattfand.

● Obwohl die zahlreich vorliegenden Indizien die sichere Schlußfolgerung erlauben, daß zumindest die Schauprozesse gegen die kommunistischen Führungsspitzen zentral aus Moskau konzertiert wurden, müssen aber bereits die frühen rechtswidrigen Maßnahmen gegen die nationalen Minderheiten in den Ländern Ostmitteleuropas als deutliche Symptome einer politisch autochthonen, strukturellen Gewaltdisposition bei der Analyse der Ereignisse mitberücksichtigt werden.

Anmerkungen

1) Kieszcynski, Lucjan, Represje wobec kadry kierowniczej KPP. In: Tragedia Komunistycznej Partii Polski. Warschau 1989, S. 198f.
2) Protokoll ZK Sitzung vom 9. 10. 1944. In: Archiwum Akt Nowych (Polnisches Staatsarchiv) AAN 295/V/1.
3) Serow, Iwan Alexandrowitsch war Generaloberst, 1955 Armeegeneral. Hoher Offizier im NKWD, 1939/40 und 1944/45 führte er die Sowjetisierungskampagnen in Ostpolen und in der Ukraine durch, 1945 bis 1947 stellvertretender Chef der Sowjetischen Militärverwaltung in Deutschland, 1946 bis 1954 stellvertretender Minister des Inneren der UdSSR, 1954 bis 1958 erster Chef des KGB, 1958 bis 1962 Chef des militärischen Geheimdienstes der Roten Armee (GRU). Er war bereits in den letzten Kriegsjahren der führende sowjetische Geheimdienstfachmann.
4) Deportacje i przemieszczenia ludnosci polskiej w glab ZSRR 1939-1945. Warschau 1989, S. 24.
5) Turlejska, Maria, Te pokolenia zalobami czarne ... Skazani na smierc i ich sedziowie 1944-1954. London 1989, S. 107.
6) Czuma, Lukasz, Zmiany gospodarcze w Polsce XX wieku. Warschau 1990, S. 47.
7) Turlejska, S. 52.
8) Turlejska, S. 75.
9) Kersten, Krystyna, Narodziny systemu wladzy. Polska 1943-1948. Poznan 1990, S. 94.
10) Turlejska, S. 50.
11) Kersten, S. 327.
12) Ebd., S. 334ff.
13) Protokoll des ZK der PPR Nr. 4/2. 4. 1947.
14) Protokoll des Sekretariats des ZK der PPR vom 20. 10. 1947.
15) Protokoll des Sekretariats des ZK der PPR vom Juni 1948.
16) KC PPR/Organizacja Partyjna w cyfrach w zwiazku z wymiana legitimacji. [Mai 1948]
17) Archiv.
18) Turlejska, S. 399.
19) Protokoll des ZK der PPR vom 29. 1. 1948.
20) Werblan, Andrzej, Wladyslaw Gomulka. Sekretarz Generalny PPR. Warschau 1988, S. 603.
21) Ebd., S. 603.
22) Turlejska, S. 398.
23) Ebd., S. 405.
24) Werblan, S. 618.
25) Vgl. Hodos, Georg Hermann, Schauprozesse. Stalinistische Säuberungen in Osteuropa 1948-54. Frankfurt/Main 1988.
26) Turlejska, S. 413.
27) Ebd., S. 424.
28) Ebd., S. 385.
29) Wazniewski, Wladyslaw, Polityczne i spoleczne problemy rozwoju Polski Ludowej 1944 - 1985. Warschau 1989, S. 84.
30) Vgl. Neues Deutschland vom 25. 7. 1990, S.1.

31) Kaplan, Karel: Nekrvavá revoluce. Toronto 1985, S. 204.
32) Ebd., S. 195, 204, 206.
33) Ebd., S. 280.

Keith Hitchins

Der Fall Pătrăşcanu

Im Frühjahr 1948 kam es zur ersten bedeutenden Säuberung innerhalb der Kommunistischen Partei Rumäniens. Lucreţiu Pătrăşcanu, zu jener Zeit in höchsten Regierungs- und Parteiämtern, Parteimitglied seit der Gründung im Jahre 1921 und deren führender Intellektueller, wurde all seiner Posten enthoben und eingekerkert. 1954 wurde er verurteilt und hingerichtet.

Über diese Vorfälle wurde in der Öffentlichkeit nur wenig bekannt, und auch in der Folge wurde der Fall Pătrăşcanu kaum erwähnt, es sei denn in den denkbar negativsten Zusammenhängen eines "Volksfeindes" oder "Verräters". Im Jahre 1968 wurde er dann rehabilitiert und jene, die für seinen Sturz und seine Hinrichtung verantwortlich gewesen waren, ihrerseits verdammt. Seine Beiträge zum Aufbau der Partei und eines neuen, "sozialistischen" Rumäniens waren nunmehr Gegenstand einer durchaus wohlwollenden, wenngleich im allgemeinen auch vagen und wenig präzisen Neubewertung. Seine vier Bände umfassende Analyse der Entwicklung des modernen Rumäniens wurde neu aufgelegt. Dennoch blieben die Informationen über seinen Werdegang, insbesondere über die Jahre 1944 bis 1948, spärlich. Bis heute ist beispielsweise keine Biografie oder zusammenfassende Untersuchung seiner politischen Ideen und Aktivitäten erschienen; wir können auch schwerlich mehr als Spekulationen über die Gründe seines Falles anstellen, umso mehr als die Unterlagen über sein Verfahren und sogar die im Zusammenhang mit seiner Rehabilitierung erstellten Dossiers in den Parteiarchiven verschlossen bleiben.

Absicht des vorliegenden Beitrages ist es, Pătrăşcanus Konzeptionen zur Entwicklung eines modernen Rumäniens aus seinem eigenen marxistischen Theorieverständnis heraus zu analysieren und, vor diesem Hintergrund, nach Erklärungsansätzen zu suchen, warum unüberbrückbare Meinungsverschiedenheiten zwischen ihm und der die Partei beherrschenden Gruppierung schließlich zu seinem Sturz führten.

Der marxistische Theoretiker

Lucreţiu Pătrăşcanu wurde am 4. November 1900 in Bacau geboren und stammte aus einer Familie moldawischer Intellektueller. In der Schule erwachte sein Interesse für rumänische Literatur, wobei er sich besonders zu den Romanen und Kurzgeschichten der Samanatoristen - einer einflußreichen Gruppe, die mit den Bauern sympathisierte und ihre Inspirationen aus dem dörflichen Leben herleitete - angezogen fühlte. Weiters eignete er sich die Klassiker der russischen Literatur des 19. Jahrhunderts an, wobei seine besondere Verehrung den Narodnik-Autoren und anderen sozial engagierten Schriftstellern galt. In einer Rückschau auf seine Jugendjahre merkte er 1945 an, welch nachhaltigen Eindruck die russische Revolution von 1917 auf ihn gemacht habe. Er erinnerte sich, damals der Auffassung gewesen zu sein, daß nunmehr alle sozialen und politischen Probleme gelöst und die "heroischen Kämpfe" im Namen der Massen schlußendlich zu ihrem Ziel geführt worden seien. Doch die Schüsse der rumänischen Armee auf streikende Arbeiter in Bukarest am 13. Dezember 1918 hätten ihm sehr schnell die rauhe Wirklichkeit der sozialen Kämpfe vor Augen geführt. Als er in der Schule die Anliegen der Streikenden vertrat, wurde er als "Partisan sozialistischer Ideen" für ein Jahr vom Unterricht ausgeschlossen. Erst dadurch, so Pătrășcanu in seinem Bericht, sei er zum Sozialismus gekommen und habe sich im Oktober 1919, bei seinem Eintritt in die Universität Bukarest, der Sozialistischen Partei angeschlossen. 1921 wurde er Mitglied der Rumänischen Kommunistischen Partei, die im Mai desselben Jahres gegründet worden war. Zur gleichen Zeit verließen militante und durch den Erfolg der russischen Bolschewiki inspirierte Sozialisten ihre Partei und schlossen sich der Moskauer Kommunistischen Internationale an.[1]

In der Zwischenkriegszeit und während des Zweiten Weltkrieges widmete sich Pătrășcanu mit vollem Einsatz der Sache des Kommunismus in Rumänien. Die enorme Vielfalt seiner Tätigkeit versetzte ihn in die außergewöhnliche Lage, sowohl die innere Arbeit der Partei als auch die Bedeutung der Beziehungen des Apparats zur sowjetischen KP einschätzen zu können. Zunächst arbeitete er journalistisch: Über drei Monate des Jahres 1922 redigierte er beinahe im Alleingang das zentrale Parteiorgan "Sozialismul". Im Oktober dieses Jahres begab er sich anläßlich des IV. Kongresses der Komintern erstmals nach Moskau, wo er Lenin reden hörte und mit dem nachlassenden Elan der bolschewistischen Revolution konfrontiert wurde. Noch hatte die rumänische Partei ihre Aktivitäten nicht richtig begonnen, als sie 1924 von der Regierung bereits illegalisiert wurde; ein Vorgehen, durch das ihre Mitglieder Verfolgungen und Haftstrafen ausgesetzt wurden und das bis nach dem Zweiten Weltkrieg alle Versuche zum Aufbau einer Massenorganisation durchkreuzte.

Nichtsdestotrotz schuf die Parteiführung zahlreiche "Frontorganisationen", durch die sie die Verbindung mit der Arbeiterklasse und sympathisierenden Intellektuellen aufrecht zu erhalten versuchte. Eine der wichtigsten war "Blocul Muncitoresc Țărănesc" (Arbeiter- und Bauernblock), eine Organisation, die 1925 zur Durchsetzung der Parteiziele gegründet worden war und in der Pătrășcanu eine führende Rolle spielte. Seinen größten Erfolg erzielte der "Block" in den Parlamentswahlen 1931, bei denen 2,5 Prozent der Stimmen und fünf Abgeordnetenmandate - eines davon für Pătrășcanu -

gewonnen werden konnten. Allerdings durften Pătrăşcanu und seine Genossen ihre Mandate nicht antreten; ihre in den Wahlen gewonnenen Sitze wurden vom Parlament mit der Begründung annulliert, Gewalt sei für sie Mittel zur gesellschaftlichen Veränderung. Pătrăşcanus Replik, die kommunistische Bewegung strebe eine Änderung der existierenden gesellschaftlichen Ordnung ausschließlich auf friedlichem Weg durch Massenbewegungen an, stieß auf taube Ohren.[2]

In den späten dreißiger Jahren erreichte Pătrăşcanus Einsatz für die Ziele seiner Partei einen ersten Höhepunkt: in der Außenpolitik eine Wiederannäherung an die Sowjetunion, in der Innenpolitik die Formierung einer Volksfront zum Kampf gegen die bedrohlich anwachsende extreme Rechte. 1935 übte er massiven Druck auf die rumänische Regierung aus, so schnell wie möglich mit der Sowjetunion - für ihn der "wichtigste Friedensfaktor in Europa" - einen gegenseitigen Beistandspakt abzuschließen, stelle dies doch den effizientesten Schutz gegen die "Hitlerei" und die Revision der Versailler Verträge dar.[3] Typisch für seine Versuche, auf nationaler Ebene eine antifaschistische Koalition zu etablieren, ist ein Brief vom 24. Jänner 1938, den er an den Führer der Nationalliberalen Partei, Constantin Brătianu, schrieb. Darin erkannte er die zentralen Unterschiede in Ideologie und gesellschaftlicher Zielsetzung an, die die beiden Parteien trennten, vermeinte aber, die Zusammenarbeit in zumindest einem Punkt sei nicht nur möglich, sondern von "absoluter Bedeutung" - in der Bildung einer "breiten Konzentration" demokratischer Kräfte zur Abwehr gegen die extreme Rechte und zur Wahrung von Rumäniens Bündnisfähigkeit mit all jenen Ländern, die sich "Revisionismus" und Krieg widersetzten.[4] Wenn aus den Initiativen Pătrăşcanus und anderer Kommunistinnen und Kommunisten nichts wurde, dann vor allem deshalb, weil die schwache Kommunistische Partei für die Mehrheit der politischen Elite Rumäniens nichts anderes als einen Agenten der Sowjetunion darstellte.

Die Zwischenkriegszeit war für Pătrăşcanu eine Periode intensiver intellektueller Auseinandersetzungen, wobei seine Versuche, Ursprung und Entwicklungslinien des modernen Rumäniens aus der Position des dialektischen Materialismus nachzuzeichnen, einen wesentlichen Teil seiner Aktivitäten einnahmen. Diese umfassenden Fragestellungen hatten die Gesellschaftstheoretiker Rumäniens seit den dreißiger Jahren des 19. Jahrhunderts beschäftigt, und die Debatten um den spezifischen Entwicklungsgang ihres Landes stellten sich in der Zwischenkriegszeit in besonderer Schärfe. Auf der einen Seite standen die sogenannten "Agrarier", die darauf bestanden, daß Rumänien seit jeher ein beinahe ausschließlich agrarisches Land gewesen sei und dies wohl auch in Zukunft sein werde. Daraus schlossen sie, daß sich das Land nicht dem Westen anpassen könne, sondern, im Gegenteil, seinen eigenständigen Weg zu sozialer und kultureller Wohlfahrt finden müsse. Ihnen gegenüber standen die "Europäer", die die Intensität der Verwestlichung Rumäniens auf wirtschaftlichem und kulturellem Gebiet betonten und für die dieser Prozeß nur in einen umfassenden "Anschluß an Europa" münden konnte.[5]

Pătrășcanu stieg ideologisch wohl vorbereitet in die Polemik ein, hatte er doch während seiner Studien in Deutschland viel von den deutschen Kommunisten gelernt, sich eine solide soziologische Ausbildung angeeignet und mit einer Arbeit über die Agrarfrage in Rumänien den Doktorgrad an der Universität Leipzig erworben.[6] Im konkreten Fall waren es aber weniger ökonomische Fragen, die im Mittelpunkt seiner Analyse standen. Vielmehr bemühte er sich um die Feststellung eines konkreten Entwicklungsniveaus, das Rumänien im 20. Jahrhundert erreicht hatte, um eine haltbare theoretische Basis für die kommunistischen Kampagnen zur Transformierung der rumänischen Gesellschaft zu entwickeln. Er näherte sich der Studie des "Phänomens Rumänien", wie er es bezeichnete, nicht als abgehobener Sozialwissenschaftler, sondern "mit Leidenschaft" und widmete ihm vier Bände facettenreicher Analyse.[7] Das Entstehen und die Entwicklung des Kapitalismus in Rumänien standen im Zentrum seiner Untersuchung.[8] Er war überzeugt, daß die kapitalistische Organisation der Produktion in der Zwischenkriegszeit bereits sowohl die Industrie als auch die Landwirtschaft tief durchsetzt hatte, obwohl er zugab, daß die rumänische Ökonomie als Ganzes keinesfalls mit der westlicher Industriestaaten identifiziert werden könne.[9] Weiters argumentierte er im Gegensatz zu den "Europäern", aber auch zu dem führenden Theoretiker des rumänischen Sozialismus vor dem Ersten Weltkrieg, Dobrogeanu-Gherea - die allesamt die soziale und ökonomische Entwicklung Rumäniens als direkt vom Westen bestimmt sahen -, daß innere und nicht äußere "soziale und ökonomische Strukturen" von entscheidender Bedeutung gewesen seien.[10]

Als Folge der Ereignisse des Zweiten Weltkrieges wurde die dahinsiechende kommunistische Bewegung wiederbelebt. Im Frühjahr 1944 unterlag Rumänien, das sich wegen Territorialforderungen (Bessarabien und Nordbukowina) der deutschen Kriegsmaschinerie angeschlossen hatte, der Sowjetunion und war mit der Gefahr einer unmittelbar drohenden sowjetischen Invasion und Okkupation konfrontiert, als die deutschen Armeen sich in westliche Richtung zurückzogen. Am 23. August 1944 gelang es einem demokratischen Block, bestehend aus der Nationalen Bauernpartei, den Nationalliberalen, Sozialisten und Kommunisten, zusammen mit König Michael die Militärdiktatur von Marschall Antonescu zu stürzen. Die neue Regierung stellte ihre Truppen und Ressourcen unmittelbar den Alliierten zur Verfügung und schloß am 12. September in Moskau einen formalen Waffenstillstand ab. Im März 1945 übernahm eine von den Kommunisten geführte Regierung die Macht, und die Kommunistische Partei begann mit Unterstützung der dominierenden Sowjetunion ihr Projekt zur Umwandlung der rumänischen Gesellschaft.

Bei diesen Vorgängen kam Pătrăşcanu eine wichtige Rolle zu. Inhaftierte kommunistische Führer hatten ihn offensichtlich auserkoren, die Partei im Rahmen der Vorbereitungen zum coup d'état des 23. August zu vertreten - eine Aufgabe, der er sich mit offensichtlichem Geschick stellte. Obwohl die Mitgliedschaft der Kommunistischen Partei zu dieser Zeit 100(!) höchstwahrscheinlich nicht überstieg und die Partei de facto zu existieren aufgehört hatte, nahm er dieselbe Position wie die übrigen Parteiführer ein und gewann weithin Anerkennung als der kommunistische Funktionär mit der größten Bedeutung. Seine Ernennung zum Vorsitzenden jener Delegation, die die Waffenstillstandsverhandlungen in Moskau zu führen hatte, erhöhte sein persönliches Prestige noch mehr. Im Herbst 1944 wurde er Justizminister - ein Amt, das er bis Anfang 1948 bekleidete und das ihn in die Lage versetzte, ein neues Rechtssystem einzuführen und in vielerlei Hinsicht auf die Gesetzgebung Einfluß zu nehmen. Zudem hatte er wichtige Positionen in der Partei inne; vor allem war er zwischen 1946 und 1948 Mitglied des Politbüros.

Pătrăşcanu war überzeugt, daß das Nachkriegsrumänien das Stadium der Vollendung der "bürgerlich-demokratischen Revolution" durchlief, in dem die Überbleibsel seiner vorkapitalistischen Vergangenheit durch strukturelle Reformen, die ihrerseits wieder die sozialistische Revolution vorbereiteten, hinweggefegt würden. Im politischen Leben drang er auf die Installierung einer "genuinen Demokratie" und auf die Wahl eines, der aktuellen Entwicklungsstufe adäquaten, repräsentativen Parlaments. Er bestand darauf, daß weder Regierung noch Partei in Erwägung zögen, "sozialistische Maßnahmen" im politischen und wirtschaftlichen Leben durchzuziehen, denn man müsse die "konkreten historischen Bedingungen" und Lebensumstände in Rechnung stellen.[11] Aber er zweifelte nicht daran, daß der Triumph des Sozialismus unaufhaltbar sei - ein Glauben, den er mit Zitaten aus dem "Kapital" rechtfertigte.

Was immer Pătrăşcanu auch über Demokratie und Reform gesagt haben mag, er war sicherlich kein Demokrat im westlichen Sinne oder ein behutsamer Reformer der kleinen Schritte. Während er einerseits den bürgerlich-demokratischen Charakter des Übergangsprozesses, in dem sich Rumänien befand, betonte, insistierte er andererseits - aufgrund der einzigartigen Entwicklungsbedingungen des rumänischen Kapitalismus - darauf, daß die Bourgeoisie unfähig sei, ihre eigene Revolution durchzuführen. Diese Aufgabe falle daher der rumänischen Arbeiterklasse zu.[12]

Nimmt man seine publizierten Ausführungen zum Maßstab, so war Pătrăşcanu als hoher Regierungs- und Parteifunktionär eng in die Kampagne zur Unterminierung und Zerstörung der alten politischen und gesellschaftlichen Ordnung verstrickt. Er unterstützte die Landreform vom Frühjahr 1945 mit ihrer Expropriation des Großgrundbesitzes (über 50 ha) als das geeignetste Mittel, letzte Überreste der "Leibeigenschaft" oder präkapitalistischer Produktionsformen, die wesentliche Hindernisse einer wirtschaftlichen Entwicklung des Landes darstellten, zu beseitigen.[13] Im politischen Bereich drängte er auf unmittelbare Säuberungen der gesamten Administration.[14]

Sein besonderes Augenmerk galt der Rechtsprechung. In zwei Reden vom November 1947 präzisierte er seine Ansichten zu deren Reorganisation. Seit mehr als zwei Jahren befinde sich die Kommunistische Partei in einem scharfen Kampf gegen "Grundbesitz und Kapitalisten", die das alte Rechtssystem dazu benützt haben, den sozialen Fortschritt zu hintertreiben. Wenn nun die Kommunisten daran gingen, fundamentale Änderungen in Staat und Gesellschaft durchzuführen, so können sie sich nicht länger ein System und dessen Träger, die sich als ihre eingeschworenen Feinde entpuppten, leisten.[15] Er wies die Auffassung zurück, die Justiz im neuen Rumänien solle unparteilich und von politischen Autoritäten unabhängig sein. Statt dessen sei es, so seine Argumentation, in einer Zeit des bedeutenden gesellschaftlichen Wandels die vordringlichste Aufgabe der Justiz, der kommunistischen Partei bei der Durchführung ihres ökonomischen und politischen Programms Hilfestellung zu leisten. Pătrăşcanu gestand offen ein, in welch großem Ausmaß er und seine Genossen und Genossinnen sich der sowjetischen Gesetzgebung, die ihnen als Modell diente, verpflichtet fühlten, und postulierte, daß das leitende Prinzip der rumänischen Justiz in Hinkunft das "Klassenbewußtsein" sein werde. Die Absicherung der Unterwerfung der Gerichtshöfe unter die Direktiven der Kommunistischen Partei sei die zentrale Aufgabe der neuernannten "Volksrichter" (aseori populari), die jeweils drei Monate und im Verhältnis zwei zu eins den Berufsrichtern zur Seite gestellt würden. Er machte klar, daß diese Laienrichter über keinerlei rechtliche Vorkenntnisse verfügen müssen, umso mehr, als sie ihre Entscheidungen entsprechend ihrem "Gefühl und Bewußtsein" treffen und niemals ihre Pflicht vergessen werden, den Interessen der Arbeiter und Bauern, die sie gewählt hatten, zu dienen.[16]

Pătrăşcanu beschäftigte sich weiters mit dem kulturellen und intellektuellen Leben und wurde in diesen Fragen in den Jahren 1945 und 1946 zum Sprecher der Partei. In einer Rede vor Lehrern der Höheren Schulen im Oktober 1945 in Bukarest verpflichtete er diese, sich mit ganzem Herzen der Schaffung einer neuen Kultur zu widmen, nationalistisch in der Form, sozialistisch im Inhalt, und offen für die Partizipation der breiten Massen in jeglicher Hinsicht. Aber er sprach auch eine Warnung aus: All diese Aktivitäten müssen "fortschrittlich" sein, es könne keinen Platz für literarische oder philosophische Arbeiten geben, die nicht mit den Zielen der Kommunistischen Partei, eine neue Gesellschaft aufzubauen, übereinstimmen. Unter den Arbeiten, die er als wichtigste Beispiele für den "Negativismus" in der rumänischen Literatur und Philosophie zitierte, waren jene seines Zeitgenossen, des großen Dichters und Philosophen Lucian Blaga. Damit artikulierte er den grundsätzlichen Zugang der Kommunisten zur Kultur: Diese mußte gesellschaftlichen Zielen dienen und durfte sich nicht aus dem natürlichen Zusammenspiel von individuellem Talent und freiem Austausch der Ideen heraus entwickeln.[17] In einem weiteren öffentlichen Auftritt am 9. Dezember 1945 wandte sich Pătrăşcanu direkt an die Intellektuellen. Er gab seiner Verachtung für die Intellektuellen der Zwischenkriegszeit Ausdruck, deren "Prinzipienlosigkeit" und "billigen Opportunismus" er den gesellschaftlichen Umständen, unter denen sie zu leben hatten, zuschrieb. Nun befänden sie sich, so seine Warnung, am Scheideweg: Nicht aus dem Blick zurück sollten sie ihre zukünftige Arbeit definieren, sondern die ihnen von der Kommunistischen Partei angebotene Möglichkeit, das "neue demokratische Rumänien" aufzubauen, ergreifen. Er griff zu einem umfassenden Vergleich mit den russischen Intellektuellen des Jahres 1917: Jene, die den Lauf der Zeit begriffen hätten, "verbündeten" sich mit den großen Geschehnissen ihrer Zeit und führten große Aufgaben aus; die anderen seien "von der Geschichte überrannt" worden.[18]

Pătrăşcanus Sturz

Warum sich Pătrăşcanu mit seinen Genossinnen und Genossen überwarf und warum er schließlich all seiner Ämter enthoben und eingekerkert wurde, kann aufgrund der Dürftigkeit der Quellen nicht mit letzter Sicherheit angegeben werden. Diese dramatische Wende in einer vielversprechenden Karriere erscheint zunächst verwirrend, umso mehr als seine publizierten Schriften und Reden über das Rechtswesen und das intellektuelle Leben im neuen, sozialistischen Rumänien durchaus mit den Auffassungen seiner Genossen im Politbüro übereinstimmten. Jedenfalls ist es unmöglich, die Entwicklung seiner Auffassungen über diese und andere kritische Punkte weiterzuverfolgen. Wie auch immer, es scheinen die veränderten Kräfteverhältnisse innerhalb der Partei gewesen zu sein, die den Schlüssel zum Verständnis des weiteren Schicksals Pătrăşcanus darstellen.

Innerhalb der Kommunistischen Partei hatte nach 1945 eine homogene Gruppe einheimischer rumänischer Arbeiter unter der Führung von Gheorge Gheorghiu-Dej - eines Eisenbahnarbeiters, der nur wenig gebildet war - die Führung übernommen und der Partei ihren Stempel aufzudrücken begonnen.[19] Mit jedem politischen Erfolg wuchs ihr Selbstvertrauen und, unterstützt von den sowjetischen und Moskauer Okkupationsbehörden, drängten Gheorghiu-Dej und seine Verbündeten zunehmend auf eine Beschleunigung der sozialistischen Transformation in Rumänien. So schnell wie möglich sollte die Diktatur des Proletariats etabliert und ein instrumentalisierter, strikt kontrollierter Parteiapparat aufgebaut werden. In diesem Sinn wurde der Parteidisziplin ein erhöhter Stellenwert beigemessen, und die Gheorghiu-Dej-Gruppe bevorzugte Arbeiter oder Kader mit der "Mentalität der Arbeiterklasse", die jedenfalls mehr dazu neigten, Befehle auszuführen als die Intellektuellen, die ihre unangenehme Angewohnheit des Zweifelns und Infragestellens niemals gänzlich abschütteln konnten. [20]

Der wesentliche Streitpunkt zwischen Gheorghiu-Dej und Pătrăşcanu dürfte in der Frage des nationalen Empfindens gelegen sein. Gheorghiu-Dej folgte strikt dem sowjetischen Modell und duldete keinerlei Kompromisse oder Abweichungen. Pătrăşcanu hingegen schien den Prozeß der sozialistischen Transformation an spezifische rumänische Bedingungen anpassen zu wollen, eine Haltung, die unzweifelhaft sein umfassendes Wissen und seine fortgesetzte wissenschaftliche Auseinandersetzung mit dem "Phänomen Rumänien" reflektierte. Diese Meinungsverschiedenheiten vertieften sich mit der Zeit. Noch in den Monaten nach dem Staatsstreich vom 23. August 1944 waren beide offensichtlich nationalkommunistisch orientiert, im Gegensatz zu "internationalistischen", an der Sowjetunion ausgerichteten Strömungen in der Partei.[21] Aber während sich Gheorghiu-Dej bald der moskautreuen Linie anschloß, blieb Pătrăşcanu ein Anhänger der Idee des Aufbaus des Sozialismus im nationalen Rahmen. Im September 1944 brachte er in Moskau sogar die Frage einer Neubestimmung der rumänischen Grenzen in die Verhandlungen ein (wenngleich auch erfolglos). Er bestand darauf, daß rumänische Bürger, die beschuldigt wurden, Kriegsverbrechen begangen zu haben, nur von rumänischen Behörden inhaftiert werden dürften, seien doch innere Ordnung und Rechtsprechung essentielle Attribute der nationalen Souveränität.[22] In der heiklen Frage Nordtranssilvaniens, das 1940 von Ungarn annektiert worden war, gab Pătrăşcanu 1945 das Versprechen ab, er werde keine Mühe scheuen, "volle Harmonie" und Rechtsgleichheit zwischen Rumänen und Ungarn zu erreichen. Er ließ aber gleichzeitig auch keinen Zweifel daran, daß die Region für alle Zeiten an den Rest Rumäniens "geschweißt" sei[23] und insistierte darauf, daß in der öffentlichen Verwaltung, vor Gericht und in der Schule einzig das Rumänische Amtssprache sein könne.[24]

Neben seinem "Nationalismus" scheint Pătrăşcanus Haltung zur Sowjetunion ihn in Gegensatz zu Gheorghiu-Dej und seinen sowjetischen Mentoren gebracht zu haben. Obwohl er Moskau im September 1944 in der Überzeugung verlassen hatte, daß das Schicksal seines Landes von der Fähigkeit der neuen Regierung abhängen werde, mit der Sowjetunion "zufriedenstellende Beziehungen" aufzubauen,[25] scheinen sich seine Empfindungen der Sowjetunion gegenüber mit der Zeit in dem Maße abgekühlt zu haben, als diese Rumänien ihr politisches System aufzwang und es lebenswichtiger Ressourcen beraubte. Doch kann diese Haltungsänderung, sofern sie tatsächlich stattgefunden hat, nicht ausreichend dokumentiert werden. Schließlich dürften Unvereinbarkeiten auf persönlicher Ebene zwischen Gheorghiu-Dej, dem Arbeiter mit Grundschulbildung und elementaren In-

stinkten, und Pătrăşcanu, dem akribischen Kritiker mit großem intellektuellem Horizont, ihren Teil zur gegenseitigen Entfremdung beigetragen haben.
Anfang 1948 erreichte der Konflikt sein entscheidendes Stadium. Die letzte Erwähnung Pătrăşcanus in der Presse - abgesehen von jenen, in denen er als "Volksfeind" denunziert wird - findet sich am 14. Februar, eine Woche vor Beginn des Parteitages. Auf diesem schien er bereits nicht mehr unter den Delegierten auf und wurde auch nicht in das neue Zentralkomitee gewählt. Um den 10. Juni tauchten vom Zentralkomitee lancierte Beschuldigungen auf, in denen ihm eine Unzahl von Verbrechen vorgeworfen wurde, im besonderen "Verleugnung des Klassenkampfes" und "Kollaboration mit der Bourgeoisie" (womöglich Anspielungen auf seine Bereitschaft, mit demokratischen Elementen in der Nationalen Bauernpartei und der Nationalliberalen Partei zusammenzuarbeiten), die Förderung eines Bündnisses der Arbeiterklasse mit der "gesamten Bauernschaft" (ein Hinweis, daß er sich möglicherweise der Kollektivierung der Landwirtschaft widersetzte) und "Chauvinismus" (vermutlich eine Bezugnahme auf seine Konzeption eines Sozialismus im nationalen Rahmen und seine Haltung in der Transsilvanienfrage).[26]

Diese Anschuldigungen waren von Gheorghiu-Dej und seinen Verbündeten zur endgültigen Ausschaltung eines gefährlichen Widersachers frei erfunden worden. Sie bereiteten ihren Schlag gegen Pătrăşcanu im geheimen vor, und letzterer war sich vermutlich gar nicht bewußt, wie gefährlich die Situation für ihn geworden war.

Eine abschließende Frage bleibt: Warum hat Gheorghiu-Dej die Exekution Pătrăşcanus erst 1954, nach sechs Jahren Haft, angeordnet? Vielleicht hatte Gheorghiu-Dej nach dem Tode Stalins 1953 und mit Einsetzen der Entstalinisierung Angst bekommen, daß ihn ein rehabilitierter Pătrăşcanu ersetzen könnte. Nun ist es durchaus zweifelhaft, daß dieser eine ernsthafte Bedrohung für Gheorghiu-Dejs Position in der Partei bedeutet hätte, denn knapp zwei Jahre zuvor hatte er sich mit Zustimmung Moskaus der organisierten Opposition des alten "Moskowiter"-Flügels um Anna Pauker entledigt. Nichtsdestotrotz könnte er in Pătrăşcanu noch immer einen möglichen Kristallisationspunkt zur Sammlung der aus der fortgesetzten Unzufriedenheit mit seinem brutalen und rigid sozialistischen Kurs herrührenden Opposition gesehen haben.

Die zweite Verurteilung Pătrăşcanus wurde dann schnell durchgeführt. Nach Folterungen von Zeugen und dem Angeklagten fand vom 6. bis 13. April 1954 der Prozeß statt; die Exekution folgte am 16. April. Womöglich war dies Gheorghiu-Dejs Art, seine Partei und sogar Moskau zu warnen, daß er in der Verfolgung seiner Vision eines sozialistischen Rumäniens keine Einmischung dulden werde.[27]

Anmerkungen

1) Die reichhaltigsten Informationen über Pătrăşcanus Leben finden sich noch immer in einem Interview, das er 1945 gegeben hat: Ion Biberi, De vorba cu Lucreţiu Pătrăşcanu. Magazin Istoric, Bd. 2, Nr. 5 (1968), S. 29-34. Das Interview wurde erstmals publiziert in: Ion Biberi's Lumea de miine. Bukarest 1946.
2) Lucreţiu Pătrăşcanu 1931, deputat in parlament. Magazin Istoric, Bd. 2, Nr. 5 (1958), S. 27.
3) Lucreţiu Pătrăşcanu, Cine sint tradatorii. In: Lucreţiu Pătrăşcanu, Texte social-politice 1921 - 1938. Bukarest 1975, S. 211. Der Artikel wurde ursprünglich veröffentlicht in: Manifest, 30 November 1935.
4) Mircea Musat und Ion Ardeleanu, Romania dupa Marea Unire, Bd. 2, Teil 2, Bukarest 1988, S. 1433.
5) Über diese Fragen gibt es ausführliche Literatur. Zur Einführung bestens geeignet: Z. Ornea, Traditionalism si modernitate in deceniul al treilea. Bukarest 1980, S. 301-468; Keith Hitchins, Gindirea: Nationalism in a Spiritual Guise. In: Kenneth Jowitt (Hg.), Social Change in Romania, 1860 - 1940. Berkeley 1978, S. 140-173.
6) Reforma agrara in Romania Mare si urmarile ei. In: Lucreţiu Pătrăşcanu, Studii economice si social-politice, 1925 - 1945. Bukarest 1978, S. 9-129.
7) Die ökonomische und soziale Entwicklung behandelt er in: ders., Un veac de framintari sociale, 1821 - 1907 (geschrieben 1933, Bukarest 1945; 19472; 19693) und in: Problemele de baza ale Romaniei. Bukarest 1944, das sich vornehmlich mit der Zwischenkriegszeit beschäftigt. Das politische Leben analysierte er zwischen 1938 und 1941 in: Sub trei dictaturi (Bukarest 1944; 19705; in französischer Übersetzung: Sous trois dictatures. Paris 1946) und intellektuelle Strömungen des späten 19. und des 20. Jahrhunderts in: Curente si tendinte in filozofia romaneasca (Bukarest 1946; 19704).
8) Z. Ornea, Lucreţiu Pătrăşcanu si geneza Romaniei moderne. Lupta de clasa, Bd. 50, Nr. 1 (1970), S. 54-60. Siehe auch Damian Hurezeanu, Lucreţiu Pătrăşcanu si fenomenul istoric romanesc (1821 - 1944). Revista de Istorie, Bd. 28, Nr. 10 (1975), S. 1479-1504.
9) Pătrăşcanu, Problemele de baza, S. 27-42, 60-61, 97-98.
10) Pătrăşcanu, Veac, 1947, S. 24.
11) Biberi, De vorba, S. 34.
12) Pătrăşcanu, Veac, S. 278-287.
13) Lucreţiu Pătrăşcanu, Reforma agrara. In: ders., Scrieri, articole, cuvintari 1944 - 1947. Bukarest 1983, S. 44-46. Erstmals publiziert in der Arbeit eines Autorenkollektivs; Democratizarea aematei. Bukarest 1945.
14) Lucreţiu Pătrăşcanu, Legea criminalilor de razboi si legea epuratiei aparatului de stat. In: Pătrăşcanu, Scrieri, S. 69-82.
15) Pătrăşcanu, Scrieri, S. 202-203: Rede, gehalten vor Fabriksarbeitern in Bukarest am 27. November 1947. Ursprünglich veröffentlicht in Lucreţiu Pătrăşcanu, Spre o justitie populara. Bukarest 1948.
16) Ebd., S. 217-218, 221-223: Parlamentsrede, 28. November 1947.
17) Lucreţiu Pătrăşcanu, Democratie si nationalism. In: Ministerul Educatiei Nationale, Pentru democratizarea invatamintului. Bukarest 1946, S. 175-176, 180-181.
18) Pătrăşcanu, Scrieri, S. 119-129.

19) Kenneth Jowitt, Revolutionary Breakthroughs and National Development. The Case of Romania, 1944 - 1965. Berkeley 1971, S. 76-78.
20) Jowitt, Breaktroughs, S. 145-146.
21) 23. August 1944. Documente, Bd. 3, Bukarest 1985, S. 460-461: Bericht von Burton Berry, dem amerikanischen Vertreter in Rumänien, an das Department of State, 15. Jänner 1945.
22) 23. August 1944. Documente, Bd. 3, S. 44, 57: Protokolle des rumänischen Ministerrates vom 15./16. September 1944.
23) Pătrășcanu, Scrieri, S. 40: Radiorede vom 3. April 1945.
24) Pătrășcanu, Scrieri, S. 93: Artikel in Scinteia, 18. Juni 1945.
25) 23. August 1944. Documente, Bd. 3, S. 73: Protokolle des rumänischen Ministerrates 15./16. September 1944.
26) Victor Frunza, Istoria Stalinismului in Romania. Bukarest 1990, S. 361-362.
27) Frunza, Istoria, S. 408-409; Jowitt, Breakthroughs, S. 127.

Hermann Weber

Politische Säuberungen und die Vorbereitung eines Schauprozesses in der DDR 1948 bis 1956

Bei der Untersuchung von Säuberungen in der DDR ist zu berücksichtigen, daß dieser Staat gegenüber anderen kommunistisch regierten Ländern Osteuropas zwei Besonderheiten aufwies: erstens handelte es sich bis zur Gründung der DDR im Oktober 1949 um ein Besatzungsregime, in dem formell wie faktisch die Siegermacht Sowjetunion kommandierte, zweitens existierte die DDR dann nur als ein Teilstaat, der immer auf den größeren, reicheren und demokratischen Teilstaat Bundesrepublik Deutschland fixiert war. Beide Spezifika blieben auch auf die Säuberungen nicht ohne Auswirkung.

Nach der Niederlage des Hitler-Regimes bestimmten in Deutschland 1945 allein die Alliierten. In allen vier Okkupationszonen (zuerst in der Sowjetischen Besatzungszone) wurden die traditionellen Parteien wieder zugelassen (SPD, KPD, Liberale (LDP) und als neue Sammelbewegung die christdemokratische CDU). Während sich die westlichen Besatzungsbehörden allmählich aus der deutschen Politik zurückzogen, übte die Sowjetische Militäradministration (SMAD) ihre volle Macht bis zur DDR-Gründung 1949 aus (sie verfügte z. B. noch Ende 1947 die Absetzung der Ostberliner CDU-Führung unter Jakob Kaiser).

Aus Gegensätzen im Kalten Krieg resultierte 1947/48 die Einbeziehung der deutschen Besatzungsgebiete in das westliche bzw. östliche Lager, damit die Spaltung Deutschlands und schließlich die Übertragung der jeweiligen Systeme. Der Ostzone wurde von der SMAD nicht nur die zentral gesteuerte Staatswirtschaft, sondern auch das politische Regime der stalinistischen Diktatur aufgezwungen, ohne daß die Bevölkerung je die Möglichkeit erhielt, darüber zu befinden.

So wurde schon vor der Gründung des Staates DDR der Stalinismus schrittweise in diesem Teil Deutschlands eingeführt. Auch dort bedeutete Stalinismus zweierlei: Im weiteren, allgemeinen Sinne ein gesellschaftspolitisches System hierarchischer Diktatur der SED, das bis 1989 existierte, sowie im engeren, speziellen Sinne Personenkult und Repressalien, also das hier zu behandelnde Thema.

Stalinismus

In der weiteren Bedeutung heißt Stalinismus Diktatur der allmächtigen Führung der kommunistischen Partei, Herrschaft der Apparate, der hierarchisch organisierten Bürokratie. Auf der Basis einschneidender Veränderungen (Staatseigentum an Produktionsmitteln, Planwirtschaft, Rätesystem) errang die Kommunistische Partei die Macht. Im Stalinismus herrschten Führung und Apparat (d. h. die hauptamtlichen Angestellten in Partei, Verwaltung, Wirtschaft, Massenorganisationen und im Bereich der Kommunikation, das Offizierskorps der Armee und die Geheimpolizei) als politisch und materiell privilegierte Oberschicht. Kern des Stalinismus war die kommunistische Einparteienherrschaft; durch völlige Ausschaltung der innerparteilichen Demokratie geriet die gesellschaftliche und politische Entscheidungsgewalt allein in die Hände der hierarchisch strukturierten Parteispitze.

Die Kommunistische Partei war Hegemonialpartei (d. h. Vorherrschafts- und Führungsorgan), die das Machtmonopol besaß. Hegemonialpartei bedeutete, daß die kommunistische Parteiführung unumschränkt das politische System bestimmte. Nach der Machterringung verfolgte sie mit stetig wachsendem Absolutheitsanspruch primär die Sicherung ihrer Hegemonie. Sie duldete keine Teilung der Macht und erst recht nicht ihre legale Ablösung, unterdrückte pluralistische Tendenzen und ließ auch keinerlei Ansätze innerparteilicher Demokratie zu. Somit übte sie ihre Gewalt als Führungsorgan nicht nur im Staat, sondern ebenso im gesamten öffentlichen Leben aus (ja sie versuchte sogar, das persönliche Leben der Bürger und Bürgerinnen zu dirigieren). Die kommunistische Hegemonialpartei hatte also eine allumfassende, diktatorische Herrschaft mit Absolutheitsanspruch für sich errichtet.

Der Stalinismus, der als gesellschaftspolitisches System in der Sowjetunion entstanden war, bedeutete historisch die Diktatur der KPdSU Stalins. Der Rückfall des Kommunismus in das "Mittelalter" des Stalinismus hatte mannigfache Ursachen, beruhte teilweise auf objektiven Gegebenheiten (Rückständigkeit Rußlands, mangelnde demokratische Tradition, Isolierung). Dennoch war der Stalinismus keine "geschichtliche Notwendigkeit". Obwohl das revolutionäre Sowjetsystem schon am Ende der Lenin-Ära zum Polizeistaat zu erstarren begann, war die Entwicklung hin zum Stalinismus keineswegs zwangsläufig oder gar unvermeidlich. Dann hätte es in den Jahren der großen Säuberung 1936 bis 1938 für Stalin ja kaum Anlaß gegeben, seine Gegner - die ganze alte Garde des Bolschewismus, fast alle Kampfgefährten Lenins - liquidieren zu lassen.

Insbesondere mit den Säuberungen der dreißiger Jahre bildeten sich die beiden krassen Merkmale des Stalinismus im engeren, speziellen Sinne heraus. Erstes Merkmal war die Willkürherrschaft, gekennzeichnet durch völlige Rechtsunsicherheit: Die despotische Gewalt war in der Realität weder durch Institutionen beschränkt noch von unten kontrollierbar. Als wesentliche Herrschaftsinstrumente dienten die Geheimpolizei und blutige "Säuberungen". Zweitens gehörte zum Absolutismus Stalins ein byzantinistischer Kult um seine Person, der seine Übermacht widerspiegelte. Dieser Stalin-

Kult wurde untermauert von einer dogmatisierten Ideologie, dem "Marxismus-Leninismus".

Stalinismus in der DDR

Stalinismus im allgemeinen wie im speziellen Sinne wurde nach 1945 auf die osteuropäischen Länder und somit auch auf die Sowjetische Besatzungszone (SBZ) bzw. die DDR - die ja zunächst abhängiges Besatzungsgebiet war - übertragen. Erst nach Stalins Tod, insbesondere seit dem XX. Parteitag der KPdSU 1956 begannen kommunistische Parteien schrittweise und mehr oder weniger intensiv, durch eine "Entstalinisierung" sowohl den Personenkult als auch die Willkürherrschaft, also den speziellen Stalinismus, zu überwinden.

Weitgehend unberührt davon blieb indes die Grundlage des Terrorregimes, die Machtkonzentration bei der Hegemonialpartei. Die entscheidenden Merkmale des gesellschaftspolitischen Systems des Stalinismus bestanden weiter: das ideologische Dogma, "die Partei hat immer recht"; die Organisationsstruktur des hierarchischen demokratischen Zentralismus; das System der "Nomenklatur", der Kaderpolitik; das Erziehungs-, Informations- und Organisationsmonopol von Partei und Staat. Trotz erkennbarer Modernisierungsansätze selbst in diesen Bereichen blieb so der Stalinismus (oder Neostalinismus) auch in der DDR unangetastet.

Repressalien waren diesem System immanent; sie sind keineswegs etwa als "Betriebsunfälle" zu verharmlosen. Die Ideologie des Stalinismus brauchte stets ein Feindbild, ständig mußten "Feinde" aufgespürt und verfolgt werden. Einschüchterung und Angst gehörten als elementare Methoden (neben materiellen Privilegien) zur Disziplinierung von Anhängern und Funktionären. Damit wuchs den politischen Säuberungen eine zentrale Bedeutung zu. Sie sollten das Parteiensystem der SBZ/DDR verändern, vor allem aber die SED entsprechend den stalinistischen Vorstellungen zur Hegemonialpartei umformen.

Frühe Verfolgungen

Mit der Zulassung des traditionellen deutschen Parteiensystems durch die SMAD 1945 schien dort zunächst politischer Pluralismus möglich. Doch schon im April 1946 gelang es der Kommunistischen Partei mit maßgeblicher Unterstützung der sowjetischen Besatzung, die Sozialdemokratie in die "Sozialistische Einheitspartei", die SED, einzuschmelzen. Aus dieser Zwangsvereinigung ergaben sich bereits erste politische Säuberungen, ihnen fielen sozialdemokratische Gegner des Zusammenschlusses zum Opfer. Zu diesem Zeitpunkt verfügten die sowjetischen Besatzungsbehörden dort über die absolute Macht, niemand konnte sie von der Verhaftung mißliebiger politischer Opponentinnen und Opponenten abhalten. Außerdem entschied die Militäradministration über Funktionäre und Führer der von ihr lizensierten Parteien. Die Spitze der CDU (Andreas Hermes und Walther Schreiber) wurden von den Sowjets schon Ende 1945 abgesetzt, in der Folgezeit sowohl CDU als auch LDP gesäubert und Sozialdemokraten verfolgt. Auf diese Weise wurden die bürgerlichen Parteien von eigenständigen Organisationen zu Blockparteien transformiert. Der Schauprozeß gegen den Sozialdemokraten Willi Brundert und den Christdemokraten Leo Herwegen im April 1950 war ein deutliches Indiz für solche Säuberungen.

Zunächst wurden diese Säuberungen noch verknüpft mit der Entnazifizierung, in deren Verlauf zehntausende Verhaftungen erfolgten. Nach der Wende in der DDR bestätigte sich 1990, daß von den Internierten in den Lagern der sowjetischen Geheimpolizei ab 1945 nur ein geringer Teil NS-Verbrecher waren. Es gerieten ebenso willkürlich Verhaftete, Sozialdemokraten und Demokraten, ja selbst Kommunisten in die zu Internierungslagern umfunktionierten ehemaligen Nazi-Konzentrationslager. Dabei kamen von 122.000 Inhaftierten über 43.000 ums Leben (darunter 756 zum Tode Verurteilte).[1] Einer von ihnen ist der Sozialdemokrat Karl Heinrich, vor 1933 Leiter einer Polizeiinspektion in Berlin. Von den Nazis 1936 verhaftet, wurde der Widerstandskämpfer zu sieben Jahren Zuchthaus verurteilt. Nach der Befreiung 1945 setzten ihn die Sowjets als Leiter der Berliner Schutzpolizei ein, doch verhafteten sie ihn schon am 2. August 1945. Karl Heinrich starb am 3. November 1945 an Entkräftung im Lager Hohenschönhausen.

Sozialdemokratische Opfer

Seit der Stalinisierung der SED 1947/48 betrafen die Säuberungen in erster Linie ehemalige Sozialdemokraten in der SED. Das verdeutlicht die Ausschaltung (teilweise auch die Verhaftung oder Flucht in die Bundesrepublik) der Mehrheit der Sozialdemokraten in der damaligen Führungsspitze der SED. Von 1946 bis 1948 waren alle Funktionen "paritätisch" mit früheren Kommunisten und Sozialdemokraten besetzt. Von den 40 ehemaligen SPD-Mitgliedern im ersten Parteivorstand der SED von 1946 waren die meisten einige Jahre später aus ihrer Funktion verdrängt. Fünf von ihnen wurden verhaftet (Max Fechner, Max Fank, Paul Szillat, Stanislaw Trabalski und Willi Jesse - letzterer schon wenige Wochen nach der Vereinigung), neun weitere Spitzenfunktionäre wurden ausgeschlossen und flüchteten in den Westen. Im März 1949 kamen von den Mitarbeitern des Zentralsekretariats nur noch zehn Prozent aus der Sozialdemokratie. Und schon im ersten Politbüro von 1949 gab es keine Parität mehr; neben vier Kommunisten saßen nur noch drei Sozialdemokraten (Grotewohl, Ebert, Lehmann). Der III. SED-Parteitag 1950 entsandte nur noch zwei Sozialdemokraten (Grotewohl und Ebert) neben sieben Kommunisten ins Politbüro.

Unter der Losung "Kampf gegen den Sozialdemokratismus" wurden ab 1948 frühere Sozialdemokraten in der DDR von den stalinistischen Repressalien erfaßt. Die SED schloß von September 1948 bis Jänner 1949 400 sogenannte Agenten des Ostbüros der SPD aus der SED aus und ließ sie verhaften. Bei der Parteiüberprüfung 1950/51 folgte der Ausschluß weiterer 150.000 Mitglieder, zu einem Großteil Sozialdemokraten, aus der SED.

Die Sozialdemokraten - einerlei, ob 1946 mit Zwang in die neue Partei überführt, ob beigetreten, weil keine Alternative mehr bestand, oder ob gar im Glauben an die "notwendige Einheit" freiwillig in die SED gekommen - waren in der SBZ und später in der DDR ohne politische Heimat. Sie mußten sich entweder anpassen und zu Kommunisten wandeln oder vor dem stalinistischen Terror ab 1948 flüchten, oder sie gerieten gar in die Zuchthäuser des SED-Staates und in die Lager der Sowjetunion. Die DDR selbst gab am 21. Juni 1956 offiziell bekannt, daß im Rahmen einer Amnestie "691 Personen, die früher oder jetzt der SPD angehörten", aus den Haftanstalten entlassen worden seien.[2] Tatsächlich saßen aber Tausende Sozialdemokraten als politische Häftlinge in den Zuchthäusern der DDR.

Der Kurt-Schumacher-Kreis hat registriert, daß in der SBZ/DDR 20.000 ehemalige Sozialdemokraten ihren Arbeitsplatz verloren, 100.000 in den Westen flüchten mußten und 5.000 Sozialdemokraten von ostdeutschen oder sowjetischen Gerichten verurteilt wurden; 400 von ihnen starben in der Haft. Das Schicksal der Sozialdemokraten in der DDR demonstriert auch der Weg der drei ehemaligen Vorsitzenden des Zentralausschusses der SPD von 1945: während Otto Grotewohl 1949 zum Ministerpräsidenten der DDR aufstieg, mußte Erich W. Gniffke bereits 1948 nach Westdeutschland flüchten, und Max Fechner wurde 1953 in der DDR sogar verhaftet.

Verfolgung von Kommunisten

Wie für alle stalinistischen Säuberungen typisch, griffen diese sehr rasch auch auf die Kommunisten selber über. Vor allem frühere "Abweichler" wie Rechtskommunisten der Kommunistischen Partei-Opposition (KPO), "Versöhnler", Linkskommunisten und Mitglieder der ehemaligen Splittergruppen, etwa der Sozialistischen Arbeiterpartei Deutschlands (SAP), wurden ab 1948 und insbesondere 1950/51 Opfer der Säuberungen. So wurde z. B. der ehemalige Vorsitzende (1931/32) der SAP, Max Seydewitz, vom Regierungschef Sachsens zum Leiter der Kunstmuseen Dresdens degradiert und der frühere KPO-Führer Robert Siewert als Innenminister von Sachsen-Anhalt abgesetzt und auf eine untergeordnete Funktion im Ministerium für Bauwesen abgeschoben.

Den ehemaligen preußischen Landtagsabgeordneten Alfred Schmidt, der bereits in der Weimarer Republik über zwei Jahre inhaftiert war und wegen seiner Tätigkeit für die KPO unter Hitler vier Jahre im Zuchthaus saß, schloß die SED 1947 wegen "antisowjetischer Einstellung" aus ihren Reihen aus. Als er danach am 6. Juli 1948 von sowjetischer Militärpolizei verhaftet wurde, verurteilte ihn ein sowjetisches Militärtribunal in Weimar im Dezember 1948 wegen "antisowjetischer Propaganda" zum Tode. Das Urteil wurde später in 25 Jahre Arbeitslager umgewandelt und Schmidt zur Verbüßung in die Strafanstalt Bautzen eingeliefert. Sein "Verbrechen" bestand darin, daß er seine oppositionell-kommunistischen Vorstellungen offen vertrat. Als Kommunist lehnte er die sowjetische Besatzungspolitik und die Haltung der SED ab. Das sowjetische Tribunal bestrafte ihn härter, als er je für seine kommunistische Tätigkeit während der Weimarer Republik und selbst von der Hitler-Justiz belangt worden war. Nachdem er mehr als acht Jahre seiner Haft in Bautzen verbüßt hatte, wurde Alfred Schmidt im Juli 1956 entlassen. [3]

Die Säuberungen richteten sich außerdem gegen "Westemigranten"; die meisten von ihnen verloren damals ihre Funktionen, manche wurden zeitweilig inhaftiert. Ein entsprechender "Befehl Nr. 2/1949" des Präsidenten der deutschen Verwaltung des Innern des SBZ vom 14. Jänner 1949, der für den Staat galt, wurde im Oktober 1949 auf die SED übertragen, sodaß auch hier die ehemaligen Westemigranten bedroht wurden. [4]

Die Parteisäuberungen wurden immer von höchster Ebene eingeleitet. So belegen z. B. handschriftliche Notizen aus dem Nachlaß von Wilhelm Pieck (damals Präsident der DDR und Vorsitzender der SED) über eine Besprechung vom 3. Juli 1950 mit der Spitze der Sowjetischen Kontrollkommission in Deutschland (Tschuikow, Semjonow, Semitschjastnow), daß "Untersuchungen über parteifeindliche Elemente" behandelt wurden. Dabei sollten sowohl an "Staatssicherheit Zaisser" als auch an "PKK Matern" "Direktiven" ergehen, also das Ministerium für Staatssicherheit und die Parteikontrollkommission eingeschaltet werden.[5] Folgerichtig war dann im Arbeitsplan der SED für September/Oktober 1950, den Walter Ulbricht am 7. September 1950 an Wilhelm Pieck schickte, nicht nur über "Die Durchführung von Prozessen gegen die Agenten des angloamerikanischen Geheimdienstes, die Wahlen und den friedlichen Aufbau in der Deutschen Demokratischen Republik verhindern wollen", sondern auch über die Aufgabe der "sorgfältigen Aufdeckung der feindlichen illegalen Gruppen innerhalb der SED (insbesondere der Trotzkisten)" zu lesen. [6]

Säuberung in der Führung

Bei dieser "Agentensuche" mußten die Säuberungen auch auf die Führungsspitze der SED selbst übergreifen, mußte jede Auseinandersetzung im Politbüro eine Säuberung zur Folge haben. Dies geschah tatsächlich in den Jahren 1950, 1952/53 und 1956/57.

Paul Merker, seit den zwanziger Jahren führender Kommunist und Mitglied des ersten Politbüros des SED, wurde auf dem III. Parteitag 1950 nicht wiedergewählt. Im August 1950 beschloß das ZK der SED, ihn gemeinsam mit Leo Bauer, Willi Kreikemeyer, Lex Ende und anderen Altkommunisten auszustoßen. Das ZK bezichtigte sie der Verbindung mit dem angeblichen US-Agenten Noel H. Field, dessen Person im Budapester Schauprozeß gegen führende ungarische Kommunisten 1949 eine zentrale Rolle gespielt hatte (später wurden diese Anklagen als Fälschung enthüllt). Kreikemeyer - er kam im Gefängnis der DDR-Staatssicherheit ums Leben - und Bauer wurden sofort verhaftet, die meisten anderen Ausgeschlossenen 1952, nach dem Prozeß gegen Slánský und andere führende Kommunisten der Tschechoslowakei. In dieser Periode wollte die SED-Führung die Einheit und Zentralisierung der Partei außer durch ständige ideologische Indoktrination vor allem durch Einschüchterung und Bedrohung "festigen", letztlich eine Disziplinierung der Funktionäre erreichen.

Hier läßt sich eine direkte Linie von den Säuberungen unter den deutschen Kommunisten während der Stalinschen Verfolgungen in den dreißiger Jahren bis zu erneuten Repressalien in den fünfziger Jahren ziehen. Über die KPD-Opfer der Stalinschen Säuberungen während der dreißiger Jahre wird seit 1988 intensiver diskutiert,[7] und inzwischen liegen auch Untersuchungen vor.[8] In die Stalinschen Moskauer Säuberungen gerieten während der dreißiger Jahre auch Tausende deutscher Emigranten. Von den vor Hitler in die Sowjetunion geflüchteten oder von der Führung dorthin "abkommandierten" KPD-Funktionären wurden 60 Prozent nach 1936 verhaftet, ermordet oder sogar nach Deutschland, an die Gestapo, ausgeliefert. In der Sowjetunion Stalins wurden mehr Spitzenführer der KPD (Mitglieder und Kandidaten des Politbüros der Weimarer Republik) ermordet als in Hitler-Deutschland.

Nach dem Slánský-Prozeß 1952 in Prag hatte die SED-Führung u. a. darauf verwiesen, daß "feindliche Agenturen" auch "in der Emigration in der Sowjetunion" tätig gewesen seien. Sie verurteilte "solche Verräter wie Remmele, Neumann, Schubert, Schulte und andere" und teilte mit, diese "Verrätergruppen" seien "zerschlagen und die Reihen der kommunistischen Emigration weitgehend gesäubert" worden.[9] Solche Aussagen waren keineswegs erstaunlich, schließlich gehörten die SED-Führer Ulbricht und Pieck dem ZK der KPD an, das seinerzeit jeden Schauprozeß der Sowjetunion "begrüßt" und beispielsweise zum ersten Schauprozeß 1937 in einer Resolution erklärt hatte:

"Die Kommunistische Partei Deutschlands vereint ihre Stimme mit der Forderung des von Empörung und Zorn erfüllten 170-Millionenvolkes der Sowjetunion auf schonungslose Ausrottung des menschlichen Abschaums der trotzkistisch-sinowjewistischen Mörderbande. Das vom Sowjetgericht gefällte Todesurteil und seine Vollstreckung ist die verdiente Strafe für die unerhörten Verbrechen dieser Banditen. Es gilt, alle noch vorhandenen Überreste des Gesindels unschädlich zu machen. Alle Werktätigen der Welt müssen erkennen, daß der Trotzkismus ein Feind der Arbeiterklasse ist ... Unter den im Moskauer Gerichtsprozeß entlarvten Mordbanditen befinden sich auch Leute, denen es infolge unserer absolut ungenügenden Wachsamkeit gelungen ist, sich in die Reihen der Kommunistischen Partei Deutschlands einzuschleichen und die es verstanden, die Partei über ihre konterrevolutionäre Tätigkeit zu täuschen. Einer davon, der abgefeimte trotzkistische Schurke Fritz David, der nach seinem ins einzelne gehenden Geständnis im persönlichen Auftrag Trotzkis die Ermordung des uns teuersten Menschen, unseres großen Lehrers und Führers, des Genossen Stalin, während seiner Anwesenheit auf dem VII. Weltkongreß der Kommunistischen Internationale durchführen wollte, gelang es sogar, sich das Vertrauen führender Genossen der KPD zu erschleichen, um unter dieser Deckung seine Mordtat ausführen zu können."[10]

Auch nach dem Schauprozeß von 1937 unterstützte das "ZK der KPD" die Stalinschen Verbrechen mit infamsten Bekenntnissen:

"Wir werden alles tun, um dieses Gesindel aus der Arbeiterbewegung völlig auszurotten. Ohne die Vernichtung des Trotzkismus ist der Sieg über den Faschismus nicht möglich. Wir bringen unsere engste, brüderlichste Verbundenheit mit dem großen Sowjetvolk und seiner bolschewistischen Führung der Partei, Lenins und Stalins, mit dem Rufe zum Ausdruck: Es lebe der große Führer, Lehrer und Freund des gesamten werktätigen Volkes! Es lebe unser Stalin!"[11]

Schließlich scheute sich die Führung der SED auch nicht, die Stalinschen Säuberungen in Zusammenhang mit ihren Maßnahmen gegen Paul Merker sowie Franz Dahlem zu stellen. Die SED konstatierte im Mai 1953:

"Aber erst nach den Enthüllungen in den Prozessen gegen Rajk und Kostoff Ende 1949, besonders über die Tätigkeit des amerikanischen Agenten Noel H. Field, begann die Partei nach dem III. Parteitag ernsthaft mit der Aufdeckung der Agententätigkeit in Deutschland. In der Entschließung des Zentralkomitees vom 24. August 1950 hieß es selbstkritisch: 'Bis zum III. Parteitag waren in der Parteiführung versöhnlerische Tendenzen gegenüber solchen Parteifunktionären vorhanden, die in der Vergangenheit ernsthafte Fehler begangen hatten.' (Dokumente der Sozialistischen Einheitspartei Deutschlands, Bd. III, Dietz Verlag, Berlin 1952, S. 212). Durch die gleiche Entschließung wurde eine Gruppe von Agenten mit Merker an der Spitze aus der Partei ausgeschlossen und eine Anzahl Genossen ihrer Funktionen enthoben. In dieser Entschließung wurde bereits damals, im Jahre 1950, das kapitulantenhafte Verhalten der Pariser Emigrationsleitung festgestellt und als amerikanische Politik gekennzeichnet. Gleichzeitig wurde in diesem Dokument die Agententätigkeit des Noel H. Field und seiner Agentinnen aufgedeckt."[12]

Die Säuberungen in der DDR standen einerseits in der Traditionslinie der Stalinschen Verfolgungen deutscher emigrierter Kommunisten in den dreißiger Jahren, andererseits beeinflußten die Schauprozesse in anderen kommunistisch regierten Ländern die SED. So hatten die Säuberungen nach dem Prager Slánský-Prozeß in der DDR auch stark antisemitische Züge.

Säuberungen nach Stalins Tod

Nach dem Aufstand vom 17. Juni 1953 wurden nicht nur dessen Streikführer verfolgt. In der SED selbst hatte der Aufstand vom 17. Juni, der Ulbricht eigentlich stürzen sollte, die Position des SED-Generalsekretärs gestärkt. Da die sowjetische Führung nun vor Experimenten zurückschreckte, wurde nicht Ulbricht, sondern seine Gegner Zaisser und Herrnstadt aus dem Politbüro ausgeschlossen. Nachdem es Ulbricht bereits im Mai 1953 gelungen war, seinen stärksten Widersacher Franz Dahlem aller Funktionen zu entheben, verdrängte die 15. ZK-Tagung im Juli 1953 auch Zaisser und Herrnstadt aus ihren Positionen. Im Januar 1954 schloß das ZK beide dann auch aus der Partei aus und entfernte Ackermann, Jendretzky und Elli Schmidt aus dem ZK.

Die Konflikte betrafen nicht nur die politische Linie der SED, sie spiegelten zugleich Gegensätze in der sowjetischen Führung wider (Innenminister Berija, der Zaisser unterstützt hatte, wurde Ende Juni 1953 abgesetzt, im Dezember erschossen). Das jetzt erstmals gedruckt vorliegende "Herrnstadt-Dokument"[13] gestattet neue Einblicke in diese Säuberung. Eine umfassende Reinigung des gesamten Parteiapparates erfolgte in den auf den ZK-Beschluß folgenden Monaten: Von den 1952 gewählten Mitgliedern der SED-Bezirksleitungen schieden bis 1954 60 Prozent aus, von den 1. und 2. Kreissekretären sogar über 70 Prozent.

Noch nach Stalins Tod und den Anfängen der "Entstalinisierung" 1956 gab es eine Säuberung. Die Krise des Systems reflektierte - wie schon früher - die Auseinandersetzungen in der SED-Führungsspitze. Wie bereits 1949 gegen die Gruppe um Paul Merker und 1953 gegen die Opposition von Zaisser und Herrnstadt konnte sich Ulbricht 1957 abermals mithilfe der Sowjetunion (Chruschtschow wagte nach dem ungarischen Aufstand keine Experimente mehr) mit seinem harten Kurs durchsetzen. Einige Mitglieder in der SED-Führung um Karl Schirdewan (Mitglied des Politbüros und Sekretär des ZK für Kaderfragen, nach Ulbricht 1956 der "zweite Mann in der Partei"), Ernst Wollweber (Minister für Staatssicherheit) und Gerhart Ziller (Sekretär des ZK für Wirtschaft) verlangten, den Kurs der Entstalinisierung fortzusetzen. Die "Gruppe" Schirdewan trat "für eine Verlangsamung des Tempos des sozialistischen Aufbaus" ein, sie war zu Zugeständnissen bereit, um der Entspannung auch in Deutschland den Weg zu ebnen. Fred Oelßner

(Mitglied des Politbüros und "Chefideologe" der Partei) und Fritz Selbmann (Stellvertreter des Ministerpräsidenten) unterstützten diese Opposition, weil sie Ulbrichts Wirtschaftspolitik für falsch hielten. Ulbricht blieb unnachgiebig, für ihn war die "wichtigste Lehre, die wir aus den ungarischen Ereignissen ziehen müssen: es gibt keinen dritten Weg".

Die 30. Tagung des ZK der SED (30. Jänner bis 1. Februar 1957) erklärte die Entscheidung der DDR, fester Bestandteil des "sozialistischen Lagers" zu sein, für unwiderruflich, Reformen wurden abgelehnt. Damit war Schirdewans Position entscheidend geschwächt. Nachdem auf einer kommunistischen Weltkonferenz Mitte November 1957 die dogmatischen Kräfte gesiegt und den "Revisionismus" zum "Hauptfeind" deklariert hatten, gelang es Ulbricht, seine innerparteilichen Gegner auszuschalten.

Die 35. ZK-Sitzung im Februar 1958 verurteilte die Schirdewan-Opposition, Schirdewan und Wollweber wurden aus dem ZK ausgeschlossen, Oelßner aus dem Politbüro entfernt; Ziller hatte im Dezember 1957 Selbstmord begangen. Inzwischen liegen auch über diese Ereignisse neue Veröffentlichungen vor.[14] Die SED-Mitgliedschaft, die über die Auseinandersetzungen hinter den Kulissen eineinhalb Jahre lang nichts erfahren hatte, wurde nun aufgefordert, die Schirdewan-Gruppe zu verdammen, ohne deren Position genau zu kennen. Ein Brief des ZK an alle Grundorganisationen, der die "opportunistische Politik der fraktionellen Gruppen Schirdewan, Wollweber und andere" anprangerte, enthüllte gleichzeitig "opportunistische Einstellungen" in der Schul- und Kulturpolitik. Das ZK machte dafür Paul Wandel verantwortlich, der daraufhin seinen Posten als ZK-Sekretär verlor. Schließlich wurden ein Drittel aller hauptamtlichen Funktionäre in den Bezirksleitungen von ihren Posten abgesetzt. Die Säuberungen trafen also keineswegs nur Spitzenführer, sondern Tausende weitere Funktionäre.

Welche schändlichen Methoden angewandt und welches Verhängnis dabei hervorgerufen wurde, sei an einem Beispiel gezeigt. Eine KPD-Funktionärin, die seit 1912 der Arbeiterbewegung angehörte, berichtete:

Die Genossin M. L. von der LKK (Landeskontrollkommission) hat an mich die Forderung gestellt, mich bis zum Montag, 23. 7. 52, von meinem Lebensgefährten H. S. zu trennen und eine Veröffentlichung in die HVZ (Hamburger Volkszeitung, das Organ der KPD) zu bringen, daß H. S. als Agent für das Verfassungsschutzamt tätig sei und ich davon gewußt habe".[15]

In einem Brief an die Zentrale Parteikontrollkommission wies die Funktionärin die Behauptung als erlogen zurück, diese Forderung an sie komme einem "politischen Mord gleich". Da die Landeskontrollkommission sich weigerte, sie überhaupt anzuhören, richtete sie den Hilferuf an die Zentrale Parteikontrollkommission. Diese Kommunistin war in der sowjetischen Emigration zusammen mit ihrem Mann (der im Gulag umkam) verhaftet und nach Nazi-Deutschland ausgewiesen worden, wo sie anschließend wieder inhaftiert gewesen war. 1952 wurde nun von der Parteiführung Druck auf sie ausgeübt, und es zeigte sich, daß selbst im Westen, wo die deutschen Stalinisten nicht über die Staatsmacht verfügten, die Säuberungen persönliche Tragödien verursachten.

Vorbereitung eines Schauprozesses

Auch in der DDR wurden Schauprozesse gegen führende Kommunisten vorbereitet. Gerade dies aber haben die deutschen Kommunisten selbst später immer wieder bestritten. Staats- und Parteichef Erich Honecker behauptete noch im Februar 1989, die SED habe "nie zugelassen, daß bei uns Personenkult und Massenrepressalien auftreten konnten".[16] Sogar ein damals bereits kritischer Schriftsteller wie Stephan Hermlin ließ sich 1989 zu der Bemerkung hinreißen, die DDR habe sich als einziger Staat unter den "Volksdemokratien" den "Anweisungen Berijas widersetzt" und der "mutige Mann" Ulbricht habe Berija nicht nur "Köpfe" verweigert, sondern zu ihm sogar gesagt: "Fahren sie nach Hause!"[17] Hermlin nahm damit eine von Ulbricht selbst nach 1956 kolportierte Legende wieder auf. Natürlich hätte Ulbricht, damals einer der devotesten Vasallen Stalins, nicht gewagt, den zweitmächtigsten Mann der Sowjetunion, Berija, "nach Hause zu schicken", sondern hatte ihm zugearbeitet. Die gegenwärtig zugänglichen - noch immer unvollständigen - Quellen beweisen jedoch inzwischen auch, daß Schritt für Schritt ein öffentliches Tribunal gegen führende Kommunisten (in diesem Sinne also ein stalinistischer Schauprozeß) vorbereitet wurde. Bereits im März 1950 hatte das kurz zuvor in Ost-Berlin geschaffene Ministerium für Staatssicherheit den 2. Vorsitzenden der westdeutschen KPD, Kurt Müller, nach Berlin gelockt und verhaftet. Dort ließ der damalige Staatssekretär des Ministeriums für Staatssicherheit (MfS), Erich Mielke, nichts unversucht, um vom inhaftierten Kurt Müller "Geständnisse" für einen in der DDR beabsichtigten Schauprozeß zu erpressen. Nach seiner Entlassung aus sowjetischer Haft schrieb Müller 1956 darüber in einem Brief an den damaligen DDR-Ministerpräsidenten Otto Grotewohl:[18]

"Was waren nun die 'gewünschten Aussagen'? Das offenbarte sich bereits bei meiner zweiten 'Vernehmung' durch Mielke. Mielke erklärte mir bei dieser 'Vernehmung' ganz offen: 'Sie sind doch ein politischer Mensch und müssen begreifen, daß wir in Deutschland einen großen Prozeß zur Erziehung der Partei und der Massen brauchen. In diesem Prozeß werden Sie der Hauptangeklagte sein.' Er fügte hinzu: 'Wir brauchen einen Prozeß wie den Rajk-Prozeß in Budapest' und erklärte mir, daß dieser Prozeß, zu dem dann Betriebsdelegationen eingeladen werden sollten, unbedingt in acht bis neun Monaten steigen müsse.
Als ich Mielke auf seine dauernden Forderungen nach Aussagen sagte, daß ich unschuldig sei und nicht wisse, was ich aussagen solle, antwortete er: 'Ich verbiete Ihnen, das Wort unschuldig hier noch einmal zu gebrauchen. Sie wissen nicht, was sie

aussagen sollen? Ich habe Ihnen doch das Protokoll des Rajk-Prozesses übergeben lassen. Da wissen Sie doch, was Sie auszusagen haben.' Diese Forderung, eine dem Rajk-Protokoll entsprechende Aussage zu machen, um den Rajk-Prozeß in Berlin zu kopieren, wurde dann im Laufe der 'Vernehmung' von Mielke und anderen ständig wiederholt. Dabei wurden die mannigfaltigsten Methoden des physischen und psychologischen Druckes angewandt.
Der Plan eines Berliner Rajk-Prozesses war von Mielke und seinen Hintermännern von langer Hand vorbereitet! Mielke hat mir zu diesem Zweck, 'damit ich wisse, was ich aussagen soll', tatsächlich das 'Protokoll' dieses großen Budapester Justizverbrechens überreichen lassen. Kurze Zeit vor meiner Verhaftung wurde mir dieses Protokoll, wie sich jetzt ergab, im Auftrage von Mielke von dem Mitarbeiter des ZK der SED Erich Glückauf überreicht. Und zwar eine ungarische Ausgabe in deutscher Sprache (Verlag Stephaneum, Budapest). Dieses Exemplar des Protokolls liegt als Beweismaterial vor. In Deutschland war es noch nicht einmal erschienen ...
Für ihren provokatorischen Plan, die Durchführung eines Schauprozesses in Berlin, wollten Mielke, Erich Scholz und andere mich zu einem Terroristen machen. Ich sollte Terrorakte gegen Stalin vorbereitet haben. Ein Jahr lang hat man das behauptet. Plötzlich aber kam man auf eine neue Version. Mein sowjetischer Untersuchungsoffizier erklärte mir nach diesem Jahr, Stalin darf nicht mehr genannt werden, Sie haben Terrorakte auf Woroschilow und Molotow vorbereitet."

Auf ähnliche Weise wurde der im August 1950 verhaftete Leo Bauer behandelt. Auch er konnte nach seiner Freilassung im Jahre 1956 konkrete Aussagen über den geplanten "deutschen Rajk-Prozeß" machen[19], der für 1951 vorgesehen war. Dieses Tribunal konnte nicht stattfinden, weil die deutschen politischen Häftlinge zu spät "gestanden" hatten.

Vor allem aber war inzwischen die "Funktionsebene" der im Schauprozeß Abzuurteilenden "höher" angesetzt worden. Schließlich sollten nach der Vorbereitung (1951) und der Durchführung (1952) eines Schauprozesses in Prag gegen den Generalsekretär der KPTsch, Slánský, sowie zwei stellvertretende Generalsekretäre und andere hohe Funktionäre auch in der DDR höchste Funktionäre vor Gericht gestellt werden. Aus dem "Herrnstadt-Dokument" geht hervor, daß der damalige "Hohe Kommissar" der UdSSR in Ost-Berlin, Semjonow, im "Winter und Frühjahr 1952/53 in einer Psychose" war, weil die Vorbereitungen des Schauprozesses nicht genügend schnell vorankamen.[20] Konkret wird dort auch der Name von Gerhart Eisler genannt, der als Angeklagter eines Schauprozesses geradezu "prädestiniert" schien: In der alten KPD als "Versöhnler" ein Abweichler, nach 1933 in der Westemigration, war er als Jude und Bruder der verhaßten "Parteifeindin" Ruth Fischer bereits wichtiger Funktionen in der DDR enthoben.

Als Hauptangeklagter des deutschen Schauprozesses war neben dem 1952 verhafteten Paul Merker nun Franz Dahlem, bis 1952 "zweiter Mann" nach Generalsekretär Ulbricht, vorgesehen. Einem erst nach der Wende in der DDR veröffentlichten Teil der Memoiren Dahlems ist zu entnehmen, daß er seit seiner Absetzung im Frühjahr 1953 bereits intern der Zusammenarbeit mit den amerikanischen und französischen Geheimdiensten und "sogar der Verbindung mit der Gestapo bezichtigt" wurde. [21]

Die Tribunale eines Schauprozesses gegen Franz Dahlem, Paul Merker, Gerhart Eisler und andere waren 1953 keineswegs durch die SED-Führung, sondern durch die dem Tod Stalins folgenden Veränderungen in der Sowjetunion verhindert worden. Gefährdet waren außerdem Wilhelm Zaisser und Rudolf Herrnstadt. Sie waren als Gegner Ulbrichts 1953 abgesetzt, aber erst 1954 aus der SED ausgeschlossen worden. Und nach den Ansätzen der Entstalinisierung in der UdSSR schien dann auch in der DDR ein Schauprozeß gegen führende Kommunisten nicht mehr opportun.

Politische Prozesse nach Stalin

Doch politische Säuberungen und Prozesse praktizierte die SED auch nach Stalins Tod, etwa gegen den Altkommunisten Paul Baender, vor allem aber 1957 gegen die Gruppe um Wolfgang Harich. Nach den Enthüllungen Chruschtschows über Stalins Terror auf dem XX. Parteitag der KPdSU häuften sich in den Jahren 1956 und 1957 auch in der DDR die Angriffe auf den Stalinismus und seinen bisherigen Hauptvertreter in der SED, Walter Ulbricht. Es kam unter dem Einfluß der antistalinistischen Revolte in Polen und vor allem der ungarischen Revolution im Herbst 1956 zur Rebellion von Intellektuellen gegen die Apparatherrschaft. Auf viele überzeugte "marxistisch-leninistische" Intellektuelle wirkte die Abkehr von Stalin wie ein Schock, sie suchten nun nach neuen Wegen.

Prominenteste Vertreter des "philosophischen Revisionismus" in der DDR waren Robert Havemann, Wolfgang Harich und insbesondere Ernst Bloch. Wegen massiver Angriffe der SED stellte Bloch 1957 seine Vorlesungen in Leipzig ein und ging 1961 in die Bundesrepublik. Havemann, der spätere Wortführer der Opposition eines demokratischen Kommunismus in der DDR, wurde abgesetzt, desgleichen die Wirtschaftswissenschaftler Fritz Behrens und Arne Benary, der Rechtswissenschaftler Hermann Klenner sowie zahlreiche andere Wissenschaftler. [22]

Mit Gewalt ging das SED-Regime gegen die Opposition des "dritten Weges" vor, in erster Linie gegen die Harich-Gruppe. Deren Motto "Wir wollen auf den Positionen des Marxismus-Leninismus bleiben. Wir wollen aber weg vom Stalinismus" schien der Ulbricht-Führung besonders gefährlich. Im März 1957 wurden Wolfgang Harich, Manfred Hertwig und Bernhard Steinberger, im Juli 1957 Walter Janka, Gustav Just, Richard Wolf und Heinz Zöger zu langjährigen Zuchthausstrafen verurteilt. Erst 1990 sind diese politischen Urteile aufgehoben und die Verfolgten rehabilitiert worden. Die Säuberungen von 1956 und 1957 richteten sich eben nicht nur gegen Spitzenführer um Schirdewan, sondern auch gegen breite oppositionelle Kreise.

Zugleich fanden noch 1958 Geheimprozesse statt, wie aus den erst jetzt veröffentlichten Erinnerungen von Herbert Crüger hervorgeht:
"Der Prozeß fand an fünf Tagen statt, am 20., 22., 23., 29. und 30. Dezember 1958. Der Staatsanwalt versuchte immer wieder, uns als Staatsfeinde und Hochverräter hinzustellen. Vor der Urteilsverkündung hielt der Staatsanwalt sein Plädoyer. Was er sagen würde, war ja vorher klar. Obwohl es keine Beweise, keine Dokumente für seine Anklagepunkte gab. Und fast alle Zeugen hatten nur ausgesagt, daß wir diskutiert hatten. Nicht einmal Erklärungen oder Stellungnahmen hatten wir formuliert. Eine wirkliche Sachaussage gab es nicht und konnte es nicht geben. Alles, was es gab, war ein offener Meinungsaustausch am Mensatisch. Wir wollten uns nur darüber Klarheit verschaffen, was bis zum XX. (KPdSU-)Parteitag geschehen war, und darüber in den Seminarveranstaltungen sprechen ...
Das Urteil fiel so aus, wie (Rechtsanwalt) Wolff es mir prophezeit hatte: Acht Jahre Zuchthaus. Das war mit die höchste Strafe in diesen Prozessen. Abgesehen von den zehn Jahren, die Harich erhalten hatte, wurden die Strafen in dieser Prozeßwelle gegen reformwillige Mitglieder der SED von Janka über Ralf Schröder bis zu uns immer höher. Offensichtlich wurden hier Exempel statuiert, um die Genossen, die sich Gedanken machten über die weitere Entwicklung des Landes, zu warnen." [23]

Das Instrument Säuberung

Die Praxis der Säuberungen in der Sowjetischen Besatzungszone bzw. der DDR ab 1948 zeigte, daß dort ein stalinistisches Regime bestand. Sie dienten besonders in der Phase bis 1958 als ein wichtiges Instrument zur Durchsetzung der Hegemonie der SED in der DDR und zur Disziplinierung der Partei nach innen. Wie in allen kommunistisch regierten Staaten sollten die Säuberungen auch "Sündenböcke" für die Schwächen des Systems liefern, außerdem potentielle Gegner ausschalten.

Welches Ausmaß die politischen Säuberungen in der DDR hatten, läßt sich derzeit noch kaum genau errechnen. Bisherige Übersichten (z. B. bei Beratungen über das Rehabilitierungs-Gesetz der DDR) gingen von 40.000 bis 60.000 Personen aus. Die Zahlen sind mit Sicherheit eine Untergrenze (die von der sowjetischen Besatzungsbehörde Internierten von 1945 bis 1950 sind darin ohnhin nicht enthalten). Auch wenn dies, gemessen an den Millionen Opfern der Stalinschen Säuberungen in der Sowjetunion, einen großen quantitativen Unterschied ausmacht, besteht qualitativ doch kein Unterschied: Die Gründe für die Säuberungen sowie die Muster der Verfolgungen waren im Stalinismus überall im wesentlichen gleich. Der Terror richtete sich gegen bestimmte soziale Gruppen, die als "feindlich" bezeichnet wurden (Bourgeouisie, Großbauern usw.), die politischen Säuberungen trafen Gegner des Systems, Oppositionelle, potentielle Gegner, aber zunehmend auch Funktionäre der kommunistischen Hegemonialpartei. Das für die Säuberungen zuständige Organ, das Ministerium für Staatssicherheit - im allgemeinen direkt der SED unterstellt - hatte die DDR flächendeckend überwacht. Dieser in der SBZ/DDR praktizierte Stalinismus schuf schon früh einen Gegensatz zwischen Führung und Volk. Die verschiedenen politischen Unterdrückungsmechanismen in den folgenden Jahrzehnten konnten das Ende der DDR letztlich nur hinauszögern.

Anmerkungen

1) "Neues Deutschland" vom 27. Juli 1990.
2) "Neues Deutschland" vom 21. Juni 1956, abgedruckt in: DDR. Dokumente zur Geschichte der Deutschen Demokratischen Republik 1945 - 1985. Hg. Hermann Weber. 3. Aufl., München 1987, S. 226f.
3) Zu Alfred Schmidt (1891-1985) vgl. Hermann Weber: Die Wandlung des deutschen Kommunismus. Frankfurt/M. 1969, Bd. 2, S. 287f.
4) Vgl. dazu Wilfriede Otto: Mielke wollte einen "Schulfall" inszenieren. "Neues Deutschland" vom 22./23. September 1990.
5) Das Dokument befindet sich im Archiv für Geschichte der Arbeiterbewegung in Berlin. Für die Überlassung einer Kopie habe ich mich bei der Leiterin des Archivs, Dr. Inge Pardon, sowie für die Hinweise bei Frau Dr. Wilfriede Otto zu bedanken.
6) Vgl. Anm. 5.
7) Vgl. z. B. "Vorwärts", Bonn, vom 4. Oktober 1988.
8) Hermann Weber: "Weiße Flecken" in der Geschichte. Die KPD-Opfer der Stalinschen Säuberungen und ihre Rehabilitierung. 1. Aufl., Frankfurt/M. 1989, 2. überarb. und erw. Auflage Januar 1990. Aktualisierte Fassung: Berlin, September 1990 (die Diskussion über die Stalinschen Säuberungen ist jeweils dargestellt).
In den Fängen des NKWD. Deutsche Opfer des stalinistischen Terrors in der UdSSR. Hg. Institut für Geschichte der Arbeiterbewegung, Berlin 1991.
Hans Schafranek: Zwischen NKWD und Gestapo. Die Auslieferung deutscher und österreichischer Antifaschisten aus der Sowjetunion an Nazi-Deutschland 1937-1941. Frankfurt/M. Dezember 1990.
Schafraneks Buch wurde durch den Altstalinisten Carlebach bedroht, der eine einstweilige Verfügung erwirkte sowie Autor und Verlag verklagte, weil belastende Dokumente über Carlebach abgedruckt waren. "Gegen diesen dreisten Versuch, ein bundesrepublikanisches Gericht dazu zu veranlassen, die Veröffentlichung von Dokumenten, die stalinistische Verbrechen belegen, zu zensieren", haben sich inzwischen zahlreiche deutsche Wissenschaftler (darunter selbstverständlich auch ich) gewandt.
Für mich bleibt allerdings verwunderlich, daß Schafranek in seinem Buch (obwohl er sich bei vielen Biografien mit recht auf meine Angaben in den "Weißen Flekken" stützt) eine kleinkariert anmutende und überzogene Kritik an meiner Untersuchung vornahm. Er verweist auf 17 Fälle in meinen "Weißen Flecken" (bei insgesamt 466 in der 2. Auflage angeführten Namen) und moniert z. B., daß bei einer Person statt Wien Berlin als Geburtsort genannt wird. Doch auch Schafranek ist bekannt, daß Lücken und Fehler entstanden waren, weil mir damals die Akten

und Listen der "BRD-Archive" wegen des "Datenschutzes" noch nicht zugänglich waren.
9) "Einheit", Berlin (Ost), 8. Jg., Heft 6, Juni 1953, S. 765.
10) "Rundschau über Politik, Wirtschaft, Arbeiterbewegung", Basel, Heft 42, 1936, abgedruckt in Weber, "Weiße Flecken", S. 134ff.
11) "Rundschau über Politik, Wirtschaft, Arbeiterbewegung", Heft 6, 1937, abgedruckt ebd., S. 137.
12) "Einheit", S. 766.
13) Rudolf Herrnstadt: Das Herrnstadt-Dokument. Hg. Nadja Stulz-Herrnstadt, Reinbek bei Hamburg 1990.
14) Vgl. Karl Schirdewan: Fraktionsmacherei oder gegen Ulbrichts Diktat? Eine Stellungnahme vom 1. Januar 1958. "Beiträge zur Geschichte der Arbeiterbewegung", Berlin, 32. Hg., Heft 4, 1990, S. 498ff.
15) Eine Kopie des Schreibens befindet sich in meinem Privatarchiv.
16) "Probleme des Friedens und des Sozialismus", 32. Jg., Heft 4, 1989, S. 498ff.
17) Wir brauchen vor allem Glasnost. Der Schriftsteller Stephan Hermlin über die Reformfähigkeit des SED-Staates. "Der Spiegel", 43. Jg., Heft 6, 1989, S. 77.
18) Kurt Müller: Ein historisches Dokument aus dem Jahre 1956. In: "Aus Politik und Zeitgeschichte". Beilage zur Wochenzeitung "Das Parlament", B 11 vom 9. März 1990, S. 19f.
19) Leo Bauer: Die Partei hat immer recht. In: "Aus Politik und Zeitgeschichte". Beilage zur Wochenzeitung "Das Parlament", B 27, 1956, S. 405ff.
20) Herrnstadt-Dokument, S. 273.
21) Franz Dahlem: Nachgelassenes, Ausgelassenes. "Beiträge zur Geschichte der Arbeiterbewegung", 32. Jg., Heft 1, 1990, S. 22.
22) Vgl. dazu Martin Jänicke: Der dritte Weg. Köln 1964.
23) Herbert Crüger: Verschwiegene Zeiten. Vom geheimen Apparat der KPD ins Gefängnis der Staatssicherheit. Berlin 1990, S. 165f.

Wilfriede Otto

Zur stalinistischen Politik der SED Anfang der fünfziger Jahre

Die Thematik der Schauprozesse stellt sich auch in bezug auf die Geschichte der ehemaligen Sozialistischen Einheitspartei Deutschlands (SED) und der ehemaligen Deutschen Demokratischen Republik (DDR) als gravierend dar. Obgleich es zu keinem öffentlichen politischen Schauprozeß und auch nicht zum Vollzug von Todesurteilen gegen Kommunistinnen und Kommunisten kam, hatte die stalinistische Strategie der Bevormundung und Säuberung anderer kommunistischer und Arbeiterparteien, die einen internationalen Charakter trug, auch um die SED und die DDR keinen Bogen gemacht.

Eine wichtige Zäsur bildete das Jahr 1948. Im Mai 1948 beschloß die 10. Tagung des Parteivorstandes der SED mit dem Hinweis auf nationale und internationale Veränderungen, die SED zu einer Partei neuen Typus zu entwickeln. Damit setzte die gezielte Umstellung und Umformung der SED zu einem stalinistisch-kommunistisch geprägten Parteientyp ein. Aus der Kommunistischen Internationale historisch herausgewachsene dogmatisch-stalinistische Denkstrukturen wurden reaktiviert. Am 3. Juli 1948 solidarisierte sich das Zentralsekretariat der SED mit dem Kommuniqué des Informationsbüros der kommunistischen und Arbeiterparteien (Kominform) zur Verurteilung der KP Jugoslawiens. Es erhob die Forderung, eindeutig für die Sowjetunion Position zu beziehen und "mit aller Kraft daran zu gehen, die SED zu einer Partei neuen Typus zu machen".[1] Im gleichen Monat faßte der Parteivorstand den Beschluß "für die organisatorische Festigung der Partei und für ihre Säuberung von feindlichen und entarteten Elementen"[2]. Er zielte auf die Aktivierung der Parteimitgliedschaft und die Entfernung von "Parteifeinden", "karrieristischen" und "korrupten Elementen" und begann, mit einem allgemeinen Verdächtigungskonzept gegen "Spione" und "Saboteure in fremden Diensten" bzw. gegen alle Verbindungen mit dem Ostbüro der SPD ein breites politisches Feindbild in den eigenen Reihen aufzubauen.

Einen besonderen Platz nahm die Entschließung des Parteivorstandes der SED vom September 1948 ein. Sie forderte zur bedingungslosen Akzeptanz von Grundthesen heraus, deren Durchsetzung und spätere Verabsolutierung sich für das weitere Partei- und Gesellschaftsverständnis verhängnisvoll auswirkten: 1. die Anerkennung des allgemeingültigen Charakters der Erfahrungen der Sowjetunion und der KPdSU sowie deren führender Rolle; 2. die Verurteilung der bisherigen Thesen vom "besonderen deutschen Weg zum Sozialismus" als angeblichen Nationalismus und als falsche Theorie; 3. die Anerkennung der Partei neuen Typus nach Stalinschem Muster als einzig richtigen Parteientyp, um den Aufbau einer neuen Gesellschaft zu gewährleisten; 4. die Einsicht in die Verschärfung des Klassenkampfes als eines ständig wirkenden Prinzips in der Übergangsperiode vom Kapitalismus zum Sozialismus; 5. die Notwendigkeit innerparteilicher Säuberungen und Auseinandersetzungen, wie sie in der KPdSU Praxis waren, als unablässige Voraussetzung für die Weiterentwicklung und Festigung der Partei. Bereits in Kenntnis der inquisitorischen Beschlüsse des Kominformbüros gegen Jugoslawien, trug der Parteivorstand der SED im Dezember 1948 an die KPdSU das Ansinnen heran, Antrag auf Aufnahme in das Kominformbüro stellen zu wollen. Stalins Antwort lautete: "Die Aufnahme in das Informbüro werde noch nicht als genügend reif betrachtet - von dem Antrag (solle man) absehen."[3]

Diese gravierende Kursänderung bestätigte die erste Parteikonferenz der SED vom Jänner 1949. Sie lief nicht nur dem demokratischen Gründungsverständnis der SED von 1946 zuwider, sondern gab es vollständig preis.

Der Kalte Krieg, dessen erster Höhepunkt in die Jahre 1948/1949 fiel, war auf deutschem Boden mit der militärischen Besetzung durch die Siegermächte besonders spürbar. Erinnert sei an die Aufgabe der Antihitlerkoalition, an die Sprengung des Alliierten Kontrollrates in Deutschland Mitte 1948, an die Berlin-Blockade seit 1948 sowie an die Schritte zur Spaltung Deutschlands. Die Zuspitzung des Konflikts zwischen der Sowjetunion und Jugoslawien sowie die von Stalin entwickelte "Zwei-Lager-Theorie" halfen, den Schützengraben des Kalten Krieges zu vertiefen.

Die Rolle der Sowjetunion als eine der Siegermächte des Zweiten Weltkrieges und Befreierin vom deutschen Faschismus wurde zugleich mit dem Stalinschen Mißbrauch dieser Siegerstellung belastet. Neben den berechtigten Sühnemaßnahmen gegen deutsche Faschisten kam es in der Ostzone zu unberechtigten Internierungen in sowjetischen Speziallagern, Verurteilungen und Verhaftungen durch sowjetische Militärtribunale, die auch ehemalige Mitglieder der KPD, der SPD oder andere Antifaschisten nicht verschonten.[4] Bei regelmäßigen Zusammenkünften von Vertretern der Sowjetischen Militäradministration in Deutschland (SMAD) und führenden Funktionären der SED wie Wilhelm Pieck, Otto Grotewohl und Walter Ulbricht orientierte die sowjetische Seite seit 1948 nachhaltig darauf, die SED zu einer Partei neuen Typus zu entwickeln und sich in der Jugoslawienfrage mehr zu engagieren. Seit 1945 erlassene Befehle behielten teilweise bis 1954/1955 ihre Gültigkeit, darunter der Befehl Nr. 106 über die Bestrafung von Sabotage und Diversionsakten. Auf dem Boden der DDR wirkten Organe der "Inspektion des Ministeriums für Staatssicherheit der UdSSR in Deutschland"[5], deren tatsächliche Rolle aufgrund fehlender Quellen noch nicht erforscht werden konnte. Auf allen Ebenen und besonders im Bereich des im Februar 1950 gebildeten Ministeriums für Staatssicherheit der DDR standen sowjetische Berater neben deutschen Vertretern.

Die eingeleitete Entwicklung und der Beginn des Rajk-Prozesses in Ungarn führten auch in der DDR zu einer Welle von Verdächtigungen, Verhaftungen und Säuberungen innerhalb und außerhalb der SED und darüber hinaus. Ein Befehl des Präsidenten der Deutschen Verwaltung des Innern in der sowjetischen Zone vom 14. Jänner 1949 zur Überprüfung bestimmter Kategorien in den Polizeikräften lenkte schon die Aufmerksamkeit auf jene, die in westlicher Kriegsgefangenschaft gewesen waren. Im Zusammenhang mit der positiven Haltung Wolfgang Leonhards zu Jugoslawien[6] rückten seit März 1949 Parteimitglieder ins Visier, die in diesem Land als Partisanen gekämpft oder sich in Kriegsgefangenschaft befunden hatten. Entsprechend einem Beschluß des Politbüros der SED vom 17. Oktober 1949 erfolgte eine Überprüfung aller Mitglieder, die in staatlichen Organen und Verwaltungen, in der Partei und in Massenorganisationen verantwortliche Funktionen ausübten. Politisch richtete sich der Stoß gegen die aus amerikanischer, englischer oder jugoslawischer Kriegsgefangenschaft zurückgekehrten Personen, gegen ehemalige Exilgruppen im westlichen Ausland, gegen den "Trotzkismus/Titoismus" als "stark benutztes Werkzeug des amerikanischen Imperialismus", gegen Parteimitglieder, die früher zu den verschiedensten Richtungen und Strömungen der deutschen und internationalen Arbeiterbewegung Beziehung hatten, gegen den "Sozialdemokratismus" sowie gegen neue kritische Elemente in der SED. Mit den Recherchen einer Sonderkommission gerieten bereits jene in Verdacht, die während ihres Exils in irgendeiner Weise zu Noel H. Field in Verbindung gestanden waren.

Nach dem ersten Bericht der Sonderkommission vom April 1950 über "Die Ergebnisse und Lehren der Überprüfungsarbeit entsprechend dem Beschluß des Politbüros vom 17. Oktober 1949" war es vor allem der von der Zentralen Parteikontrollkommission (ZPKK) im Juli 1950 übergebene Bericht über die Untersuchung der "Angelegenheit Noel H. Field", der zum entscheidenden Kampf gegen alle "Abweichungen" und "Feinde" innerhalb der Partei aufrief. Die "Erklärung des Zentralkomitees und der Zentralen Parteikontrollkommission zu den Verbindungen ehemaliger deutscher politischer Emigranten zu dem Leiter des Unitarian Service Committee Noel H. Field"[7] vom 24. August 1950 gab das Signal für einsetzende Verhaftungen Unschuldiger, für den Ausschluß führender Parteifunktionäre, für die Enthebung vieler Parteimitglieder von ihren Funktionen. Das am gleichen Tage stattfindene zweite Plenum des Zentralkomitees der SED traf dann auch eine verhängnisvolle Entscheidung. Es stimmte dem von Wilhelm Pieck unterbreiteten Vorschlag zu, in die weiteren Ermittlungen den Staatssekretär im Ministerium für Staatssicherheit Erich Mielke[8] einzubeziehen. Mielke verkündete, daß von seinen Männern bereits mehrere "Agenten" des amerikanischen Imperialismus, "Trotzkisten", "Diversanten" und "Mörder" festgenommen worden seien und jetzt noch ein "Schulfall" für die Genossen geschaffen werden müsse.[8] Mit dem Brückenschlag von Parteiführung und

Staatssicherheit, der sich in späteren Jahren dramatisch auswirkte, riß Mielke mehr und mehr untadelige Parteifunktionäre und andere Bürger und Bürgerinnen in das Räderwerk seiner Intrigen und Denunziationen.

Das erste deutsche Opfer des Schauprozesses in Ungarn war der Kommunist und Jude Bernhard Steinberger, der wegen seines schweizerischen Exils am 9. Juni 1949 in Leipzig von sowjetischen Organen verhaftet und später nach Workuta deportiert wurde, von wo er erst 1955 zurückkehrte. Ibolya Steinberger war bereits bei einem Besuch in ihrer ungarischen Heimat am 28. Mai 1949 inhaftiert worden. Nach bisherigen Ermittlungen fanden seit dem 26. Oktober 1949 die ersten Vernehmungen in der Angelegenheit Noel H. Field vor der Sonderkommission der ZPKK der SED statt. Als erster führender Funktionär wurde der stellvertretende Vorsitzende der KPD in der Bundesrepublik, Kurt Müller, durch das Ministerium für Staatssicherheit am 22. März 1950 verhaftet. Das stand nicht in einem unmittelbaren Zusammenhang mit der konstruierten Field-Problematik; denn Müller hatte unter der Nazidiktatur elf Jahre im Zuchthaus und Konzentrationslager verbracht. Aber mit den Beschuldigungen gegen ihn rückte wie in den dreißiger Jahren "Trotzkismus" unter Strafe. Das "Sprungbrett" Field erreichte über die im Rajk-Prozeß genannten Exilgruppen vor allem jene deutschen Parteifunktionäre und -funktionärinnen, die nach 1933 nach Frankreich, in die Schweiz oder nach Mexiko emigriert waren. Paul Bertz (ehemaliger Reichstagsabgeordneter der KPD), der auch in dieses Fadenkreuz hineingeraten war, schied im April 1950 aus dem Leben. Paul Merker (Mitglied des Politbüros der SED bis Sommer 1950), Leo Bauer (Leiter des Deutschlandssenders), Bruno Goldhammer (Abteilungsleiter im Amt für Information), Lex Ende (ehemaliger Chefredakteur des "Neuen Deutschland"), Willi Kreikemeyer (Generaldirektor der Deutschen Reichsbahn) und Maria Weiterer, (Organisationssekretärin in der Frauenorganisation) wurden im August 1950 aus der Partei ausgeschlossen. Bauer, Goldhammer und Kreikemeyer befanden sich bereits im August 1950 in Haft. Willi Kreikemeyer wählte im August 1950 den Freitod. Lex Ende verstarb im Jänner 1951.

Diese erste Verhaftungsrunde führte nicht unmittelbar zu einem Schau- oder Geheimprozeß. Ihr folgte zunächst die Verhaftung von Funktionären der KPD aus der Bundesrepublik, von denen zwar einzelne, wie Fritz Sperling, wegen ihrer Westemigration und vermuteten Verbindung zu Field belastet wurden. Die Hauptbeschuldigung wurde jedoch im Zusammenhang mit der Verteufelung der KP Jugoslawiens aus dem jahrzehntealten unbewältigten Trotzkismus-Syndrom abgeleitet. Zu dieser Gruppe gehörten Fritz Sperling, stellvertretender Vorsitzender der KPD; Alfred Drögemüller, ehemals Chefredakteur der Zeitschrift "Wissen und Tat"; Ewald Kaiser, zweiter Sekretär der Landesleitung Ruhrgebiet; Willi Prinz, Landesvorsitzender der KPD Hamburg. Alle waren 1951 in die DDR gelockt, von der Staatssicherheit verhaftet, von deutschen und sowjetischen Vernehmern verhört und außer Ewald Kaiser ohne Urteil in Strafanstalten der DDR bis 1954 beziehungsweise 1956 inhaftiert worden. Diese und weitere ungerechtfertigte Verhaftungen oder Verurteilungen anderer Bürger durch sowjetische Militärgerichte oder Gerichte der DDR wurden in ihrer Tragweite nicht öffentlich. Weitere Nachforschungen und die Auswertung westlicher Literatur sind bis heute unerläßlich.

Parallel zu den Verhaftungskampagnen Anfang der fünfziger Jahre vollzog sich in der SED ein tiefgreifender Wandel. Die 1948 eingeleitete Reinigung der Partei erreichte bis Mitte 1952 ihren Höhepunkt und führte zur größten innerparteilichen Säuberung, die es auf deutschem Boden gab. Mit zeitlicher Versetzung glich dieser Prozeß den politischen Aktionen in anderen osteuropäischen Ländern. Die SED verlor 200.000 Mitglieder. Eine noch nicht genau quantifizierbare, aber umfangreiche Gruppe von Parteifunktionären, die sich vor 1945 in westlicher Kriegsgefangenschaft befunden oder während ihres Exils in westlichen Ländern aufgehalten hatten, verloren durch die Absetzung aus ihren Funktionen politischen Einfluß und gerieten in Verdacht. Unter Verletzung des Parteistatuts bekamen weder die Betroffenen noch deren Grundorganisationen die Möglichkeit einer Stellungnahme. "Sozialdemokratismus", "Titoismus" und "Trotzkismus" wurden Synonyme für "Parteifeind", "imperialistischer Agent" oder "Verräter an den Interessen der Arbeiterklasse und des Volkes".

Eine weitere Etappe zeichnete sich mit dem Slánský-Prozeß im November 1952 ab. Zwei seit längerem Verhaftete, die Pflegetochter von Noel H. Field, Erica Glaser-Wallach, und Leo Bauer, wurden von einem sowjetischen Militärgericht im Dezember 1952 zum Tode verurteilt. 1953 wurden diese Urteile in 15 beziehungsweise 25 Jahre Zwangsarbeitslager umgewandelt; 1955 kamen Erica Glaser-Wallach und Leo Bauer frei.

Neben den bisherigen konstruierten Verdächtigungen begann der Antisemitismus unter dem Vorwand des Zionismus eine Rolle zu spielen - als "nationalistische Abweichung", "Agentur des amerikanischen Imperialismus" und "Interessenvertreter jüdischen Kapitals". Offensichtlich im Zusammenhang mit den Prozessen um das "Jüdische antifaschistische Komitee" in der Sowjetunion (1948 bis 1952) und dem Slánský-Prozeß schwappte auch in der DDR eine Woge des Antisemitismus über. Zudem legitimierte der XIX. Parteitag der KPdSU von Anfang Oktober 1952 - der erste seit 1939 - erneut den Stalinschen Kurs mit allen seinen Konsequenzen.

Stand die strategisch-politische Auswertung des XIX. Parteitages der KPdSU im Mittelpunkt der 10. Tagung des Zentralkomitees der SED vom 20. bis 22. November 1952, so lag die als Beschluß des Zentralkomitees bezeichnete Erklärung "Lehren aus dem Prozeß gegen das Verschwörerzentrum Slánský"[10] vom 20. Dezember 1952 vermutlich keinem regulären Plenum der Partei vor.[11] Beklemmende Analogien widerspiegelten sich in diesem Beschluß: die Verteidigung des Terrorprozesses in Prag im angeblichen Interesse des Friedens; die Feststellung, daß auch in der DDR eine Slánský-Bande Wühlarbeit leiste; die Übernahme von Antisemitismus; der Vergleich einiger Vorgänge in der DDR mit der Situation zur Zeit des Schachty-Prozesses in der Sowjetunion 1928, wo "eine von der internationalen Bourgeoisie gedungene konterrevolutionäre Verschwörerbande"[12] entlarvt worden sei. In diesen Teufelskreis gerieten im Slánský-Prozeß Belastete wie Paul Merker sowie andere Funktionäre der SED. Bei Pau Merker, im November 1952 verhaftet, reichten seine Verbindungen mit jüdischen Emigrantinnen und Emigranten, um ihn als "Agenten", als "Subjekt der USA-Finanzoligarchie" und als "Zionisten" zu verleumden. Der ebenso beschuldigte Fritz Sperling befand sich schon seit 1951 in Haft. Erst kürzlich erreichte mich die Information, daß der Jude und Kommunist Hans Straschitz-Schrecker, ehemals im englischen Exil und zum Zeitpunkt seiner Verhaftung am 24. November 1952 Chefredakteur der "Leipziger Volkszeitung", ebenfalls von diesem Räderwerk erfaßt wurde. Obwohl andere beschuldigte Funktionäre nicht inhaftiert wurden, erhebt sich heute dennoch die Frage nach weiteren Verhafteten. Tatsache ist, daß einige jüdische Funktionäre und viele jüdische Bürgerinnen und Bürger die DDR verließen.

In dieser Atmosphäre geriet auch Franz Dahlem (ehemals Mitglied des Zentralkomitees der KPD und der Auslandsleitung der KPD in Frankreich sowie Mitglied des Politbüros und Sekretariats des Zentralkomitees der SED) in eine bedrohliche Situation. In seinem Nachlaß schreibt er:

"Auf Grund von Anklagen des Verbrechers Berija und seiner Handlanger wurde ich im Frühjahr 1953 der Zusammenarbeit mit dem amerikanischen Geheimdienst über den angeblichen Hauptagenten des CIA Noel Field, außerdem mit dem französischen Geheimdienst und sogar der Verbindung mit der Gestapo bezichtigt." [13]

Die 13. Tagung des Zentralkomitees der SED (13./14. Mai 1953), an der Franz Dahlem schon nicht mehr teilnehmen durfte, beschuldigte ihn öffentlich, entzog ihm ungerechtfertigt alle Funktionen und schloß ihn aus den Führungsgremien der SED aus. Die Tagung bestätigte den Beschluß vom 20. Dezember 1952 und bekräftigte eine ungebrochene Kontinuität von der "trotzkistisch-bucharinsche(n) Bande von Mördern, Spionen, Agenten und Diversanten, diese 'Fünfte Kolonne' der imperialistischen Staaten", bis zu den "Verschwörerbanden der Rajk, Kostoff, Slánský und Konsorten".[14] Der Stalinsche Terror der dreißiger Jahre erfuhr abermals eine Rechtfertigung. Und das nach dem Tode des Diktators.

Dennoch kam es in dieser Zeit nicht zu einem öffentlichen politischen Schauprozeß, sondern nur zu Geheimprozessen. Kurt Müller wurde 1953 durch ein sowjetisches Militärgericht zu 25 Jahren Zwangsarbeitslager in der Sowjetunion verurteilt. Straschitz-Schrecker stand im Februar 1953 vor einem DDR-Gericht und erhielt acht Jahre Zuchthaus. Bruno Goldhammer, dessen Auslieferung an Ungarn 1950 verweigert wurde, erhielt vom Obersten Gericht der DDR acht Jahre Zuchthaus, die er bis zu seiner Begnadigung 1956 in Einzelhaft in Brandenburg verbrachte. Franz Dahlem, der nun noch mit der kritischen Opposition von Rudolf Herrnstadt und Wilhelm Zaisser in Zusammenhang gebracht wurde, sprach das Zentralkomitee im Jänner 1954 eine strenge Rüge aus. Den ebenfalls schwer belasteten Paul Merker verurteilte das Oberste Gericht der DDR im März 1955, bereits nach der Rehabilitierung und Freilassung von Noel H. Field sowie dessen Frau und Bruder Hermann Field, zu acht Jahren Zuchthaus.[15]

* * *

Fragt man nach den Hauptursachen für das repressive Vorgehen gegen Parteimitglieder, deren Loyalität selbst in der stalinistischen Partei- und Gesellschaftsauffassung wurzelte, so sind die Gründe ohne Zweifel im politischen System des Stalinismus zu suchen. Ehrlich benannte Franz Dahlem in seinem Nachlaß rückschauend ein Grundproblem in bezug auf die Haltung zu den Prozessen der dreißiger Jahre:

"Doch es blieb das unbedingte Vertrauen zur KPdSU, ihrem Generalsekretär und der sozialistischen Sowjetunion und konnte für einen Kommunisten auch dadurch nicht erschüttert werden. Im Gegenteil, wir waren - ohne jede Ausnahme - zugleich begeisterte "Stalinisten" bis zu den Enthüllungen Chruschtschows vor dem XX. Parteitag der KPdSU im Jahre 1956."[16]

Es war ein vielseitiger Mechanismus, der die SED-Führung dazu brachte, auch die Willkürakte und Ungerechtigkeiten nach 1945 als politisch notwendig zu empfinden und zu sanktionieren. Eine Schlüsselstellung nahmen die Verstrickung von Persönlichkeiten der KPD und der SED mit Stalinscher Terrorpraxis, das Festhalten an dem kommunistisch-stalinistischen Parteientyp mit all seinen Konsequenzen, der Kampf gegen den "Trotzkismus" und den "Sozialdemokratismus" als "Agenturen des Imperialismus" sowie die absolute Abhängigkeit der Existenz der DDR von der UdSSR ein. Zweifelnde und Kritiker an stalinistischen Praktiken, sofern sie überhaupt erkannt wurden, kamen so - wie vor 1945 - in den Verdacht, als "Gegner" der Sowjetunion und des Sozialismus "Helfershelfer" des Imperialismus zu sein. Im Grunde genommen waren das alles Faktoren, die auch ohne das "fieldistische" Gespinst Wirkung gezeigt hätten.

Nachforschungen, warum es in der damaligen DDR nicht zu einem öffentlichen politischen Schauprozeß oder zu Mielkes "Schulfall" kam, lenken meines Erachtens die Aufmerksamkeit vor allem auf die deutsche Spezifik. Die Lage Deutschlands als geteiltes Land und die Existenz der Bundesrepublik verlangten politische Rücksichtnahmen. Deutschlandpolitische und europäische Interessen der Sowjetunion, wie sie insbesondere mit ihrem Friedensvertragsvorschlag für Deutschland vom 10. März 1952 verknüpft waren, berührten Grundfragen des damaligen Kräfteverhältnisses, die nicht außer Betracht bleiben konnten. Die DDR war in ihrer Souveränität eingeschränkt. Sie unterstand bis Mai 1953 der Kontrolle durch die SKK und danach durch einen sowjetischen Hochkommissar. Urteilssprüche durch deutsche Gerichte in der Field-Problematik basierten - wie im Falle von Bruno Goldhammer und Paul Merker erst vor wenigen Monaten recherchiert werden konnte - auf den bis 1955 gültigen Gesetzen und Direktiven des Alliierten Kontrollrates, deren Anwendung in einem Schauprozeß vermutlich schwieriger gewesen wäre. Gravierenden Einfluß übten der Tod Stalins am 5. März 1953 sowie die tiefe Krise der DDR, der vom Politbüro der KPdSU Ende Mai 1953 verordnete Kurswechsel für die SED und die von der Industriearbeiterschaft getragene Erhebung am 17. Juni 1953 aus.

Die eingeschränkte Sicht auf die Stalinismus-Problematik als eine Frage des Personenkults, das Abblocken einer tiefgründigen und selbstkritischen Auswertung des XX. Parteitages der KPdSU durch die leitenden Organe der SED, die Absetzung Chruschtschows 1964 und das Ende der "Tauwetter-Periode" trugen dazu bei, das tragische Kapitel stalinistischer Repressalien über Jahrzehnte als "Geheime Verschlußsache" zu tabuisieren - bis zu dem reaktionären Kurs der SED gegen Perestroika und neues Denken. Mitverantwortung und Defizite kommen hier auch der Parteigeschichtsschreibung und ihren Historikern zu. Die Anbindung der DDR-Geschichtsschreibung an die Politik der SED und die Einengung des Geschichtsbildes auf eine schematische, erfolgreiche Kontinuitätslinie der Arbeiterbewegung blendete die Aufarbeitung von Stalinismus und Repressalien aus. Andeutungs- und Erklärungsversuche blieben im einzelnen haften, erfaßten nicht das Prinzip, nicht das System. Es war ein großes Versäumnis, sachlichen Analysen von Historikern der Bundesrepublik und anderer Länder nicht den gebührenden Platz eingeräumt zu haben.

Anmerkungen

1) Zur jugoslawischen Frage. In: Dokumente der Sozialistischen Einheitspartei Deutschlands. Beschlüsse und Erklärungen des Parteivorstandes, des Zentralsekretariats und des Politischen Büros. (Im folgenden Dokumente der SED), Band II, Berlin 1950, S. 76f.
2) Ebd., S. 78ff.
3) Institut für Geschichte der Arbeiterbewegung, Zentrales Parteiarchiv. (Im folgenden IfGA, ZPA), Nl 36/695.
4) Vgl. Peter Erler/Wilfriede Otto/Lutz Prieß, Sowjetische Internierungslager in der SBZ/DDR 1945 bis 1950. In: Beiträge zur Geschichte der Arbeiterbewegung. (Im folgenden BzG), Berlin 1990, Heft 6, S. 723ff.
5) Vgl. Plan der Maßnahmen zur Entlassung und Übergabe der Häftlinge aus den Sonderlagern des MdI der UdSSR in Deutschland vom 2. Jänner 1950.
6) Wolfgang Leonhard, damals Lehrer an der Parteihochschule der SED, verließ Mitte März 1949 die DDR und wurde als "trotzkistischer Agent" am 23. März 1949 aus der SED ausgeschlossen.
7) Dokumente der SED, Bd. III, Berlin 1952, S. 197ff.

8) Erich Mielke war von 1950 bis 1957 Staatssekretär und verantwortlich für den Bereich "Innere Abwehr"; 1957 bis 1989 Minister für Staatssicherheit; 1971 bis 1989 Kandidat bzw. Mitglied des Politbüros der SED; seit Dezember 1989 in Haft.
9) Vgl. Wilfriede Otto, Mielke wollte einen "Schulfall" inszenieren. Zu den Hintergründen der berüchtigten Säuberungsaktion in der SED Ende der 40er/Anfang der 50er Jahre. In: Neues Deutschland, 22./23. September 1990.
10) Vgl. Dokumente der SED, Bd. IV, Berlin 1954, S. 199ff.
11) Nach der 10. Tagung des ZK von November 1952 fand die nächste Tagung (11.) um 7. Februar 1953 statt. Ursachen und Umstände dieses Vorganges sind noch weiter zu untersuchen.
12) Dokumente der SED, Bd. IV, S. 213.
13) Franz Dahlem: Nachgelassenes, Ausgelassenes. In: BzG, 1990, Heft 1, S. 22.
14) Über die Auswertung des Beschlusses des Zentralkomitees zu den "Lehren aus dem Prozeß gegen das Verschwörerzentrum Slánský". In: Dokumente der SED, Bd. IV, S. 394f.
15) Kurt Müller kehrte 1955 aus der Sowjetunion zurück; Hans Straschitz-Schrecker wurde 1956 begnadigt; die Parteistrafe für Franz Dahlem wurde im November 1954 in eine Rüge umgewandelt und im Juli 1956 ganz gelöscht; Paul Merker wurde im Jänner 1956 entlassen und in einem Wiederaufnahmeverfahren vor dem Obersten Gericht der DDR im Juli 1956 freigesprochen.
16) Dahlem, Nachgelassenes, S. 21.

Ulrich Heyden

Säuberungen in der KPD 1948 bis 1951

Ein Jahr nach dem offiziellen Beginn des Kalten Krieges und unmittelbar nach dem Bruch zwischen dem Kominform und der Kommunistischen Partei Jugoslawiens (KPJ) im Juni 1948 begann in der KPD eine Phase der "marxistisch-leninistischen Festigung". Nach einer Phase relativer Offenheit der Partei (1945 bis 1948) trat nun eine Phase des Dogmatismus, der Repressalien gegen Kritiker, sogenannte Parteifeinde und vermeintliche Agenten. Es kam zu Funktionsenthebungen, Parteiausschlüssen und - als trauriger Höhepunkt - zur Verhaftung und Einkerkerung führender KPD-Funktionäre in der DDR in den Jahren 1950 und 1951. Noch 1953/54 wurden führende KPD-Funktionäre ausgeschlossen und ihrer Funktionen enthoben.[1] Die innerparteiliche Formierung wurde begünstigt durch den Druck, dem die Partei seit 1947 in Westdeutschland vonseiten der westlichen Besatzungsmächte, später dann auch des westdeutschen Staates, ausgesetzt war. Seit November 1951 lief gegen die KPD vonseiten der Bundesregierung ein Verbotsverfahren.

In der DDR bzw. Ost-Berlin wurden Kurt Müller, Fritz Sperling (beide nacheinander stellvertretende Parteivorsitzende), Leo Bauer (bis 1948 Fraktionsvorsitzender der KPD im hessischen Landtag, danach Leiter des Deutschlandsenders in Berlin) und Willi Prinz (1949 bis 1951 Vorsitzender der KPD Hamburg) verhaftet. Müller und Sperling wurden von sowjetischen Militärgerichten unter dem Vorwurf der Agententätigkeit zu 25 bzw. 15 Jahren Haft verurteilt. 1955 wurden beide entlassen. Kurt Müller berichtete später von schlimmsten Verhörmethoden. Er und Leo Bauer sagten aus, auch der damalige DDR-Staatssekretär Erich Mielke habe Geständnisse für einen Schauprozeß erpressen wollen.

Anstöße zu einer innerparteilichen Aufarbeitung des Stalinismus-Problems in der westdeutschen KP wurden immer durch Entwicklungen in der Sowjetunion ausgelöst. Als die KPD-Basis nach dem Bekanntwerden von Chruschtschows Geheimrede zum Personenkult im Frühjahr 1956 auch zum Verhalten der KPD-Führung kritische Fragen stellte, wich die Parteiführung aus, indem sie auf die schwierigen Umstände der Vergangenheit (Faschismus und Krieg) hinwies. Eine Stalin- oder Stalinismusdebatte hat es danach weder in der KPD noch in ihrer Nachfolgepartei DKP gegeben. Erst 1988, als der Druck der sowjetischen Geschichtsdebatte immer größer wurde, begann man sich in der DKP kritisch mit der Geschichte der KPD und der Politik Stalins zu beschäftigen.

In Bezug auf die Säuberungen in der KPD Ende der vierziger/Anfang der fünfziger Jahre liegt heute das meiste noch im dunkeln.[2] In der westdeutschen Forschung geht man davon aus, daß die Durchsetzung des Stalinismus in der KPD deshalb möglich war, weil diese Partei politisch, strukturell und finanziell von der SED abhängig war. Zudem standen KPD und SED in der Tradition der Thälmannschen KPD mit ihrem bedingungslosen Bekenntnis zur sowjetischen Politik. Die Frage, inwieweit stalinistische Politik in der KPD an Traditionen in der deutschen Arbeiterbewegung wie Führerkult und Parteidisziplin anknüpfen konnte, ist noch kaum erforscht.

Da ich mich vorwiegend auf parteioffizielles Material stützen mußte, sehe ich mich zu abschließenden Antworten nicht in der Lage. Insbesondere was die Darstellung von politischen Positionen der von Repressalien Betroffenen angeht, können vorerst nur Stichpunkte geliefert werden. Hier ist die Quellenlage besonders schlecht.

Programm und Politik der KPD 1945 bis 1948

Nach Kriegsende verfolgte die KPD zunächst das Konzept der "antifaschistischen Demokratie". Mit dem Verzicht auf eine dezidiert sozialistische Programmatik beabsichtigte die Partei zweierlei. Zum einen war dies ein Angebot an bürgerliche Kreise, sich gemeinsam mit den Kommunisten am Aufbau eines "antifaschistisch-demokratischen" Deutschlands zu beteiligen. Zum anderen hoffte die KPD-Führung auf diese Weise, die Möglichkeiten, die sich aufgrund der "Einheit der Alliierten" boten, maximal zu nutzen. Dies war auch im Interesse der Sowjetunion, die das mit Ausgang des Krieges in Europa erreichte Kräfteverhältnis sichern wollte. Vor allem innerparteilich ließ die KPD keinen Zweifel daran, daß sie die "antifaschistische Demokratie" als ein situationsgemäßes Mittel sah, an den Sozialismus "heranzukommen". Bei denjenigen, die schon vor 1933 Mitglied der KPD waren, stieß die neue Taktik zum Teil auf Unverständnis und auch auf Kritik. Diese Haltung wurde von der KPD-Führung als "Sektierertum" bezeichnet.

Im Zuge der Vereinigung von SPD und KPD in der Sowjetischen Besatzungszone (SBZ) und den vergeblichen Einheitsbestrebungen von Sozialdemokraten und Kommunisten in Westdeutschland wurde vonseiten der KPD die These eines "besonderen deutschen Weges zum Sozialismus" vertreten. Im Kern beinhaltete diese These, daß in Deutschland aufgrund besonderer Bedingungen die Möglichkeit bestehe, auf friedlichem Wege zum Sozialismus zu kommen. Die These sollte den Sozialdemokraten den Weg in die Einheitspartei erleichtern. Inwieweit die KPD-Führung einen friedlichen Weg zum Sozialismus für realisierbar hielt, kann heute noch nicht beantwortet werden.

Im Gegensatz zu den Einheitsbestrebungen, die es seitens der Kommunisten (KPD, ehemalige KPDO-ler) aber auch der Sozialdemokraten und Sozialisten (SPD, ehemalige ISK-ler und SAPD-ler) gab, spitzte der Parteivorstand der SPD unter Führung von Kurt Schumacher das Verhältnis von SPD und KPD schon recht bald auf die Frage zu: Sozialismus/Demokratie oder Bolschewismus/Diktatur. Eine Zusammenarbeit von Kommunisten und Sozialdemokraten gab es in Westdeutschland nur in den Monaten nach dem Krieg. Im französisch besetzten Südbaden dauerte diese Phase bis zum Frühjahr 1946.

Die Rede von einem "eigenen Weg" wurde vom KPD-Vorsitzenden Reimann im April 1948, also zwei Monate vor dem Bruch des Kominform mit der KPJ, noch einmal erneuert. Angesichts der drohenden nationalen Spaltung erklärte Reimann, die Situation in Deutschland nach dem 2. Weltkrieg erfordere von den Kommunisten "die Herausarbeitung eines eigenen Weges"[3]. Die von ihm vorgeschlagene Umbenennung der KPD in Sozialistische Volkspartei Deutschlands (SVD) verband Reimann mit folgender Aussage: "Die Partei wird aufgrund der besonderen Lage, in der wir uns in Westdeutschland befinden, eine den hiesigen Verhältnissen entsprechende Politik entwickeln."[4] Fast gleichlautend war die Begründung des KPD-Vorstandes für die Auflösung der Arbeitsgemeinschaft von KPD und SED im Jänner 1949. Es gab jedoch einen feinen sprachlichen Unterschied. In ihrem Kommuniqué vom Jänner 1949 sprach die KPD-Führung nicht von Westdeutschland, sondern von "den Westzonen Deutschlands".[5]

In der politischen Praxis der KPD in Westdeutschland hatte die These vom "besonderen deutschen Weg zum Sozialismus" angesichts des sich recht bald entwickelnden Ost-West-Gegensatzes bei weitem nicht die Bedeutung, wie etwa in der SBZ (Sowjetischen Besatzungszone) im Rahmen der Vereinigung von SPD und KPD. Die 1948/49 aufkommende Rede der KPD-Führung von einer Politik, die den besonderen Bedingungen in Westdeutschland entsprechen müsse, hatte auf die praktische Politik der KPD keinen meßbaren Einfluß.

Daß die KPD-Führung sich jeweils kurze Zeit nach den Kursänderungen des Kominform bzw. der SED ebenfalls zu entsprechenden Kursänderungen entschloß, macht die fehlende Autonomie der KPD deutlich. Die Propagierung eines besonderen deutschen Weges und später einer Politik, die den westdeutschen Bedingungen entspräche, hatte offensichtlich vor allem die Aufgabe, die Öffentlichkeit - insbesondere Sozialdemokraten - von der Unabhängigkeit der KPD-Politik zu überzeugen.

Im Herbst 1949 setzte in der KPD-Propaganda ein Kurswechsel ein. Die Rede von einer den Bedingungen in Westdeutschland entsprechenden Politik wurde fallengelassen. Von nun an vermied man alles, was als Distanz zu einer Politik der nationalen Einheit und zum Aufbau in der SBZ/DDR hätte interpretiert werden können. Als nach dem für die KPD enttäuschenden Ergebnis der Wahlen zum ersten Deutschen Bundestag im August 1948 (die KPD erhielt 5,7 Prozent der Zweitstimmen) innerhalb der Partei kritische Stimmen aufkamen, die das schlechte Abschneiden der KPD mit der Politik der KPdSU und der SED in Zusammenhang brachten, erklärte der stellvertretende KPD-Vorsitzende und später in der DDR und der Sowjetunion inhaftierte Kurt Müller in einem in mehreren KPD-Zeitungen abgedruckten Grundsatzartikel: "Man könnte meinen, daß solche Stellungnahmen von Titoleuten geschrieben sind."[6] Müller warnte vor einem "eigenen" westdeutschen Weg. "Das bedeutet gewollt oder ungewollt, den Verzicht auf den Kampf um die Einheit Deutschlands."[7]

Die Neuausrichtung der KPD 1948/49

Die KPD war bis 1948 noch relativ offen. Frühere Abweichler und ausgeschlossene KPD-Mitglieder wurden wieder aufgenommen. Die Orientierung auf das sozialistische Ziel war noch nicht so eng verknüpft mit der Propagierung des sowjetischen bzw. später des SBZ/DDR-Modells. Neben der auch in der KPD verbreiteten These vom "besonderen deutschen Weg zum Sozialismus" gab es in der Partei und auch in ihrer Führung Meinungen, die sich nicht mit den Positionen der SED deckten. Einige dieser Positionen seien hier genannt: Eine stärker ökonomisch als politisch begründete Ablehnung des Marshall-Plans, das Offenhalten der Frage der Oder-Neiße-Grenze, eine vorsichtige Kritik an der "Umsiedlung" deutscher Facharbeiter aus der SBZ in die Sowjetunion, ein differenzierterer Umgang mit dem "Titoismus". Bei führenden KPD-Funktionären gab es Ansätze, die auf eine stärkere Berücksichtigung der Kampfbedingungen in den Westzonen zielten (stärkere Betonung antikapitalistischer statt "antifaschistisch-demokratischer" Forderungen).

Drei Monate nach dem Bruch zwischen Kominform und KPJ - im September 1948 - widerrief die KPD-Führung die These des "besonderen deutschen Weges zum Sozialismus". Einen Monat später - im Oktober 1948 - begann mit einer "allgemeinen Mitgliederkontrolle" eine erste Phase der Parteisäuberung. Zunächst ging es nur um die "Korrektur" (opportunistischer) "schwacher Stellen". Nach der Bundestagswahl im August des folgenden Jahres begann dann eine Kampagne gegen sogenannte "Parteifeinde".

KPD und SED waren nicht Mitglied des Kominform. Dies war vermutlich jedoch nur eine taktische Rücksichtnahme, die der Deutschlandpolitik der Sowjetunion geschuldet war. Die Sowjetunion wollte den Weg zu einer gesamtdeutschen Entwicklung offenhalten. Die Kominform-Mitgliedschaft von KPD und SED hätte diese beiden Parteien noch stärker als SU-abhängig erscheinen lassen und damit die angestrebte gesamtdeutsche Entwicklung behindert.

SED und KPD vollzogen den Kurs des Kominform in wesentlichen Punkten nach. Beide Parteien übernahmen die im September 1947 getroffene Beurteilung der internationalen Lage (Zweiteilung der Welt, Verurteilung der Politik der KPJ). Schon 1947 war die KPD zu einem konfrontativen Kurs gegenüber den Westmächten übergegangen. Die Bildung der Bizone, der Marshall-Plan und die Demontagepolitik der Westmächte bezeichnete die Partei als Politik der Spaltung Deutschlands und als Kolonisierung Westdeutschlands. Innerparteilich begann eine Umformierung der Partei von einer antifaschistischen Massenpartei zu einer sich als "marxistisch-leninistisch" verstehenden Partei.

Angesichts der sich abzeichnenden Gründung eines Weststaates orientierte sich die KPD immer stärker auf den Kampf um die nationale Einheit. Der Parteivorsitzende Reimann ging so weit, daß er den Kampf um soziale Forderungen 1949 als einen Teil des nationalen Kampfes bezeichnete. Die Schwerpunktsetzung der KPD auf den Kampf um die nationale Einheit diente vor allem sowjetischen Sicherheitsinteressen. In der KPD war diese Schwerpunktsetzung und die damit verbundene Konzeption eines klassenübergreifenden nationalen Bündnisses umstritten.

Die in der KPD ab Herbst 1948 beginnende Neuorientierung und die damit einhergehende innerparteiliche Säuberung lief zwar zeitlich parallel zu ähnlichen politischen Ereignissen in der SBZ und anderen mittel- und osteuropäischen Ländern, doch hatten die Abläufe in der KPD einen besonderen Hintergrund. Die KPD agierte in einem Land, welches sich politisch und ökonomisch immer deutlicher zum Westen hin orientierte. Diese Orientierung ging einher mit zunehmendem Antikommunismus. Seit 1947 war die KPD immer massiveren Maßnahmen seitens der westlichen Besatzungsmächte und später dann des westdeutschen Staates ausgesetzt. Seit Juni 1947 häuften sich die Verbote von KPD- und der KPD nahestehenden Zeitungen. Umbenennungen der KPD in SED oder SVD wurden ebenso verboten wie die meisten der 1948 geplanten Volkskongresse für die Einheit Deutschlands. Nach der Gründung der Bundesrepublik und dem Bekanntwerden der westdeutschen Remilitarisierungspläne erreichten die Maßnahmen gegen die KPD eine neue Qualität. Am 19. September 1950 erließ die Bundesregierung eine Ausnahmeverordnung gegen die KPD, die FDJ, die VVN und weitere Organisationen. Angehörigen des öffentlichen Dienstes wurde mit dieser Verordnung jegliche politische Tätigkeit in den genannten Organisationen verboten. Der am 22. November 1951 gestellte Verbotsantrag der Bundesregierung gegen die KPD wurde u. a. damit begründet, daß die Bundestagsabgeordneten der KPD die Parole des "aktiven Widerstands" gegen die Remilitarisierung ausdrücklich gebilligt hätten.

Aufschlußreich ist ein Blick auf die Entwicklung der Mitgliedschaft von SPD, KPD und DGB (Deutscher Gewerkschaftsbund) Ende der vierziger/Anfang der fünfziger Jahre. Folgt man den parteioffiziellen Zahlen, dann verlor die KPD in der Zeit von 1947 bis zum Jahr 1949 100.000 Mitglieder. Von 1949 bis 1952 verlor sie noch einmal 100.000 Mitglieder. Dieser Trend, der sich bis zum Verbot fortsetzte, stand im Gegensatz zu der Mitgliederentwicklung in der Zeit von 1945 bis 1947, wo sich die Zahl der KPD-Mitglieder, folgt man den offiziellen Zahlen, mehr als vervierfachte. Der Wendepunkt in der Mitgliederentwicklung Ende September 1947 fällt zusammen mit einem immer stärker werdenden antikommunistischen Klima in Westdeutschland. Von diesem Klimaumschwung war auch die SPD betroffen. Wie die KPD verlor sie von 1947 bis 1949 über 100.000 Mitglieder. Weitere 100.000 Mitglieder verlor die SPD in der Zeit von 1949 bis 1952. Der Trend der Entpolitisierung und Individualisierung ging auch an den Gewerkschaften nicht vorbei. Der Zuwachs an Mitgliedern im DGB ging in den fünfziger Jahren mit einem rückläufigen Organisationsgrad einher (die Mitgliederzahlen wuchsen langsamer als die Zahl der abhängigen Erwerbspersonen).[8] Kennzeichnend für das Klima politischer Restauration und die defensive Rolle der Gewerkschaften in den fünfziger Jahren waren die wenigen (erfolglosen) politisch motivierten Proteststreiks.[9]

Folgt man dem Politikwissenschaftler Fülberth, dann nahm die Geschlossenheit der KPD in den fünfziger Jahren nicht ab, sondern zu. Insbesondere viele junge Mitglieder, die 1945/46 eingetreten und in der Partei verblieben waren, hätten - so Fülberth - versucht, mit "theoretisch rationalisierter Hoffnung" über die gegenwärtigen Niederlagen hinweg an einer strategischen Orientierung festzuhalten.[10]

Die Säuberungen

Die nach der Bundestagswahl im August 1949 beginnende Kampagne gegen angebliche Parteifeinde muß als Versuch gesehen werden, die Partei in dieser für sie kritischen Phase gegen äußere Einflüsse abzuschotten. Anstatt die Gesamtsituation zu analysieren und die eigene Politik zu überdenken, mußten die "Parteifeinde" als Sündenböcke für die zunehmende Isolation der KPD herhalten. Damit enthob sich die Parteiführung einer selbstkritischen Betrachtung ihrer eigenen Politik.

Die Säuberungen in der KPD begannen, noch bevor der Parteivorstand der KPD die Kominform-Verurteilung der KPJ übernommen hatte (6. Parteivorstandstagung am 6. und 7. Oktober 1948). Schon im September 1948 berichtete die "Neue Zeitung" (München) über Säuberungen in der KPD Rheinland-Pfalz. Im Oktober 1948 begann in der KPD eine "allgemeine Mitgliederkontrolle", in deren Rahmen auch neue Mitgliedsbücher ausgegeben wurden. Zweck dieser Maßnahme war es - so der Parteivorstand - "schwache Stellen" zu "korrigieren". Anläßlich des Ausschlusses von Erich Gniffke aus der SED berichtete die "Hamburger Volkszeitung" im November 1948, die SED müsse "ihre Reihen von den Kapitulanten, Schwächlingen und offenen Parteifeinden säubern."[11]

Die Kritik der Parteiführung zielte 1949 auch zunehmend auf die Parteipresse ab. Diese habe "bisher ganz ungenügend den Kampf gegen die Argumente des Gegners geführt und eine viel zu geringe Hilfe bei der Hebung des politischen Niveaus der Parteimitglieder geleistet."[12] Es häuften sich die Beschwerden der Parteiführung über die Eigenmächtigkeit einzelner Redaktionen.[13] Ihnen wurde vorgeworfen, daß sie wichtige Erklärungen der Parteiführungen oder der internationalen kommunistischen Bewegung nicht veröffentlichen oder diese schlecht plazierten.

Auf der 14. Parteivorstandstagung im Dezember 1949 erreichte die Säuberungspolitik dann einen ersten Höhepunkt. In einer Gesamtschau "parteifeindlicher Bestrebungen" wurde aufgeführt, in welche Landesleitungen "Tito-Agenten" und "trotzkistisch-brandleristische Gruppen" bereits "eingedrungen" seien. Es wurde die Bildung einer zentralen Kontrollkommission beschlossen.[14] Außerdem wurde beschlossen, die Zahl der Parteivorstandsmitglieder auf 60 zu erhöhen. Diese Erhöhung diente jedoch vermutlich eher einer verstärkten Kontrolle der Partei von oben als einem Mehr an innerparteilicher Demokratie. Im Vergleich zu den Jahren 1948/49 verringerte sich die Zahl der jährlichen Parteivorstandssitzungen um die Hälfte.[15]

Daß es den "Parteifeinden" gelungen sein soll, in leitende Funktionen der KPD "einzudringen" und dort sogar Gruppen zu bilden (so in Hamburg und Schleswig-Holstein), erklärte der Parteivorstand auf seiner 14. Tagung u. a. damit, daß der Kampf um die Verwirklichung der Lehren aus der Kritik des Kominform an der KPJ in der KPD bisher "nicht energisch und beharrlich" genug geführt worden sei. Im Rahmen des nun einsetzenden "ideologischen Kampfes" bemühte man sich, von einer rein administrativen Ebene wegzukommen und die KPD-Mitgliedschaft stärker in die Repressalien gegen "Parteifeinde" einzubeziehen. Die für die Säuberungen verantwortlichen Funktionäre holten zustimmende Erklärungen der unteren Parteigliederungen ein, in denen Maßnahmen gegen die Parteifeinde gefordert wurden.

"Ideologischer Kampf" bedeutete nicht sachliche und selbständige Auseinandersetzung mit "parteifeindlichen" Strömungen. Im Gegenteil: Die Parteiführung war bemüht, eine selbständige Auseinandersetzung der Parteimitglieder mit "titoistischem" oder sonstigem "parteifeindlichem" Material zu verhindern. Parteipublizisten, die es wagten, sich direkt mit "titoistischem" Material auseinanderzusetzen, mußten Selbstkritik leisten. Auf Funktionärsversammlungen wurde abgefragt, wer "Tito-Material" erhielt und las. Der Bezug einer nichtkommunistischen Zeitung galt als anstößig.

Bis zum Münchner Parteitag im März 1951 wurden fast sämtliche Landesvorsitzende sowie andere Funktionäre aus den Landessekretariaten abgelöst. Auch der Parteivorstand und das Sekretariat des Parteivorstands waren von der Säuberung betroffen. DKP-Historiker berichten von sechs Personen, die in einem Zeitraum von nicht einmal einem Jahr aus dem Sekretariat ausscheiden mußten.[16]

Bei der Neuwahl der Parteileitungen solltem laut Vorstandsrichtlinien vom Dezember 1949 Parteimitglieder gewählt werden, "die ohne Schwenkung zur Politik der Sowjetunion, der Volksdemokratien und der Deutschen Demokratischen Republik stehen; die (...) sich für die Reinhaltung der Partei konsequent einsetzen."[17] Bei der Auswahl der Kandidaten sollten vor allem Jugendliche, Frauen und Heimkehrer aus der Sowjetunion berücksichtigt werden. Hintergrund für diese Weisung war, daß 1949 95 Prozent aller Leitungsmitglieder und Funktionäre solche Mitglieder waren, die schon vor 1933 der KPD angehörten. Unter diesen "Altmitgliedern" gab es viele, die mit dem 1949 eingeschlagenen schwarz-rot-goldenen Kurs der Partei Schwierigkeiten hatten.

Die KPD hatte 1945 die Mitglieder anderer Strömungen und Organisationen (KPDO, Versöhnler, Neumann-Gruppe, ISK) aufgenommen. Ob es diesbezüglich eine vereinheitlichte Position in der Führung von KPD und SED gab, kann nicht gesagt werden. Ulbricht hatte im Februar 1945 erklärt, aus der KPD Ausgeschlossene ("Brandleristen, Trotzkisten, Neumann-Gruppe") könnten nicht aufgenommen werden.[18] Pieck dagegen soll sich (erfolglos) um den Wiedereintritt von August Enderle (einem ehemaligen Mitglied der KPDO-Reichsleitung) bemüht haben.[19] Ab 1947 wurden die ehemaligen KPDO-Mitglieder wieder aus der KPD ausgeschlossen.[20]

* * *

Was waren die Motive der führenden KPD-Politiker für die Öffnung der Partei in den Jahren 1945/46?

* Für den Aufbau eines antifaschistisch-demokratischen Deutschlands wurden alle progressiven Kräfte benötigt. Die KPD allein war zu schwach.

* Die KPD strebte eine Einheitspartei mit den Sozialdemokraten an. Vor diesem Hintergrund verloren auch die Differenzen zu "Rechtsabweichlern" und der SAP an Bedeutung.

* Die KPD wollte die Bildung von Konkurrenzorganisationen vermeiden. Hermann Matern, nach dem Krieg Landesvorsitzender der KPD in Sachsen, begründete vor KPD-Mitgliedern 1945, warum die Parteiführung sich für den Namen KPD und nicht schlicht für den Namen "Arbeiterpartei" entschieden habe, wie folgt: "Wenn wir nicht die Kommunistische Partei schaffen, schaffen sie andere."[21]

Versucht man den von führenden KPD-Funktionären vorgetragenen Vorwürfen gegen die "Parteifeinde" auf den Grund zu gehen, stößt man auf zahlreiche Widersprüche. Die Formel "brandleristisch-trotzkistisch" oder "brandleristisch-titoistisch" etwa war unsinnig, weil es grundsätzliche Differenzen zwischen diesen drei politischen Richtungen gab.[22] Der immer wieder vorgebrachte Vorwurf des Trotzkismus basierte nicht auf der realen Bedrohung der KPD-Führung durch eine trotzkistische Strömung in der KPD. Vielmehr diente er dazu, in der KPD-Mitgliedschaft seit den dreißiger Jahren geprägte Feindbilder gegen die Trotzkisten zu reaktivieren. Wenn in der KPD ab 1948/49 von Trotzkisten die Rede war, dann immer im Zusammenhang mit Agenten ausländischer Geheimdienste. Häufig wurden "Parteifeinde" nicht nur als ausländische Agenten, sondern auch der Zusammenarbeit mit der Gestapo verdächtigt. Zu den Verdachtsmomenten in diesem Zusammenhang gehörte, wenn ein Kommunist unter den Nazis vergleichsweise kurz inhaftiert gewesen war.[23] Angeheizt wurde die von der Parteiführung geschürte "Agenten"-Hysterie durch Verweise auf die Moskauer Prozesse Ende der dreißiger Jahre, aber auch auf die Schauprozesse Ende der vierziger/Anfang der fünfziger Jahre in Ungarn, Bulgarien und der Tschechoslowakei.

Westemigranten - Kriegsgefangene in westlichen Ländern und Jugoslawien

Zu der besonders verdächtigen und innerparteilich überprüften Personengruppe gehörten diejenigen KPD-Mitglieder, die sich während des Nationalsozialismus in westlicher oder jugoslawischer Kriegsgefangenschaft oder in westlicher Emigration befanden. Wie in allen wesentlichen politischen Fragen folgte die KPD auch in dieser Frage der SED. Nachdem der Parteivorstand der SED am 29. Juli 1948 einen Beschluß "Für die organisatorische Festigung der Partei und für ihre Säuberung von feindlichen und entarteten Elementen" gefaßt hatte, kündigte der Parteivorstand der KPD am 30. August 1948 eine "allgemeine Mitgliederkontrolle" an. Diese begann im Oktober 1948 und erstreckte sich über mehrere Monate. Für den Jänner 1949 lassen sich für die SBZ Säuberungsmaßnahmen nachweisen, die auf Regierungs- und Verwaltungsapparat sowie auf Organe der Inneren Sicherheit zielten.[24] Zu den Verdachtsmomenten zählten Westkontakte oder Kriegsgefangenschaft bei den Westmächten. Ein bedeutender Schritt im Zuge der Maßnahmen gegen ehemalige Westemigranten in der SED war die "Erklärung des Zentralkomitees und der Zentralen Parteikontrollkommission zu den Verbindungen ehemaliger deutscher politischer Emigranten zu dem Leiter des Unitarien Service Committee Noel H. Field" vom 24. August 1950. In dieser Erkärung wurde der Ausschluß mehrerer SED-Mitglieder bekanntgegeben. Zu den Ausgeschlossenen gehörte auch der ehemalige KPD-Funktionär Leo Bauer, der am 23./24. August 1950 verhaftet wurde. [25]

Die KPD-Funktionäre, die man 1950/51 aus Westdeutschland unter einem Vorwand nach Berlin holte und verhaftete, waren vor allem ehemalige Westemigranten. Zu nennen wären Alfred Drögemüller[26] (Chefredakteur der KPD-Zeitung "Wissen und Tat"), Ewald Kaiser (Mitglied des Sekretariats der KPD-Landesleitung Nordrhein-Westfalen), Willi Prinz[27] und Fritz Sperling[28]. Eine weitere Variante der Repressalien war die Übersiedlung unsicherer und/oder gesäuberter KPD-Mitglieder in die DDR. [29]

Am 26./27. Oktober 1950 faßte das ZK der SED einen Beschluß zur Überprüfung der Mitglieder und Kandidaten. Mittels eines gigantischen Kontrollapparates sollten die Mitglieder in der Zeit vom 15. Jänner 1951 bis zum 30. Juni 1951 mittels persönlicher und schriftlicher Befragung auf bestimmte Merkmale hin kontrolliert werden.[30] Zu den zu überprüfenden Merkmalen gehörte die moralische Haltung des Einzelnen, die Meinung in umstrittenen politischen Fragen (wie etwa zur Oder-Neiße-Grenze), die Mitgliedschaft in früheren "abweichlerischen" Gruppen und die Tatsache der Westemigration. Daß es in der KPD fast zeitgleich ähnlich weitreichende Überprüfungen gab, darauf deuten Dokumente vom April 1951 hin. In diesem Monat wurden die Kaderabteilungen in den westdeutschen Ländern von der Parteikontrollkommission der KPD aufgefordert, die Personalunterlagen der Mitglieder auf bestimmte Merkmale hin zu überpüfen und entsprechende Listen anzulegen. Zu den zu überprüfenden Merkmalen gehörte: frühere Mitgliedschaft in der KPO, Leninbund, ISK, "Brandlerianer", Verbindungen zu "parteifeindlichen Gruppen" während der Emigration, Besuch von Schulen in der westlichen Kriegsgefangenschaft, politische Aktivität in der jugoslawischen Kriegsgefangenschaft.[31] Bei einer Überprüfung der Redakteure der Parteizeitungen wurde der Kreis der Betroffenen beträchtlich ausgeweitet. Als negative Merkmale wurden u. a. genannt: Beschäftigung bei einer westlichen Besatzungsmacht, Homosexualität oder mangelnde Verläßlichkeit des Ehepartners.[32]

Säuberungen in Hamburg und Schleswig-Holstein

Hamburg und Schleswig-Holstein waren Schwerpunkte der innerparteilichen Säuberungsaktion. Von einer zweiten Säuberungswelle Ende 1949 bis Jänner 1950 waren vor allem frühere "Rechtsabweichler" betroffen.

Folgt man der KPD-Berichterstattung, dann wurde innerhalb der Partei um die KPD-Politik gegenüber SPD und Gewerkschaften gestritten. Der Parteivorstand der KPD kritisierte die Politik der SPD-Führung als antinational, westhörig und kriegsfördernd. Auf der anderen Seite kämpfte die KPD-Führung gegen das Sektierertum an der Basis der Partei. Die Parteiführung plädierte für die Aktionseinheit von unten. Als die KPD-Vertreter in der Bundesversammlung 1949 bei der Wahl des Bundespräsidenten für den SPD-Vorsitzenden Schumacher stimmten, spekulierte die Parteiführung auf die erzieherische Wirkung dieser Stimmabgabe. Eine Diskussion um die Stimmabgabe für Schumacher sei nützlich, "denn durch sie müssen die Hemmnisse in unserer Partei gegen den gemeinsamen Kampf mit den Sozialdemokraten überwunden (...) werden."[33]

Folgt man den Vorwürfen der KPD-Führung gegen die Hamburger "Parteifeinde", dann ging es diesen weniger um die Entlarvung der SPD als antinationale und prowestliche Kraft, als um die Erreichung von Erfolgen gemeinsam mit der Sozialdemokratie.[34] Angesichts der "Fehlorientierung" innerhalb der Hamburger Landesleitung sah sich der KPD-Vorstand im April 1949 zu einer Intervention veranlaßt. Man versuchte durchzusetzen, daß die Hamburger KPD die SPD bei den kommenden Bürgerschaftswahlen öffentlich an ihrem 28-Punkte-Programm von 1946 mißt.[35] Laut damaligen Äußerungen von Kurt Müller wurde dieses Vorhaben von maßgeblichen Funktionären im Hamburger Landesvorstand unterlaufen.

In Hamburg wurden bis zum Jänner 1950 folgende Maßnahmen durchgeführt: Versetzung des KPD-Landesvorsitzenden Gustav Gundelach als Mitarbeiter der KPD-Fraktion im Bundestag[36], Funktionsenthebung des stellvertretenden Landesvorsitzenden Harry Naujoks und des Leiters der Abteilung Landespolitik Walter Möller. Parteiausschluß für den mit Schulungsfragen befaßten Funktionär Karl Grunert, den KPD-Funktionär Fiete Dethlefs und den für die Hafenarbeiter zuständigen Gewerkschaftsfunktionär Arno Nicolaisen. Bis auf Gundelach und Naujoks waren alle genannten Personen vor 1933 "Versöhnler" oder im Umkreis der KPDO organisiert.[37]

Damit waren die Maßnahmen gegen die angebliche Fraktion in Hamburg offensichtlich jedoch noch nicht abgeschlossen. Auf einer Funktionärsversammlung der KPD Hamburg am 27. Februar 1950 wurde bei drei Gegenstimmen und vier Enthaltungen der Ausschluß der "parteifeindlichen fraktionellen Gruppe" gefordert.[38] Bis zum "Münchner Parteitag" 1951 wurden sämtliche Mitglieder des Hamburger Landessekretariats ausgewechselt.[39]

Zu einer massiven Säuberungsaktion kam es auch in Kiel (Schleswig-Holstein). Am 16. Jänner 1950 meldet die Hamburger Volkszeitung den Ausschluß der Kieler Parteifunktionäre Latzke[40], Schlichting, Strunk, Sydow, Wiesner und Baasch. Sie wurden des Kontaktes zu "den Trotzkisten" Brandler und Bergmann beschuldigt. Außerdem wurde ihnen vorgeworfen, sie wollten die Kieler Parteiorganisation an sich reißen.

Bemerkenswert ist, daß unmittelbar nach Kriegsende in Hamburg und Schleswig-Holstein frühere "Abweichler" zwar maßgeblich am Parteiaufbau beteiligt waren, eben diese Personen aber auch zu denen gehörten, denen man Ende der vierziger/Anfang der fünfziger Jahre wieder den Laufpaß gab. In Hamburg waren es die beiden vor 1933 als "Versöhnler" gemaßregelten[41] Fiete Dethlefs und Paul Tastesen, die unmittelbar nach Kriegsende an führender Stelle (Tastesen war der erste Stadtleiter nach Kriegsende) am Aufbau der KPD beteiligt waren. Ende 1945 bzw. 1949 wurden beide gemaßregelt.[42]

In der im Juli 1946 gebildeten Landesleitung der KPD im nördlichsten Bundesland Schleswig-Holstein "stellten die ehemals Abtrünnigen (Anhänger der KPDO und des Leninbundes, Anm. d. Verf.) (...) die beiden Vorsitzenden und mit vier zu drei die Mehrheit ihrer Mitglieder."[43] Zwischen 1948 und 1952 waren fünf Mitglieder dieser ersten Landesleitung von innerparteilichen Zwangsmaßnahmen betroffen.[44]

Kurt Müller, der zusammen mit Willi Prinz die erste Säuberungswelle in Hamburg leitete, zeichnete sich durch Härte aus. In den Diskussionen im Hamburger Landesvorstand im Jänner 1950 kritisierte er Naujoks, weil dieser die Existenz eines "fraktionellen Dreierkopfes" zwar eingestanden, diesen aber als "prinzipienlose Gruppe" bezeichnet habe. Nach Meinung Müllers handelte es sich jedoch um eine "ganz prinzipiell parteifeindliche" Gruppe.[45] Nachdem Müller in Ostberlin verhaftet worden war, erklärte Willi Prinz vor Hamburger "Parteiarbeitern", Müller habe versucht, die Partei "in der Abwicklung der Angelegenheit der parteifeindlichen Gruppe (...) in eine überspitzte Haltung zu drängen."[46] Ob Prinz gegenüber den "Parteifeinden" weniger hart vorging, läßt sich nicht mit Sicherheit sagen. Bemerkenswert scheint jedoch, daß Prinz im Sommer 1950 den Gemaßregelten Naujoks und Möller in einem Schreiben mitgeteilt haben soll, die gegen sie erhobenen Verdächtigungen und Beschuldigungen träfen nicht zu und sie könnten wieder Parteifunktionen einnehmen.[47] Möller bekam sogar eine Einladung zum "Münchner Parteitag" (der in Weimar stattfand). Aus Angst vor Repressalien in der DDR nahm er die Einladung jedoch nicht an.[48]

Auch Prinz wurde schließlich Opfer von Repressalien. Am 6. Februar 1951 wurde er zur 18. Parteivorstandstagung der KPD in die DDR eingeladen. Nach der Tagung wurde er nach Berlin gebracht und dort verhaftet. 1954 wurde Prinz nach 3 1/2jähriger Kerkerhaft (ohne Gerichtsverfahren) nach Westdeutschland entlassen. Auf einer Pressekonferenz in Hamburg nennt er als einen Grund für seine Einkerkerung: "Wegen meiner zögernden Haltung im Fall des Naujoks-Kreises."[49] In einem in der "Rhein-Neckar-Zeitung" veröffentlichten Bericht[50] nennt Prinz weitere Gründe für seine Einkerkerung: Ihm wurde vorgeworfen, er habe Verbindungen mit dem britischen und dem französischen Geheimdienst gehabt. Zusammen mit Müller soll er Leiter einer großen Parteiverschwörung in Westdeutschland gewesen und gegen die Führung der SED konspiriert haben. Auch seine angebliche frühere Mitgliedschaft in der Neumann-Gruppe und seine Kontakte zu Müller vor 1933 (Müller war Anhänger der Neumann-Gruppe[51]) wurde ihm vorgehalten. Prinz wurde außerdem vorgeworfen, er habe sich für den deutschen Weg zum Sozialismus eingesetzt.

Kurt Müller war bereits im Frühjahr 1950 von der SED-Führung nach Berlin bestellt worden. Am 22. März 1950 wurde er dort verhaftet. Auf einer außerordentlichen Parteivorstandssitzung am 10. Mai 1950 hielt Reimann ein Referat, in dem Kurt Müller als Agent beschuldigt wurde. Unerwähnt blieb jedoch, daß Müller im Gefängnis saß. Fünf Tage nach der Parteivorstandssitzung verabschiedete eine Parteiarbeiterversammlung der Hamburger KPD ein Telegramm an den Parteivorsitzenden Reimann, in dem es heißt, die Parteiarbeiterversammlung habe "mit großer Entrüstung Kenntnis genommen von dem Verrat des Schurken Müller. Sie begrüßt einstimmig die rasche Entlarvung dieses Agenten, Doppelzünglers und Intriganten und seine rücksichtslose Entfernung aus der Partei."[52] Für die "Hamburger Volkszeitung" war der Fall Müller Teil einer Verschwörung der "internationalen imperialistischen Reaktion". Belegt wurde dies mit dem Verweis auf den Schauprozeß gegen "Rajk und Komplicen" in Ungarn. [53]

Welche Bedeutung die Schauprozesse gegen Rajk in Ungarn (September 1949) und Kostoff in Bulgarien (Dezember 1949) für ehemalige "Abweichler" in der KPD gehabt haben müssen, geht aus damaligen KPD-Publikationen hervor. In einem 1950 erschienenen Bildungsheft der KPD hieß es: "Der Rajk- und Kostoff-Prozeß haben gezeigt, daß die Imperialisten immer mehr die Mittel der Verschwörung, der Provokation, des Mordes, der Zersetzung anwenden, und daß sie sich dabei mit Vorliebe derer bedienen, die irgendeinen schwachen Punkt in ihrer Vergangenheit haben, in ihrem Verhalten vor der Polizei[54], als Träger von Abweichungen von der marxistisch-leninistischen Parteilinie usw."[55] Möglicherweise tat sich Müller bei der Säuberung der KPD in Hamburg deshalb so hervor, weil er "einen schwachen Punkt" in seiner Vergangenheit hatte.

Welche Vorwürfe erhob die KPD-Führung gegen Müller? Reimann erklärte, Müller habe versucht, früheren Abweichlern (in Niedersachsen ehemaligen KPDO-Mitgliedern) Parteifunktionen zu verschaffen und sie vor Säuberungen zu schützen.[56] Später hieß es, Müller sei auf der Konferenz in Solingen 1949 zusammen mit dem im Sekretariat des Parteivorstandes für Gewerkschaftsfragen Zuständigen, Hermann Nuding, "gegen die Verlesung einer Begrüßung des ZK der SED auf(getreten), in der davon gesprochen wurde, daß das deutsche Volk im Falle einer imperialistischen Aggression auf der Seite der Sowjetunion kämpfen wird." [57]

Auf der Sitzung des Parteivorstands, in der Müller als Agent "enttarnt" und aus der Partei ausgeschlossen wurde, wurde Fritz Sperling zum Nachfolger Müllers als stellvertretender Parteivorsitzender gewählt. Drei Monate später - am 24. August 1950 - wurde auch Sperling in Ost-Berlin verhaftet.

Nach seiner Entlassung im Jahre 1955 blieb Sperling Mitglied der KPD. Müller und Bauer wurden nach ihrer Entlassung Mitglied der SPD. Später waren beide in verantwortlichen Positionen für die SPD bzw. die Friedrich Ebert Stiftung tätig. Die gemaßregelten Hamburger KPD-Funktionäre Naujoks und Möller blieben Mitglied der KPD bzw. später der DKP. Von den KPD-Mitgliedern, die unter stalinistischen Repressalien gelitten haben und Mitglied von KPD bzw. DKP blieben, ist bekannt, daß das ihnen zugefügte Unrecht auch in ihrer späteren persönlichen Beurteilung hinter übergeordneten politischen Grundsätzen (Treue zur Partei, Außenbedrohung der Kommunisten) zurücktrat.

Die "Kaderbriefe"

Ein Beweis für in Hamburg arbeitende parteifeindliche Gruppierungen waren nach Meinung des Parteivorsitzenden Reimann die sogenannten "Kaderbriefe"[58], welche Ende 1948 bis Anfang 1950 von einer konspirativ arbeitenden Gruppe an Hamburger Parteimitglieder verschickt worden sein sollen.[59] In einem der ersten Kaderbriefe hieß es, man wolle keine Fraktionsbildung in der Partei. Anfang 1950 hieß es in einem Kaderbrief, daß seit dem Beginn der Kaderbewegung "nicht ein einziger Genosse wegen seiner Zugehörigkeit zur Kaderbewegung aus der Partei ausgeschlossen" worden sei.[60]

Die Autorenschaft der Kaderbriefe ist umstritten. Kurt Müller zufolge stammen sie von den Leitern des Informationsdienstes der SED.[61] Laut Hermann Weber wurden die Kaderbriefe in provokatorischer Absicht verschickt. "Wer sie nicht umgehend bei der KPD-Kaderabteilung ablieferte, galt als unzuverlässiger 'Abweichler' oder gar 'Parteifeind'."[62] Der damalige Hamburger KPD-Funktionär Helmuth Warnke vertritt heute die - damals seiner Meinung nach in der KPD vorherrschende - Meinung, die Kaderbriefe stammten von der KPO.[63] Dieser These steht entgegen, daß Theodor und Joseph Bergmann, beide damals Mitglieder der Gruppe "Arbeiterpolitik", heute angeben, die "Kaderbriefe" gar nicht zu kennen.[64]

Studiert man die Exemplare der "Kaderbriefe", die sich heute im Nachlaß Naujoks in Hamburg befinden, liegt die Vermutung nahe, daß sie, bis auf das Exemplar Nr. 6, von "Versöhnlern" verfaßt wurden. "Kaderbrief" Nr. 6 unterscheidet sich in Stil und Inhalt krass von den anderen "Kaderbriefen". Dieser Brief zeichnet sich durch eine scharfe Polemik gegen die Politik der Sowjetunion und der KPD-Führung aus. Außerdem enthält er persönliche Diffamierungen gegen einzelne KPD-Funktionäre. In einem nachfolgenden "Kaderbrief" wurde "Kaderbrief" Nr. 6 als Fälschung bezeichnet. Die Schlußfolgerung liegt nahe, daß *nur* "Kaderbrief Nr. 6" eine Fälschung vonseiten verantwortlicher KPD-Funktionäre gewesen ist, verfaßt in der von Weber benannten provokatorischen Absicht.[65]

Alle anderen "Kaderbriefe" im Nachlaß Naujoks zeichnen sich durch eine vorsichtige Kritik der Parteilinie und durch eine freundliche Haltung gegenüber der Sowjetunion aus. Die Ursache der Parteikrise lag nach Meinung der Kaderbriefautoren in der falschen nationalen Politik der KPD. "Die SED-Politik der Volkskongresse[66] und ähnlicher Unsinn (...) (war) der Knüppel zwischen den Beinen (...), der die Partei zu Fall brachte. Die SED-Politik wurde von der KPD im Westen mit dem fast vollkommenen Verlust ihres Einflusses auf die breiten Massen bezahlt."[67] "Die KPD im Westen (hat) ganz andere Aufgaben zu erfüllen (...) als die SED im Osten."[68] Die von der KPD betriebene Politik der nationalen Front wurde nicht grundsätzlich abgelehnt, die Art ihrer Durchführung wurde jedoch als "opportunistisch und weich" kritisiert.[69] Die Kaderbriefautoren bezweifelten, ob die KPD stark genug sei, eine nationale Front in Westdeutschland aufzubauen, die wesentlich über die Reihen der KPD hinausgehe.[70]

Die Autoren der Kaderbriefe sprachen sich dafür aus, die Partei von den Betriebsgruppen aus zu reorganisieren. Davon versprachen sie sich eine Stärkung des klassenkämpferischen Elements auf die Gesamtpolitik der Partei. Eine solche Reorganisierung führe "im Endergebnis zu einer mehr realistischen und mehr erfolgreichen Politik."[71]

Daß es sich bei den Autoren kaum um ehemalige KPDO-Mitglieder gehandelt haben kann, wird deutlich an der Aussage, daß man "jeden Kontakt mit den Trotzkisten, Anarchisten, Syndikalisten oder anderen parteifeindlichen Elementen ab(lehnt)."[72] In Jugoslawien, so hieß es, herrsche eine "faschistische Diktatur".[73] Tito habe den demokratischen Zentralismus zerschlagen. Diese Einschätzung deutet darauf hin, daß die Autoren zumindest nicht aus dem Umfeld der Gruppe Arbeiterpolitik (ehemals KPO) kamen. Denn diese hatte zu Tito ein kritisch-solidarisches Verhältnis.[74]

Offene Fragen

Anhand der jetzt im Institut für Geschichte der Arbeiterbewegung (Berlin) verfügbaren Quellen müßte insbesondere folgenden Fragen nachgegangen werden:

- Inwieweit wurden von ehemaligen "Abweichlern", die sich nach 1945 der KPD anschlossen, alternative Konzeptionen überlegt oder entwickelt?
- Richteten sich die Repressalien in der KPD insbesondere gegen Personen, die für eine von der SED unabhängigere Politik eintraten? Ging es bei den Säuberungen vor allem um die Einschüchterung der Mitgliedschaft und ihre Abschottung gegen die Verunsicherungen der Umwelt oder war beides von Bedeutung?
- Gab es in der Parteiführung Widerstände gegen die Säuberungspolitik?
- Inwieweit mußte die SED-Führung Druckmittel anwenden, um die KPD in Westdeutschland zu einer ihr genehmen Politik zu veranlassen? Spielten die Verhaftungen führender KPD-Funktionäre in diesem Zusammenhang eine Rolle?
- Zum Problemfeld Opfer/Täter: Läßt sich die übereifrige Befolgung der Säuberungen durch ehemalige "Abweichler" (Anhänger der Neumann-Gruppe wie Kurt Müller und Willi Prinz), aber auch die Anpassung ehemaliger "Brandlerianer"[75] damit erklären, daß sie Angst hatten, ihr früheres oppositionelles Verhalten würde ihnen erneut zum Verhängnis? Befürchteten sie eine drohende Inhaftierung oder gar Liquidierung in der DDR bzw. in der Sowjetunion? Inwieweit stand die Säuberungspolitik von Müller und Prinz auch in der Tradition ihrer linksradikalen Politik vor 1933?

- Woran scheiterten andere linke Organisationen wie die von den ehemaligen SED- bzw. KPD-Funktionären Josef Schappe, Wolfgang Leonhard und Georg Fischer gegründete UAP?
- Wie wirkten die politischen, ökonomischen und kulturellen Prozesse in den fünfziger Jahren auf die Linke in der Bundesrepublik? Wurde der traditionellen Arbeiterpolitik der Boden entzogen?
- Scheiterte die KPD vor allem am Stalinismus oder eben an diesen auf die gesamte Linke wirkenden Prozessen?
- Gemessen an ihren selbstgesteckten Zielen scheiterte die KPD nach 1945. Inwieweit liegen die Ursachen dieses Scheiterns darin begründet, daß die KPD mit ihrer Politik nicht in erster Linie von den Verhältnissen in Westdeutschland ausging, sondern vor allem den Sicherheitsinteressen der DDR und der Sowjetunion nützen wollte?[76]

Anmerkungen

1) Zu den 1953/54 Gemaßregelten KPD-Funktionären gehörten: Franz Heitgres (1945/46 Senator in Hamburg; Vorsitzender der VVN in der britischen Zone; im Februar 1953 von zentralen Positionen der KPD "entbunden", März 1954 Ausschluß aus der KPD), Otto Koock (Mitglied im Sekretariat des Parteivorstandes; 1953 Ausschluß aus der KPD), Kurt Lichtenstein (1948 Chefredakteur der "Neuen Volkszeitung"; 1953 wegen Zusammenarbeit mit Kurt Müller seiner Funktionen enthoben).

2) Zum Forschungsstand siehe Dietrich Staritz: Die Kommunistische Partei Deutschlands. In: Richard Stöss (Hg.), Parteienhandbuch Bd. 2, Opladen 1984, S. 1761-1763, 1791-1798; Georg Fülberth, KPD und DKP 1945 - 1990. Zwei kommunistische Parteien in der vierten Periode kapitalistischer Entwicklung, Heilbronn 1990. S. 63-84.

3) Über die Umbenennung der Partei. Aus der Rede von Max Reimann auf der Herner Konferenz der KPD im April 1948. In: Marxistische Blätter 3/90, S. 60.

4) Ebd.

5) Kommunique der 8. PV-Tagung der KPD, 3. 1. 1949, in: KPD 1945-1968. Dokumente, Bd. 1, herausgegeben und eingeleitet von Günter Judick, Josef Schleifstein, Kurt Steinhaus, S. 264.

6) Kurt Müller, Besteht die Gefahr des Titoismus in unserer Partei? Eine Antwort an den Genossen Hans Höcker. Hamburg, "Hamburger Volkszeitung" (HVZ) Nr. 115, 15. 9. 1949, S. 3.

7) Ebd. Müller hatte seinen Artikel als Antwort auf eine schriftliche Anfrage des Werftarbeiters verfaßt. Höcker soll die Frage gestellt haben, ob in der KPD die Gefahr des Titoismus bestehe. Nach Angaben des damaligen KPD-Funktionärs Warnke war die Anfrage Höcker's vom stellvertretenden Chefredakteur der HVZ Heinz Prieß "bestellt" worden. Nach Warnke hat Höcker früher zur "Brandlerfraktion" gehört. (Vgl. Warnke: Fahnen, S. 137).

8) Der Organisationsgrad des DGB fiel in der Zeit von 1950 bis 1970 kontinuierlich von 35,7% auf 30% (Vgl. Walther Müller-Jentsch: Soziologie der industriellen Beziehungen, Frankfurt am Main 1986, S. 90ff.).

9) So 1952 gegen die Verabschiedung des Betriebsverfassungsgesetzes und 1955 gegen die Aushöhlung der Montanmitbestimmung.
10) Vgl. Fülberth, KPD und DKP, S. 17f.
11) "Gniffke aus der SED ausgeschlossen", HVZ Nr. 99, 2. 11. 1948, S. 2.
12) Entschließung der Solinger Delegiertenkonferenz der KPD, 5. - 6. 3. 1949, in: KPD 1945 - 1968, Bd. 1., S. 276.
13) Die KPD verfügte über 14 Tageszeitungen.
14) Vgl. "Marxistisch-leninistische Festigung", HVZ Nr. 3, 4. 1. 1950, S. 1.
15) Zahl der Sitzungen: 1948 (6 Sitzungen), 1949 (7), 1950 (3), 1951 (3), 1952 (5), 1953 (4), 1954 (5), 1955 (6), 1956 (7) (Vgl. KPD 1945 - 1956. Abriß, Dokumente, Zeittafel, Berlin (DDR) 1966).
16) Genannt werden Hugo Ehrlich, Walter Fisch, Erich Jungmann, Hermann Nuding, Jupp Schleifstein und Rudi Singer. (Vgl. Günter Judick, Josef Schleifstein, Kurt Steinhaus, Zu einigen Fragen der Nachkriegsgeschichte der KPD. In: KPD 1945 - 1968, S. 42.
17) Richtlinien zur Vorbereitung und Durchführung der Neuwahl der Parteileitungen. In: So festigen wir die Parteiorganisation. Das ABC der Kleinarbeit, Nr. 4, Parteivorstand der KPD (Hg.), Frankfurt/M. o. J., S. 39.
18) Walter Ulbricht, Entwurf zu Anweisungen für die Anfangsmaßnahmen zum Aufbau der Parteiorganisation. 15. 2. 1945, zit. nach: Horst Laschitza, Kämpferische Demokratie gegen Faschismus. Die programmatische Vorbereitung auf die antifaschistisch-demokratische Umwälzung in Deutschland durch die Parteiführung der KPD. Berlin (DDR) 1969, S. 229.
19) Vgl. Peter Brandt, Antifaschismus und Arbeiterbewegung. Aufbau - Ausprägung - Politik in Bremen 1945/46, Hamburg 1976, S. 375f.
20) Vgl. K. P. Wittemann, Kommunistische Politik in Westdeutschland nach 1945. Der Ansatz der Gruppe Arbeiterpolitik. Darstellung der grundlegenden politischen Auffassungen und ihrer Entwicklung zwischen 1945 und 1952, Hannover 1977, S. 207.
21) Hermann Matern, Die Neubildung der Partei. Referat vom 13. 6. 1945, Berlin 1945, S. 13.
22) Die 1947 von ehemaligen KPDO-Mitgliedern gegründete Gruppe Arbeiterpolitik (GAP) kritisierte sowohl Trotzki als auch die Volksfrontpolitik der KPD. KPDO und GAP kritisierten die Konzepte von Trotzki und der KPD als nicht an den Interessen der Arbeiterklasse orientiert. (Vgl. "Trotzki - der Vater der Volksfrontpolitik. In: Arbeiterpolitik Nr. 11, November 1949. In: Gruppe Arbeiterpolitik (Hg.): Arbeiterpolitik November 1948 - Juli 1950, o. O. 1975, S. 10).
23) Befragung Jan Wienecke (Hamburg), 31. 10. 1990.
24) Vgl. Wilfriede Otto, Mielke wollte einen "Schulfall" inszenieren, Neues Deutschland 22./23. 9. 1990, S. 13.
25) Bauer wurde Ende 1952 zum Tode verurteilt. Nach Stalins Tod wurde Bauer zu 15 Jahren Zwangsarbeit begnadigt.
26) Drögemüller hatte vor 1945 eine leitende Funktion in der illegalen Organisation der KPD in Dänemark. Im Februar 1951 wurde er auf einer Landstraße in der DDR festgenommen. In fast dreijähriger Haft in der DDR sollte D. das Geständnis abgepreßt werden, er habe enge Beziehungen zu ausländischen Agenten unterhalten (vgl. Arbeitsgruppe "Opfer des Stalinismus": Damit ihnen Recht widerfahre

..., Neues Deutschland, 10./11. 2. 1990, S. 13). 1951 wurde D. von seiner Funktion in der KPD "abgelöst". Später wurde er rehabilitiert.
27) Bis Ende 1946 Kriegsgefangenschaft in Ägypten.
28) Emigration in der Schweiz.
29) Zu den "Übersiedlern" gehörten die Hamburger Parteifunktionäre Fiete Dettmann und Franz Blume (vgl. Warnke, Fahnen, S. 145) sowie der Ideologie-Sekretär des Parteivorstands Josef Schleifstein. Dettmann wurde nach Auseinandersetzungen in der Hamburger Parteileitung 1951 gegen seinen Willen gedrängt, mit der Familie nach Stralsund zu übersiedeln. (Vgl. Siegfried, "Linkssektierer" und "Rechtsopportunisten", S. 36) Dies geschah gegen Ende des Jahres 1951. Josef Schleifstein war zunächst in der Tschechoslowakei und dann in Großbritannien in der Emigration gewesen. Am 10. Mai 1950 wurde er in das Sekretariat der KPD aufgenommen, mußte jedoch noch im selben Jahr wieder ausscheiden. Er ging in die DDR. Dort konnte er "offensichtlich nach Abschluß der Untersuchung gegen ihn - wissenschaftlich und parteipolitisch (für die KPD in der Zeit der Illegalität bis 1968) weiterarbeiten." (Fülberth, KPD und DKP, S. 78) .
30) Vgl. Richtlinien zur Parteiüberprüfung 1950/1951, bearbeitet und eingeleitet von Angelika Klein. In: BzG 6/1990, S. 787
31) Vgl. PKK [Parteikontrollkommission] [an Kader], 4. 4. 1951, BAK B 118/137; Kader (D./Or.) [an die Kaderabteilungen der Landesverbände], 12. 4. 1951, BAK, B 118/137. Für die Hinweise auf Quellen im Bundesarchiv Koblenz dankt der Verf. Detlef Siegfried (Kiel).
32) Vgl. BAK B 118/139, "Überprüfung der Redakteure der Parteizeitungen", o. D.
33) Rede des Genossen Max Reimann auf der 13. Parteivorstandssitzung am 14./16. September 1949 in Frankfurt am Main. In: Der Kampf um die marxistisch-leninistische Festigung unserer Partei. o. O., o. D., S. 5.
34) Positionen wie die des stellvertretenden Landesvorsitzenden Naujoks, der erklärt haben soll, der Hamburger Hafen werde noch einen Aufschwung erleben, wurden als sozialdemokratisch verdammt.
35) Vgl. Kurt Müller, Resolution der 14. Parteivorstandstagung ist das ABC unserer Arbeit, HVZ Nr. 18, 21./22. 1. 1950, S. 6.
36) Vgl. "Die Parteiführung zerschlägt die KPD", Arbeiterpolitik Nr. 12, Dezember 1949. In: Arbeiterpolitik, S. 171.
37) Möller war vor 1933 Mitglied der KJO-Reichsleitung (Befragung Reinhard Müller, 30. 10. 1990), wegen "versöhnlerischer Abweichungen" wurde Grunert 1928 und Dethlefs 1931 ausgeschlossen. Auch Nicolaisen war vor 1933 bereits ausgeschlossen worden (das Hamburger Sekretariat der KPD behauptet, N. sei vor 1933 "Brandlerist" gewesen. Die Gruppe Arbeiterpolitik erklärt dagegen, N. sei Versöhnler gewesen).
38) Vgl. Die Einheit der Partei wie Deinen Augapfel hüten, HVZ Nr. 56, 7. 3. 1950, S. 2.
39) Befragung Walter Möller (Hamburg), 3. 9. 1990
40) Latzke soll nach Angaben der HVZ schon 1930 "zu Brandler übergegangen" sein. Seit 1946 soll Latzke "Agent" der "trotzkistischen Brandlergruppe" gewesen sein.
41) Fiete Dethlefs wurde 1931 als "Versöhnler" ausgeschlossen. Paul Tastesen wurde 1930 als "Versöhnler" seiner Funktion enthoben.
42) Tastesen bekam "aus Gesundheitsgründen" bereits zum Jahreswechsel 1945/46 den Posten eines HVZ-Redaktionssekretärs.

43) Vgl. Siegfried, "Linkssektierer", S. 19.
44) Vgl. ebd., S. 37.
45) Kurt Müller: Rede auf der Landesvorstandssitzung der KPD Hamburg am 14. 1. 1950. In: Die Einheit der Partei wie Deinen Augapfel hüten! Materialien zur Landesvorstandssitzung der KPD Hamburg vom 14. - 15. 1. 1950, S. 16.
46) Willi Prinz: Revolutionäre Wachsamkeit stärkt die Front des Friedens! Referat vor den Parteiarbeitern der Landesorganisation Hamburg, 15. 5. 1950, HVZ Nr. 115, 20./21. 5. 1950, S. 4.
47) Diese Rehabilitierung war jedoch begrenzt: Möller durfte Parteifunktionen nur bis zur Kreisebene, Naujoks nur Parteifunktionen unterhalb der Kreisebene einnehmen. (Vgl. DKP-Hamburg, Arbeitskreis Geschichte: Weiße Flecken und Rehabilitierung von Genossinnen und Genossen. Zur Hamburger Parteigeschichte nach 1945. Erste Ergebnisse. Hamburg 1989, S. 17. Die DKP-Autoren stützten sich auf mündliche Hinweise von Martha Naujoks und Walter Möller [Befragung Wienecke, 31. 10. 1990]).
48) Befragung Walter Möller (Hamburg), 3. 9. 1990.
49) Vgl. Warnke: Fahnen, S. 152.
50) Ich beziehe mich auf eine Wiedergabe des Berichts durch Fülberth (KPD und DKP, S. 73).
51) Müller wurde 1931 Kandidat im Präsidium des Exekutivkomitees der Kommunistischen Jugendinternationale. Ende 1932 wurde Müller als Anhänger von Heinz Neumann - der als Opfer Stalins 1937 erschossen wurde - abgesetzt und 1933/34 nach Gorki verbannt.
52) Telegramm an Max Reimann, HVZ Nr. 112, 16. 5. 1950, S. 1.
53) Vgl. Buch der Woche "László Rajk und Komplicen vor dem Volksgericht", HVZ Nr. 115, 20./21. 5. 1950, S. 3.
54) Mit dem Hinweis auf das Verhalten vor der Polizei wurde auf das Wirken des "polizeilichen Zersetzungsapparates" angespielt.
55) Die ideologisch-politische Festigung der Partei auf der Grundlage des Marxismus-Leninismus II., Sozialistisches Bildungsheft 2, PV der KPD (Hg.), Frankfurt/M. o. D. [1950], S. 7.
56) Referat des Vorsitzenden der KPD, Max Reimann, auf der außerordentlichen Vorstandssitzung, 10. 5. 1950. HVZ Nr. 109, 12. 5. 1950, S. 3.
57) Die gegenwärtige Lage und die Aufgaben der KPD, Entschließung des Münchner Parteitags, 3. - 5. 3. 1951. In: KPD 1945 - 1968, S. 372.
58) Die Kaderbriefe seien ein gemeinsames Produkt einer parteifeindlichen Gruppe und ausländischer Geheimdienste, erklärte Max Reimann. Vgl. Rede des Genossen Max Reimann, S. 11.
59) In Kaderbrief Nr. 4 hieß es, daß "der Kaderbrief (...) bisher von der Hamburger Kadergruppe herausgegeben wurde." Er "wird weiterhin das offizielle Organ der KBKPD (Kaderbewegung der KPD, Anm. d. Verf.) sein." (Kaderbrief Nr. 4, Gedenkstätte Ernst Thälmann (GET), Nachlaß Naujoks, April 1949, MS, S. 6) Der Verfasser dankt Reinhard Müller (Hamburg) für den Quellenhinweis.
60) Kaderbrief Nr. 9, MS, S. 1.
61) Müller nennt die Namen Bruno Haid, Walter Vesper und Willi Grünert. (Vgl. Kurt Müller: Ein historisches Dokument aus dem Jahre 1956. Brief an den DDR-Ministerpräsidenten Otto Grotewohl 31. 5. 1956. In: APuZ, 9. 3. 1990, S. 26).
62) Hermann Weber (Fußnote) ebd.

63) Befragung Helmuth Warnke (Hamburg), 25. 10. 1990.
64) Befragung Joseph Bergmann (Hamburg) 23. 10. 1990, Befragung Theodor Bergmann (Stuttgart) 31. 10. 1990.
65) Der Parteivorstand der KPD interpretierte die inhaltlichen Unterschiede zwischen den "Kaderbriefen" als Taktik der Autoren, "die, als sie merkten, daß ihre verleumderischen Angriffe gegen die Sowjetunion in einem ihrer ersten Briefe die Gefahr ihrer Entlarvung für sie bedeutete, in ihrem nächsten Brief beteuerten, keine Feinde der Sowjetunion zu sein und sich sogar in 'Ergebenheitserklärungen' für die Sowjetunion ergingen." (Sozialistisches Bildungsheft Nr. 2, Parteivorstand der KPD (Hg.), o.D. [1950], S. 6 f.
66) Gemeint sind die von der KPD unterstützten "Volkskongresse für Einheit und gerechten Frieden" 1947 bis 1949 in Berlin.
67) Kaderbrief Nr. 4, April 1949, MS, S. 1.
68) Ebd.
69) Kaderbrief Nr. 7, o. D., MS, S. 2.
70) Ebd.
71) Kaderbrief Nr. 4, April 1949, MS, S. 4.
72) Ebd., S. 4f.
73) Kaderbrief Nr. 9, MS, o. D., S. 2.
74) Vgl. "Die Bolschewisierung der KPD", Arbeiterpolitik Nr. 10, Oktober 1949. In: Arbeiterpolitik, S. 4.
75) Über Anpassungsversuche ehemaliger Brandleristen in Hamburg und Schleswig-Holstein berichten Siegfried und Warnke. (Siegfried, "Linkssektierer", S. 35; Warnke, Fahnen, S. 136f.).
76) Nach Meinung von Experten für die Nachkriegspolitik der KPD war die zunehmende Erfolglosigkeit der KPD in erster Linie Resultat der KPD-Politik selber. (Siehe dazu Werner Müller, Die KPD und die "Einheit der Arbeiterklasse", Frankfurt/M., 1979, S. 403-413; Dietrich Staritz: KPD und Kalter Krieg bis 1950. In: Blanke u. a. (Hg.): Die Linke im Rechtsstaat. Berlin (West) 1976, S. 195-210; ders.: Die Kommunistische Partei, S. 1806ff.

Reiner Tosstorff

Innerparteiliche Säuberungen in den Kommunistischen Parteien Frankreichs und Spaniens 1948 bis 1952

> "Aber wer spricht heute noch von den Bucharin und Sinowjew, wer wird in einigen Jahren noch von Slánský oder Marty sprechen?"
>
> Die theoretische Zeitschrift der KPÖ im Jahre 1953 [1]

Die kommunistischen Parteien im Zeitalter des Stalinismus waren, auch wenn sie nicht darauf reduziert werden können, Agenturen der Sowjetunion, die in ihrer gesamten Politik den entsprechenden Zickzackschwankungen der Stalinschen "Generallinie" folgten. Zwar ist dies manchmal bezweifelt worden - so versuchten die "eurokommunistischen" Historiker in der Volksfront-Politik der dreißiger Jahre eine Art erste Unabhängigkeitserklärung zu sehen[2] -, doch halten die Fakten einer solchen Interpretation nicht stand. Nichts zeigt dies deutlicher als das sklavische und geschlossene Einschwenken auf die Säuberungswelle von 1948 bis zum Tod Stalins.

Hier soll nun anhand zweier westeuropäischer Beispiele beschrieben werden, wie sich diese Entwicklung unter den Bedingungen von nicht-regierenden Parteien vollzog.[3] Die allgemeine politische Situation, unter der jeweils die Kommunistische Partei Frankreichs (KPF) und die Kommunistische Partei Spaniens (KPSp) operierten, kann hier nicht ausgeführt werden. Nur als Stichworte seien genannt: Die KPF war am Ende des Weltkrieges eine Massenpartei und nahm von 1944 bis 1947 sogar an der Regierung teil. Nach 1947 befand sie sich in scharfer Opposition - und das in einer der beiden westlichen Führungsmächte Europas. Die KPSp war nach dem Sieg Francos im Bürgerkrieg im Jahre 1939 blutig unterdrückt: Ihre kleinen illegalen Gruppen in Spanien wurden immer wieder von der Polizei zerschlagen. Es gelang ihr aber bis 1947/48, in einigen, allerdings abgelegenen Gegenden des Landes einen Guerillakrieg zu führen. Im republikanischen Exil (vor allem in Mexiko und in Frankreich, wo seit 1945 die Exilleitung saß) hatte sie bedeutenden Einfluß. Sie war auch 1946/47 in der spanischen Exilregierung vertreten, befand sich aber dann seit Beginn des Kalten Krieges in scharfem Widerspruch zu den übrigen spanischen Exilorganisationen. Ein schwerer Schlag für die Partei war ihr Verbot in Frankreich im Jahre 1950.

Beide Parteien hatten sich natürlich die "klassischen" stalinistischen Themen jener Jahre zu eigen gemacht: Nach der "antifaschistischen" Zusammenarbeit die bedingungslose Unterstützung der sowjetischen Linie im Kalten Krieg, die Verurteilung Titos, Stalins 70. Geburtstag 1949, die Lobpreisung Lyssenkos, die propagandistische Unterstützung für alle Säuberungen von Rajk bis zur "Ärzteverschwörung" usw. usf.

Thema sind hier die *innerparteilichen* Säuberungen. Dennoch sei darauf hingewiesen, daß es auch die Verfolgung politischer Gegner und Gegnerinnen durch die KPen gab. Wohlgemerkt, hier ist nicht vom antifaschistischen Widerstand die Rede und auch nicht von mancherlei Aspekten im Vorgehen der KPF und KPSp 1944/45 bei der Befreiung Frankreichs. Gemeint ist, daß eine Reihe von politischen Gegnern in der Linken (vor allem der radikalen Linken), aber auch von des "Abweichlertums" verdächtigten Parteimitgliedern durch die kommunistische Résistance umgebracht wurde. Dies waren allerdings nur einige Einzelfälle, die zwar sicher nicht ohne Kontrolle der Parteiführung passierten, aber nicht systematisch ausgeweitet werden konnten.

Wichtig ist auch, daß nach 1945 schnell eine neue innerparteiliche "Balance" durchgesetzt wurde. Die Résistance-Kader wurden durch die während des Zweiten Weltkrieges in Moskau residierenden Exilleitungen Schritt für Schritt zurückgedrängt, die militärischen Kader durch die Kader des seinerzeitigen illegalen Parteiapparates. Dies hatte seinen Grund nicht in politischen Differenzen. Es zielte auf die Parteimitglieder, die in ihrer Widerstandsfähigkeit oftmals Eigeninitiative gezeigt hatten. Ihre Popularität bei den Massen und ihre Verankerung in der Partei beruhten nicht auf ihrer Rolle im Parteiapparat. Hier ging es also um die Wiederherstellung der absoluten Kontrolle der Parteiführung über die Mitglieder, vielleicht sogar auch um eine Art prophylaktische Maßnahme gegen potentielle Abweichler.

Die Kommunistische Partei Frankreichs

Die Zurückdrängung der Résistance-Kader

In der KPF hatte es in den ersten Nachkriegsjahren zunächst keine innerparteilichen Säuberungen gegeben.[4] Zwar verwirklichte sich die vom Vertreter der KPF-Führung bei General De Gaulle in Algerien (vor der Befreiung Frankreichs), André Marty, für die Zeit nach Kriegsende angekündigte Übernahme der Parteiführung durch die Résistance-Kader[5] nur zum geringen Teil. Generalsekretär Maurice Thorez kehrte aus dem Moskauer Exil Ende November 1944 zurück und setzte die Linie der strikten Zusammenarbeit mit De Gaulle und den Westalliierten durch. Doch das alles blieb in der Partei letztlich unumstritten. Auch die Wende 1947 (Bruch der Regierungskoalition, Beginn des Kalten Krieges) wie die scharfen Angriffe auf die KPF (wegen ihrer Regierungsbeteiligung) in der Gründungskonferenz der

Kominform im Jahre 1947 blieben ohne innerorganisatorische Konsequenzen. Dies wiederholte sich bei der Jugoslawien-Krise, obwohl es in der KPF starke Sympathien für Tito gegeben hatte und die Parteiführung deshalb rigoros durchgriff.[6] Differenzen in der Führung, etwa bei der Organisierung der Friedensbewegung 1949/50 - als einer breiten Massenbewegung oder als einem von der Partei kontrollierten "Prominentenbündnis" -, die Haltung zur deutschen Wiederbewaffnung im Rahmen einer Friedensvereinbarung, die Suche nach Sündenböcken für den organisatorischen Rückgang nach 1947 usw. waren ohne größere Folgen durch Umbesetzungen im Parteiapparat gelöst worden.

Ein erster, groß angelegter Einschnitt in der Zusammensetzung der Parteiführung ereignete sich bei der Wahl des Zentralkomitees auf dem 12. Parteitag der KPF vom 1. bis 6. April 1950 (in Genevilliers). In das aus 44 Mitgliedern und 32 Kandidaten bestehende Zentralkomitee (ZK) wurden 29 Personen nicht wiedergewählt. 23 dieser bewährten Parteikader hatten eine prominente Rolle in der Résistance gespielt, manche davon auch schon in den Internationalen Brigaden gekämpft. Einige hatten sich 1939 bis 1941, also während des Hitler-Stalin-Pakts, kritisch zur damaligen Parteilinie verhalten.[7] Es traf damit also dieselben Gruppen, die auch in den osteuropäischen Säuberungen das bevorzugte Ziel der Verfolgungsmaßnahmen waren, weil sie als potentielle "Titoisten" galten. Ob und inwieweit die KPF-Führung hierbei sowjetischen Anweisungen folgte, ist nicht bekannt. Die ZK-Liste wurde vom Sekretariat vor dem Parteitag vorbereitet, dann in der politischen Kommission des Parteitages bekanntgegeben. Fast alle Betroffenen akzeptierten die Entscheidung mit "selbstkritischen Geständnissen".[8] Allerdings wurde diese Säuberung kompensiert durch die Aufnahme jüngerer Résistance-Kader, die erst nach 1941 zur Partei gestoßen waren oder eine prominente Rolle in der Résistance zu spielen begonnen hatten.[9] Jedoch waren diese Absetzungen nur Degradierungen. Viele der Betroffenen blieben zunächst weiterhin auf Posten im Parteiapparat. Es folgten auch keine Kampagnen gegen die Abgewählten oder Ausschlüsse (diese gab es in einzelnen Fällen erst später in Verbindung mit anderen Parteiaffären).

Der Ablauf der "Affäre Marty-Tillon"

Eine auf Ausschluß zielende Säuberungsaktion in der Parteiführung, bei der die Angegriffenen Objekt einer breiten Kampagne in der Öffentlichkeit wurden, war die "Affäre Marty-Tillon". Wegen der Prominenz der Opfer stellt sie einen der "Höhepunkte" des französischen Stalinismus dar. Sie begann am 26. Mai 1952 auf einer Sitzung des Parteisekretariats, das wie immer unter der Leitung von Jacques Duclos (dem Interimssekretär der Partei während des krankheitsbedingten Aufenthalts des Generalsekretärs Maurice Thorez in der UdSSR) stattfand. André Marty, die Nummer drei der Parteihierarchie mit einem Prestige, das auf seine Rolle in der Meuterei der französischen Schwarzmeerflotte im Jahre 1919 zurückging, wurde beschuldigt, zusammen mit dem Politbüro-Mitglied Charles Tillon, einem Helden der Résistance, fraktionelle Aktivitäten durchzuführen.[10] Angebliche Beweise wurden präsentiert. Ein Belastungszeuge namens Georges Beyer wurde aufgeführt, der ehemaliger Nachrichtenchef der KPF-Partisanen (Francs-Tireurs et Partisans/FTP) gewesen war. Er war in einige Affären der Résistance verwickelt oder wußte zumindest davon, zum Teil auch deswegen, weil er 1945 von Marty mit einigen diesbezüglichen Untersuchungen beauftragt worden war. Bei ihm, dessen verstorbene Frau die Schwester Tillons gewesen war, hätte sich Marty mit Tillon im Jahre 1951 zwecks fraktioneller Absprache getroffen. Eine ganze Reihe weiterer Behauptungen in diesem Stil wurden präsentiert. Marty wies alles scharf zurück, räumte aber schließlich einzig und allein ein, daß er sich doch mit Tillon getroffen hätte. Bei dem Gespräch sei es aber nur um das Schicksal der alten Résistance-Kämpfer gegangen, nicht um fraktionelle Aktivitäten. Aber mit seinem anfänglichen Beharren darauf, nicht bei Beyer gewesen zu sein, hatte er einen schweren Fehler begangen, der in der Folgezeit immer wieder dazu benutzt wurde, seine Glaubwürdigkeit generell in Frage zu stellen. Am folgenden Tag wiederholte sich die Konfrontation, dann wurde die weitere Verhandlung vertagt.[11]

In den folgenden Wochen war die Partei jedoch durch eine Repressionswelle, die auf eine militante Demonstration gegen den Besuch eines amerikanischen Generals folgte, ganz in Beschlag genommen. Zunächst blieben die Anschuldigungen auch vor der Parteiöffentlichkeit verborgen, obwohl anscheinend schon gezielte Gerüchte gegen Marty ausgestreut worden waren, während Tillon noch von nichts wußte.[12] André Marty wehrte sich Ende August mit einer ausführlichen Zurückweisung aller Vorwürfe.[13] Doch die Angriffe gegen beide erfolgten nun Schlag auf Schlag. Am 1. September tagte das Politbüro, wo nun auch Tillon offiziell vor einem Parteigremium angeklagt wurde. Beiden wurde jetzt nicht nur vorgehalten, sich fraktionell abgesprochen zu haben. Sie hätten schon lange politische Differenzen mit der Partei gehabt, die aus dahingeworfenen Bemerkungen und Uminterpretationen konstruiert wurden. Tillon wies alles sehr heftig zurück, während sich Marty sehr defensiv verhielt. Es wurde beschlossen, Marty aus dem Sekretariat - nicht aber aus dem Politbüro - und Tillon aus dem Politbüro zu entfernen; beide unterwarfen sich aber der Parteidisziplin, indem sie für den Beschluß stimmten und ihre Bereitschaft zur Selbstkritik erklärten.[14]

Am 3./4. September 1952 tagte das Zentralkomitee und wurde überraschend mit den Anschuldigungen konfrontiert. Tillon nahm nicht daran teil, weil er, wie er in einem Brief schrieb, bei einer Unterredung mit Jacques Duclos den Eindruck gewonnen habe, die Vorwürfe würden in dieser Form nicht mehr aufrechterhalten. Da es dabei nicht zuletzt auch um Parteigeheimnisse aus der Résistance gehe, wolle er nicht zu einer öffentlichen Diskussion beitragen, sondern ziehe das Schweigen vor.[15] Der anwesende Marty verteidigte sich kaum, sondern gestand Fehler ein. Gleichzeitig distanzierte er sich von Tillon und kritisierte z. B., daß er nicht zur Sitzung gekommen sei. Dies zeigte, wie sehr die Parteiführung beide auseinanderdividieren konnte, zugleich aber auch, wie weit die Behauptung eines fraktionellen Bündnisses zwischen beiden von der Realität entfernt war. Das ZK bestätigte die vom Politbüro beschlossenen Degradierungen.[16]

Die weitere Entwicklung vollzog sich Schlag auf Schlag. Im hauptamtlichen Apparat wurde Stimmung gegen die beiden gemacht. So gaben Martys Mitarbeiter am 8. Oktober eine Erklärung gegenüber dem Politbüro ab, in der sie ihn des Fraktionismus beschuldigten; ihnen folgte Martys Leibwächter. Das Parteikomitee des 13. Pariser Arrondissements, wo Martys Parteizelle war, weigerte sich, mit ihm über politische Aufgaben in diesem Stadtteil zu reden. Doch gleichzeitig erweckte Duclos bei Marty Hoffnungen, indem er ihm versicherte, er sei natürlich noch immer Mitglied des Politbüros usw.[17] Bis zu diesem Augenblick war die Parteibasis noch immer nicht eingeweiht.

Am 16. September veröffentlichte dann ein bürgerliches Blatt, "France-Soir", einen gut informierten Artikel über die ganze Angelegenheit und brachte dadurch die Bombe zum Platzen. Wer diese Zeitung mit den Informationen versorgt hatte, wurde darin natürlich nicht mitgeteilt. In Parteikreisen hieß es aber sogleich, das könnten nur Marty und Tillon gewesen sein.[18] Damit begann die öffentliche Kampagne gegen sie. Schließlich ging es darum, das außerordentliche Prestige der beiden zu unterminieren. Alle Vorwürfe, die in den verschiedenen Gremien erhoben worden waren, wurden jetzt in der Parteipresse ausgebreitet. Am 27. September veröffentlichte z. B. das Parteiblatt "France-Nouvelle" den Bericht, der der ZK-Sitzung am 4. September vorgelegt worden war. Die Pressionen auf beide, "Selbstkritik" zu leisten, "zu gestehen", wurden verstärkt. Von Ende September bis zum 2. November legte Marty fünf Selbstkritiken vor, die aber immer wieder als unzureichend zurückgewiesen wurden. "Je mehr der Angeklagte Zugeständnisse machte, desto mehr forderten seine Ankläger", kommentiert der französische Historiker Robrieux in seiner KPF-Geschichte das Verhalten der Parteiführung.[19] Auch Tillon gab am 14. Oktober eine Erklärung ab, nachdem ihm Duclos am 26. September wegen seines Fehlens im ZK und seines Schweigens in einem Brief schwere Vorhaltungen gemacht hatte.[20] Doch auch Tillons Selbstkritik wurde zurückgewiesen. Ihr fehle die Aufrichtigkeit, hieß es, denn er hatte auch versucht, sich zu verteidigen und zugleich offensiv Fehler bei den anderen Führungsmitgliedern zu benennen. Auch hatte er nicht - wie gefordert - seinen Mitangeklagten Marty denunziert.[21]

Zweimal wurde Marty im Verlaufe des Oktobers vor das Politbüro geladen, am 23. wurde er von der Mitgliedschaft in diesem Gremium suspendiert.²² Der direkte Druck auf die beiden wurde durch Pressionen von seiten ihres Umfelds verstärkt. Beide wurden aus dem Verband der Ehemaligen der "Schwarzmeerflotte" ausgeschlossen, Tillon auch aus dem Präsidium des Verbands der ehemaligen Résistance-Kämpfer.²³ Doch all dies wurde noch durch den Druck auf ihre Frauen übertroffen. Nach der Rückkehr von einer mehrtägigen Reise fand Marty am 12. November sein Haus leer vor. Seine Frau, ein langjähriges Parteimitglied, hatte ihn verlassen und reichte kurz darauf die Scheidung ein. Ein denkwürdiger und zugleich erschütternder Brief von Marty an Duclos vom 13. November gibt einen Einblick in den Psychoterror, der gegen sie ausgeübt worden war.²⁴ Ähnliches - im übrigen ja auch bei allen Verhaftungen in Osteuropa gang und gäbe - passierte der Frau von Tillon. Sie wurde durch ihren Bruder (ebenfalls ein Parteimitglied, der sie ganz offensichtlich in "höherem Auftrag" ansprach) aufgefordert, ihren Mann zu verlassen, was sie empört zurückwies.²⁵

Vom 5. bis 7. Dezember tagte das Zentralkomitee und löste beide von jeglichen Führungspositionen in der Partei ab. Speziell gegenüber Marty wurde beschlossen, die Veröffentlichungen seiner Erklärungen in der Parteipresse abzulehnen, da es sich um parteifeindliche Plattformen handle; seine Zelle solle die Parteimitgliedschaft überprüfen. Am 23. Dezember wurde er von dieser aus der Partei ausgeschlossen.²⁶

Doch damit war die Kampagne gegen ihn noch nicht auf dem Höhepunkt angelangt. Ein Parteiführer hatte bereits im September auf einer Veranstaltung in Toulouse angedeutet, daß Marty "seit langem in den Händen der Polizei" sei, was noch scharfe Proteste hervorrief. Am 1. Januar 1953 veröffentlichte das KPF-Zentralorgan einen Artikel über die "Polizeiverbindungen" Martys.²⁷ Hintergrund war eine Provokation Martys durch den Bruder seiner früheren Frau, ein altes Parteimitglied, der ihm jetzt Unterstützung angeboten hatte. Er versuchte, Marty mit einem Journalisten des "Figaro" in Kontakt zu bringen, was dieser aber ablehnte. Aus diesem Versuch sowie aus der Tatsache, daß Martys Bruder Gerichtsmediziner war und deshalb engen Kontakt zur Polizei hatte, und ähnlichen Dingen wurde jetzt eine Polizeiverbindung Martys vorgegaukelt.²⁸ In den folgenden Monaten setzte die Partei in einer orchestrierten Kampagne alle ihre beträchtlichen publizistischen Mittel ein, um diese Lügengeschichten zu verbreiten. Von seinem sowjetischen Aufenthaltsort aus gab Maurice Thorez dafür öffentlich seine Unterstützung ab.²⁹

Es gab auch einige Solidarisierungen mit Marty, vor allem unter alten Résistance-Angehörigen; im Winter 1952/53 bildeten sich mehrere lokale Zirkel (Comités de redressement communiste). Aber all dies repräsentierte kein wirkliches Echo in der Partei. Marty bemühte sich auch nicht um die Formierung einer neuen politischen Gruppe. Zwar standen die Komitees in engem Kontakt zu ihm, doch stellten sie mehr eine Art Freundeskreis dar.³⁰ Marty hatte noch nicht alle Hoffnungen auf die Rückkehr in die Partei aufgegeben. Er schrieb an Stalin[31] - ohne Ergebnis natürlich - und versuchte, im Anschluß an Thorez' Rückkehr nach Frankreich im März 1953, Kontakte mit ihm zu knüpfen. Einige seiner Anhänger, die für sich keine Möglichkeit zur Rückkehr in die Partei sahen, verbauten ihm jedoch den Weg dahin - wenn er überhaupt je realistisch bestand -, indem sie einige seiner Briefe, die scharfe Angriffe auf verschiedene Parteiführer enthielten, veröffentlichten, was sofort entsprechende Reaktionen der Partei hervorrief.[32]

Marty knüpfte in der Folgezeit Kontakte zu anarchistischen und trotzkistischen Gruppen, ohne sich aber irgendeiner von ihnen anzuschließen.[33] Im Jahre 1955 veröffentlichte er seine Darstellung der ganzen "Affäre".[34] Zu seinen letzten politischen Äußerungen gehörte ein langes Interview mit der Zeitung der britischen Labour-Linken, "Tribune", in dem er sich für eine neue Internationale aussprach und noch einmal scharf mit Thorez abrechnete. Insbesondere kritisierte er dessen Verhalten bei Kriegsende, da dieser die revolutionären Möglichkeiten der Résistance dem Bündnis mit De Gaulle geopfert hätte. Und er solidarisierte sich öffentlich mit der neuen polnischen Parteiführung um Gomulka im Oktober 1956 (gegen die sich wiederum die KPF gestellt hatte).[35] Am 23. November 1956 starb Marty, dessen Gesundheit schon vor der ganzen Angelegenheit stark angegriffen gewesen war. Die "Humanité" veröffentlichte eine Fünf-Zeilen-Notiz, die polnische Parteizeitung "Trybuna Ludu" dagegen einen langen, ausführlichen Nachruf.[36]

Im Gegensatz zu Marty hatte sich Charles Tillon frühzeitig dem offenen Konflikt entzogen, indem er nach der ZK-Sitzung vom 3./4. September 1952 in einem Dorf in Südfrankreich Zuflucht suchte. Zwar kehrte er in den folgenden Wochen noch mehrmals zu Gesprächen mit der Parteiführung nach Paris zurück. Hier sollte er seine "Selbstkritik" leisten. Und er fuhr zu Diskussionen mit seiner lokalen Parteiorganisation in dem Pariser Vorort Aubervilliers, wo er bis zu seiner Demission im Oktober 1952 Bürgermeister war. Doch seine Reaktion auf die ganze Angelegenheit war - im Unterschied zu Marty - Schweigen in einer Art selbstgewähltem Exil.[37] Vielleicht war es der Tod Stalins, der bewirkte, daß sich die Parteiführung damit schließlich zufriedangab. 1957 wurde er wieder in seine Rechte als Parteimitglied eingesetzt; er hielt sich aber von allen Funktionen fern.[38] 1968 solidarisierte er sich mit den Tschechoslowaken, es kam zu einem erneuten Konflikt mit der Parteiführung. Als er 1970 dann noch auf einen dunklen Fleck in der Biografie des KPF-Generalsekretärs Georges Marchais hinwies, wurde er ausgeschlossen.[39] Kurz darauf veröffentlichte er ein Buch über seinen "Moskauer Prozeß in Paris", worin er sein Schweigen über diese ganze Angelegenheit brach; später erschien dann u. a. noch ein Memoirenband[40].

Obwohl zumindest André Martys Name in der internationalen kommunistischen Bewegung unzweifelbar Gewicht hatte, blieb das Echo auf die ganze Affäre spärlich. Die Kominform-Zeitschrift brachte beispielsweise nur einige kürzere Artikel.[41] Das Ereignis verschwand hinter dem großen Propagandaaufwand für den 19. Parteitag der KPdSU (im Oktober 1952) und für den Slánský-Prozeß (im November). Eine direkte Auswirkung ergab sich nur auf die Ägyptische Kommunistische Partei wegen Martys Kontakten durch die Kolonialkommission der KPF.[42]

Die Affäre Marty-Tillon blieb die wesentliche innerparteiliche Säuberung jener Jahre. Daneben löste nur noch der ebenfalls im Jahre 1952 erfolgte Ausschluß eines regional bedeutenden Résistance-Führers, Georges Guingouin, einiges Echo in der Öffentlichkeit aus. Er weist gewisse Parallelen auf, wenn natürlich auch keine solche Bedeutung.[43]

Struktur und Gründe eines Amalgams

Die Darstellung dieser "Affäre" läßt schon deutlich werden, daß diese stalinistische Säuberung deutliche Parallelen zu den Prozessen der dreißiger Jahre und vor allem zu denen, die sich seit 1948 im "volksdemokratischen" Lager abspielten, hatte. Ausgangspunkt der innerparteilichen Säuberungen waren nicht klare politische Differenzen, geschweige denn eine offene Auseinandersetzung. Opfer der Säuberungen waren immer Personen, die sich als loyale Stalinisten erwiesen hatten. Allerdings gehörten sie bestimmten Personengruppen an, die für potentiell abweichlerisch gehalten wurden, wie z. B. die französischen Résistance-Kämpfer. Diese hatten aufgrund ihrer revolutionären Aktivitäten eine gesellschaftlich-politische Position und ein soziales Prestige, das unabhängig vom Parteiapparat bestand, von ihm nicht geschaffen und damit auch nur sehr eingeschränkt zu kontrollieren war. Politische Differenzen mußten so erst "gefunden", d. h. über den Weg eines "Amalgams" konstruiert werden. Die "Affäre Marty-Tillon" war nach diesem Muster gestrickt[44] - womit sie sich auch deutlich von den vielen anderen "Affären" in der KPF-Führung, den vielen anderen Ausschlüssen prominenter Parteikader in der Folgezeit unterscheidet.[45]

So bestand das Amalgam gegenüber Marty und Tillon in der Verknüpfung von bloßen taktischen Meinungsverschiedenheiten, die beide innerhalb der Führung irgendwann einmal mit anderen gehabt hatten - etwa in der Organisierung der Friedensbewegung - mit Äußerungen, die ihnen im Munde herumgedreht wurden, um parteifeindliches Verhalten nachzuweisen. Tillon hatte der Frau von Thorez beispielsweise einmal vorgehalten, sie könne eine Angelegenheit aus der Résistance nicht beurteilen, da sie in Moskau gewesen wäre: darin interpretierte man nun Tillons angebliche Verleumdung im Zusammenhang mit Thorez' Flucht nach Moskau im Jahre 1939 hinein. Marty habe 1947 einen energischen Kampf gegen den Gaullismus gefordert und damit von der Hauptaufgabe, dem Kampf gegen die Sozialdemokratie und das "dritte Lager", die Agenten des US-Imperialismus, abgelenkt. Viele weitere Beispiele - es ging dabei vor allem um "sensible" Punkte wie das Verhalten 1939/41 während des Hitler-Stalin-Pakts, um Fragen der Résistance und darum, ob es 1944 verpaßte Chancen gegeben hatte - ließen sich dafür anführen, wie der Eindruck erweckt wurde, sie hätten schon seit Jahren grundlegend andere politische Einstellungen gehabt.[46] Der Weg bis hin zum Vorwurf einer geheimen konspirativen Fraktionstätigkeit war nicht weit. Dies wurde durch einen dubiosen Zeugen "nachgewiesen", dessen Erklärung in ihrem materiellen Kern aber nichts weiter beinhaltete, als daß sich beide einmal bei ihm getroffen hatten. Der Vorwurf gegen Marty, Polizeiagent zu sein, war dann nur noch folgerichtig, wurde aber bezeichnenderweise erst nach Martys Parteiausschluß erhoben.

All dies wirft die Frage nach den wirklichen Gründen der Parteiführung, diese Ausschlüsse zu inszenieren, auf. Sie steht in einem engen Zusammenhang mit der Frage nach der Verbindung zu den osteuropäischen Prozessen.

Worin bestanden diese Verbindungen? Im Zuge der Vorbereitung des Slánský-Prozesses wurde in der Tschechoslowakei Artur London verhaftet, der als Emigrant in der französischen Résistance gekämpft und eine wichtige Funktion in der Arbeitsimmigranten-Organisation der KPF (Main-d'oeuvre immigrée/MOI) bekleidet hatte. Bei seinen Verhören ging es ganz konkret um "Machenschaften" einiger KPF-Führer. Sie hätten, als sie 1945 die kommunistischen Emigranten aus Osteuropa wieder in ihre Länder zurückschickten, darunter viele Agenten versteckt.[47] Zwei Namen wurden laut London in diesen Verhören genannt; der seines Schwagers Raymond Guyot und der von Jacques Duclos. Wie ihm gesagt wurde, wurden auch einige andere Verhaftete nach der KPF ausgefragt. Auch ging es um einen slowakischen Kommunisten, der in den dreißiger Jahren in Frankreich als Komintern-Vertreter gewesen war. London kommt zu dem Schluß: "Ich verstehe noch heute nicht, welchen Zweck diese Angriffe gegen die Kommunistische Partei Frankreichs verfolgten. (...) Die Initiative kam sicher (...) direkt von Berija."[48] Die KPF-Führung erhielt jedenfalls aus Prag Informationen über die Verhöre, in denen aber die Namen von Duclos und Guyot nicht genannt wurden.[49]

Dies blieben nicht die einzigen Querverbindungen zwischen Prag, Paris und Moskau. Im November 1951 wurde Martys Archiv, das er während seiner Moskauer Jahre dort angelegt hatte - es enthielt anscheinend viel Material zu den Internationalen Brigaden - und das er verschiedentlich, aber immer ergebnislos nach Paris zu holen versucht hatte, nach Prag in das KPTsch-Sekretariat unter Slánský gebracht. Das erfolgte wenige Tage, bevor dieser verhaftet wurde.[50] Ebenfalls nach Prag war bereits Anfang des Jahres das Archiv der MOI aus Frankreich geschickt worden - ganz offensichtlich zur Vorbereitung der Schauprozesse.[51] Eine wichtige Rolle dabei hatte Duclos gespielt, der sich des öfteren zu dieser Zeit in Prag aufhielt. Ende 1950 hatte er sich gegenüber London - kurz vor dessen Verhaftung - wegen der Erklärungen von László Rajk im ungarischen Schauprozeß, in denen dieser bestimmte Leute belastete, besorgt gezeigt;[52] Ende 1951 hielt sich

Duclos ebenfalls in Prag auf, vielleicht im Zusammenhang mit der Vorbereitung einer Gegenüberstellung von Slánský und London.[53]

Worauf die Ermittler konkret hinauswollten, läßt sich auch heute noch - ohne Kenntnis der sowjetischen Akten - nur vermuten. Derjenige in der französischen Parteihierarchie, auf den das abzielen mußte, war Jacques Duclos. Dies ergab sich aus der Kontrolle, die er - als wichtigster Parteiführer in Frankreich während des Zweiten Weltkriegs - über die MOI, aus der ja in Osteuropa eine ganze Reihe von Opfern der Säuberungen kamen, hatte. Allerdings wurde seine Stellung in der KPF in den Jahren 1951/52 niemals in Frage gestellt. Im Gegenteil hatte er während der ganzen Abwesenheit von Thorez (1950 bis 1953) die unangefochtene Stellvertreter-Position inne und war auch die treibende Kraft in der "Affäre Marty-Tillon". Ob dennoch die Sowjets bei einer Fortsetzung der Säuberungsaktionen etwas gegen ihn vorbereitet hätten, wäre Stalin nicht im März 1953 gestorben, bleibt - nach heutigem Wissensstand - der Spekulation überlassen.

Zwar spielten - London zufolge - die Namen von Marty und Tillon bei den Verhören in der Tschechoslowakei keine Rolle, dennoch gibt es in den Anschuldigungen gegen Marty ein Detail, das auf jeden Fall zeigt, daß bei der Vorbereitung seines "Falls" auch der sowjetische Geheimdienst seine Finger mit im Spiel hatte. Unter den vielen Anschuldigungen gegen ihn war auch der Punkt, daß er sich bei der Ausreise nach einem Besuch der Sowjetunion geweigert hatte, seine schriftlichen Aufzeichnungen vom NKWD kontrollieren zu lassen.[54] Im übrigen macht natürlich Martys Prominenz klar, daß sein Ausschluß von den Sowjets entweder initiiert oder zumindest gebilligt worden war: Er war - einmal abgesehen von seiner Rolle in der Kommunistischen Internationale - Träger des Rotbannerordens; nach ihm waren ein Kriegsschiff und eine Reihe Fabriken benannt.[55]

Zu der These, wonach die "Affäre Marty-Tillon" eine direkte Folge der osteuropäischen Säuberungen war, erklärte allerdings die Witwe von Thorez Jahre später gegenüber dem Historiker Robrieux, die Angelegenheit sei von "den Franzosen", also Teilen der Parteiführung, in Gang gesetzt worden. Es wäre jedoch schwierig gewesen, dann auch die Sowjets wegen des Prestiges von Marty zu überzeugen. Sie fügte noch hinzu, daß sich Thorez ziemlich herausgehalten habe, was aber - unter der Voraussetzung, daß alles übrige stimmt - kaum glaubhaft ist, da Thorez ansonsten die gesamte Politik der Partei von seinem Genesungsort in der UdSSR aus zu kontrollieren suchte. Davon einmal abgesehen - so vermutet Robrieux -, hätte Thorez nur die Situation der permanenten Säuberungen, wie sie sich seit Ende der vierziger Jahre ergab, ausgenützt, um sich eines alten Rivalen zu entledigen, bevor er wieder nach Frankreich zurückkehren würde.[56] Möglich ist allerdings auch, daß die ganze Initiative von Duclos ausging, der - bei Abwesenheit von Thorez - in Marty seinen einzigen ernstzunehmenden Konkurrenten sehen mußte. Vielleicht spielten aber auch untergründige Konflikte zwischen

Duclos und Thorez eine Rolle.[57] Man kann die Ausschaltung von Marty und Tillon, egal von wem sie letztlich ausging, auch unter dem Aspekt des vorauseilenden Gehorsams sehen. Dabei hätte die KPF dann schon die "Verräter" ausfindig gemacht, bevor ihnen welche von den Sowjets präsentiert werden konnten. Auf jeden Fall boten sich die beiden an, da sie in der Parteiführung Einzelgänger waren und somit auch über vergleichsweise geringe Verankerung im Apparat verfügten. Und beide symbolisierten in gewisser Weise die revolutionären Traditionen, an denen die Partei, bei aller rhetorischen Berufung auf sie, schon längst kein Interesse mehr hatte.

Zumindest steht fest, daß in der zweiten Hälfte des Jahres 1951 von Thorez eine Untersuchungskommission aus drei Mitgliedern eingesetzt wurde (bestehend aus dem ZK-Mitglied Gaston Auguet, dem Verantwortlichen der Parteikontrollkommission Léon Mauvais und dem Leiter der Kaderabteilung Marcel Servin), die offensichtlich in enger Zusammenarbeit mit Duclos den Fall geheim und ohne Information der entsprechenden Parteigremien bearbeiten sollte.[58] Duclos' Reise in die UdSSR zu Thorez in der zweiten Juli-Hälfte 1951, bei der es auch zu einem Zusammentreffen mit Stalin kam, dürfte dabei eine wichtige Rolle gespielt haben. Natürlich macht Duclos in seinen Memoiren keine diesbezüglichen Angaben über den Inhalt der Gespräche.[59] Aber es ist bezeichnend, daß sie nur kurz nach dem Zeitraum stattfanden, als die Verhafteten in der Tschechoslowakei über die KPF befragt wurden.[60]

Doch wieviele Hinweise, wieviele Indizien man für einen direkten Zusammenhang zwischen den osteuropäischen Säuberungen und speziell dem Slánský-Prozeß auch zusammentragen kann[61], man muß leider noch immer konstatieren, daß man, solange es keinen Zugang zu den entsprechenden Archiven - nicht nur den sowjetischen, sondern auch denen der französischen KP - gibt, auf Vermutungen über die konkreten Querverbindungen angewiesen ist.

Es gab natürlich einen Unterschied zwischen Frankreich und Osteuropa. In Frankreich konnte keine Folter angewandt und keine Todesstrafe verhängt werden. Die Partei konnte nur durch psychischen Druck, maximal mit dem Ausschluß aus ihrer "contre-société"[62] strafen. Dies läßt sich natürlich in keinster Weise mit den Mißhandlungen, die in Osteuropa angewandt wurden, vergleichen. Dennoch war der psychische Druck auf André Marty und Charles Tillon, die ja seit Jahrzehnten, fast die gesamte Zeit ihres Erwachsenendaseins, Parteimitglieder waren, enorm, wie alle ihre Äußerungen und nicht zuletzt ihre verzweifelten Versuche bis hin zur Selbstaufgabe und -entwürdigung, um den Ausschluß zu verhindern, zeigen.

Das Eingebundensein in diese geschlossene Gegengesellschaft war es andererseits auch, das die vielen Mitglieder der Partei dazu brachte, alle Beschuldigungen gegen die beiden zu akzeptieren. Dazu trug auch der äußere Druck auf die Partei bei, die Situation des Kalten Krieges, die sich bis zu regelrechter Hysterisierung der Mitglieder steigerte. Bezeichnend dafür war etwa die tagelange Kampage in der Parteipresse wegen eines angeblichen amerikanischen Mordversuchs auf Thorez, als dieser nach seinem Schlaganfall im Jahre 1950 mit einem sowjetischen Flugzeug in die UdSSR gebracht worden war, das bei seinem Überflug über die Bundesrepublik von einem amerikanischen Militärflugzeug begleitet wurde.[63] Auch sollte nicht vergessen werden, daß sich für die vielen neuen Mitglieder der Ruhm der beiden - vor allem bei Marty - trotz deren herausragender Stellung in der Partei mehr in einem Mythos als in der erfahrenen politischen Parteiarbeit gründete. Nicht zuletzt aber auch erfüllten die beiden eine Funktion als Sündenböcke für die sich nach 1950 eklatant häufenden Niederlagen der Partei.[64]

Es nimmt nicht wunder, daß die KPF bis heute nicht mit sich ins reine über diese Affäre gekommen ist. Natürlich kann man von einem Duclos nicht erwarten, daß er in seinen Memoiren auspackt. Diese sind so voller Selbstgerechtigkeit und Auslassungen oder, wenn man weniger höflich sein will, voller direkter Fälschungen, wie man das von jemandem erwarten kann, den schon Trotzki, der hier sicher über genauere Informationen verfügte, als den Vertrauensmann des sowjetischen Geheimdienstes im französischen Politbüro bezeichnete.[65] Duclos jedenfalls bringt zur ganzen Angelegenheit nicht mehr als einen kurzen Auszug aus einer Rede vom September 1952, in dem nur allgemein von Martys und Tillons Disziplinlosigkeit die Rede ist, in der aber alle konkreten Vorwürfe jener Zeit weggelassen sind.[66] Bedenklicher ist, daß einem Parteihistoriker der jüngeren Generation, Roger Martelli, nichts anderes einfällt, als die beiden Deutungen der ganzen Angelegenheit, wonach sie entweder in der Konfrontation von Marty und Tillon mit Thorez oder in der Übertragung osteuropäischen Säuberungen auf Frankreich ihre Ursache gehabt hätte, einfach ohne weitere Begründung, ohne Gegenargument als unzureichend zurückzuweisen. Dann aber weiß er nicht mehr zu schreiben als: "Ohne Zweifel muß man in dieser 'Affäre' einen internen Versuch sehen, strategische Ungewißheit zu überwinden."[67] Würde die KPF ihre Archive öffnen, wüßte man gewiß mehr.

Die kommunistische Partei Spaniens

Die spanische KP erlebte nach 1939 einen scharfen Kampf um die Parteiführung.[68] Er wurde dadurch verursacht, daß der Generalsekretär José Diaz schwer krank war und schließlich - unter bis heute noch nicht endgültig geklärten Umständen - 1942 Selbstmord beging.[69] Dolores Ibárruri konnte sich, dank der Unterstützung durch die Kommunistische Internationale, als seine Nachfolgerin durchsetzen.[70] Ihr Rivale Jesús Hernández wurde von Moskau nach Mexiko geschickt, wo er in Konflikt mit den dort bereits residierenden spanischen Parteiführern geriet und schließlich ausgeschlossen wurde.[71]

Nach Kriegsende kam die Parteiführung von der Sowjetunion nach Frankreich, um dem von allen als kurz bevorstehend erwarteten Sturz Francos näher zu sein. Dabei nahm sie als erstes - durch Santiago Carrillo, der das Vorauskommando für Dolores Ibárurri darstellte - die Kontrolle über die Parteiorganisation in Frankreich und in Spanien fest in die Hand.[72] Diese war während des Weltkrieges in Abwesenheit der Parteiführung von Jesús Monzón, einem mittleren Parteikader, der ab 1940 die Parteiorganisation in Frankreich geleitet hatte, wieder aufgebaut worden.[73] Nachdem in Spanien der Versuch, durch einen 1939 im Lande gebliebenen Komintern-Emissär, Heriberto Quiñones, eine Inlandsleitung zu bilden, gescheitert war - Quiñones wurde verhaftet und hingerichtet[74] -, war Monzón selbst noch vor der Befreiung Frankreichs nach Spanien gegangen. Doch jetzt wurden die Widerstandskader in Frankreich wie in Spanien beiseite gedrängt; nach Spanien wurden Emissäre geschickt, um die dortige Parteileitung abzusetzen. Eines ihrer Mitglieder wurde sogar durch ein aus Frankreich geschicktes Parteikommando als angeblicher Verräter umgebracht. Bis heute ist noch unklar, ob auch noch die übrigen beiden Parteiführer liquidiert werden sollten. Monzón allerdings wurde dadurch vor seinen Genossen 'gerettet', daß er von der frankistischen Polizei verhaftet wurde. Es ging dem Politbüro ganz offensichtlich darum, daß Monzón (wie vorher schon Quiñones) weitgehend eigeninitiativ gehandelt hatte. Auch wenn dies zweifellos durch die fehlenden Kommunikationsmöglichkeiten mit Moskau oder Mexiko bedingt war, konnte dies das spanische Politbüro offensichtlich nicht hinnehmen.[75]

Diese Auseinandersetzungen spielten sich allerdings nur auf der Ebene der Parteiführung ab. Eine allgemeine Parteisäuberung begann erst 1947; sie stellte aber eine Spätfolge der beiden geschilderten Vorfälle, der Ausschaltung der Gegner von Dolores Ibárruri und der Verdrängung der Widerstandskader, dar.

Hernández hatte sich bei seinem Konflikt mit Dolores Ibárruri in Moskau, wie es scheint, auf die - allerdings letztlich nicht entscheidenden - Sympathien der Mehrheit der in der UdSSR befindlichen spanischen Kommunisten stützen können.[76] Man sagte ihm nach, daß er sich im Unterschied zu seiner Konkurrentin für ihre Belange einsetzte. Denn die überwiegende Mehrheit lebte unter sehr schwierigen und ganz anderen Bedingungen als die wenigen Spitzenkader, die Politbüro-Mitglieder, ihre engsten Angehörigen und unmittelbaren Mitarbeiter. Im Winter 1947/48 wurde nun der in Moskau residierenden Führung der spanischen Kommunisten in der UdSSR (nicht zu verwechseln mit der Gesamtparteiführung um Dolores Ibárruri, die sich ja jetzt in Frankreich aufhielt) der "Prozeß gemacht".[77] Im Parteijargon handelte es sich um die Aufdeckung des "Komplotts im Lux" (so benannt nach dem Hotel Lux, dem wichtigsten Wohnhaus der ausländischen Kommunisten in Moskau, in dem auch Hernández und eine Reihe seiner Anhänger gewohnt hatten).

Wie Morán schreibt, hatten die vorhergehenden Auseinandersetzungen noch einen politischen Hintergrund gehabt. Doch nun, "in den politischen Prozessen, die 1947 in Moskau beginnen, gibt es keine inhaltlichen Differenzen, bevor sie nicht vom Prozeß fabriziert, vergrößert und natürlich erpreßt werden, wobei durch eine tendenziöse Analyse die Lebensläufe zu Elementen der politischen Verdächtigung und zur ersten Ursache des Verhaltens und der Einstellung gemacht werden".[78] Dies soll aber nicht bedeuten, daß die Generalsekretärin die Aktion völlig grundlos in die Wege leitete. Ihr einstiger Rivale Hernández hatte 1946 zusammen mit dem ehemaligen Politbüro-Mitglied Castro Delgado begonnen "auszupacken". Delgado war in Moskau zurückgeblieben, 1944 dann ebenfalls aus der Partei ausgeschlossen worden und trotz der Versuche der Parteiführung, seine Ausreise zu verhindern, schließlich 1945 ebenfalls nach Mexiko gelangt. Die beiden gaben ab 1946 eine Zeitschrift in Mexiko heraus. Ihre Enthüllungen wurden natürlich von den Gegnern der KP im spanischen Exil interessiert aufgegriffen; beide waren lange genug Führungsmitglieder gewesen, so daß sie mit ihren Behauptungen als glaubwürdig galten.

Auf einer Politbüro-Sitzung in Paris wurde anscheinend daraufhin beschlossen, das Verhalten aller "Moskauer" während der Auseinandersetzungen 1941/42 zu durchleuchten. Nachdem Santiago Carrillo, der zügig seine Position in der Parteiführung festigte, im Sommer 1947 im Auftrag des Politbüros eine erste Untersuchung in Moskau durchgeführt hatte, wurde im Herbst noch Vicente Uribe, die damalige Nummer zwei in der Parteihierarchie, geschickt. Er kam in Begleitung von Fernando Claudín, der der neue Verantwortliche für die KPSp-Organisation in der UdSSR wurde. Im Winter 1947/48 führten beide eine Reihe von Versammlungen durch, in denen, wie es im Parteijargon hieß, die Komplizen des Verräters Hernández entlarvt werden sollten. Eine Reihe der hauptamtlichen Funktionäre wurde schließlich abgelöst und zu Fabrikarbeitern "degradiert". "Eine merkwürdige Strafe, die noch heute die Überlebenden dieser und anderer Säuberungen lachen läßt, weil ... die Kommunistische Partei in einem Land, wo im Prinzip die Arbeiterklasse herrschte, ihre Mitglieder dadurch bestrafte, daß sie sie in Arbeiter verwandelte", kommentiert Morán dies.[79] Der Hauptangeklagte, das ZK-Mitglied José Antonio Uribes, wurde als Spanisch-Lektor in eine Moskauer Universität geschickt. (Nach 1956 wurden einige Opfer dieser Säuberungen stillschweigend rehabilitiert.)

Fast zeitgleich begann in Frankreich eine ähnliche neue "Durcharbeitung" der im Jahre 1945 erfolgten Abrechnung mit der Widerstandsführung in Spanien.[80] Im Februar 1948 wurde der Parteiausschluß von Jesús Monzón, der ja inzwischen im frankistischen Gefängnis saß, verkündet. Einige seiner engen Mitarbeiter, die in Frankreich lebten, wurden ebenfalls ausgeschlossen. Dies war das Präludium zu der nun einsetzenden Säuberungshysterie, die durch die Verurteilung Jugoslawiens und den Beginn der osteuropäischen Schauprozesse den entscheidenden Impuls bekam. Dabei mußte die Führung der spanischen Kommunisten besorgt sein, nicht selbst in den Verdacht des Titoismus zu geraten. Wegen ihres gelungenen Befreiungskampfes im Zweiten Weltkrieg galt die KPJu natürlich auch den Spaniern als Vorbild, die ja ebenfalls bis Ende der vierziger Jahre einen Guerillakampf zu organisieren versuchten; auch gab es innerhalb der jugoslawischen Führungsspitze nicht wenige Spanienkämpfer. So pflegten beide Parteien nach 1945 ausgezeichnete Beziehungen; z. B. wurde eine Reihe von kommunistischen Bürgerkriegsoffizieren (wie etwa Enrique Lister) "Ehrenoffiziere" der jugoslawischen Armee.[81] Einen besonderen Höhepunkt der Beziehungen stellte der Besuch einer Delegation unter Leitung von Santiago Carrillo im Februar 1948 bei Tito dar.[82] Die spanische Partei bat die Jugoslawen um dirkete Unterstützung für die Organisierung der Guerilla. Die Jugoslawen konnten die weitgespannten Erwartungen jedoch nicht erfüllen. Sie waren unrealistisch (u. a. war die Nachschubversorgung der Guerilla durch jugoslawische Flugzeuge erbeten worden). Vor allem aber deutete Tito an, daß solche Dinge die "sowjetischen Genossen" zu entscheiden hätten. So endete die Begegnung, abgesehen von einer Geldunterstützung, ergebnislos. (Daß man sich so an die jugoslawische und an keine andere Partei gewandt hatte, ist auch ein Anzeichen dafür, wie isoliert die Spanier in der internationalen kommunistischen Bewegung waren; sie wurden nicht einmal in die Kominform aufgenommen.[83])

Vier Monate später folgte die KPSp jedoch sofort der Verurteilung Titos durch die Kominform; alle Kontakte zwischen beiden Parteien brachen ab. In dieser Situation lud überraschend Stalin im Oktober 1948 eine Delegation des Politbüros nach Moskau ein. Dabei wurde, so weit dies bis heute bekannt ist, vor allem über einen Wechsel in der Taktik in Spanien gesprochen (Aufgabe der Guerilla und Aufnahme der Arbeit in den frankistischen Gewerkschaften).[84] Auch ging es wohl um materielle Unterstützung der Partei. Die verschiedentlich geäußerte Vermutung, daß sich hier Stalin direkt der Loyalität der Spanier angesichts der titoistischen "Versuchung" habe versichern wollen, klingt plausibel.

Der Bruch mit Jugoslawien löste jedenfalls auch bei den Spaniern sofort die entsprechenden Verdammungsurteile aus. Die Kominform-Dokumente wurden veröffentlicht.[85] Insbesondere diejenigen, die sich früher in Jugoslawien aufgehalten oder dorthin enge Beziehungen unterhalten hatten, mußten entsprechende "Enthüllungen" über die "Verräter" veröffentlichen. Man ging so weit, die jugoslawischen Kämpfer im Spanischen Bürgerkrieg zu verleumden, sie hätten schon damals als Verräter gehandelt.

Zugleich wurde die Kampagne "nach innen" verwendet. Jetzt fand man in Monzón und seinen Mitarbeitern, die 1944/45 in Spanien die Partei reorganisiert hatten, das spanische Äquivalent zu Tito. Bereits im Juli 1948 - in derselben Nummer, die die Kominform-Resolution zu Jugoslawien brachte -

veröffentlichte Carrillo im theoretischen Parteiorgan eine entsprechende "Anklage".[86] Sie steigerte sich in den folgenden Monaten bis hin zum Vorwurf, Monzón wäre Agent gewesen.[87] Dies erfolgte parallel zur Einleitung der Schauprozesse im Ostblock, besonders des Rajk-Prozesses mit seinen "Enthüllungen" über Noel Field. Es wurde "aufgedeckt", daß auch Monzón Kontakte zu ihm gehabt hatte (wobei es dabei natürlich in Wirklichkeit um die humanitären Hilfeleistungen gegangen war, die Field organisiert hatte). Besonders hart in der Attacke auf Monzón war sein ehemaliger Mitarbeiter Manuel Azcárate, der als Kontaktmann zu Field auf diese Weise "Selbstkritik" üben konnte.[88] Im selben Atemzug wurde der Agentenvorwurf auch auf Quiñones ausgedehnt.[89]

Alle Vorwürfe gegen Monzón waren natürlich absurd. Sie waren Teil einer Disziplinierungs- und Säuberungskampagne, die die gesamte Partei umfaßte. Sie steigerte sich hin bis zu einer regelrechten Hysterisierung, als man 1950 ein angebliches Mordkomplott gegen Dolores Ibárruri entdeckte.[90] Allerdings sollte man nicht den Hintergrund des Kalten Krieges vergessen - der für die spanische KP vor allem ihr Verbot in Frankreich im Jahre 1950, das mit der Ausweisung einer ganzen Reihe von Parteiführer in den Ostblock verbunden war,[91] bedeutete -, wenn es um die Frage geht zu erklären, warum die Mitglieder all dies glaubten und willig nachvollzogen.

Allerdings konnte Monzón bestenfalls ein Titoist avant la lettre sein. Zwar gab es nach 1948 auch "echte" spanische Titoisten, die von einer Reihe ehemaliger Parteiführer, u. a. von Jesús Hernández, organisiert wurden.[92] Doch diese hatten zum großen Teil bereits vor dem Auftauchen der titoistischen Häresie außerhalb der Partei gestanden und verfügten auch nicht mehr über Einflußmöglichkeiten auf sie. Deshalb konnten sie nicht mehr so wirksam für innerparteiliche Zwecke verwandt werden wie ein noch aktiver "entlarvter" Parteiführer. Letzteres gelang mit dem Ausschluß von Joan Comorera[93] im Jahre 1949.

Den Hintergrund dieses Konflikts stellte der jahrelange Streit um das Verhältnis zwischen der KPSp-Führung und den katalanischen Kommunisten dar. Wenige Tage nach Beginn des Bürgerkrieges war es im Juli 1936 zur Fusion der katalinischen Regionalorganisation der Partei mit drei weiteren sozialistischen bzw. linksnationalistischen Parteien zur Sozialistischen Einheitspartei Kataloniens (Partit Socialista Unificat de Catalunya/PSUC) gekommen, die das Vorbild für die nach 1945 in Osteuropa geschaffenen "Einheitsparteien" wurde. Zwar folgte sie natürlich auch der allgemeinen stalinistischen Linie im Bürgerkrieg, blieb aber dennoch eine eigenständige Partei; ihre Beziehungen zur KPSp gestalteten sich konfliktreich, da das spanische Politbüro ständig in die katalanischen Angelegenheiten "hineinzuregieren" versuchte. Kurz nach Ende des Bürgerkrieges wurde die PSUC sogar als katalanische Sektion der Komintern anerkannt (wobei es dabei wohl weniger um eine öffentliche Unterstützung ihres "Einheitspartei-Anspruchs" ging); dazu stand durchaus nicht im Widerspruch, daß in den folgenden Monaten der überwiegende Teil der ehemaligen Nichtkommunisten "herausbolschewisiert" wurde. Der auf diese Weise verliehenen "Souveränität" wurde allerdings mit der Auflösung der Komintern die Legitimation entzogen. Besonders als nach 1945 die KPSp-Führung in Frankreich wieder eine geregelte Tätigkeit aufnehmen konnte, verstärkten sich die Tendenzen, die katalanischen Kommunisten wieder auf den Status einer Regionalorganisation herunterzudrücken, die auch formal dem spanischen Politbüro untergeordnet war.

Schlüsselfigur bei all diesen Vorgängen war der Generalsekretär der PSUC, Joan Comorera. Ursprünglich linker Sozialdemokrat, war er die treibende Kraft bei der Fusion im Jahre 1936 gewesen und damit von Anfang an die führende Persönlichkeit der Partei. Nicht zuletzt dank ihm trug die Partei von Anfang an auch einen durch und durch stalinistischen Charakter; gleichzeitig war er aber auch der Repräsentant ihres katalanischen Charakters und damit des Souveränitätsanspruchs.

Vor dem Hintergrund wachsender Schwierigkeiten für die Partei angesichts des ausbrechenden Kalten Krieges und angesichts ihrer zunehmenden Isolierung im spanischen Exil nutzte die Parteiführung die Gunst der Stunde für eine Offensive gegen die PSUC.[94] Auf einem Plenum im März 1947 forderte Dolores Ibárruri, die KPSp und die PSUC sollten ein "organisches Ganzes" bilden. Comorera versuchte auszuweichen, maß aber offensichtlich der Tatsache keine Bedeutung bei, daß im Apparat der PSUC einige Schlüsselstellungen an Vertrauensleute der KPSp gingen. Im Oktober 1948 erklärte er sich schließlich bereit, in das Politbüro der KPSp einzutreten. Von diesem Augenblick an hatte er faktisch seine Kontrolle über die PSUC verloren, die jetzt - noch durch ihn - vom gesamtspanischen Politbüro geleitet wurde.

Der offene Konflikt brach im Juli 1949 aus, als die KPSp-Führung die zentrale Veranstaltung zum 13. Jahrestag der PSUC-Gründung in Toulouse über Comoreras Kopf hinweg organisierte.[95] Nichts machte die Ansprüche der KPSp deutlicher, als daß auf ihr Dolores Ibárruri und nicht er im Mittelpunkt stehen sollte. Comorera boykottierte die Veranstaltung. In den folgenden Wochen eskalierte der Konflikt. Es kam zu einem heftigen Briefwechsel zwischen Comorera und Vicente Uribe. Ende August erklärte Comorera seinen Rücktritt aus dem spanischen Politbüro und die Suspendierung einiger KPSp-Gefolgsleute in der PSUC-Führung.

Doch zwischen September und November vollzog sich der offene Bruch.[96] Comorera gelang es zwar, Parteigelder sicherzustellen. Gegenseitige Ausschlüsse wurden verkündet. Jedoch hatte der spanische Parteiapparat die PSUC fest unter Kontrolle. Comorera fand nur wenige Anhänger. Erfolglos versuchte er, Unterstützung von der KPF zu erhalten. In Briefen an Thorez bat er ihn auch um Kontakte zu den "sowjetischen Genossen". Thorez gab diese Bitte weiter, informierte aber auch das KPSp-Politbüro. Bis Ende 1949 jedenfalls versuchte die KPF, sich aus den Auseinandersetzungen herauszuhalten. Ihre anfängliche Neutralität wurde dadurch deutlich, daß ihr Zentralorgan "L'Humanité" erst im Dezember - also Wochen, nachdem die spanische Parteipresse schon aus allen Rohren gegen Comorera schoß - gegen ihn Stellung bezog. Ähnlich ergebnislos blieben seine Appelle an Togliatti, Gerö - also "alte Bekannte" aus dem Bürgerkrieg - und schließlich sogar direkt an Stalin. Selbstverständlich nahmen sie eine Entscheidung, hinter der Dolores Ibárruri stand, hin, einmal abgesehen davon, daß bei ihnen auch Vorwürfe wie "bürgerlicher Nationalismus" oder "Fraktionismus" Eindruck machen mußten. Allerdings scheint es, daß angesichts von Comoreras Vergangenheit die Sowjets zumindest zeitweise einige Bedenken hatten.[97]

Die ganze Propagandamaschine der KPSp wurde gegen ihn in Gang gesetzt.[98] Er wurde als Nationalist verurteilt und in einem Atemzug mit Tito und Rajk genannt. Seine Tochter, die mit einem "parteitreuen" PSUC-Funktionär verheiratet war, sagte sich von ihm los.[99] Ihm half auch nichts, daß er sich ausdrücklich zu Stalin bekannte und Tito im Sinne der Kominform-Resolutionen sowie auch alle bisher aus der spanischen Partei Ausgeschlossenen wie z. B. Hernández verurteilte. Natürlich war der gegen ihn erhobene Vorwurf des Titoismus ein reines Amalgam; die einzige Parallele bestand darin, daß sowohl er als auch Tito die Souveränität der jeweiligen Partei verteidigten.

Comorera war alles andere als erfolgreich, weswegen er Ende 1950 nach Katalonien ging, um die dortigen Parteikader für sich zu gewinnen.[100] Drei Jahre lang gelang es ihm, in der Illegalität zu arbeiten, obwohl die Parteipresse ihn und seine engsten Mitarbeiter denunzierte und damit also auch die frankistische Polizei von seiner Anwesenheit informierte. 1954 wurde er verhaftet und zu dreißig Jahren Gefängnis verurteilt (wo er dann 1958 starb). Die Partei hatte damit seinen Ausschluß vergleichsweise problemlos und ohne größere Verluste verwunden.[101] Seine "Entlarvung" diente als "abschreckendes Beispiel" der weiteren Disziplinierung der Mitglieder, vor allem aber war nun sichergestellt, daß die neue Führung der PSUC sich als dem spanischen Politbüro untergeordnet betrachtete.

Zweifellos den Höhepunkt der Säuberungen innerhalb der Parteiführung bildete 1952/53 der Fall Antón.[102] Hatte der Ausschluß von Comorera noch einen gewissen politischen Hintergrund in der Nationalitätenfrage, obwohl es auch hier zweifellos vor allem um innerorganisatorische Macht ging, so stellen die Gründe für diese weitere Säuberung eine bizarre Mischung aus persönlichen Motiven und der Suche nach Sündenböcken für die Rückschläge, die die Partei erlitten hatte, dar. Francisco Antón, Parteimitglied seit 1930, hatte im Bürgerkrieg eine Blitzkarriere gemacht, die ihn 1937 in das ZK und in das Politbüro führte; er verdankte sie nicht zuletzt dem Umstand, daß er, dreizehn Jahre jünger als Dolores Ibárruri, ihr Lebensgefährte geworden war. Sie hatte z. B. 1940 bei der sowjetischen Führung erreicht, daß er, 1939 in Frankreich zurückgeblieben und dort verhaftet, von den Deutschen nach der Besetzung des Landes in die Sowjetunion überstellt wurde, von wo er 1945 wieder nach Paris zurückkehrte. 1948 brach ihre Beziehung auseinander; Antón heiratete eine wesentlich jüngere Parteiaktivistin.

Nachdem im September 1950 die Partei in Frankreich in die Illegalität getrieben worden war und daraufhin die meisten dort noch lebenden Parteiführer - Dolores Ibárruri hielt sich bereits seit 1948 aus Gesundheitsgründen in Moskau auf - nach Prag gingen, wo ein neues Parteizentrum geschaffen wurde, verblieben als Politbüro-Mitglieder in Frankreich nur noch Antón und Santiago Carrillo. Sie hatten nicht zuletzt die wichtige Aufgabe, die Verbindung nach Spanien aufrechtzuerhalten. Diese Dreiteilung der Parteileitung schuf schnell Spannungen. Im Frühjahr 1951 wurde auf einer Tagung der Prager und Moskauer Politbüro-Mitglieder, auf der vor allem endgültig die Aufgabe der letzten Guerilla-Gruppen in Spanien beschlossen wurde, Kritik an der Pariser Politbüro-Delegation laut; alte Rechnungen wurden vorgelegt. Ein Emissär wurde nach Paris geschickt, doch die erste Antwort von Antón und Carrillo war ausweichend: Man könne keine permanente und minutiöse Unterrichtung jedes einzelnen Politbüro-Mitglieds in Prag oder Moskau gewährleisten. Daraufhin wurde Antón im Winter 1951 zum Rapport nach Moskau bestellt. Er mußte sich heftige Vorwürfe anhören. Die Pariser wurden schließlich zur strikten Unterordnung und Absprache aller wichtigen Entscheidungen verpflichtet. Ihnen wurde aus Moskau eine Art Aufpasser "zur Verstärkung" geschickt.

In dieser Situation erkannte vor allem Carrillo die Notwendigkeit zur "Selbstkritik". In einem 75-seitigen Dokument übernahm er, der seit 1945 im wesentlichen die Kontakte nach Spanien organisiert hatte, die Verantwortung für die vielen Rückschläge, für das lange Festhalten an der Guerilla-Orientierung, für die viel zu optimistische Einschätzung der Krise des Franco-Regimes usw. Auch Antón legte eine Selbstkritik vor. Dolores Ibárruri antwortete darauf in einem Schreiben an alle Politbüro-Mitglieder, in dem sie die Situation der Partei als ernst bezeichnete. Während sie offensichtlich Carrillos Selbstkritik mehr oder weniger akzeptierte, konzentrierte sie ihren Angriff ganz auf Antón. Sie warf ihm nun ausdrücklich Fraktionismus vor. Es begann eine Serie von Politbüro-Sitzungen, auf denen der Fall "durchgearbeitet" wurde. Im August machte Antón eine Reihe von Selbstkritiken: Er habe seine Fähigkeiten immer überschätzt, beschuldigte sich des Bürokratismus und schließlich auch des Fraktionismus. Auf Drängen von Dolores Ibárruri wurden zwei Selbstkritiken zurückgewiesen; er solle eine weitere vorlegen, in der er die Gründe für sein fraktionelles Verhalten erklären solle. Ganz offen suggerierte sie, er sei Agent. Die weitere Verhandlung dieses Falls zog sich über Monate hin, bedingt durch die geographische Teilung der Parteileitung. Schließlich beschloß das Politbüro Ende 1953, aber zurückdatiert auf den Juli, ihn aus dem Politbüro und dem

ZK zu entfernen: wegen seines fraktionistischen Verhaltens, seiner Angriffe auf die Parteidemokratie usw. Zwar wurde er nicht als Agent beschuldigt, doch sollte die Untersuchung fortgeführt werden.

Antón war schon im April 1953 nach Polen geschickt worden, wo er die Entscheidung abwarten sollte. Die Führung der polnischen Partei wußte lang nichts über die Anschuldigungen. Als ihr der Beschluß schließlich mitgeteilt wurde, schickte sie ihn als Fließbandarbeiter in eine Motorradfabrik. Nach 1956 wurde Antón de facto, aber niemals durch offizielle Rücknahme des Beschlusses, rehabilitiert, aber ohne wieder in das Politbüro zurückkehren zu können.

Kurioser- oder besser zynischerweise wurde der Fall Antón nicht lange darauf von der Parteiführung dazu benutzt, sich der Entstalinisierung avant la lettre zu rühmen. Zwar wurde die Mitgliedschaft niemals über den Verlauf und die Einzelheiten der Beratung, deren Ergebnisse zumeist sowieso schon von Dolores Ibárruri vorbestimmt waren und an denen auch immer nur ein Teil der Politbüro-Mitglieder teilgenommen hatte, informiert. Als Zwischenergebnis der Beratungen erschien jedoch im Sommer 1952 ein "Brief des ZK an die Partei", in dem die bürokratischen Methoden "einiger Mitglieder" verurteilt wurden. Dies konnte dann Carrillo im Jahre 1956 anführen, um damit zu behaupten, hier hätte es sich schon um eine Vorwegnahme des XX. Parteitages der KPdSU gehandelt.[103] So wurde ganz unverfroren eine mit stalinistischen Methoden betriebene Ausschaltung eines Führungsmitglieds zu einer Maßnahme der Entstalinisierung ...

Ganz deutlich waren hier bei den Ursachen das Motiv der persönlichen Abrechnung und die Benennung eines Sündenbocks für die organisatorischen Rückschläge der Partei und für das Scheitern der Guerilla in Spanien. Doch einmal in Gang gesetzt, eskalierten die Vorwürfe gegen Antón. Es waren wohl auch nur die Veränderungen nach Stalins Tod, die ihn davor bewahrten, zu einem Tito oder Slánský erklärt zu werden, wie es sich aller Erfahrung nach aus dem Agentenvorwurf hätte ergeben müssen, den Dolores Ibárruri immer wieder ins Spiel brachte. Vielleicht wollte sie damit auch schon der Eventualität vorbeugen, daß die Sowjets der KPSp die Forderung, einen Agenten zu benennen, präsentiert oder gar selbst einen benannt hätten.

Denn auch die spanische Parteiführung hatte Verbindungen zu einem der späteren Angeklagten im Slánský-Prozeß gehabt, aus denen sich leicht ein "Verschwörungsfall" hätte konstruieren lassen.[104] Anfang 1951 hatte ein Politbüro-Mitglied, Antonio Mije, im Auftrag der Generalsekretärin ausführlich mit Bedrich Geminder, dem Leiter der internationalen Abteilung des ZK der KPTsch, verhandelt, um mithilfe der Bruderpartei das neue Parteizentrum der KPSp einzurichten. Auch eine weitere Verbindung mußte Dolores Ibárruri besorgt sein lassen. Ihre Sekretärin, Irene Falcón, war im Moskauer Exil während des Zweiten Weltkrieges Geminders Lebensgefährtin gewesen. Dolores Ibárruri war durch die internen Materialien der sowjetischen Nachrichtenagentur TASS für die KPdSU-Führer, die sie ebenfalls erhielt, über Vorbereitung und Durchführung des Slánský-Prozesses auf dem laufenden gehalten worden. Zwar wurde im Prozeß nichts ausgesagt, was die spanische KP (oder irgend eine andere) belastet hätte, doch konnte natürlich auch Dolores Ibárruri nicht wissen, was für "Geständnisse" noch in der Schublade lagen. (Was davon allerdings damals bei den Verhören tatsächlich existierte, welche Pläne Berija 1952/53 entwickelte, ist bis heute nicht bekannt.) Vielleicht war in dem Vorgehen von Dolores Ibárruri also auch eine Art Vorkehrung für alle Eventualitäten enthalten.

All diese hier geschilderten Säuberungen betrafen die Führungskader der Partei und waren damit nur die mehr oder weniger spektakuläre Spitze eines Eisbergs. Denn solche "Maßnahmen" trafen natürlich erst recht die einfachen Mitglieder. Bisher gibt es noch keine systematische Studie darüber, die vielleicht auch mangels exakter Unterlagen nicht zu erstellen sein wird. Doch liefert besonders die Darstellung von Morán einige Hinweise auf die Dimension des Problems. Zu nennen wären etwa die Verhaftungen von Parteimitgliedern im sowjetischen Exil[105] sowie Ausschlüsse nach den Säuberungen an der Spitze, wie z. B. 1953 in Mexiko als Folge des Falls Antón.[106] Einen Einblick in die Größenordnung liefert eine Statistik, die Antón im Rahmen seines Verfahrens selbst vorlegen mußte (womit sein Bürokratismus bewiesen werden sollte): Zwischen 1946 und Mitte 1950 waren in der Organisation in Frankreich über 1300 Ausschlüsse oder Sanktionen erfolgt, wobei sich die Zahl von Jahr zu Jahr steigerte.[107] Dies läßt darauf schließen, daß sich die Partei in einem Zustand der permanenten Säuberung befand, der sich parallel zur Entwicklung des Kalten Krieges steigerte. Wenn sich die spanische KP auch - als eine der Speerspitzen des Eurokommunismus - selbstkritischer zu ihrer eigenen Vergangenheit verhalten hat als die KPF, so muß man hierzu doch anmerken, daß dieses Kapitel der Parteigeschichte von der KPSp bisher eher vernachlässigt wird.[108] Zwar gibt es am ehestens noch zum Fall Comorera einiges an Selbstkritik, doch ansonsten gilt auch für die KPSp noch immer, daß diese Vergangenheit am besten unter dem Mantel des Vergessens aufbewahrt ist.[109]

Einige Schlußfolgerungen

Neben den vielen Besonderheiten, die aus der politisch-sozialen Lage der jeweiligen Partei und ihrer Geschichte zu erklären sind, weisen die Vorgänge in beiden Parteien dennoch einige übereinstimmende Züge auf. Ausgangspunkt für alle Säuberungen waren niemals grundlegende politische Differenzen, verschiedene strategische Perspektiven oder grundsätzliche theoretische Meinungsverschiedenheiten. Es ging höchstens um taktische Divergenzen, im Vordergrund standen aber die organisatorische Kontrolle und die Macht über die Partei und vor allem den Parteiapparat. War der Konflikt einmal in Gang gekommen, dann wurden schnell offenkundige Verleumdungen in die Welt gesetzt und ein pseudo-politischer Grund konstruiert. Typisch war auch, daß die Säuberungen von den jeweiligen Initiatoren oftmals unter Umgehung der eigentlich zuständigen Gremien - also völlig statutenwidrig - in Gang gesetzt wurden. Sowohl Thorez wie Dolores Ibárruri - um nur die beiden zentralen Parteiführer zu nennen - hatten alte Rechnungen zu begleichen, die man in der Situation ab 1947/48 politisch "aufladen" konnte. Die Säuberungen in Osteuropa schufen erst den Kontext, mit denen sie auch in den West-Parteien möglich wurden: Nach den osteuropäischen Prozessen mit ihren "Geständnissen" waren die Mitglieder auch hier bereit, ähnliches zu glauben. Noch ungeklärt ist, wieweit die Sowjets in die Säuberungen der West-Parteien eingriffen. Wenn auch fraglich ist, daß sie sie in demselben Maße initiierten und organisierten wie in Osteuropa, so kann man wohl vermuten, daß sie sie begünstigten und deckten. Allerdings ist im Fall der KPF und KPSp zu betonen, daß sich deren beide Parteiführer aus verschiedenen, jedoch eher zufälligen Gründen in den entscheidenden Jahren in der UdSSR aufhielten und damit im direkten Kontakt zum sowjetischen Apparat standen. Da aber weder der KPF noch der KPSp ein eigener Staatsapparat zur Verfügung stand, konnten die Säuberungen nur in begrenztem Maße vorangetrieben werden. Öffentliche Geständnisse mit all ihrer Absurdität zu erzwingen, war hier nicht möglich. Es gab nicht die Möglichkeit der Folter oder der Androhung der physischen Vernichtung. Das heißt nicht, daß die jeweiligen Angeklagten entsprechend ihrem Selbstverständnis als loyale und überzeugte Stalinisten nicht bereit waren, "Selbstkritik" bis hin zu - wie Morán das nennt - "Autoflagellation" zu üben. Das Eingeständnis politischer Fehler endete aber im Unterschied zu Osteuropa dort, wo es um das Bekenntnis einer angeblichen Agententätigkeit ging. So waren auch nicht alle Opfer der Säuberungsmaßnahmen soweit gebrochen, daß sie sich danach nur noch der Parteidisziplin unterordneten. Manche schlossen sich der nicht-kommunistischen Linken an. Was man aber auf jeden Fall festhalten muß, ist, daß beide Parteien sich bis heute nicht wirklich diesem Teil ihrer Geschichte gestellt haben.

Anmerkungen

1) Franz Marek, Zum Fall André Marty. In: Weg und Ziel, Nr. 2/1953, S. 99-104, hier S. 104.
2) Vgl. z. B. E. J. Hobsbawm, The 'Moscow Line' and international communist policy, 1933 - 1947. In: Chris Wrigley (Hg.), Warfare, Diplomacy and Politics. Essays in Honour of A. J. P. Taylor. London 1986.
3) Hier muß aus Platzgründen darauf verzichtet werden, eine ausführliche Bibliografie zu geben. Zur KPF bzw. zur KPSp finden sich Angaben in den entspre-

chenden Abschnitten. Ganz allgemein zur Geschichte der internationalen kommunistischen Bewegung in den hier interessierenden Jahren vgl. die entsprechenden Abschnitte der noch immer besten Gesamtdarstellung: Fernando Claudin, Die Krise der kommunistischen Bewegung. Von der Komintern zur Kominform, Bd. 2, Der Stalinismus auf dem Gipfel seiner Macht. Berlin-West 1978, S. 167-267. Wichtiges Material zum Hintergrund liefert auch noch Lilly Marcou, Le Kominform. Le communisme de guerre froide. Paris 1977.

4) Folgende Gesamtdarstellungen der KPF für den hier behandelten Zeitraum wurden herangezogen: Philippe Robrieux, Histoire intérieure du Parti communiste, Bd. 2, 1945 - 1972. De la Libération à l'avènement de Georges Marchais. Paris 1981, und Irwin M. Wall, French Communsim in the Era of Stalin. The Quest for Unity and Integration, 1945 - 1962. Westport 1983. In Bd. 4 seines Werks gibt Robrieux auch eine ausführliche Bibliografie mit vielen weiteren Titeln.

5) Vgl. Robrieux, Histoire intérieure, Bd. 2, S. 311.

6) Vgl. ebd., S. 258-260.

7) Die Angaben nach Wall, French Communism, S. 104-107 (dort auf S. 106 eine tabellarische Übersicht aller Säuberungsopfer zwischen 1950 und 1954, die die biografischen "Hintergründe" zu erfassen sucht); bei Robrieux, Histoire intérieure, Bd. 2, S. 279, differieren die Zahlen leicht, allerdings ist Walls Arbeit erst später erschienen, er konnte alle Angaben von Robrieux noch einmal überprüfen. Inwieweit sich bei dieser Säuberung in der Parteiführung, wie Wall annimmt, auch Differenzen zwischen Thorez und Duclos, der als Vertrauensmann der Sowjets in der Parteiführung galt, ausdrücken, kann hier nicht untersucht werden. Letztlich ist auch hier die genaue Klärung des ganzen Vorgangs ohne Zugang zu den Archiven der KPF - und natürlich denen der KPdSU - nicht möglich.

8) Vgl. Robrieux, Histoire intérieure, Bd. 2, S. 279-281, 284-288.

9) Vgl. Wall, French Communism, S. 104.

10) Jacques Duclos (1896 - 1975), von Beruf Konditor, im Ersten Weltkrieg Soldat und durch diese Erfahrung radikalisiert, schloß sich 1919 der CGT und 1920 der Sozialistischen Partei an, die noch im selben Jahr zur KPF wurde. Er machte einen schnellen Aufstieg in der Parteihierarchie durch, war bereits 1926 Abgeordneter und ZK-Mitglied. Ende der zwanziger Jahre war er für die Komintern aktiv, u. a. in Spanien. Seit 1931 Mitglied des Politbüros und des Sekretariats der KPF. Seit der Volksfront Mitte der dreißiger Jahre war er einer der populärsten Parteiführer und die unbestrittene Nummer zwei in der Führung. Duclos galt immer als Vertrauensmann des sowjetischen (Geheimdienst-)Apparats, besonders in "Kaderfragen". Im Zweiten Weltkrieg war er der wichtigste im Land zurückgebliebene Parteiführer und war so z. B. im Juni 1940 für die Kontakte mit der Nazi-Wehrmacht verantwortlich, die auf die Legalisierung der KPF hinzielten. Im September 1947 war er an der Gründung des Kominform beteiligt. Während des krankheitsbedingten Aufenthalts von Thorez in der UdSSR von 1950 bis 1953 war er der Interimsgeneralsekretär. Zusammen mit Thorez war er Gegner der Entstalinisierung. Nach 1960 mußte er seine Aktivitäten aus gesundheitlichen Gründen einschränken, kandidierte aber 1969 als Präsidentschaftskandidat und konnte mit 21,36 Prozent einen persönlichen und politischen Erfolg verbuchen.

Maurice Thorez (1900 - 1964) entstammte einer Arbeiterfamilie, schloß sich 1918 den Sozialisten an und begann sehr schnell eine Parteikarriere. Bereits 1922 bekleidete er regionale Funktionen und war seit 1923 Hauptamtlicher. 1924 hatte er vorübergehend Sympathien für Trotzki. Seit 1926 war er Politbüro- und Sekretariatsmitglied, seit 1931 unbestrittener Parteiführer. In der Volksfront wurde er als

"Sohn des Volkes" - so der Titel seiner Autobiografie - zum Mythos und Objekt eines stalinistischen Personenkults. Während des Zweiten Weltkrieges hielt er sich in Moskau auf und gehörte nach seiner Rückkehr von 1945 bis 1947 der französischen Regierung an. Im Oktober 1950 erlitt er einen Schlaganfall und wurde zur Genesung in die UdSSR gebracht; erst im März 1953 kehrte er zurück. Nach 1956 trat er gegenüber Chruschtschow als entschiedener Gegner der Entstalinisierung auf.

André Marty (1886 - 1956) war der Sohn eines Kommunarden. 1908 ging er in die Kriegsmarine. 1919 war er an der Meuterei französischer Marineeinheiten während der Intervention im russischen Bürgerkrieg beteiligt, die seinen Ruhm in der kommunistischen Bewegung begründete. Zu zwanzig Jahren Zwangsarbeit verurteilt, wurde er 1923 begnadigt. Er schloß sich der KPF an und wurde schnell ein wichtiger Parteifunktionär. 1931 wurde er Politbüro-Mitglied und vertrat in der Folgezeit die Partei mehrfach in der Komintern. 1936/37 leitete er die Internationalen Brigaden in Spanien, wo ihm nachgesagt wurde, besonders brutal stalinistische Säuberungen betrieben zu haben. (Dieser Ruf wurde literarisch bei Hemingway verewigt und neuerdings von Schatrow in seinem Stück "Diktatur des Gewissens" wieder aufgenommen. Er dürfte zwar an vielen solchen Dingen beteiligt gewesen sein - er galt generell als wenig umgänglich, vor allem aber als extrem mißtrauisch und impulsiv mit einem Hang, sofort Verdächtigungen auszusprechen -, doch dürfte er als bekannte Persönlichkeit eher das Schutzschild abgegeben haben, hinter dem sich die natürlich das Licht der Öffentlichkeit scheuenden anonymen Mitarbeiter des stalinistischen Terrorapparats verbargen.) Wenige Tage vor Ausbruch des Zweiten Weltkrieges wurde er von der KPF nach Moskau zur Komintern geschickt und kam dann 1943 nach Algier, wo er die KPF bei der provisorischen Regierung Frankreichs vertrat. Nach 1945 galt er - als Politbüro- und Sekretariatsmitglied - als die Nummer drei in der Parteihierarchie.

Charles Tillon (geb. 1897) war während des Ersten Weltkrieges Matrose auf einem Kriegsschiff und 1919 an einer Revolte gegen die Intervention gegen die russische Revolution beteiligt, wofür er zu Zwangsarbeit verurteilt wurde. Seit 1921 Mitglied der KPF, begann er fast unmittelbar darauf seine Funktionärskarriere, wobei er verschiedentlich zwischen Positionen in der Partei und den Gewerkschaften wechselte. Seit 1932 ZK-Mitglied, gehörte er auch bis 1936 dem Politbüro an. Nach Ausbruch des Weltkrieges wurde er in der Résistance einer der wichtigsten Funktionäre der KPF und leitete die kommunistischen Partisanen. Von 1944 bis 1947 war er, zuerst unter De Gaulle, Minister. Er gehörte jetzt dem Politbüro an, aber nicht mehr dem Sekretariat wie im Krieg. Ab 1948 war er der führende Organisator der kommunistischen Friedensbewegung, kam aber bald darüber in Konflikt mit der Partei, da er sie zu parteiunabhängig machen wollte und kompromißlos die deutsche Wiederbewaffnung ablehnte. Tillon schrieb eine Reihe von autobiografischen und historischen Arbeiten (u. a. zur Geschichte der Résistance).

11) Vgl. Robrieux, Histoire intérieure, Bd. 2, S. 309-311. Zu Beyer vgl. auch Charles Tillon, Un "procès de Moscou" à Paris. Paris 1989², S. 65f. Bis heute sind die Gründe für Beyers Auftreten als "Belastungszeugen" nicht bekannt; bezeichnenderweise gehörte er zu den 1950 aus dem ZK entfernten Résistance-Kadern.
12) Vgl. Robrieux, Histoire intérieure, Bd. 2, S. 320.
13) Vgl. Robrieux, Histoire intérieure, Bd. 2, S. 320, und Louis Couturier, Les "grandes affaires" du Parti communiste français. Paris 1972, S. 27.

14) Vgl. Robrieux, Histoire intérieure, Bd. 2, S. 325-327. Zu Martys Distanzierung von Tillon vgl. auch Tillon, Un "procès", S. 118. Martys zum Abschluß abgegebene "Selbstkritik" ist auszugsweise abgedruckt in: Couturier, S. 30f.
15) Der Brief ist abgedruckt in: ebd., S. 106-108.
16) Vgl. Robrieux, Histoire intérieure, Bd. 2, S. 325-327. Zu Martys Distanzierung von Tillon vgl. auch Tillon, Un "procès", S. 118. Martys zum Abschluß abgegebene "Selbstkritik" ist auszugsweise abgedruckt in: Couturier, S. 30f.
17) Vgl. Robrieux, Histoire intérieure, Bd. 2, S. 327.
18) Vgl. ebd., S. 328f.
19) Ebd., S. 329.
20) Vgl. Tillon, Un "procès", S. 110, 118-120.
21) Vgl. ebd., S. 120f.
22) Vgl. Robrieux, Histoire intérieure, Bd. 2, S. 329f.
23) Vgl. ebd., S. 332.
24) Vgl. ebd., S. 331. Der Brief ist abgedruckt bei Couturier, S. 33-36. Sein Sekretär stahl ihm - sicher im Parteiauftrag - einen Großteil seines Archivs.
25) Vgl. Tillon, Un "procès, S. 113f.
26) Vgl. Robrieux, Bd. 2, S. 329.
27) Abgedruckt bei Couturier, S. 120f.
28) Vgl. Robrieux, Histoire intérieure, Bd. 2, S. 333f.
29) Vgl. ebd., S. 336.
30) Vgl. Couturier, S. 40.
31) Vgl. Robrieux, Histoire intérieure, Bd. 2, S. 332.
32) Vgl. Couturier, S. 40.
33) Vgl. ebd., S. 41.
34) Vgl. L'Affaire Marty, Paris 1955.
35) Vgl. Couturier, S. 41f. Die Hoffnungen, die mit einer Rückkehr von Thorez verknüpft waren, schienen nicht nur bei Marty, sondern auch bei vielen Bündnispartnern der KPF verbreitet gewesen zu sein. Einige Persönlichkeiten aus der Friedensbewegung verwendeten sich bei Thorez für Tillon, mit dem sie ja als zeitweiligen Parteiverantwortlichen für die Friedensarbeit eng zusammengearbeitet hatten. Vgl. Tillon, Un "procès", S. 148f.
36) Vgl. ebd.
37) Vgl. dazu seine Schilderung in Tillon, Un "procès", S. 109ff.
38) Vgl. ebd., S. 153, und Couturier, S. 43.
39) Über "die zweite Affäre Tillon" - so die Kapitelüberschrift - vgl. die Darstellung ebd., S. 83-88.
40) Vgl. Charles Tillon, On chantait rouge, Paris 1977.
41) Vgl. Nr. 38 (19. 9.) und Nr. 50 (12. 12.), Jg. 1952, und Nr. 2 (9. 1.), 3 (16. 1.) und 10 (6. 3.), Jg. 1953 von: Für dauerhaften Frieden, für Volksdemokratie. Für eine Stellungnahme der KPÖ siehe den eingangs erwähnten Artikel von Franz Marek.
42) Das betraf den damaligen ägyptischen Parteiführer Henri Curiel, der diese Kontakte im Parteiauftrag unterhalten hatte. Vgl. seine Biografie: Gilles Perrault, Un homme à part, Paris 1984.
43) Vgl. dazu die Angaben in seiner Kurzbiografie in Robrieux, Histoire intérieure, Bd. 4, S. 282-286, sowie Wall, S. 146f.
44) Dies hob beispielsweise die Tageszeitung der französischen Sozialisten in ihrer Analyse der Anklage gegen die beiden auf dem September-ZK vor. Vgl. Tillon, Un "procès", S. 112.

45) Etwa die Ausschlüsse bzw. Degradierungen von Lecoeur 1954, von Servin und Casanova 1961 und Garaudy 1970. Dabei ging es in der einen oder anderen Form letztlich um Versuche zur Entstalinisierung in der KPF. Vgl. dazu etwa die entsprechenden Abschnitte bei Robrieux, Histoire intérieure, Bd. 2, und Couturier.
46) Vgl. Robrieux, Histoire intérieure, Bd. 2, S. 321-325, und Couturier, S. 28f. und 37f. - Außer acht bleiben muß hier die auf Gerüchten in der tschechoslowakischen KP beruhende Behauptung - vgl. Wall, S. 142 und S. 157 -, Marty hätte 1952 in einem Brief an die Moskauer Führung gegen die Prozesse in Osteuropa protestiert. Sie ist viel zu ungesichert, als daß man sie berücksichtigen könnte. Sie widerspricht - einmal abgesehen davon, daß unklar ist, wann genau das gewesen sein soll - auch der Tatsache, daß er in seiner Verteidigung gegen die Vorwürfe bis weit in das Jahr 1953 als getreuer Stalinist auftrat.
47) Vgl. Artur London, Ich gestehe. Der Prozeß um Rudolf Slánský. Hamburg 1970, S. 154-157.
48) Ebd., S. 155f. Tillon kommentiert die Versuche, bei den Verhören Londons Materialien über die MOI und die Résistance, aber auch weiter zurückgehend über die Internationalen Brigaden im Spanischen Bürgerkrieg zu sammeln, folgendermaßen (Un "procès", S. 74): "Also bezieht ein ganzer Bereich des Prager Prozesses die Mitglieder der französischen Partei ein, die von diesen Fragen besonders betroffen sind."
49) Vgl. Robrieux, Histoire intérieure, Bd. 2, S. 317.
50) Vgl. Robrieux, Histoire intérieure, Bd. 2, S. 318f., und Tillon, Un "procès", S. 71.
51) Vgl. Robrieux, Histoire intérieure, Bd. 2, S. 316. Vgl. auch Tillon, Un "procès", S. 69f.: "... während der ersten sechs Monate des Jahres 1952 wurden mehr als dreißig Reisen zwischen Paris und Moskau (meistens über Prag) von Verantwortlichen des Apparats und des Sekretariats durchgeführt. Servin (der Leiter der Kaderabteilung, R. T.) machte außerdem vier Reisen nach Moskau über Prag, um Berija die Dossiers der Internationalen Brigaden des Spanischen Bürgerkriegs und die der MOI einschließlich der Mitglieder der Résistance in Frankreich zu übergeben ..."
52) Vgl. London, S. 37.
53) Vgl. Robrieux, Histoire intérieure, Bd. 2, S. 319 und Tillon, Un "procès", S. 78f.
54) Vgl. Robrieux, Histoire intérieure, Bd. 2, S. 326, 337.
55) Vgl. Tillon, Un "procès", S. 87.
56) Vgl. Robrieux, Histoire intérieure, Bd. 2, S. 337f.
57) Die These zweier verschiedener Gruppierungen in der Parteiführung um Duclos einerseits und Thorez andererseits, deren Rivalität sich auch in verschiedenen politischen Taktiken niedergeschlagen hätte, liegt der Arbeit von Wall zugrunde. Vgl. sein Kapitel "Cold War Delirium, 1952", S. 135-159, wo er die Affäre Marty-Tillon in die wichtigen politischen Aktionen der KPF in jenen Monaten einbettet. Er sieht in der Ausschaltung der beiden vor allem den innerorganisatorischen Machtgewinn für Duclos, der hier zwei wichtige, aber auch zugleich, da nicht von Thorez gestützte, angreifbare Rivalen beseitigte. Ebd., S. 147.
58) Die Kommission bestand aus Gaston Auguet, Léon Mauvais und Marcel Servin. Bezeichnend für ihr Vorgehen völlig außerhalb des Rahmens der obersten Parteigremien ist, daß das für Organisation zuständige Mitglied des Parteisekretariats, Auguste Lecoeur, erst am 19. Mai, also sieben Tage, bevor man Marty mit den Anschuldigungen konfrontierte, eingeweiht wurde. Vgl. Robrieux, Histoire intérieure, Bd. 2, S. 310.

59) Vgl. Jacques Duclos, Mémoires, Bd. 4, Sur la bréche 1945 - 1952. Des débuts de la IVe République au "complot" des pigeons. Paris 1971, S. 330-332.
60) London, S. 155, spricht vom Mai - Juni 1951.
61) Wobei auch die KPF-Führung den "Sieg" über Marty und Tillon mit dem "Erfolg" der KPTsch über Slánský verglich - so z. B. Duclos auf einer Rede Ende Dezember. Vgl. Tillon, Un "procès", S. 137.
62) Eine Darstellung der sozialen, psychischen und ideologischen Zusammenhänge dieser Gegengesellschaft des französischen Stalinismus Ende der vierziger/Anfang der fünziger Jahre bei Wall, S. 155-134. Zu Einwänden gegen dieses Konzept, das auf die Arbeiten von Annie Kriegel zurückgeht, vgl. den Sammelband von KPF-Historikern Le P.C.F. étapes et problèmes. Paris 1981, S. 392-394. - Wie ein Prozeß gegen Marty und Tillon unter osteuropäischen Bedingungen verlaufen wäre, beschrieb die Zeitung der französischen Sozialisten so: "Wenn Frankreich eine 'Volksdemokratie' wäre, wären Marty und Tillon verhaftet und inhaftiert worden. Die Anklage hätte sie als Anstifter einer Verschwörung präsentiert, die als Ziel den gewaltsamen Umsturz einer Volksregierung und die Bildung eines reaktionären und antisowjetischen Regimes vermittels eines amerikanisch-titoistischen Verschwörernetzes und der Ermordung von Duclos und anderen Führern der Kommunistischen Partei Frankreichs hätte." Zit. in: Tillon, Un "procès", S. 111f.
63) Vgl. Robrieux, Histoire intérieure, Bd. 2, S. 296, und Wall, S. 109.
64) Bei den Wahlen im Juni 1951 etwa mußte die PCF einen Stimmenrückgang um drei Prozentpunkte hinnehmen (wegen des geänderten Wahlrechts verlor sie allerdings überproportional Sitze). Politische Generalstreiks am 12. Februar 1952 und am 4. Juni waren mehr oder weniger Niederlagen, auch wenn sie die Partei in triumphalistischem Ton als große Siege feierte. Zwischen diesen beiden Streiks fand am 28. Mai eine große, in Straßenschlachten endende Demonstration gegen den Besuch eines amerikanischen Generals statt, die zu verschiedenen Verhaftungen von Parteiführern führte (u. a. von Duclos). Vgl. Couturier, S. 53-55; Tillon, Un "procès", S. 49-58; Robrieux, Histoire intérieure, Bd. 2, S. 297-309; Wall, S. 141-144.
65) Trotzki tat dies 1938 in einer Erklärung zur Ermordung seines Sohnes. Vgl. Léon Trotzki, Oeuvres, Bd. 16. Paris 1983, S. 176f., hier S. 177.
66) Vgl. Jacques Duclos, Mémoires, Bd. 5, Dans la mêlée 1952 - 1958. De la relance d'un complot anticommuniste à l'effondrement de la IVe République. Paris 1972, S. 23-35. Ähnlich ist auch jene offizielle, ganz in der Tradition des Stalinschen Kurzen Lehrgangs stehende und nur als Machwerk zu bezeichnende Parteigeschichte von 1964, in der sich zur ganzen Angelegenheit nur findet, daß im September 1952 das ZK die nationalistischen und opportunistischen Konzeptionen Martys (von Tillon keine Rede) verurteilt hätte. Vgl. Histoire du Parti communiste français (Manuel). Paris 1964, S. 539.
67) Roger Martelli, Communisme français. Histoire sincère du PCF 1920 - 1984. Paris 1984, S. 144. Ähnlich auch in seinem Beitrag über die KPF im Kalten Krieg 1947 - 1953 im oben erwähnten Sammelband Le P.C.F. étapes et problèmes, wo er, statt die Ereignisse zu rekonstruieren und zu diskutieren, die ganze Angelegenheit in philosophische Spekulationen und Unwägbarkeiten auflöst: Die Affäre stünde im Zentrum mehrerer "déterminations", man müsse die doppelte Gefahr einer "lecture retrospective" - weil dadurch der allgemeine Kontext verloren ginge - und einer Analogie - weil dadurch das spezifische der französischen Situation nicht berücksichtigt würde - vermeiden (S. 379). Bereits vorher (S. 377) schrieb er: "Die

dunklen Seiten sind noch sehr zahlreich in der 'Untersuchung' der Affäre, aber man muß anerkennen, daß die Beschuldigung Martys, ein Polizeiagent und ein Fraktionist zu sein, auf keinem seriösen Beweis beruht, und daß sie deshalb für haltlos gehalten werden muß, was nicht heißt, sie wäre im Zusammenhang jener Epoche absurd gewesen: man kann das an der Lage sehen, in der sie entstand."

68) Nach einem kurzen Aufenthalt in Frankreich in den ersten Monaten nach dem Sieg Francos gingen die meisten Parteiführer nach Moskau, zunächst nur zur Konsultation mit der Kommunistischen Internationale, dann verhinderte der Ausbruch des Weltkrieges die Rückkehr. Eine Delegation der Parteiführung wurde auch nach Mexiko geschickt, das eine beträchtliche Zahl von spanischen Emigranten aufgenommen hatte. Vgl. dazu Gregorio Moràn, Miseria y grandeza del Partido Comunista de España 1939 - 1985. Barcelona 1986, S. 20f.
69) Vgl. Morán, Miseria y grandeza. S. 62-65, Victor Alba, El Partido Comunista en España. Barcelona 1979, S. 267-270, Francisco Claudin, Santiago Carrillo. Barcelona 1983, S. 70f.
70) Vgl. Joan Estruch Tobella, El PCE en la clandestinidad 1939 - 1956. Madrid 1982, S. 54-58.
71) Vgl. Morán, S. 70-78.
72) Vgl. ebd., S. 96-102. Wie David Wingeate Pike, Jours de gloire, jours de honte. Le Parti communiste d'Espagne en France depuis son arrivée en 1939 jusqu'à son départ en 1950. Paris 1984, S. 188, dazu im Hinblick auf die Säuberungen in den folgenden Jahren schreibt: "... dadurch, daß sie den Krieg in der Sowjetunion verbrachten, verloren sie bedeutendes Prestige und bedeutenden Einfluß an die Helden der spanischen Résistance in Frankreich. Man mußte diese Helden deshalb diskreditieren."
73) Vgl. Morán, S. 83-92, Pike, S. 37f., S. 191f.
74) Vgl. Morán, S. 44-61, Pike, S. 189f. "Quiñones" war ein Pseudonym; über die wahre Identität dieses Komintern-Emissärs, der wahrscheinlich nur durch die Umstände des Frontzusammenbruchs in Spanien zurückgeblieben war, gibt es bis heute nur Vermutungen. Danach handelte es sich um einen Osteuropäer, eventuell einen Sowjetbürger, der schon vor 1936 nach Spanien gekommen war.
75) Vgl. Morán, S. 96-109, Estruch, S. 95-114, Claudín, S. 76-83.
76) Vgl. Morán, S. 70f.
77) Vgl. ebd., S. 152-155. Vgl. auch Pike, S. 112. Nach seiner Darstellung war der Hauptgrund für die Säuberung, daß der damalige KPSp-Verantwortliche in Moskau mehr oder weniger jeden aus der UdSSR ausreisen ließ, der dies wollte.
78) Vgl. Morán, S. 152.
79) Ebd., S. 154.
80) Vgl. ebd., S. 157f., Pike, S. 191f.
81) Vgl. Morán, S. 160. Pike, S. 186, führt weitere Beispiele an. Z. B. wurde auf einer Großveranstaltung der Partei in Paris im Jahre 1947 Tito direkt hinter Stalin und Dimitrov und noch vor Thorez, Togliatti und Dolores Ibárruri in das Ehrenpräsidium gewählt.
82) Vgl. Morán, S. 134, Claudín, S. 95.
83) Vgl. Morán, S. 126f. Die KPSp stellte im August 1948 einen Antrag auf Aufnahme, der aber anscheinend niemals offiziell beantwortet wurde.
84) Vgl. Morán, S. 137f., Claudín, S. 95-97.
85) Vgl. Morán, S. 161.
86) Vgl. ebd., S. 156f., Claudín, S. 90f., Pike, S. 192.
87) Vgl. Claudín, S. 92-94, Pike, S. 193.

88) Vgl. Morán, S. 147, Estruch, S. 104. Azcárate war bis zur Entstalinisierung 1956 in den Hintergrund gedrängt, bis er wieder aufstieg und vor allem in den siebziger Jahren eine wichtige Rolle als Mitglied des Exekutivkomitees spielte. U. a. gab er 1978 wichtige Stellungnahmen der Partei ab, als das Erscheinen der Autobiografie von Jorge Semprún an dessen Parteiausschluß im Jahre 1964 erinnerte. Darin erklärte Azcárate, daß zu solchen Fragen wie dem Fall Monzón demnächst ein "Historikersymposium" stattfinden würde - was allerdings niemals zusammentrat. Azcárate wurde dann später von Carrillo aus der Partei ausgeschlossen.
89) Vgl. Morán, S. 165.
90) Vgl. ebd., S. 158f. - Die Parallele zum angeblichen Mordversuch gegen Thorez ist auffällig.
91) Vgl. Pike, S. 229-231, Estruch, S. 169f.
92) Zu den spanischen Titoisten vgl. Morán, S. 78, 161-163, Estruch, S. 171-173; Pike, S. 204f.
93) Zu Comorera vgl. die umfangreiche Biografie von Miquel Caminal, Joan Comorera. 3 Bde., Barcelona 1984f. Leider gibt es bisher - außer zur Bildung der Partei (vgl. Josep Lluís Martín i Ramos, Els orígens del Partit Socialista Unificat de Catalunya (1930 - 1936). Barcelona 1977) - noch keine seriöse Geschichte der PSUC, so daß für die folgenden Angaben über ihre Entwicklung bis zur Krise um Comorera 1949 - neben den Gesamtdarstellungen des spanischen Kommunismus - ausschließlich auf sie zu verweisen ist. Wie weit das Verhältnis zwischen der spanischen Partei und den katalanischen Kommunisten schon von Anfang an belastet war, lassen die vielen Hinweise auf deren 'Nationalismus' bei Palmiro Togliatti in seinen Briefen aus Spanien, wo er während des Bürgerkrieges Komintern-Vertreter war, nach Moskau erahnen. Sie sind abgedruckt in: Palmiro Togliatti, Opere. Bd. 4.1, 1935 - 1944. Rom 1979.
94) Vgl. hierzu Morán, S. 172-175, Estruch, S. 177-180, Caminal, Bd. 3, S. 221-225.
95) Vgl. Estruch, S. 181-184, Morán, S. 175f., Caminal, Bd. 3, S. 257-260.
96) Vgl. Morán, S. 176-180, Estruch, S. 184f.
97) So Carrillo, der in diesem Sinne von Ponomarjow am Rande des SED-Parteitags vom Juli 1950 auf den Fall Comorera angesprochen wurde. Vgl. Santiago Carrillo, Le communisme malgré tout. Entretiens avec Lilly Marcou. Paris 1984, S. 44f.
98) Zur Entwicklung der parteioffiziellen Propaganda gegen ihn vgl. Estruch, S. 188 - 192. Vgl. auch Caminal, Bd. 3, S. 272.
99) Vgl. ihre Erklärung in Alba, El Partido Comunista. S. 293f.
100) Vgl. hierzu Estruch, S. 185-188, Morán, S. 184-186, Caminal, Bd. 3, S. 289-351.
101) Seine verbliebenen Anhänger schlossen sich 1976/77 den katalanischen Sozialisten an.
102) Von dieser bisher kaum bekannten Säuberung in der Parteiführung findet sich bis heute fast die einzige Schilderung bei Morán, S. 188-202. Wenn also nicht weiter nachgewiesen, folgt die Darstellung hier seiner Schilderung. Einige Hinweise gibt auch Claudin, S. 101-103.
103) Vgl. ebd., S. 102. Siehe auch Morán, S. 202-207.
104) Vgl. ebd., S. 203f.
105) Vgl. ebd., S. 166f.
106) Vgl. ebd., S. 205.
107) Vgl. ebd., S. 197. Die KPSp hatte in Frankreich 1949 zwischen 6000 und 8000 Mitglieder. Vgl. Estruch, S. 174.

108) Natürlich taugen in dieser Hinsicht weder die letzte 'offizielle' Darstellung der Parteigeschichte (Historia del Partido Comunista de España [Versión abreviada], Paris 1960) noch die Memoiren von Dolores Ibárruri (Memorias de Pasionaria 1939 - 1977. Me faltaba España. Barcelona 1984) etwas. Aber auch der bei weitem kritischere und seriösere Versuch einer Aufarbeitung der eigenen Geschichte, die Veröffentlichung einer Vortragsreihe durch die Stiftung der KPSp (Para una historia del P.C.E. Conferencias en la F.I.M. Madrid 1980) klammert genau den ganzen Aspekt der Nachkriegssäuberungen in der Partei aus.

109) Man denke etwa an das nicht erfüllte Versprechen der KPSp-Führung anläßlich der Diskussionen 1977/78 nach der Veröffentlichung der Semprún-Memoiren (Anm. 88). Daß die Diskussion um die Vergangenheit der KPSp kaum eine Rolle spielt - von dieser Episode einmal abgesehen -, hat aber vielleicht auch etwas mit der allgemeinen "Vergeßlichkeit" der spanischen Gesellschaft nach dem Tode Francos zu tun, denn auch diese Diktatur wurde im wesentlichen mit Vergessen bewältigt.

Georg Scheuer

Stalinismusrezeption in Frankreich 1948 bis 1956

Stalinismusrezeption basierte in Frankreich in den Jahren nach dem Zweiten Weltkrieg zunächst auf früheren, aus der Vorkriegs- und Kriegszeit stammenden Vorstellungen und Vorurteilen über Rußland im allgemeinen und Bolschewismus im besonderen. Das französische Rußlandbild war aufgrund jahrhundertealter enger Beziehungen Paris - Moskau im Zeichen gemeinsamer Abwehr deutschen Großmachtstrebens positiv besetzt. Die Reaktion auf den Bolschewismus hingegen war zwiespältig. Lenins Machtergreifung wurde von der französischen Bourgeoisie als Dolchstoß gegen die Entente und als Schützenhilfe für das Deutsche Reich empfunden. Die französische Arbeiterbewegung hingegen sah in der Oktoberrevolution die Hoffnung auf ein baldiges Kriegsende und den Auftakt zur sozialen Weltrevolution. Die offiziellen französisch-sowjetischen Beziehungen blieben bis in die frühen dreißiger Jahre gespannt. Erst Hitlers Machtergreifung führte ab 1933 zur Wiederaufnahme normaler diplomatischer Beziehungen zwischen Paris und Moskau und schließlich zur neuen französisch-russischen Allianz.

Das französische Stalinismusbild war nun durch den Freundschaftspakt Paris - Moskau geprägt. Das 1935 von Stalin und Pierre Laval (1883-1945) in Moskau feierlich unterzeichnete französisch-sowjetische Bündnis beherrschte bis zum Ausbruch des Zweiten Weltkrieges das europäische "Gleichgewicht". Das Stalinismus-Phänomen stand nunmehr in Frankreich in zweifacher Hinsicht in mildem Licht; die französischen Konservativen sahen in Stalin den Gewährsmann einer gegen großdeutsche Ambitionen gerichteten französisch-russischen Zusammenarbeit in Fortsetzung früherer Traditionen der zaristischen Außenpolitik. Stalin erwies sich überdies als Garant der "kollektiven Sicherheit" für den gesamteuropäischen grenz- und gesellschaftspolitischen Status quo. Die französische Linke feierte ihrerseits Stalin als Vorkämpfer gegen den Faschismus. In diesem Zeichen entstand das Volksfrontbündnis der drei französischen Linksparteien SFIO (SPF), KPF und Radikal-Liberale.

Die 1936 beginnenden Moskauer Schauprozesse und massiven "Säuberungen" in der Sowjetunion wurden somit in der öffentlichen Meinung Frankreichs weitgehend durch die Brille des eigenen Sicherheitsbedürfnisses gesehen. Stalin galt in diesen letzten Jahren vor dem Zweiten Weltkrieg als Friedens- und Sicherheitsfaktor für die offiziellen westeuropäischen, insbesondere französischen Interessen auf dem europäischen Kontinent. Die Rezeption der tatsächlichen Vorgänge im stalinistischen Herrschaftsbereich war dadurch verdunkelt. Diese Situation änderte sich nur vorübergehend mit dem Pakt Stalin-Hitler 1939/41. Nach dem Überfall der Hitlerarmeen auf die Sowjetunion erschien Stalin in der westlichen Meinung wieder als Verbündeter und Rettungsanker gegen nazideutsche Tyrannei. Die französische Résistance stand daher unter doppeltem Einfluß der Gaullisten und Stalinisten. Stalin und de Gaulle unterzeichneten in Moskau einen neuen französisch-sowjetischen Beistandspakt.

Vierte Republik und Kalter Krieg

Die Vierte Republik (1944 bis 1958) stand also außen- und innenpolitisch unter diesen Vorzeichen. Die KPF mit dem aus Moskau heimgekehrten Parteivorsitzenden und nunmehrigen Staatsminister Maurice Thorez (1900 bis 1964) war mit betont stalinistischer Ausrichtung an den ersten französischen Nachkriegsregierungen unter de Gaulles Vorsitz beteiligt. Die Stalinismusrezeption der französischen Öffentlichkeit war bis auf weiteres hiervon maßgeblich bestimmt. De Gaulle hatte schon 1944 Maurice Thorez als Staatsminister akzeptiert und seine Rolle für die nationale Einigung Frankreichs anerkannt.

Der "Kalte Krieg" änderte zunächst wenig an diesen Gegebenheiten. Zwar schied die KPF aus der Regierungskoalition aus, bestimmte aber als damals immer noch relativ stärkste Partei mit dem von ihr dirigierten größten Gewerkschaftsbund CGT einen Großteil der öffentlichen Meinung. Die Rückkehr de Gaulles 1958 zur Macht vollzog sich mit ausgesprochener Tolerierung durch die KPF, mit ausdrücklicher Weisung aus Moskau. Das gaullistische Regime vergalt dies mit Duldung der KPF und der CGT, mit Stärkung ihrer Gesellschaftsfähigkeit. De Gaulles Fünfte Republik war ab 1958 auf Schaffung eines Europa ohne USA "vom Atlantik bis zum Ural" ausgerichtet und betrachtete hierzu die KPF als wichtige Stütze. Diese hatte noch durchschnittlich 25 bis 30 Prozent der Wählerstimmen und absolute Mehrheiten in einer Reihe von Stadtverwaltungen, einen gut eingespielten Apparat und entsprechendes Vermögen. Sie war in die bürgerliche Legalität weitgehend hineingewachsen und bestrebt, ihre materiellen Privilegien zu behalten. Andererseits war der Parteivorsitzende Maurice Thorez, zum Unterschied von anderen europäischen Kommunistenführern wie Togliatti, Tito u. a., bedingungsloser Gefolgsmann des Kreml und hielt bis zuletzt an den stalinistischen Dogmen fest. Nationalkommunistische Tendenzen wurden in der KPF stets unterdrückt und ausgeschlossen.

Die KPF verfügte in den fünfziger Jahren noch über ein Dutzend modern eingerichteter Verlagsanstalten, 17 Tageszeitungen, 81 Wochenblätter, 18 Zeitschriften, drei Tageszeitungen allein in Paris ("Humanité", "Libération" und "Ce Soir") und weitere Tagesblätter in Strasbourg, Lille, Grenoble, Limoges, Marseille, Bordeaux, Rennes, Nizza, St. Etienne, Toulouse, Moulins,

Toulon, Lyon und Montpellier. Man schätzte die für KPF-Propaganda ausgegebenen Summen damals auf 55 Milliarden Francs. Das Geld kam selbstverständlich nicht vor allem aus Mitgliedsbeiträgen, sondern auch aus Zwangssteuern in den Volksdemokratien, sogenannten "Solidaritätsbeiträgen" für den Propagandaapparat der KPF. Hinzu kamen, als eine Art Rückversicherung, Beiträge französischer Industrieller. Vor allem war es die "Nordeuropäische Handelsbank", deren Aktien zu 99,7 Prozent zwei Sowjetbanken gehörten und wo die KPF ihre gesamten Konten zentralisiert hatte. Dennoch war bald Leserschwund festzustellen. Die Auflage der "Humanité" fiel von 1947 bis zum Beginn der fünfziger Jahre von 400.000 auf 185.400. Das intellektuelle KP-Wochenblatt "Action" mußte wegen Lesermangel eingestellt werden. Immerhin blieben in einem breiten Teil der französischen Linken, aber auch in konservativen Kreisen, Stalins Methoden bis an die Schwelle der fünfziger Jahre von tieferschürfender Analyse ausgespart.

Pariser Prozesse

Zwei Pariser Ehrenbeleidigungsprozesse begannen 1949 und 1950 den "Glauben" der öffentlichen Meinung Frankreichs an die "heile Welt" im stalinistischen Imperium zu erschüttern. Zuerst war es der im Februar und März 1949 von Victor Andrejewitsch Krawtschenko gegen die kommunistische Wochenzeitung "Lettres Françaises" wegen "Verleumdung" und "Ehrenbeleidigung" angestrengte Prozeß. Krawtschenko war im August 1943 als hoher Beamter der sowjetischen Handelsdelegation nach Washington gekommen, um dort im Rahmen der sowjetisch-amerikanischen Wirtschaftsbeziehungen über Kriegs- und Lebensmittellieferungen zu verhandeln. Im Frühjahr 1944 war er von seinem Posten desertiert und in New York untergetaucht. Seine Motive erläuterte er ausführlich in einem Buch, das im Februar 1946 in New York und im April 1947 in Frankreich erschien. Er hatte es in russischer Sprache redigiert, es wurde dann ins Amerikanische und von da ins Französische übersetzt.

Krawtschenkos Flucht erfolgte also noch während des Zweiten Weltkrieges, einige Monate vor der Pariser Libération, und erregte zu diesem Zeitpunkt in Frankreich noch kein besonderes Aufsehen. Als das Buch dann nach Kriegsende, im April 1947, in Frankreich erschien ("J'ai choisi la liberté"), wurde es noch mit einiger Skepsis beurteilt.

Erst als die stalinistische Presse in Frankreich Krawtschenko der "Lüge" bezichtigte und dieser bei einem Pariser Gericht einen Ehrenbeleidigungsprozeß gegen einen in den "Lettres Françaises" im November 1947 erschienenen Artikel anstrengte, konnte im Februar und März 1949 vor einer breiteren Öffentlichkeit die ganze Affäre aufgerollt werden. In wochenlangen

Verhandlungen wurden nun hauptsächlich Sowjetbürger (Emigranten) vorgeladen und machten ausführliche Aussagen. "Lettres Françaises" wurde schließlich wegen Ehrenverletzung und Verleumdung verurteilt und mußte die Urteilsbegründung auf der ersten Seite vollinhaltlich abdrucken.

Weitaus größeren Widerhall hatte im folgenden Jahr der vom französischen Schriftsteller David Rousset (geb. 1912) gleichfalls gegen "Lettres Françaises" angestrengte Prozeß, der gründlicher in das stalinistische Gulagsystem hineinzuleuchten begann. Rousset, vor 1939 Trotzkist und dann als Gaullist bis 1945 im KZ, Verfasser des Buches "L'Univers Concentrationnaire" - französisches Gegenstück zu Kogons "SS-Staat" - wurde gleichfalls von der KPF-Wochenzeitung der "Lüge" bezichtigt, weil er auf die Existenz von Konzentrationslagern in der Sowjetunion verwiesen hatte. Der Ehrenbeleidigungsprozeß entwickelte sich mehrere Wochen hindurch zu einem Monsterprozeß gegen das KZ-System hinter dem "Eisernen Vorhang". Die KPF versuchte vergeblich, mit einer Flut von Verleumdungen und juristischen Winkelzügen den Prozeß zu verhindern oder abzukürzen. Diese Manöver scheiterten, und es begann ein eindrucksvoller Zeugenaufmarsch. Kronzeuge war letztendlich die damalige offizielle Sowjetgesetzgebung, insbesondere der Erlaß vom 7. März 1935, in dem laut Paragraph 84 administrative Verbannung - Deportation ohne Gerichtsurteil - vorgesehen war.

Einer der ersten Zeugen war der jüdische Schriftsteller Dr. Jules Margolin, der 1940 mit Zehntausenden Juden Ostpolens nach Nordrußland verschleppt worden war und dort acht Lager und drei Gefängnisse erlebt hatte: "Die meisten Gefangenen sind weder Politische noch Kriminelle, sondern Menschen, die überhaupt kein Verbrechen begangen haben." Es folgte der österreichische Physiker Alexander Weissberg, von 1932 bis 1936 Professor an der Charkower Universität, 1937 verhaftet: "Faschisten und Monarchisten habe ich in unseren Gefängnissen keine gesehen, dafür aber Kommunisten, Linkssozialisten oder Leute, die aufs Geradewohl zusammengefangen worden waren und unpolitisch waren." Weissberg war zuerst vorgeworfen worden, er sei "Trotzkist", dann "Bucharinist", schließlich, er habe Stalin und Woroschilow "ermorden" wollen. Nach tagelangen Folterungen "gestand" er. Weil er in Paris in deutscher Sprache aussagte, empörten sich französische Stalinisten, daß "ein Deutscher vor einem französischen Gericht die Sowjetunion anzuklagen wagt".

Größten Eindruck machte schließlich der spanische Kommunist Valentin Gonzales alias El Campesino (geb. 1909), vormals Befehlshaber im Spanischen Bürgerkrieg. Seine Familie war von Francos Truppen umgebracht worden. In der Sowjetunion wurde er zuerst als Held gefeiert, auf Briefmarken abgebildet, mit Tschapajew (Partisanenführer in der russischen Revolution) und Pancho Villa (Führer der mexikanischen Revolution) verglichen. Stalin ließ ihn in ein Lager stecken, er konnte aber flüchten. Nun stand er in Paris als Kronzeuge im Rousset-Prozeß und erklärte:

"Ich erfülle hier ein heiliges Versprechen, das ich in den russischen KZ vor allem den alten Bolschewiken gegeben habe, von denen nur noch wenige leben und die mir beim Sammeln meines Materials und bei meiner Flucht behilflich waren. In Spanien war ich vielleicht der fanatischeste kommunistische General. Ich bereue es nicht, im Kampf gegen den spanischen und den internationalen Faschismus mein Leben eingesetzt zu haben. Was ich aber zutiefst bereue, ist, daß ich in der Spanischen Republik die Vorherrschaft der KP durchsetzen wollte. Der Kontakt mit Sowjetrußland wurde für mich zur größten Enttäuschung meines Lebens. Von den 6000 nach der Sowjetunion geflohenen spanischen Kommunisten lebten 1948, als ich ausbrach, nur noch 1200."

Nach Campesinos Berechnungen, gemeinsam mit alten Bolschewiken 1947/48 durchgeführt, waren damals in der Sowjetunion 19 Millionen Sowjetbürger und -bürgerinnen sowie vier Millionen Ausländer deportiert worden. Nun erfuhr 1950 die französische Öffentlichkeit von diesen Fakten. El Campesino beendete seine Aussage mit folgenden Worten:

"Trotz meines Martyriums war ich lange Zeit selbst noch Stalinist. Im Tifliser Gefängnis habe ich die Gegner des Regimes als Spione abgetan. Heute verfluche ich mich selbst, diesen Unglücklichen gegenüber eine solche Haltung eingenommen zu haben. Nicht nur Russen sind in diesen Friedhöfen. Wer in diese Grube fällt, kommt normalerweise nicht mehr heraus. Es ist nachzuweisen, daß das, was sich dort Kommunismus nennt, nichts anderes ist als Faschismus mit roten Fahnen."

Auf dem denkwürdigen Pariser Prozeß hörte man noch den Warschauer sozialistischen Stadtverordneten Dr. Jerzy Gliksman, Bruder des von den Stalinisten ermordeten Führers des jüdisch-sozialistischen "Bund", Viktor Alter; er berichtete über die Verschleppung der 350.000 polnischen Juden und Jüdinnen. Der spanische Republikaner Ester sprach für die seit 1939 in den russischen KZ festgehaltenen spanischen Antifaschisten. Der russische Künstler Ostrowerchow schilderte seinen Aufenthalt im Deportationsort Achabad in Zentralasien, den Sklavenhandel und die Erschießungen. Der tschechische Rechtsanwalt François Polak sprach von seinen KZ-Jahren in Nariesk hinter dem Polarkreis.

Die KPF entsandte Parteimitglieder als "Gegenzeugen", die versicherten, sie hätten auf Intouristreisen in der Sowjetunion "keine KZs bemerkt". Ein Vertreter des "Weltfriedensrates" verkündete: "Die Sowjetunion ist meine Mutter und sie kann daher keine Mörderin sein." Überlebende Spanienkämpfer unterzeichneten in Moskau ein langes Telegramm, in welchem sie El Campesino, ihren einst vergötterten General, beschimpften. Der einstige Volksheld der Sowjetunion wurde nun als "Agent der Reaktion" und "Dieb" hingestellt, der "die Kleider seines Töchterchens stahl" und "seine Frau schlug". Außerdem heiße er gar nicht "El Campesino". Dieser antwortete darauf: "Wie wenn nicht ein gewisser Jossip Dschugaschwili seit eh und je hinter den Decknahmen Koba und Stalin agiert hätte." Es gelang der KPF trotz ihres noch großen Einflusses in Frankreich nicht, den Prozeß beim Obersten Gerichtshof niederschlagen zu lassen.

Nach dem Rousset-Prozeß entschloß sich Ende 1950 Iwan Markin, ein hoher Sowjetfunktionär und Schiffbauingenieur, lange Zeit Industrieherr in Sibirien und im sowjetischen Fernen Osten, zur Flucht in den Westen. Er war 1946 mit einer sowjetischen Reparationskommission nach Finnland geschickt worden, wo er die vom Kreml geforderten 250 Millionen Pfund einzutreiben hatte. Jahrelang hatte er Sklavenarbeiterarmeen unter seinem Befehl. Seinen Aufstieg verdankte er seinen technischen Kenntnissen und seiner Rücksichtslosigkeit. Was er nun dem Regime vorwarf, war in erster Linie bürokratische Unfähigkeit der Apparatschiks, die durch Hineinpfuschen jede fachkundige Arbeit zunichte machten. Nun veröffentlichte er einen ausführlichen Bericht über die Kluft zwischen der Sowjetbürokratie und der neu aufsteigenden Technokratie. Was er in Brüssel sehr sachlich berichtete, übertraf alles bis dahin im Westen Gehörte, insbesondere über Kinderdeportationen und Zwangsarbeit.

Titoistische "Umtriebe"

Die jugoslawischen Ereignisse der vierziger und fünfziger Jahre spielten eine wesentliche Rolle im Wandel der Stalinismus-Rezeption Westeuropas. Frankreich unterhielt mit Jugoslawien seit der Zwischenkriegszeit im Rahmen der von Paris inspirierten "Kleinen Entente" (Prag - Belgrad - Bukarest) "privilegierte" Beziehungen. Die Balkan-Halbinsel war seit langem das Terrain zur Austragung der Gegensätze zwischen dem russischen Imperialismus und seinen westlichen Rivalen. Hier wurde die panslawische Idee entwickelt, mit der die zaristische und dann stalinistische Kreml-Führung die slawischen Balkanvölker einst gegen den österreichisch-deutschen Imperialismus, dann gegen die französische Vorherrschaft und schließlich gegen den Westblock mobilisierte. Die bolschewistische Revolution hatte auf die Volksmassen des Balkans eine gewaltige Wirkung ausgeübt. Daher die lang andauernde Stärke der Kommunistischen Parteien in diesen Ländern in enger Verbindung mit den Kommunistischen Parteien Frankreichs und Italiens.

Nach 1945 war Jugoslawien die Hauptfestung des stalinistischen Blocks in Europa, das vorgeschobenste und scheinbar solideste Bollwerk. Die Revolte der jugoslawischen "Volksdemokratie" gegen das vom Kreml beherrschte Kominform erschütterte ab 1947 den stalinistischen Totalitätsanspruch und hatte starke Rückwirkungen in der französischen Meinungsbildung. Bis dahin schien Tito eine einfache Schachfigur in den Händen der Kremlbürokratie zu sein. Nun erhob sich Jugoslawien im Namen des Marxismus-Leninismus-Stalinismus gegen die Stalinclique. Tito kannte die bolschewistisch-stalinistischen Methoden bestens und stellte sie nun in den Dienst seines eigenen Regimes. Das erste Mal in ihrer Geschichte stieß die Stalin-Bürokratie auf einen gleichwertigen Gegner mit ebenbürtigem Apparat und identischer Argumentation. Die Zornausbrüche und Bannflüche des Kreml konnten daran nichts ändern, der bolschewistische Monolithismus war gebrochen. Damit entstanden für die Stalinismusrezeption in Westeuropa neue Aspekte und Erkenntnisse.

Die "Titoismus"-Rebellion mit ihren nachhaltigen Folgen im ganzen Ostblock, die beginnende Unrast in diesen Ländern, Massenstreiks, Revolten und Repression rückten in den fünfziger Jahren die westeuropäische Stalinismusrezeption in ein neues Licht. Die stalinistischen Schauprozesse in Budapest gegen László Rajk (1949) und in Prag gegen Rudolf Slánský (1952) machten in Westeuropa, insbesondere in Frankreich, einen niederschmetternden Eindruck, umsomehr als die Umstände und Hintergründe hier infolge langjähriger politischer Emigrationswellen aus Ungarn, Bulgarien und der Tschechoslowakei, nicht zuletzt auch im Zusammenhang mit dem Spanischen Bürgerkrieg 1936 bis 1939, weitgehend bekannt waren.

Rajk (1909 bis 1949) war Spanienkämpfer, dann in Frankreich interniert, führend in der illegalen KP Ungarns, 1946 bis 1948 Innenminister und dann Außenminister. Slánský's (1901 bis 1952) Schauprozeß und seine Hinrichtung 1952 wegen "titoistischer und zionistischer" Umtriebe und die damit verbundene antisemitische Hetze wirkten auf die französische Öffentlichkeit besonders ernüchternd.

Nach Stalins Tod

Als 1953 nach Stalins Tod von Ost-Berlin bis Schanghai, vom Baltikum bis Indochina Trauerfahnen gehißt und Kirchenglocken geläutet werden mußten, um den Tod des Generalissimus zu beweinen, stimmte auch ein Großteil der westlichen Presse in den Trauerchor ein. Es war nicht nur Höflichkeit, wenn insbesondere die französischen Medien damals ohne jeden äußeren Zwang den "Sieger von Stalingrad", den "Schöpfer der russischen Schwerindustrie", den "ehernen Diktator", mit einem Wort, den Mann des Erfolges, den Chef einer scheinbar unerschütterlichen Macht feierten. Stalin wurde bis zu seinem Tod in den offiziellen Kreisen Frankreichs nicht nur als Rivale, sondern auch als "großer Herrscher" anerkannt.

Erst drei Jahre später wurden mit dem 20. Parteitag der KPdSU für eine breitere Öffentlichkeit weitere Schleier gelüftet. Der Chruschtschow-Bericht begann eine größere geistige Wende einzuleiten. Der eigentliche Umschwung kam aber erst mit der Revolution in Budapest. Die ungarischen Ereignisse des Jahres 1956 hatten in Westeuropa, insbesondere in Frankreich, unerwartet starke Wirkung in der öffentlichen Meinung und nun auch in der KPF. Die Enkelkinder der Pariser Kommunarden erkannten in den Budapester Freiheitskämpfern und -kämpferinnen ihre Verwandten. Zehntausende französische Arbeiter und Arbeiterinnen folgten dem Aufruf der Freien Gewerkschaften und demonstrierten nun ihre Solidarität mit Ungarn. Die einflußreiche, der KPF nahestehende Gewerkschaft CGT wagte es diesmal nicht, die sowjetische Repression offen zu rechtfertigen. Die KPF-Führung hingegen spendete immer noch den damaligen Henkern in Budapest Beifall und isolierte sich damit in der öffentlichen Meinung. Es kam zu Massenaustritten aus der KPF.

Weggenossinnen und -genossen der KPF distanzierten sich nun deutlich, so auch der Philosoph Jean-Paul Sartre (1905 bis 1980) und die Schriftsteller Vercors (geb. 1902) und Louis Aragon (1897 bis 1982). Sie richteten an den ungarischen Parteichef Janos Kádár (1912 bis 1989) einen Offenen Brief, in dem sie ihn aufforderten, das Leben und die Sicherheit der ungarischen Schriftsteller zu gewährleisten, unabhängig von deren politischer Einstellung. Jacques Prévert (1900 bis 1977) und zahlreiche andere linksgerichtete Dichter und Schriftsteller, die bis dahin mit den Kommunisten sympathisiert hatten, schlossen sich nun dieser Protestbewegung an.

Sartre veröffentlichte im Wochenmagazin "Express" eine Erklärung, in welcher er mit dem Kreml brach. Jahrelang hatte er den Kremlkurs gerechtfertigt. Selbst den Chruschtschow-Bericht hatte er noch kritisiert und behauptet, die Enthüllungen des damaligen Kremlchefs wären "Wahnsinn", denn: "Man hat den Massen die Wahrheit gesagt, sie waren darauf nicht vorbereitet." Nun kam auch Sartre langsam zu neuen Erkenntnissen.

Ein Jahr später begann es auch in der KP Italiens zu dämmern. Palmiro Togliatti (1893 bis 1964), der sich über die PCI hinaus als eine Art Theoretiker der internationalen kommunistischen Bewegung verstand, äußerte zum 40. Jahrestag der Oktoberrevolution 1957 "Zweifel" und meinte, es sei nicht überflüssig, "noch einmal über Ungarn und Polen zu sprechen". Er verglich die ungarischen Oktoberereignisse 1956 mit dem Kronstädter Matrosenaufstand 1921; in beiden Fällen habe es sich um "bedauerliche" Vorgänge in "sozialistischen" Ländern gehandelt, die eine "Demokratisierung" notwendig machten: "vor allem die Verbesserung der Lebensbedingungen, den Kampf gegen bestimmte bürokratische Auswüchse ..., die Verbesserung des Lebensniveaus der arbeitenden Massen ...". Von einer Entwicklung zu Formen "bürgerlicher Demokratie" könne allerdings keine Rede sein, schränkte Togliatti ein: "Gewiß verzichten wir nicht darauf, die Formen der bürgerlichen Demokratie auszunützen, aber wir marschieren zum Sozialismus."

Gegen Ende der fünfziger Jahre beeinflußten Romandarstellungen sowjetischer Zustände die Stalinismus-Rezeption in Westeuropa. Boris Pasternaks "Doktor Schiwago" erregte Aufsehen. Pasternak lebte damals noch in der Nähe von Moskau, sein Roman durfte aber in der Sowjetunion nicht erscheinen. Er wurde zunächst in Frankreich und Italien verlegt. Der klaffende

Widerspruch zwischen offizieller Phrase und rauher Wirklichkeit kam darin zum Ausdruck. Die linksunabhängige Pariser Wochenzeitung "Observateur" veröffentlichte damals erstmalig Auszüge aus diesem aufsehenerregenden sowjetrussischen Roman, durch welchen der Gulag erstmalig der westlichen Öffentlichkeit in drastischer Weise vermittelt wurde. Sowjetische Zensurstellen hatten beim italienischen Verleger Feltrinelli, lange Zeit "Weggenosse" der PCI, vorgesprochen, um ihn von der Übersetzung und Veröffentlichung des Manuskriptes Pasternaks abzubringen. Vorher hatte schon Dudinzews "Der Mensch lebt nicht vom Brot allein" westliche Vorstellungen von der stalinistischen Wirklichkeit nachhaltig beeindruckt.

Chruschtschows Sturz 1964 stellte Westeuropa vor unerwartete Probleme. Die KPF stürzte in eine neue Krise. Sie vermied zunächst jede Stellungnahme, während die KP Italiens sofort die Fortsetzung eines liberaleren Kurses in Moskau verlangte und mit Togliatti den Marxismus-Leninismus "weiterentwickeln" wollte. Die KPF hingegen verharrte weiterhin eigensinnig und unbeweglich auf alten Spuren der Moskauer Führung. Sie hatte sich gegen Chruschtschows Entstalinisierungskurs so lange wie möglich gestemmt, gemeinsame Sache mit den albanischen Stalinisten gemacht und Tito beschimpft, als dieser in Moskau bereits rehabilitiert war. Das Versagen der KPF nach dem Sturz Chruschtschows zerstörte weitere Illusionen, die man in Frankreich noch über die Entwicklungsmöglichkeiten dieser Partei nach Thorez haben konnte.

Publikationen:

Folgende Artikel zum Thema Stalinismus und Stalinismusrezeption wurden schon in den fünfziger Jahren in diversen Zeitungen und Zeitschriften veröffentlicht. Da es sich dabei um schwer zugängliche Beiträge eines Zeitzeugen handelt, werden sie hier zur Gänze angeführt. Die Artikel sind mit dem Namen des Autors oder mit dem Pseudonym Jacques Hubert gezeichnet.

El Campesino im Pariser Rousset-Prozeß (NZ, Graz, 10. 1. 1950)
Die KP auf der Anklagebank ("Volksstimme", Saarbrücken, 19. 12. 1950)
Vor Abschluß des Pariser Monsterprozesses ("Volksstimme", Saarbrücken, 9. 1. 1951)
Ein Sklavenhalter berichtet (NZ, Graz, 1. 2. 1951)
Vergeßt sie nicht (NZ, Graz, 3. 6. 1951)
Die Volksdemokratien auf der Anklagebank (Frühling 1952, Manus, teilweise in der NZ veröffentlicht)
Osteuropas Arbeiter ohne Achtstundentag (Vorwärts, Bonn, 14. 8. 1953)
Eine Stalin-Analyse anläßlich des Todes (Zukunft, Wien, Okt 1953, S. 283-288 und November 1953, S. 312-317)
Die Rehabilitierung der Erschossenen. Revision der Moskauer Prozesse? (Vorwärts, Bonn, 30. 3. 1956)
Ursachen und Folgen (Vorwärts, Bonn, 27. 4. 1956)

Den Zug versäumt. Posen und die "Weggenossen" (Vorwärts, Bonn, 3. 8. 1956)
Ein Regime auf der Anklagebank. Die Posener Prozesse sind aufschlußreich (Vorwärts, Bonn, 5. 10. 1956)
Das Recht zum Streik (Vorwärts, Bonn, 12. 10. 1956)
Reformation und Revolution im Osten (Vorwärts, Bonn, 19. 10. 1956)
Tendenzen und Perspektiven der osteuropäischen Revolution (Vorwärts, Bonn, 6. 11. 1956)
Unsterbliche Opfer der ungarischen Oktoberrevolution (Vorwärts, Bonn, 9. 11. 1956)
Umschwung auch in Frankreich (Vorwärts, Bonn, 16. 11. 1956)
Ein Monat Ungarische Revolution (Vorwärts, Bonn, 30. 11. 1956)
Erdrutsch im Kommunismus (Vorwärts, Bonn, 7. 12. 1956)
Freiheit für Djilas (Vorwärts, Bonn, 14. 12. 1956)
Tendenzen und Perspektiven (Zukunft, Wien, Jänner 1957, S. 2-7)
Osteuropäische Jahresbilanz (Vorwärts, Bonn, 4. 1. 1957)
Ernüchterung der französischen Linken (Vorwärts, Bonn, 11. 1. 1957)
Budapest und Barcelona (Vorwärts, Bonn, 25. 1. 1957)
Das Menetekel. Zur Verurteilung von Milowan Djilas (Zukunft, Wien, Februar 1957)
Chruschtschows Schwankungen. Ein Jahr nach dem 20. Parteitag der KPdSU (Vorwärts, Bonn, 1. 2. 1957)
In Ungarn "nichts Neues" (Vorwärts, Bonn, 15. 2. 1957)
Nationalkommunistische Selbstkritik (Vorwärts, Bonn, 22. 2. 1957)
Zu Moshe Pijades Tod in Paris (Vorwärts, Bonn, 22. 3. 1957)
Die neue Reaktion in Osteuropa (Zukunft, Wien, April 1957, S. 108-112)
Nagy-Prozeß in Sicht (Vorwärts, Bonn, 7. 6. 1957)
Gemaßregelte Geschichtsforschung (Vorwärts, Bonn, 28. 6. 1957)
Mao Tsetungs Bericht (NZ, Graz, 3. 7. 1957)
Gali und Obersovski (Vorwärts, Bonn, 5. 7. 1957)
Die Streiks in Lodz und Breslau (Vorwärts, Bonn, 23. 8. 1957)
Dritter Prozeß Djilas (Vorwärts, Bonn, 4. 10. 1957)
Erdtrabant und Menschenrechte (Vorwärts, Bonn, 25. 10. 1957)
Verbotener Roman: "Dr. Schivago" (Vorwärts, Bonn, 10. 12. 1957)
Togliattis "Zweifel" (NZ, Graz, 19. 12. 1957)

Fritz Keller

Die KPÖ und die Schauprozesse in Osteuropa 1948 bis 1953

Einmal war ich schon traurig
weil Freunde gestorben waren
ohne erleben zu dürfen
was ich erlebte:

das Ende der langen Nacht
des Dritten Reiches
die Anfänge der Befreiung
der Menschen und ihrer Sprache

Später dann war ich fast froh
daß einige Freunde
rechtzeitig gestorben waren
um nicht erleben zu müssen

die neuen Morde
an Genossen durch ihre Genossen
und die Verleumdungen
im Namen der guten Sache

Erich Fried: Weil ich lebe

Die Medienoffensive der KPÖ gegen die jugoslawischen Kommunisten setzte schlagartig ein, sobald das Kominform am 29. Juni 1948 die "Resolution über die Lage in der Kommunistischen Partei Jugoslawiens" veröffentlichte.[1] Ebenso schnell billigte das Politische Sekretariat der KPÖ die Haltung der KPdSU.[2] Noch kurz vorher hätte kein Beobachter aus der Presseberichterstattung der KPÖ irgendwelche Rückschlüsse auf eine Mißstimmung zwischen Moskau und Belgrad oder zwischen Wien und Belgrad ziehen können. Im Gegenteil: Die "Volksstimme"-Mitarbeiterin Tilly Spiegel hatte laufend und sehr positiv aus Jugoslawien berichtet.[3] Das Zentralorgan hatte sehr zurückhaltend über die jugoslawischen Forderungen an Österreich berichtet[4], hatte wiederholt die Rückkehr von Kriegsgefangenen vermerkt[5] und auf eine Belgrader Mais-Lieferung für die hungernden Österreicher verwiesen.[6] In den Grundorganisationen der Partei hatten Vortragende nach wie vor über "Jugoslawiens Kampf" referiert.[7] Selbst ein Schauprozeß gegen österreichische Kommunisten in Ljubljana und die folgenden Hinrichtungen waren von der "Volksstimme" noch zustimmend kommentiert worden.[8]

In der Agitation der KPÖ waren der ideologische Kampf gegen die Kommunistische Partei Jugoslawiens (KPJ) und die Rechtfertigung einer Welle von Schauprozessen und "Säuberungen"[9] in Osteuropa untrennbar miteinander verbunden. Diese Verknüpfung entsprach offenbar den aus Moskau eingegangenen internen Direktiven, wie sie ein Jahr später in der Kominform-Resolution "Die KPJ in der Gewalt von Mördern und Spionen" auch offen formuliert wurden. "Die Clique der besoldeten Belgrader Spione und Mörder", hieß es da, "hat offen einen Pakt mit der imperialistischen Reaktion geschlossen und ist in deren Dienst getreten, was der Budapester Prozeß gegen Rajk und Brankov mit aller Deutlichkeit aufdeckte. [10]

Der Medieneinsatz

Die KPÖ brachte gegen Tito und seine Spione alle nur verfügbaren Werbeträger zum Einsatz. Allein im Zentralorgan "Volksstimme" erschienen in den Jahren 1948 bis 1953 714 Artikel zu diesem Thema. Das bedeutet bei einem Erscheinungsrhythmus von sechsmal wöchentlich (Montag keine Ausgabe) ein Frequenz von mindestens 0,456 Artikel pro Nummer - wahrscheinlich mehr, da sicher Artikel beim Durchblättern übersehen wurden (die empirischen Unterlagen finden sich im Anhang). Im theoretischen Organ "Weg und Ziel" wurde den Themenkreisen "Prozesse"[11] und "Jugoslawien"[12] ebenfalls überproportional viel Raum gewidmet.[13] 1949 erschienen weiters zwei Bücher über die bzw. zur Rechtfertigung der Schauprozesse. [14]

Nach einem eindringlichen Appell von Johann Koplenig[15] verbreitete die KPÖ 1953 ein von Erwin Zucker-Schilling verfaßtes[16] Massenflugblatt, "das in knappen Darlegungen hunderttausenden Menschen die Möglichkeit gibt, zu erkennen, worum es in Sache der Moskauer Ärzte ging"[17]. (Auf die näheren Umstände werden wir noch einmal zurückkommen). Erwin Zucker-Schilling stellte zumindest einmal auch die Sendung "Tribüne der Arbeiter" im Sender I von Radio Wien am 12. April 1953 unter das Motto "Die Lüge vom Sowjetantisemitismus".[18] Welche Vorwürfe bzw. Rechtfertigungen wurden nun im Rahmen dieser Medienoffensive vorgebracht?

Die Attacken gegen die KPJ

Im Rahmen der vorliegenden Untersuchung sind dabei nicht jene Argumente von Bedeutung, die eine bloßer Widerhall der Moskauer Propaganda-"Generallinie" waren.[19] Uns interessiert vornehmlich der autonome Wirkungsbereich der KPÖ (und ihrer Vorfeldorganisationen[20]) - das heißt jene Artikel und Meldungen, bei denen die Medien der Partei unter Verwendung eines genormten Vokabulars (ab Herbst 1949 etwa die Bezeichnung Titos als "Judas", "Faschist", "Goebbels", Führer eines "Gestapo-Regimes" auf "Göhrings Wegen" usw.) Österreich-spezifische Popularisierungen entwickelten. Bei folgenden, beispielhaft angeführten Artikeln war das eindeutig der Fall:
* Bei Meldungen, die militärische Aggressionspläne Jugoslawiens gegen Österreich behaupteten oder suggerierten:

"Titos Geheimpakt mit den Engländern über Österreich";[21] "Rüstungsbudget der Tito-Clique";[22] "Der totalmobilisierte Tito";[23] "Hermann Mitteräcker: Die Agententätigkeit der Tito-Faschisten in Österreich";[24] "Die Waffenlieferungen nach Jugoslawien";[25] "Was will Tito an der österreichischen Grenze?";[26] "Die titoistischen Aggressions-Knechte";[27] "Militärschmuggel für Tito";[28] "Tito-Regime provoziert Grenzzwischenfälle";[29] "Grenzprovokationen der

Tito-Faschisten";[30] "Jugoslawische Grenzbefestigungen an der österreichischen Grenze";[31] "Titoistische Militärpläne gegen Österreich";[32] "Jugoslawische Grenzprovokation soll Weltkrieg entfachen";[33] "Kriegsdemonstration an der Murbrücke"[34]

* Bei Meldungen mit dem erkennbaren Ziel, jede Kooperation Wien-Belgrad zu stören:

"Waffen rollen durch Österreich";[35] "Aus einem Hochofen wird Marmelade";[36] "Österreich muß Tito finanzieren";[37] "Minderwertige Tito-Kohle zu enormen Preisen";[38] "Widerliche Verbrüderung mit den Tito-Faschisten" (jugoslawische Journalistendelegation in Wien);[39] "Eine 'warme' Freundschaft" (zwischen Tito und Gruber)[40]

* Bei Meldungen, die eine Zusammenarbeit jugoslawischer Kommunisten mit innenpolitischen Gegnern der KPÖ behaupteten oder suggerierten:

"Tito hilft Figl";[41] "Tito-Polizei wirbt SS-Leute";[42] "ÖVP-Tito-Einheitsliste";[43] "SS-Kriegsverbrecher Skorzeny bei Tito";[44] "Amerika organisiert Bündnis Tito-Figl";[45] "Tito verbündet sich mit Rechtssozialisten";[46] "Helmer Exekutive als Kerkermeister Titos"[47]

* Bei Meldungen, in denen das Tito-Regime mit Österreich-spezifischen Behauptungen diffamiert wurde:

"Jugoslawischer Major bei Graz notgelandet";[48] "Ist Singer (ein Lustmörder) in Jugoslawien?";[49] "Mißglückter Menschenraub der Tito-Faschisten";[50] "Pilot flüchtete vor Tito-Faschismus";[51] "Tito-Flugzeug über Graz";[52] "Es ist nicht mehr zum Aushalten" (Interview mit einem geflüchteten jugoslawischen Fußballer)[53]

Zu den eigenständigen "Leistungen" der KPÖ im Kampf gegen Tito und seine Spione gehört auch Ernst Fischers Stück "Der große Verrat", das nicht nur an der unter Parteieinfluß stehenden Wiener "Scala"-Bühne[54], sondern auch in Osteuropa mit großem Pomp aufgeführt wurde. Bei der Premiere in Ost-Berlin waren zum Beispiel neben dem Autor auch Wilhelm Pieck und Otto Grotewohl anwesend.[55]

Zu den autonomen Aktivitäten der KPÖ muß weiters die Unterwanderung titoistischer Gruppen in Österreich gerechnet werden.[56] Wobei in einem nachweisbaren Fall das "Überlaufen" eines solchen Agenten sogar zu Agitationszwecken verwendet wurde. Am 8. April 1950 erschien die Volksstimme nämlich mit dem Aufmacher: "Ich war dreimal in Jugoslawien und habe genug von Tito!" Was war geschehen? Der slowenische Kommunist Andrej Haderlab, der im Oktober 1948 aus der KPÖ ausgeschlossen worden war und sich seither als Funktionär der "Demokratischen Front" in Kärnten betätigt hatte, hatte praktisch über Nacht[57] die "Fehler" der "Tito-Clique" erkannt und seine "neuen" Erkenntnisse gleich in einem Brief dem ZK der KPÖ mitgeteilt!

Die geschilderten Aktivitäten gegen die KPJ wurden maßgeblich von Funktionären der KPÖ mitverantwortet, die in den Jahren vor 1945 durch ihren Einsatz im "Österreichischen Freiheitsbataillon" selbst persönliche Kontakte zu jugoslawischen Kommunisten gehabt hatten (Friedl Fürnberg, Franz Honner, Peter Hofer, Erwin Scharf, Max Stern, Othmar Strobel u. a.).

Parteioffiziell verlegte man deshalb die Kämpfe des "Österreichischen Freiheitsbataillons" "in die Berge Kärntens und der Steiermark"[58] und die beteiligten Genossen überschlugen sich in Distanzierungen.[59]

Die Rechtfertigung der Schauprozesse

Schon bei den "großen" Moskauer Schauprozessen der dreißiger Jahre hatte die tatsächliche Geheimdiensttätigkeit gegen die UdSSR immer wieder als Legitimation gedient.[60] Dieses Modell blieb in den vierziger und fünfziger Jahren gleich und spielte bei der allgemeinen Propaganda zur Rechtfertigung der Prozesse eine erhebliche Rolle.[61]

Konsequenterweise versuchte die KPÖ, die gegen die Partei gerichteten Aktivitäten westlicher Geheimdienste zur Rechtfertigung der Schauprozesse und der Säuberungen zu nutzen. Beispielgebend dafür sind folgende Artikel:

"Slowakische DP in Österreich im Dienste der US-Spionage";[62] "Politischer Einbruch in KPÖ-Lokal";[63] "CIC wirbt um SS-Offiziere";[64] "Politischer Einbruch ins Grazer KP-Sekretariat";[65] "Gestern NS-Gauleiter, heute US-Spion";[66] "Spionagezentrum in Wien";[67] "Spionagezentrum im Allianz-Gebäude";[68] "Wieder Gestapo-Verhöre in Österreich" (durch CIC);[69] "Spionagezentrum im österreichischen Konsulat in Bratislawa";[70] "Österreichs Vertreter in Budapest in Spionage-Prozeß verwickelt";[71] "Gangsterzentrum Wienzeile";[72] "Ganz wie bei der Gestapo" (CIC-Prozeß in Salzburg);[73] "Verhaftungen wie bei der Gestapo" (durch CIC);[74] "Heimwehr- und Gestapo-Methoden des Innenministeriums"[75]

Mit diesem Argumentationsstrang untrennbar verbunden war die These von der schleichenden "Faschisierung" des gesamten Westens[76] inklusive Österreichs: "Was damals (1933) der Reichstagsbrand war, ist heute die 'Galgenpropaganda'. Mit der Lüge über den volksdemokratischen Terror wird, wie damals, der Terror im eigenen Land verbreitet."[77]

Die KPÖ entsandte zu den wichtigsten Schauprozessen Sonderkorrespondenten, von denen zwei ihre Artikel zeichneten:

* *Eva Priester* nahm am Prozeß gegen den stellvertretenden Ministerpräsidenten Bulgariens Traitschko Kostoff in Sophia teil, bei dem der Hauptangeklagte zur allgemeinen Überraschung seine "Geständnisse" in der Hauptverhandlung widerrief.[78]

* *Franz Kunert* fungierte als Korrespondent zumindest bei dem Verfahren gegen den ungarischen Außenminister László Rajk[79] und gegen Jan Boukal und andere[80] in der Tschechoslowakei. (Kunert, ein Mitbegründer des Kommunistischen Jugendverbandes (KJV), hatte, wie es in einer offiziellen Biografie hieß, "seine Treue zur kommunistischen Partei unter den schwierigsten Bedingungen unter Beweis gestellt"[81] - er war nämlich als Redakteur der "Deutschen Zentralzeitung" in der UdSSR verhaftet worden und hatte mindestens zehn Jahre im Gulag zugebracht).

Die Aufgabe dieser Sonderberichterstatter bestand vor allem darin, zu vermitteln, daß diese Schauprozesse samt und sonders fair abliefen. Als Kontrast zur behaupteten Rechtsstaatlichkeit im Ost-Block wurden den Lesern der "Volksstimme" die Verfahren gegen die "Atomspione" Fuchs[82] und Rosenberg[83] in den USA und die Stalin-treuen Kommunisten und Kommunistinnen in Jugoslawien verwiesen[84] (die dortigen Vorgänge wurden ständig mit den Vokabeln "Terror"[85], "Blutgericht"[86], "Schauprozesse"[87], "Schreckensurteile"[88] und "Galgenregime"[89] beschrieben).

Probleme mit dieser Berichterstattung ergaben sich einmal dort, wo die gegnerische Presse über bessere Informationen verfügte als die "Volksstimme": So dementierte das Zentralorgan anfangs energisch Gerüchte um eine bevorstehende Absetzung des tschechoslowakischen Außenministers Vladimir Clementis[90], um am 28. Februar 1951 dann in Balkenlettern zu berichten: "Prag befreit sich von den Verschwörern". Kurze Zeit später publizierte die "Volksstimme" - nach der "Haltet den Dieb!"-Methode - einen Artikel über "Die Agenten und ihre Advokaten". [91]

Besser, wenn auch nicht ganz problemlos, verlief die Berichterstattung im "Fall" des Generalsekretärs der KPTsch Rudolf Slánský: Zwar dementierte die "Volksstimme" auch hier Meldungen über eine bevorstehende Verhaftung[92] und gratulierte ihm noch zu seinem 50. Geburtstag[93], aber nach einer Information aus der Tschechoslowakei, wonach er als Zentralsekretär abgesetzt und "mit einer verantwortlichen Staatsfunktion betraut" worden sei[94], konnte der publizistische Boden für die folgende Verhaftung[95] leichter bereitet werden.[96]

Als besonders schwierig stellte sich die Legitimierung der in den Schauprozessen und Säuberungen immer offenkundiger werdenden antisemitischen Tendenzen heraus. Zunächst machte die KPÖ die Kampagne gegen den "Kosmopolitismus" einfach mit[97] und versuchte, die vereinzelten Vorwürfe, die von der gegnerischen, insbesondere sozialdemokratischen Presse kamen, energisch zu dementieren.[98] Als Stalin[99] jedoch im Jänner 1953 den Startschuß zu seiner letzten großen Säuberung gab, indem er entdeckte,[100] daß jüdische Kreml-Ärzte Andrej Shdanow und andere Prominente ermordet hatten oder ermorden wollten, und die offizielle sowjetische Propaganda sich mehr und mehr gegen "die zionistische Agentur des amerikanischen Imperialismus"[101] richtete, wurde den Kommunisten immer häufiger Antisemitismus vorgeworfen.

Allein mit weiteren Dementis[102] und Hinweisen auf die angeblich über jeden Verdacht des Antisemitismus erhabene Person Stalins[103] war dem nicht mehr beizukommen. Die KPÖ änderte deshalb die Verteidigungsstrategie. Einerseits begann die "Volksstimme" mit Retourkutschen: Die USA als Urheber der Antisemitismus-Kampagne gegen den Ostblock wurden selbst des massiven Rassismus und der Judenfeindlichkeit bezichtigt.[104] Ähnliche Vorwürfe richteten sich gegen die SPÖ:

"Und nun schaue man sich die plötzlich aufgetauchten Freunde des Judentums, die den 'Antisemitismus' in den Volksdemokratien beklagen, einmal an. Da gehen die Stadtväter der SP Arm in Arm mit den alten Heimwehrlern und den alten Kämpfern vom VdU. Sie marschieren im Stechschritt zur Trommel Amerikas, des klassischen Landes der Negerverfolgung und Diskriminierungen der Juden. Und während der verblüfften österreichischen Bevölkerung dieser Aufschrei gegen den Antisemitismus noch in den Ohren gellt, schleichen die alten Gaskammerhelden des deutschen Faschismus im Gänsemarsch auf die Kommandohöhen der Europaarmee." [105]

Im übrigen verwies das Zentralorgan auf die in Österreich allgegenwärtige Judenfeindlichkeit.[106] Andererseits begann die "Volksstimme" mit einer heftigen Kampagne gegen Israel, wie folgenden Artikeln sichtbar:

"Der Spionagedienst Israels";[107] "Bombenattentat auf die Sowjetgesandtschaft in Israel";[108] "Undank ist Israels Lohn";[109] "Tschechischer Jude in Israel in den Tod getrieben";[110] "Juden Rumäniens verurteilen zionistische Umtriebe";[111] "Eine Viertelmillion Obdachlose in Israel"[112]

Damit nicht genug. Auf einer Plenartagung des ZK der KPÖ übte der Vorsitzende Johann Koplenig selbst nach Stalins Tod noch folgende Kritik und Selbstkritik:

"... wir haben es verabsäumt, solche Ereignisse, wie zum Beispiel die Aufdeckung und Zerschlagung der Spionage- und Sabotage-Bande Slánský und Konsorten in der Tschechoslowakei, zum Anlaß zu nehmen, um eine breite Aufklärungskampagne durchzuführen und den Massen zu zeigen, daß die Vernichtung dieser imperialistischen Agenten, der Slánský-Prozeß und ähnliche Abwehrmaßnahmen zur Verteidigung des Friedens notwendig sind." [113]

Umso verheerender wirkte sich die unmittelbar danach aus der Sowjetunion einlangende Nachricht aus, daß die gegen die jüdischen Ärzte erhobenen Anschuldigungen falsch gewesen waren[114], gefolgt von der Hiobs-Botschaft, daß der stellvertretende Vorsitzende des Ministerrates der UdSSR, Innenminister und Mitglied des Politbüros der KPdSU Pawlowitsch Berija Agent eines ausländischen Spionagedienstes gewesen sei.

Die "Volksstimme" versuchte Schadensbegrenzung: Erwin Zucker-Schilling, der bis dahin die Verschwörertheorie vehement verteidigt hatte, machte eine Kehrtwendung um 180 Grad, indem er nun die Nachrichten als Beweis wertete, "daß eines in der Sowjetunion unmöglich ist: daß Unrecht und Willkür sich durchsetzen und Sieger bleiben"[115]. In diesem Sinn verfaßte der Chefredakteur außerdem das schon einmal erwähnte Massenflugblatt zum Ärzteprozeß[116], das nach den ursprünglichen Parteibeschlüssen den Schauprozeß hätte rechtfertigen sollen. Mit ähnlichen Argumenten wurde auch die Verhaftung und Hinrichtung Berijas gerechtfertigt. [117]

Abschließend muß noch darauf hingewiesen werden, daß - wie bei der Kampagne gegen die KPJ - die Rechtfertigung der Schauprozesse und der Säuberungen in der KPÖ von einem Personenkreis mitverantwortet wurde, dem ein Teil der Beschuldigten persönlich bekannt war (Kostoff war ein

Spitzenfunktionär der Kommunistischen Balkanföderation gewesen, die ihren Sitz zeitweise in Wien hatte; der 1949 in Bulgarien verhaftete stellvertretende Eisenbahnminister Vassil Markov hatte in Wien studiert und war im KJV aktiv; Slánský gehörte der Leitung der Exil-KPTSch in Moskau an; der ungarische Innenminister László Rajk hatte als Interbrigadist in Spanien gekämpft usw.).

Verräter in den eigenen Reihen

Der Logik der Sache nach und entsprechend den Behauptungen der eigenen Medien konnten die Verräter jedoch nicht auf den Ostblock beschränkt sein. Deshalb konnte auf Dauer mit Aufrufen zur "Wachsamkeit"[118] alleine nicht das Auslangen gefunden werden. Es mußte auch in der KPÖ "kleine" Rajks und Slánskýs und natürlich auch ideologische Abweichler geben, die es aufzuspüren und unschädlich zu machen galt. Dieser Aufgabe widmete sich eine eigene "Polizeiabteilung"[119] (formelle Bezeichnung: Kaderabteilung[120]) unter Leitung von Heinrich Fritz, in deren Reihen viele kommunistische Angehörige der Stapo (Staatspolizei) tätig waren.[121] Wobei wahrscheinlich diese Aktivitäten der Kaderabteilung auf russischen Druck hin entfaltet wurden.[122]

Schauprozesse en miniature

Tatsächlich waren bald Opfer gefunden, die in einem Parteiverfahren Rede und Antwort stehen mußten, welches, hätte die KPÖ über entsprechende staatliche Machtmittel verfügt, ohne Zweifel die Dimensionen eines Schauprozesses angenommen hätte. Folgende "Fälle" sind bis dato bekannt geworden:[123]

* Der ehemaligen KZ-Insassin *Irma Trksak*, die in der tschechischen Sektion der Partei tätig war, wurden "Verbindungen zu angeblichen amerikanischen Spionen" vorgehalten. In lebensgeschichtlichen Interviews mit Michael John stellte die "Beschuldigte" die damaligen Vorwürfe so dar:

"Das war ein Hauptbelastungs- und Befragungspunkt: die jüdischen Freunde in der Slowakei und natürlich, das war ihnen irgendwie suspekt. Der Vorwurf lautete dann, ich hätte jüdische Slowaken über die Grenze in den Westen geschmuggelt ... Ich hatte halt meinen Slánský-Prozeß bereits vor dem Slánský-Prozeß". [124]

Trksak sollte unbedingt ein "Geständnis" ablegen: "Ich sollte das zugeben, man sollte das zugeben! Unter dem Druck von Belastungszeugen."[125] Sie erhielt eine Rüge, wurde aus dem tschechischen Minderheitenverein ausgeschlossen und verlor ihren Job bei der tschechischen Gesandtschaft.

* Am 3. August 1950 veröffentlichte die "Volksstimme" den Beschluß über den Parteiausschluß von *Franz Bodensteiner, Herbert Fiala und Georg Holzmann* aus der Bezirksorganisation Bruck an der Mur.

* Im März 1951 veröffentliche "Weg und Ziel" einen "Beschluß zur Verbesserung der Jugendarbeit". Die Zeitschrift der Sozialistischen Jugend "trotzdem" vermutete sofort personelle Konsequenzen.[126] Einige Wochen vor der Bundeskonferenz der FÖJ (Freie Österreichische Jugend) im Oktober 1951 erklärte dann die "Volksstimme": "... die tatsächlichen Erfolge der FÖJ bleiben vorläufig noch hinter den Möglichkeiten weit zurück, und das hat auch seine ernsten Ursachen."[127]

Eine dieser "ernsten Ursachen", nämlich der FÖJ-Vorsitzende *Otto Brichacek*, der bezeichnenderweise in der Emigration in England und dort Leiter des Kommunistischen Jugendverbandes gewesen war, wurde auf der Bundeskonferenz aus dieser Funktion entfernt. Noch dementierte die KPÖ[128] energisch Gerüchte über eine Säuberung von "Titoisten" in der FÖJ. Tatsächlich wurde aber der "gesäuberte" FÖJ-Vorsitzende intern beschuldigt, "über seinen Bruder Verbindungen nach Ungarn zu Parteigegnern zu haben. Er wurde faktisch des Titoismus beschuldigt - das war in der damaligen Zeit in der Volksdemokratie ein Todesurteil".[129]

Nach einer Plenartagung des ZK der KPÖ wurde Brichacek dann am 25. März 1953 ausgeschlossen - offiziell wegen "finanzieller Vergehen, Unaufrichtigkeit gegenüber der Partei und gröblichster Verletzung der Wachsamkeit".[130] (Bemerkenswert ist, daß Brichacek über den späteren KGB-Chef A. N. Schelepin über exklusive Verbindungen nach Rußland verfügte, die am Monopol der KPÖ-Führung auf Kontakte mit der KPdSU rüttelten.[131] Der Ausgeschlossene blieb nach seinem Ausschluß überzeugter Stalinist und wurde daher 1970/71 wieder in die KPÖ aufgenommen.[132])

* Am 31. August 1951 fand eine Parteiversammlung der Betriebsorganisation Staatsangestellte der Polizei statt, bei der dem von Innenminister Helmer des Dienstes enthobenen Bezirksleiter der Polizei in Wien-Brigittenau *Otto Spitz* öffentlich "Fehler" vorgehalten wurden. Er habe sich "geradezu gescheut, Maßnahmen, die durch die Partei oder die Kommandatur an ihn herangetragen wurden, durchzuführen". Insbesondere wäre es vorgekommen, daß er "einmal sogar in die Zentralkommandatur bestellt wurde, weil er zur Übergabe eines Häftlings absolut eine schriftliche Bestätigung haben wollte". Als Spitz diese "Fehler" nicht einsehen wollte, erklärte einer der leitenden Funktionäre der Betriebsorganisation:

"Ich bin nicht einverstanden mit der bisherigen Diskussion. Mit Spitz muß man anders reden: Warum willst Du immer so viel von mir wissen? In welchem Auftrag handelst Du? Wieviel kriegst Du denn dafür bezahlt? Du machst das doch bewußt!"[133]

Ein anderer Diskussionsteilnehmer verglich in der Folge Spitz - ohne den Funken eines objektiven Beweises - mit dem gerade aufgeflogenen CIC-

Agenten Löffler[134]. Spitz wurde wegen "kleinbürgerlicher parteischädigender Tendenzen" zunächst damit bestraft, daß die Resolution der Betriebsorganisation gegen ihn seinem Kaderakt beigefügt wurde. Auf seinen Widerstand gegen diese Entscheidung hin verschärfte die Wiener KPÖ-Leitung 1953 das Urteil in eine "schwere Rüge mit Androhung des Parteiausschlusses" - eine Entscheidung, die im April 1955 im Rekursverfahren von der Wiener Stadtleitung mit den Worten bestätigt wurde:

"Du zeigtest wiederholt dem Feind gegenüber eine liebdienerische und feige Haltung. Dafür zur Verantwortung gezogen, betontest Du wiederholt, daß Du Reste von kleinbürgerlichen Eigenschaften besitzt, die Du nicht ablegen kannst und auch nicht abzulegen bereit bist."

Erst 1968 hob die Zentrale Schiedskommission sämtliche vorangegangenen Entscheidungen auf.[135]

* Zeitlich noch nicht genau fixierbar ist der Ausschluß des Schwechater Bezirksobmannes *Houska*, der schon in der KPÖ der Zwischenkriegszeit oppositionell tätig gewesen war.[136]

Säuberungen

Synchron mit diesen "Schauprozessen en miniature" gab es in der KPÖ "Säuberungen" ganzer Organisationsteile. Grundlage vieler dieser administrativen Maßnahmen war dabei eine vom 14. Parteitag (1948) angenommene Neufassung des Paragraphen 2 des Statutes, die den Mitgliedern die Verpflichtung zur Mitarbeit auferlegte.[137]

* Der Anteil der "Titoisten" war wohl durch den hohen Anteil von Slowenen unter der Mitgliedschaft in Kärnten am stärksten. Im Sinne der Kominform-Beschlüsse wurde 1948 zunächst eine unbekannte Zahl von Funktionären und Mitgliedern ausgeschlossen. Bei den Bezirkskonferenzen der KPÖ im folgenden Jahr waren dann nur jene Delegierten überhaupt wählbar, die sich schriftlich verpflichtet hatten, diesen Ausschlüssen zuzustimmen.[138] Selbst wenn es sich bei den in der titoistischen Zeitung "Einheit" wiedergegebenen Behauptungen, über 1000 KPÖ-ler hätten einen Offenen Brief dieser Gruppe unterzeichnet und "die Grundorganisationen in slowenisch-Kärnten" seien in der "Mehrzahl von der Landesleitung aufgelöst, ... ohne jegliches Parteileben"[139], um Übertreibungen handeln sollte[140] - fest steht, daß die KPÖ bei den Landtagswahlen 1949 in Kärnten zwei ihrer drei Mandate verlor.

* Gemeinsam mit Irma Trksak wurden noch der Vorsitzende der Organisation der tschechischen Minderheit Miroslav Vavra, ein Redaktionsangestellter namens Havlik, ein Funktionär aus Favoriten namens Masny und noch eine weitere Person gemaßregelt.[141]

* Die schon besprochenen veröffentlichten drei Ausschlüsse in der Bezirksorganisation Bruck an der Mur waren ebenfalls nur die Spitze eines Eisberges. Denn die KPÖ berichtete selbst folgendes über die Aktivitäten der "titoistischen Gruppe":

"Sie bereiteten einen Plan zur Spaltung der Brucker Parteiorganisation vor; in einigen geheimen Fraktionsbesprechungen wurde eine Resolution gegen die neue Leitung ausgearbeitet, es wurde ein eigener Aktionsausschuß mit sieben (sic!) Leuten gebildet und die Resolution, in der die wahren Absichten mit Beteuerungen der Parteitreue getarnt waren, verschiedenen Brucker Genossen zur Unterschrift vorgelegt." [142]

Die Zeitschrift der Sozialistischen Jugend "trotzdem" berichtete außerdem, "die Zentrale der Reformbewegung in der KPÖ sitzt in der Steiermark"[143]. Diese Meldung bestätigte sich. Die FÖJ der Steiermark verweigerte nämlich der Bundesorganisation die Gefolgschaft, als die Frage zur Debatte stand, sich vom Slánsky-Prozeß zu distanzieren oder aus dem Österreichischen Jugendherbergsverband ausgeschlossen zu werden.[144] Womit die Verbindung zu einem anderen Unruheherd in der KPÖ sichtbar wird - der FÖJ.

* In der FÖJ wurden gemeinsam mit dem Vorsitzenden Otto Brichazek alle 37 Mitglieder des Bundesvorstandes, die die Bundesländer und die Junge Garde vertraten, gesäubert; außerdem wurden nicht weniger als 16 von 20 Mitgliedern des engeren Bundesvorstandes im Oktober 1951 abgewählt.[145] Als einziger ehemaliger England-Emigrant blieb Herbert Steiner von der ersten Welle der Säuberung verschont, fiel jedoch der zweiten ebenfalls zum Opfer.[146]

Die gewöhnlich gut über Internas informierte Sozialistische Jugend sah "Abweichungen" in der FÖJ als Hauptursache dieser Säuberungswelle an: In verschiedenen FÖJ-Gruppen kursiere die Zeitschrift "Der Jungkommunist", in der der "rot-weiß-roten stalinistischen Clique" in der Verbandsführung "Verrat am Marxismus-Leninismus" vorgeworfen würde[147]; verschiedene FÖJ-Gruppen, vor allem in Kärnten und in der Steiermark, seien Abonnenten der titoistischen Zeitschrift "Einheit"; weiters habe sich der FÖJ-Sekretär Herbert Steiner in der Nummer 16 der Verbandszeitschrift "jugend voran" zum ketzerischen Satz "Man kann über die Sowjetunion verschiedener Auffassung sein ..." hinreissen lassen[148]; außerdem habe sich der Sekretär der FÖJ-Oberösterreich bei einer Jungwählerversammlung in Linz zur Aussage verstiegen, "daß ihm zwar Übergriffe der russischen Besatzungsmacht bekannt seien, daß es ihnen aber nicht möglich sei, so wie die Sozialisten dagegen zu protestieren".[149]

Auswirkungen

Die durch die "Schauprozesse en miniature" und die "Säuberungen" ausgelösten Veränderungen in der KPÖ müssen von einem größeren Bezugsrahmen her beurteilt werden. Nach der Gründung der Partei in der 1. Republik bildeten die österreichischen Kommunisten eine verschworene, egalitäre Kampfgemeinschaft. Die internen hierarchischen Strukturen waren anfangs so schwach entwickelt, daß sie sich nicht einmal mit den praktischen Erfordernissen des politischen Kampfes im Einklang befanden.[150]

Dieses Organisationsgefüge wurde durch die Kommunistische Internationale "bolschewisiert". Unter Ausnutzung des internationalen Renommees, das die siegreiche Revolution der russischen Führung verlieh, und - in noch untergeordnetem Ausmaß - unter Einsatz der finanziellen Ressourcen des Sowjetstaates[151] wurde eine Elite herangebildet, deren hervorstechendes Merkmal bedingungslose Treue zum Vaterland aller Werktätigen war.[152] In der KPÖ gelangen diese Veränderungen nur, indem 1924 eine Moskau-hörige Parteiführung um Koplenig und Fürnberg in den von heftigen Fraktionskämpfen geschüttelten Organisationskörper transplantiert wurden.

Dieser "bolschewistische Kern" verstärkte den bereits seit den Anfängen in der KPÖ vorhandenen Trend zur Straffung und Hierarchisierung des Organisationsgefüges. Er baute den Parteiapparat mit politisch konformen Genossen und Genossinnen aus. Hand in Hand damit schaltete er konsequent konkurrierende Eliten aus und trieb die "Ausgleichung der politischen Haltung"[153] voran bis hin zur Stigmatisierung jeder unabhängigen politischen Meinung als "Abweichung".

Nach der Heimkehr im Frühjahr 1945 verfügte die in der Hölle der stalinistischen Tschistka (Säuberungen) im sowjetischen Exil "gestählte" Parteiführung um Koplenig und Fürnberg plötzlich als verlängerter Arm der Roten Armee über erhebliche Macht und wirtschaftliche Ressourcen (die unter der sowjetischen Verwaltung stehenden USIA-Betriebe, Osthandel usw.), die in keinem Verhältnis zur tatsächlichen politischen Stärke standen. Unter weitgehender Ausschaltung der aus dem antifaschistischen Widerstandskampf hervorgegangenen und aus dem westeuropäischen Exil heimkehrenden konkurrierenden Eliten baute der "bolschewistische Kern" nach sowjetischem Vorbild einen Apparat auf, der auf die sich aus dem Besatzungsregime ergebenden neuen politischen Bedürfnisse ausrichtet und im Verhältnis zu den Mitgliederzahlen überproportional war. Der ideologischen Rechtfertigung nach verdankte dieses Heer der Parteiangestellten seine Existenz weiterhin den Aufgaben der radikalen sozialen Veränderung. Die tatsächlichen Existenz- und Legitimationsgrundlagen dieses Apparates entsprachen jedoch den geschilderten Ursachen.

Die KPÖ vollzog dadurch 1945 einen Bruch mit ihren eigenen Traditionen aus der 1. Republik. Augenfällig wurden die qualitativen Veränderungen bei dem ausgefeilten System der Privilegien der Nomenklatura[154] (geheime Geldzuwendungen, Urlaubsreisen, Wohnungen usw. - es gab eine eigene "Wirtschaftsabteilung" des ZK, die sich mit der "Versorgung der Partei beschäftigte"[155]) und bei plötzlich aufflammenden Diskussionen, ob gegenüber Frauen oder Personen mit Rang wie Ministern oder Nationalräten nach wie vor das genossenschaftliche "Du"-Wort am Platz sei.[156] Mehr als die meisten anderen westeuropäischen stalinistischen Parteien näherte sich die KPÖ damit den Strukturen der kommunistischen Staatsparteien Osteuropas an, sie wurde - nach der treffenden Definition des damaligen Parteivorsitzenden Walter Silbermayr - "von ihrem Aufbau her eine verhinderte Staatspartei". [157]

Diese Veränderungen der KPÖ am Ende der vierziger und Anfang der fünfziger Jahre bedeuteten die Etablierung einer "kleinen Welt, in der die Volksdemokratie ihre Probe hält". Diese kleine Welt umfaßte die Mitglieder und Sympathisanten der Partei und die Zwangsunterworfenen im Machtbereich der russischen Kommandaturen. Die Etablierung dieser "Volksdemokratie auf Probe" erfolgte durch drei miteinander verschränkte Prozesse:

* Die Säuberung des Apparates von allen auch nur potentiell störenden Elementen, wobei gleichzeitig den Säubernden ein Höchstmaß an Loyalität abverlangt wurde.

* Die Durchsetzung einer absoluten Gefolgschaftstreue des Fußvolkes gegenüber dem gesäuberten stalinistischen Parteiapparat.

* Die Immunisierung der eigenen "kleinen Welt" gegen eine feindliche Umwelt durch einen Kanon absurder Glaubenssätze.

Der Preis für die Etablierung dieser "Volksdemokratie auf Probe" war hoch:

* In der KPÖ entstand ein allgemeines "Klima des Mißtrauens"[158]: "Die Atmosphäre, die in Rußland geherrscht hat, ist teilweise in Österreich übernommen worden, etwa dieses gegenseitige Bespitzeln", erinnert sich Rosa Puhm.[159] "Damals wurde begonnen, gegen alle Leute, die aus dem Westen gekommen sind, eine bestimmte Reserve zu haben und sich zu fragen, wie weit diese Leute überhaupt zimmerrein sind",[160] bemerkt Josef Meisel dazu noch konkreter in seinen Memoiren.

* Die fast absolute Herrschaft der Appartschiks über das Fußvolk ließ außerdem eine "eigenartige Situation" entstehen: "... auf der einen Seite der Parteikader, der mit allen Mitteln die Geschehnisse zu erklären und zu erläutern versuchte, und auf der anderen Seite die Mehrheit der Mitglieder, die immer schweigsamer und nachdenklicher wurden und fast nicht mehr diskutiert haben."[161]

* Nach außen wirkte der mit großem propagandistischem Aufwand vorgetragene Kanon der Glaubenssätze völlig kontraproduktiv. Die KPÖ begann eine Politik der Selbsteindämmung und Selbstisolierung. Die wenigen Intellektuellen, deren geistige Ausstrahlung über die eigenen Reihen reichte, verließen die Organisation[162] - z. B. der Vorsitzende der Österreichisch-

Sowjetischen Gesellschaft Nikolaus Horkova[163] -, wurden ausgeschlossen - z. B. der Präsident der Internationalen Gesellschaft für neuere Musik Friedrich Wildgans wegen "titoistischer Lügenhetze"[164] -, zogen sich zurück - z. B. Viktor Matejka und der steirische KPÖ-Obmann und Nationalrat Viktor Elsner - oder verloren ihre Wirksamkeit, indem sie sich auf Jahrzehnte selbst diskreditierten - z. B. Ernst Fischer.

* Last but not least sollte sich die praktisch unkontrollierbare bürokratische Herrschaft über die KPÖ als eine geradezu katastrophale Hypothek auf die Zukunft erweisen. Denn für die KPÖ-Apparatschiks blieb die Anhänglichkeit an die Sowjetunion eine Messer-und-Gabel-Frage, selbst als 1955 wesentliche Voraussetzungen der "Volksdemokratie auf Probe" wegfielen. Und um dieses Lebensinteresses willen waren sie auch danach immer wieder bereit, den politischen Preis des schrittweisen Abbaus des gesamten Einflusses der Partei zu zahlen.[165]

Anmerkungen

1) Weg und Ziel Nr. 7-8/Juli-August 1948.
2) Beschluß der Partei zur jugoslawischen Frage; Volksstimme 2. Juli 1948. Diskussionen über die jugoslawische Frage dürfte es überhaupt erst auf einem ZK-Plenum gegeben haben, über dessen Verlauf die "Volksstimme" (29. August 1949) nicht berichtete.
3) Tilly Spiegel, Der 1. Mai in Belgrad; Volksstimme 4. April 1948 / Tilly Spiegel, Belgrad; Volksstimme 9. Juni 1948.
4) Um die Forderungen Jugoslawiens; Volksstimme 29. April 1948 / Memorandum Jugoslawiens, Volksstimme 30. April 1948 / Die Debatte über die jugoslawischen Forderungen; Volksstimme 4. Mai 1948.
5) Jugoslawien sichert erneut Rückkehr der Kriegsgefangenen zu; Volksstimme 11. Mai 1948 / Heimkehrer aus Jugoslawien eingetroffen; Volksstimme 13. Mai 1948 / Auf Besuch bei unseren Kriegsgefangenen in Jugoslawien; Volksstimme 23. Mai 1948 / Heimkehr der Kriegsgefangenen aus Jugoslawien gesichert; Volksstimme 19. Juni 1948
6) 5000 Tonnen Mais aus Jugoslawien eingetroffen; Volksstimme 29. Mai 1948.
7) Otto Langbein; Volksstimme 18. Juni 1948.
8) Vgl. Fritz Keller/Hans Landauer, Josef-Martin Presterl. In: Memorial: Österreichische Stalin-Opfer. Wien 1990.
9) Die Pflicht zum "Reinigen der Partei von Elementen" geht auf Punkt 4 der 21 Aufnahmebedingungen der Kommunistischen Internationale zurück. ("Die Ausgleichung der Linie in der politischen Haltung - teilweise auch des Bestandes der Parteien, die der Kommunistischen Internationale angeschlossen sind oder sich ihr anschließen wollen". In: Protokoll des II. Weltkongresses der Kommunistischen Internationale. Erlangen 1973 (Reprint), S. 761ff.)
10) Die Kommunistische Partei Jugoslawiens in der Gewalt von Mördern und Spionen - Resolution des Informationsbüros; Weg und Ziel Nr. 1/Jänner 1950.

11) Vgl. Wer sind die Trotzkisten?; Weg und Ziel Nr. 7-8/Juli-August 1949 / Franz Marek, Agenten und Spione in der Arbeiterbewegung; Weg und Ziel Nr. 9/September 1949 / Eva Priester, Der Kostoff-Prozeß; Weg und Ziel Nr. 2/Februar 1950 / Franz West, Wachsamkeit - eine Verpflichtung; Weg und Ziel Nr. 5/April 1951 / Leopold Spira, Österreich - ein Zentrum der Spionage gegen die Länder der Arbeitermacht; Weg und Ziel Nr. 4/April 1953.
12) Vgl. Franz Marek, Was lehrt uns die Kritik an der KP Jugoslawiens?; Weg und Ziel Sonderheft August 1948 / Franz West, Die Spione von Belgrad; Weg und Ziel Nr. 10-11/Oktober-November 1949 / Franz West, Die Rolle der Tito-Faschisten; Weg und Ziel Nr. 6/Juni 1950 / Hermann Mitteräcker, Die Tito-Clique in Kärnten; Weg und Ziel Nr. 7-8/Juli-August 1950 / Hans Kalt, Tito und die Kriegspläne gegen Österreich; Weg und Ziel Nr. 1/Jänner 1952 / Leopold Spira, Die Tito-Faschisten - Bundesgenossen von Figl und Schärf; Weg und Ziel Nr. 9/September 1952.
13) Wir vernachlässigen hier bewußt die regionale und parteiinterne Presse, da die Analyse von deren Berichterstattung durch die demokratisch-zentralistische Parteistruktur keine andersartigen Ergebnisse erbringen würde.
14) László Rajk und Komplizen vor dem Volksgericht (Protokoll des Prozesses), Wien 1949; M. Sayers/E. A. Kahn, Die große Verschwörung - 30 Jahre Politik des Hasses. Wien 1949 (auch als Artikelserie in der Volksstimme ab 16. Oktober 1949).
15) Johann Koplenig, Die Ergebnisse der Nationalratswahlen und die weiteren Aufgaben der Partei; Volksstimme 2. April 1953.
16) Angabe Leopold Spira am 10. Juli 1990.
17) Recht und Gesetz in der Sowjetunion - Ein Massenflugblatt der KPÖ; Volksstimme 12. April 1953.
18) Meldung in Volksstimme 11. April 1953.
19) In welchem Ausmaß die KPÖ als bloßer Dolmetsch Moskauer Weisungen fungierte, zeigt drastisch der Umstand, daß kurzfristige Avancen Moskaus an Belgrad im Februar 1949 sofort ihren Niederschlag in der Berichterstattung fanden (vgl. Wirtschaftsrat für gegenseitige Hilfe steht Jugoslawien offen; Volksstimme 13. Februar 1949 / Österreich und Jugoslawien zur Darlegung ihrer Standpunkte zugelassen; Volksstimme 15. Februar 1949 / Einladung an Jugoslawien und Österreich; Volksstimme 17. Februar 1949).
20) Dazu zählen die in der "Volksopposition" zusammengeschlossenen Parteien, die Nationale Liga und der Österreichische Friedensrat.
21) Volksstimme 26. Juli 1949.
22) Volksstimme 30. Dezember 1949.
23) Volksstimme 30. April 1950.
24) Volksstimme 8. Juli 1950.
25) Volksstimme 12. August 1950.
26) Volksstimme 29. August 1950.
27) Volksstimme 7. September 1950.
28) Volksstimme 19. Dezember 1950.
29) Volksstimme 20. März 1951.
30) Volksstimme 29. Juni 1952.
31) Volksstimme 4. Juli 1952.
32) Volksstimme 19. Juli 1952.

33) Volksstimme 2. September 1952.
34) Volksstimme 6. September 1952.
35) Volksstimme 12. Februar 1950.
36) Volksstimme 14. Oktober 1950.
37) Volksstimme 15. Februar 1951.
38) Volksstimme 11. August 1951.
39) Volksstimme 4. Oktober 1951.
40) Volksstimme 20. Juni 1952.
41) Volksstimme 27. September 1949.
42) Volksstimme 3. Jänner 1950 (im März 1950 warb dann die KPÖ selbst mittels der "Nationalen Liga" SS-ler - vgl. Fritz Keller, Stalinistischer Populismus - Die Nationale Liga. In: Anton Pelinka (Hg.), Populismus in Österreich, Wien 1987).
43) Volksstimme 9. März 1950.
44) Volksstimme 18. August 1950.
45) Volksstimme 22. Juni 1950.
46) Volksstimme 16. Jänner 1951.
47) Volksstimme 13. Mai 1953.
48) Volksstimme 10. Februar 1950.
49) Volksstimme 5. August 1950.
50) Volksstimme 12. Dezember 1950.
51) Volksstimme 31. Juli 1952.
52) Volksstimme 13. Jänner 1953.
53) Volksstimme 8. Mai 1953.
54) Vgl. Großer Premieren-Erfolg in der Scala, Volksstimme 15. April 1950.
55) Berliner Premiere von Ernst Fischers Drama; Volksstimme 21. Juli 1950.
56) Das bestätigte auch Leopold Spira im Interview am 19. Juli 1990.
57) Vgl. Ein Charakterbild des Konformismus. In: Die Einheit Nr. 14/20. April 1950).
58) Wie Wien befreit wurde; Volksstimme 13. April 1952. Identische Auslassungen beim Artikel: Friedl Fürnberg - 50 Jahre; Weg und Ziel Nr. 5/Mai 1952.
59) Friedl Fürnberg, Die entlarvten Spione. Für dauerhaften Frieden, für Volksdemokratie Nr. 10/1950 (identisch mit Volksstimme 17. März 1950) / Erwin Scharf, Der neue Vorwärts Nr. 47/1949 usw. Was die Genannten aber nicht hinderte, anläßlich Titos Ableben in einem Beileidstelegramm zu beteuern: "Titos Politik trug stets den Stempel der internationalen Solidarität ... Wir danken ihm für die Hilfe, die den österreichischen Kommunisten und Patrioten gewährt wurde, die im Rahmen der jugoslawischen Partisanenarmee (...) kämpften." (Titos Werk bleibt unvergessen; Volksstimme 6. Mai 1980).
60) Vgl. Rudolf Ströbinger, Stalin enthauptet die Rote Armee - der Fall Tuchatschewskij. Stuttgart 1990.
61) Wobei jedoch kaum Fakten über das tatsächliche Ausmaß der Subversion gegen die Volksdemokratien verbreitet wurden (vgl. z. B. Morde und Spionage - Die Kampfmethoden der Imperialisten; Volksstimme 13. Oktober 1949 / Die Schule der Spionage; Volksstimme 6. Jänner 1950 / Spionagekrieg gegen die Volksdemokratien; Volksstimme 3. März 1950 usw.).
62) Volksstimme 23. Jänner 1949.
63) Volksstimme 1. September 1949.
64) Volksstimme 12. August 1949.
65) Volksstimme 6. April 1949.

66) Volksstimme 19. Jänner 1950.
67) Volksstimme 18. Februar 1950.
68) Volksstimme 19. Februar 1950.
69) Volksstimme 3. August 1950.
70) Volksstimme 17. Jänner 1951.
71) Volksstimme 13. September 1951.
72) Volksstimme 25. September 1951.
73) Volksstimme 11. März 1952.
74) Volksstimme 17. Juni 1952.
75) Volksstimme 15. November 1952.
76) Vgl. Die Faschisierung Amerikas; Weg und Ziel Nr. 10/Oktober 1953.
77) Hinter einer Propaganda; Volksstimme 28. Februar 1953.
78) Eva Priester, Der Kostoff-Prozeß; Weg und Ziel Nr. 2/Jänner 1950 / Eva Priester, Die Hintergründe des Kostoff-Prozesses; Volksstimme 16. Dezember 1949 (mehrere andere Artikel zum Prozeß sind weder namentlich noch mit "Sonderkorrespondent" gezeichnet).
79) Zeugeneinvernahme im Rajk-Prozeß; Volksstimme 21. September 1949 / Morgen Urteil im Rajk-Prozeß; Volksstimme 23. September 1949 / F. Kt. (=Franz Kunert): Die Schurken und ihre Hintermänner; Volksstimme 23. September 1949 (mehrere andere Artikel zum Prozeß sind weder namentlich noch mit "Sonderkorrespondent" gezeichnet).
80) F. K. (=Franz Kunert): Heute Urteile im Prager Prozeß; Volksstimme 2. Dezember 1950 / F. Kt.(=Franz Kunert): Diener der Religion oder des Krieges; Volksstimme 8. Dezember 1950.
81) 50. Geburtstag eines Mitbegründers des KJV; Volksstimme 14. Juni 1951.
82) Geständnisse; Volksstimme 2. März 1950.
83) Das Todesurteil gegen die Rosenbergs ist ein Teil der Faschisierung Amerikas; Volksstimme 24. Oktober 1952.
84) Nur als Pikanterie sei in diesem Zusammenhang vermerkt, daß die KPJ umgekehrt die Legitimität des Kostoff-Prozesses nicht bestritt. (Die Arbeiterklasse muß auf der Hut sein; Die Einheit Nr. 8/1. Juni 1949.)
85) Vgl. z. B.: Der Terror der Tito-Clique; Volksstimme 23. Februar 1949 / Terror-Urteile in Tito-Jugoslawien; Volksstimme 15. Februar 1950; Terror-Urteile der Tito-Faschisten; Volksstimme 2. September 1950.
86) Titos Blutgericht gegen die jugoslawischen Freiheitskämpfer; Volksstimme 3. Juni 1950.
87) Tito veranstaltet antikommunistischen Schauprozeß; Volksstimme 17. Dezember 1952.
88) Schreckensurteile gegen jugoslawische Eisenbahner; Volksstimme 3. Februar 1952.
89) Galgenregime der Tito-Faschisten; Volksstimme 16. September 1950
90) Lügenkampagne gegen die CSR; Volksstimme 8. Februar 1951 / Die Tollhaushetze gegen die CSR; Volksstimme 9. Februar 1951 / Das Delirium hält an; Volksstimme 10. Februar 1952.
91) Volksstimme 2. März 1951.
92) Vor den Feiern des Februar-Sieges in der CSR; Volksstimme 22. Februar 1951
93) Volksstimme 1. August 1951.
94) Tagung des ZK der KPTsch; Volksstimme 8. September 1951.

95) Slansky wegen staatsfeindlicher Tätigkeit verhaftet; Volksstimme 28. November 1951
96) Zur Rechtfertigung des Prozesses siehe den Artikel von Leopold Spira, Antisemitismus und Zionismus. In Heft 3/März 1953 von Weg und Ziel. Leopold Spira hat sich in seinem Buch "Feindbild Jud" (Wien 1981, S. 122ff.) kritisch mit seinem damaligen Verhalten auseinandergesetzt.
97) Bruno Frei, Kosmopolitismus, was er ist und was er nicht ist; Volksstimme 10. April 1949 / Bruno Frei, Kosmospolitismus in Literatur und Kunst; Volksstimme 24. April 1949 / Jakob Rosner, Kosmopolitismus und Internationalismus; Weg und Ziel Nr. 2/Februar 1953.
98) Vgl. z. B.: "Judendeporation" in Ungarn - eine scheußliche Erfindung; Volksstimme 18. Juli 1951 / Unversöhnlicher Kampf gegen barbarischen Antisemitismus; Volksstimme 26. November 1952.
99) Nikita Chruschtschow widmet in seinen Memoiren (Chruschtschow erinnert sich, Hamburg 1971) "Stalins Antisemitismus" ein ganzes Kapitel; vgl. auch Isaac Deutscher, Stalin. Harmondsworth 1966, S. 589ff.
100) Shdanows Tod, die Mordtat einer Agentenbande; Volksstimme 14. Jänner 1953.
101) M. Mitin, Die zionistische Agentur des amerikanischen Imperialismus; Volksstimme 26. Februar 1953.
102) Das verlogene Geschrei der Mordbrandstifter; Volksstimme 15. Jänner 1953 / Antisemitismus in der Sowjetunion strafbar; Volksstimme 17. Jänner 1953 / Kein Jude wird in der DDR verfolgt; Volksstimme 28. Jänner 1953 / Es gibt keinen Antisemitismus in der CSSR; Volksstimme 21. Februar 1953 / Antisemitismus ist der Volksdemokratie fremd; Volksstimme 8. Februar 1953.
103) Ertappte Mordbrandstifter; Volksstimme 18. Jänner 1953.
104) Rassenhetze in den USA - amtlich; Volksstimme 23. Jänner 1953 / USA fördern Antisemitismus; Volksstimme 4. Februar 1953 / Antisemitismus in den USA; Volksstimme 15. Februar 1953.
105) Im Lügendschungel; Volksstimme 23. Jänner 1953.
106) Vgl. z. B.: Amtlicher Antisemitismus; Volksstimme 27. Februar 1953 / Die Barbarei des Antisemitismus; Volksstimme 15. April 1953.
107) Volksstimme 5. Februar 1953.
108) Volksstimme 11. Februar 1953.
109) Volksstimme 21. Februar 1953.
110) Volksstimme 3. März 1953.
111) Volksstimme 27. Februar 1953.
112) Volksstimme 20. März 1953.
113) Johann Koplenig, Die Ergebnisse der Nationalratswahlen und die weiteren Aufgaben der Partei; Volksstimme 2. April 1953.
114) Die Bürgerrechte in der Sowjetunion stehen unter dem Schutz der sowjetischen Gesetzlichkeit; Volksstimme 8. April 1953 (Übernahme aus der "Prawda").
115) E. Z.-Sch. (=Erwin Zucker-Schilling), Die Sowjetmacht garantiert Rechte gegen Willkür; Volksstimme 5. April 1953. Vgl. dazu auch Leopold Spira, Feindbild Jud', S. 124.
116) Recht und Gesetz in der Sowjetunion - Ein Massenflugblatt der KPÖ; Volksstimme 12. April 1953. Ernst Fischer steuerte zur Bekräftigung einen Leitartikel bei (e. f.: Die Menschenrechte und die Sowjetunion; Volksstimme 12. April 1953).
117) Hermann Mitteräcker, Der Fall Berija; Weg und Ziel Nr. 9/September 1953.

118) Die wichtigsten dieser Aufrufe waren: Wachsamkeit; Weg und Ziel Nr. 6/Juni 1949 / Friedl Fürnberg, Schärfen wir unsere Wachsamkeit; Volksstimme 3. August 1950 / Franz West, Wachsamkeit - eine Verpflichtung jedes Kommunisten; Weg und Ziel Nr. 4/April 1951 / Leopold Spira, Österreich - ein Zentrum der Spionage gegen die Länder der Arbeitermacht; Weg und Ziel Nr. 9/September 1953.
119) Bezeichnung nach Rosa Puhm (Es brodelt halt noch alles; Volksstimme 21.-23. Dezember 1990).
120) Es handelt sich auch hierbei natürlich um das Plagiat einer sowjetischen Institution: Walter G. Krivitsky, Chef der sowjetischen Militärspionage im Range eines Generalmajors nennt in seinen Memoiren "die Abteilung, die den unschuldigen Namen 'Kadersektion' trägt" schlicht "die Waffe der Ogpu innerhalb der Komintern" (Ich war Stalins Agent, Grafenau 1990 (Neuauflage), S. 80).
121) Angabe Leopold Spira am 10. Juli 1990.
122) Dafür spricht die parallele Entwicklung in der SED. Dort war "auf sowjetischen Druck" (Herbert Crüger, Verschwiegene Zeiten - Vom geheimen Apparat der KPD ins Gefängnis der Staatssicherheit, Berlin 1990, S. 139) im September 1949 ebenfalls ein Sonderausschuß bei der Zentralen Parteikontrollkommission gegründet worden.
123) Die genaue Zahl der Opfer wird erst nach ausgedehnter Forschungsarbeit feststehen. Denn nach übereinstimmender Auskunft von mehreren Mitgliedern der Arbeitsgemeinschaft für Geschichte der KPÖ sind die Unterlagen der Kaderabteilung verschwunden. Fest steht jedoch, daß die geschilderten Fälle Teil einer zielstrebigen "Säuberungspolitik" waren. (Vgl. über die parallele Entwicklung in der SED Herbert Crüger, Verschwiegene Zeiten, S. 140: "Diesen Kadergesprächen, die mit allen KPD-Mitgliedern geführt wurden, die in der sogenannten Westemigration waren, folgte dann bald ein Beschluß, der schon damals für die meisten unverständlich war, und erst Recht aus heutiger Sicht an ein Verbrechen grenzt. Sämtliche KPD-Mitglieder, die gewählte Funktionen innehatten und nach 1945 aus der Westemigration gekommen waren, wurden aus ihren Funktionen abberufen und in die DDR beordert.")
124) Interview zitiert nach dem Artikel von Michael John, Vom Konzentrationslager zum Parteiverfahren; Fortschrittliche Wissenschaft Nr. 26(2)/1990, S. 74.
125) Ebd., S. 74.
126) Die FÖJ in Nöten; trotzdem Nr. 4/25 Februar 1950.
127) Die Jugend gehört uns; Volksstimme 7. Oktober 1951.
128) Geschimpfe statt Argumente; Volksstimme 1. November 1951.
129) Josef Meisel, Die Mauer im Kopf - Erinnerungen eines ausgeschlossenen Kommunisten 1945 - 1970. Wien 1986, S. 71.
130) Plenartagung des Zentralkomitees der KPÖ; Volksstimme 26. März 1953.
131) Interview Leopold Spira 10. Juli 1990.
132) Josef Meisel, Mauer, S. 72. In dem von der Historischen Kommission beim ZK der KPÖ herausgegebenen Band "Beiträge zur Geschichte der kommunistischen Jugendbewegung" (Wien 1981) verfaßte Berta Brichacek den Abschnitt über "Der KJV im Exil in Großbritannien" und nannte darin Otto Brichacek "einen der erfahrensten und in der illegalen Arbeit geschultesten Jungkommunisten" (S. 77).

133) Zitat nach "Stellungnahme zu der am 31. August 1951 stattgefundenen Parteiversammlung" von Otto Spitz (Durchschrift des Originals von Leopold Spira überlassen).
134) Vgl. Der ertappte CIC-Agent mit der Telephonnummer der "A.Z."; Volksstimme 7. September 1951.
135) Beschluß der Zentralen Schiedskommission vom 5. Dezember 1968 (Original im Besitze von Leopold Spira).
136) Ebd., S. 106 und 112.
137) Zur Neufassung des § 2 des Parteistatutes der KPÖ; Weg und Ziel Nr. 12/Dezember 1948.
138) Traurige "Erfolge" eines Kominform-Jahres; Einheit Nr. 2/23. August 1949.
139) Kämpft mit uns für den Sieg der Wahrheit; Einheit Nr. 1/19. Jänner 1950.
140) Interview Leopold Spira am 10. Juli 1990. Vgl. auch Hermann Mitteräcker, Die Rolle der Tito-Clique in Kärnten; Weg und Ziel Nr. 7-8/Juli-August 1950.
141) John, Konzentrationslager, S. 73.
142) West, Wachsamkeit.
143) Die große Tischistka abgeschlossen; trotzdem Nr. 12/ 1. Dezember 1952.
144) Opposition in der Volksopposition; trotzdem Nr. 2/1. Februar 1953 / Das Ende vom Lied; trotzdem Nr. 5/1. Mai 1953.
145) Der Vorsitzende Otto Brichacek (Walter), die Sekretäre Heini Klein und Walter Opferkuh, die Vorstandsmitglieder Sepp Brandner, Erwin Flemmer, Heinz Altschuh (nach Niederösterreich versetzt), Rosl Großmann, Walter Neuhaus, Xim Ungar, Emmi Walter, Erwin Wottawa, Gretl Matikan, Erich Riedl, Poldi Wöber und der zweite Chefredakteur von "jugend voran" Fritz Dunner (Liste nach: Die FÖJ und der Eiserne Besen; trotzdem Nr. 20/3. November 1951).
146) Meisel, Mauer, S. 73 / Die große Tschistka abgeschlossen; trotzdem Nr. 12/ 1. Dezember 1952. In den schon einmal zitierten "Beiträgen zur Geschichte der kommunstischen Jugendbewegung in Österreich" (Wien 1981) stellt Walter Wachs diese Säuberung folgendermaßen dar: "Der langjährige Vorsitzende Fritz Walter (Brichacek) gab seine Funktion an Hubert Schwab ab, Bundessekretär Herbert Steiner wurde wiedergewählt. Mit Ende 1952 gab Herbert Steiner seine Funktion an Walter Wachs ab" (S. 100). Herbert Steiner verfaßte in diesen "Beiträgen" den Abschnitt über "Die Anfänge der FÖJ".
147) Kommunistische Jugend gegen FÖJ; trotzdem Nr. 8/21. April 1951.
148) Krise in der FÖJ; trotzdem Nr. 19/6. Oktober 1951.
149) Opposition in der Volksopposition; trotzdem Nr. 2/1. Februar 1953 / Das Ende vom Lied; trotzdem Nr. 5/1. Mai 1953.
150) Vgl. Hans Hautmann, Die Anfänge der linksradikalen Bewegung und der KPDÖ 1916 - 1919, Wien 1970.
151) Vgl. Fritz Keller, Gegen den Strom - Fraktionskämpfe in der KPÖ, Trotzkisten und andere Gruppen 1919 - 1945, Wien 1978, insbes. S. 204, Anm. 216.
152) Dieser Anspruch wurde in klassischer Weise von Josef Stalin in dem Artikel "Die internationale Lage und die Verteidigung der UdSSR" formuliert (Werke, Berlin 1951, Bd. 10, S. 45ff.).
153) Vgl. den schon zitierten Punkt 4 der 21 Aufnahmebedingungen der Kommunistischen Internationale.
154) "... die Nomenklatura gab es ... bei uns genauso", erinnert sich Rosa Puhm (Es brodelt halt noch alles; Volksstimme 21.-23. Dezember 1990).

155) Vgl. Meisel, Mauer, S. 65ff. Ähnlich Rosa Puhm, Eine Trennung in Gorki. Wien 1990, S. 146ff.
156) Vgl. die Serie "Sollen Kommunisten einander Du sagen?" in der Volksstimme vom 22. August bis 12. September 1950. Auch dazu gibt es eine Parallelentwicklung in der SED - dort wurde zu Stalins 70. Geburtstag eifrig die Frage diskutiert, ob man ihn in der Grußbotschaft mit "Du" anreden könne (vgl. Crüger, Verschwiegene Zeiten, S. 137).
157) Die KPÖ in dem Sinne gibt es nicht - Interview mit Walter Silbermayr (Co-Vorsitzender der KPÖ); Tatblatt minus 61 (6. November 1990).
158) Hilde Koplenig etwa berichtet immer wieder, daß sie sich nicht einmal mit ihrem Mann über ihre Zweifel an den Schauprozessen sprechen traute. Dieses "Klima des Mißtrauens" prägte auch den Abbröckelungsprozeß der Reformkommunisten 1969/70 (vgl. Fritz Keller, Die Spaltung der KPÖ 1969/70 - Ungenutzte Chance für eine linkssozialistische Partei in Österreich. In: Jürgen Baumgarten (Hg.), Linkssozialisten in Europa. Hamburg 1982).
159) Es brodelt halt noch alles; Volksstimme 21.-23. Dezember 1990.
160) Meisel, Mauer, S. 109.
161) Ebd., S. 108.
162) Hans Thirring und Theodor Csokor stellten ihre Mitarbeit im Österreichischen Friedensrat - vor allem wegen des Korea-Krieges - ein (vgl. Hans Thirring, Korea und die Probleme von Atomkontrolle und Aggressionsverletzung; Die Furche Nr. 32/5. August 1950 / Franz Theodor Csokor, Mein Austritt aus dem Friedensrat; Die Furche Nr. 33/12. August 1950).
163) Volksstimme 19. September 1950. Der Ausschluß war eine Reaktion auf seinen Brief an die Wiener Stadtleitung der KPÖ, der in der "Furche" Nr. 40 vom 30. September 1950 abgedruckt ist.
164) Der aus dem monarchistischen Widerstand kommende Friedrich Wildgans hatte die Musik zum Ernst Fischer-Stück "Der große Verrat" komponiert. Trotzdem genügten lobende Worte über das Musikleben in Jugoslawien für seinen Ausschluß (Volksstimme 18. Juli 1950 / Der Fall Wildgans; Die Furche Nr. 30/22. Juli 1950).
165) Eine Fülle von Beispielen für die negative Auswirkung der Verbundenheit mit Moskau für die Politik der KPÖ in den letzten 20 Jahren finden sich in: Fritz Keller, Vorwärts Genossen, zur Sekte zurück!; Zukunft Nr. 9/September 1988. Nachdem ihr Reformpapier bei einem ZK-Plenum mit 20:20 Stimmen abgelehnt worden war, erklärten die neugewählten KPÖ-Vorsitzenden Walter Silbermayr und Susanne Sohn gegenüber dem "Standard" (19. Oktober 1990) ebenfalls: "Es müsse eine klare Trennung von Dogmatismus und Stalinismus geben. Der bisherige Apparat sei eine Quelle dafür. Eine Entwicklung zum sektiererischen Apparat ohne Partei wollen die KP-Chefs nicht mitmachen".

Abkürzungsverzeichnis

APuZ	Aus Politik und Zeitgeschichte (Beilage zur Zeitschrift "Das Parlament")
BAK	Bundesarchiv Koblenz
BzG	Beiträge zur Geschichte der Arbeiterbewegung
CDU	Christlich-demokratische Union
CGT	Confédération général du travail (französische Gewerkschaft)
CIA	Central Intelligence Agency (US-Geheimdienst)
CIC	Counter Intelligence Corps
DDR	Deutsche Demokratische Republik
Deuxième Bureau	Französischer Geheimdienst
DKP	Deutsche Kommunistische Partei (gegründet 1968)
FDJ	Freie Deutsche Jugend
FTP	Franc-tireurs et partisans (kommunistische Partisanen im besetzten Frankreich nach 1941)
GAP	Gruppe Arbeiterpolitik (1947 von ehemaligen KPDO-Mitgliedern gegründet)
Gestapo	Geheime Staatspolizei
ISK	Internationaler Sozialistischer Kampfbund (antifaschistische Widerstandsorganisation)
HVZ	Hamburger Volkszeitung, Organ der KPD
Kominform	Informationsbüro der kommunistischen und Arbeiterparteien
Komintern	Kommunistische Internationale
KPD	Kommunistische Partei Deutschlands
KP(D)O	Kommunistische Partei (Deutschlands) Opposition (= Brandler-Gruppe nach 1929)
KPdSU	Kommunistische Partei der Sowjetunion
KPF	Kommunistische Partei Frankreichs
KPI	Kommunistische Partei Italiens
KPJ	Kommunistische Partei Jugoslawiens
KPÖ	Kommunistische Partei Österreichs
KPP	Kommunistische Partei Polens
KPSp	Kommunistische Partei Spaniens
KPTsch	Kommunistische Partei der Tschechoslowakei
LDP	Liberaldemokratische Partei
Leninbund	Organisation deutscher Linkskommunisten in der Weimarer Republik
MdI	Ministerium des Inneren
MfS	Ministerium für Staatssicherheit

MOI	Main-d'oeuvre immigrée (1924 gegründete Arbeitsimmigranten-Organisation unter KP-Einfluß; nach 1941 Dachverband der ausländischen Widerstandskämpfer im besetzten Frankreich)
MWD	Ministerstwo Wnutrennich Djel (Sowjetisches Innenministerium, dem von 1946 bis 1954 der Staatssicherheitsdienst unterstellt war)
Neumann-Gruppe	innerparteiliche Fraktion in der KPD nach 1932
NKWD	Narodnyi Komissariat Wnutrennich Djel (Volkskommissariat für innere Angelegenheiten, Name der sowjetischen Geheimpolizei seit 1934)
OSS	Office of Strategie Service (amerikanischer Spionagedienst)
PKK	Parteikontrollkommission
PPR	Polska Partia Rabotnicza (Polnische Arbeiterpartei, die 1941 neugegründete KP)
PPS	Polska Partia Socjalistychna (Polnische Sozialistische Partei)
PSUC	Partit Socialista Unificat de Catalunya (1936 gegründete KP Kataloniens, 1939 als Komintern-Sektion anerkannt)
PV	Parteivorstand
SAP	Sozialistische Arbeiterpartei
SBZ	Sowjetische Besatzungszone
SED	Sozialistische Einheitspartei Deutschlands
SFIO	Section française de l' Internationale Ouvrière
SMAD	Sowjetische Militäradministration Deutschlands
SPD	Sozialdemokratische Partei Deutschlands
SVD	Sozialistische Volkspartei Deutschlands
UAP	Unabhängige Arbeiterpartei (linkssozialistische-titoistische Partei während der fünfziger Jahre)
VVN	Vereinigung der Verfolgten des Naziregimes
ZK	Zentralkomitee
ZPKK	Zentrale Partei-Kontrollkommission

Übersetzungen

Die Übersetzungen der Beiträge erfolgten durch:

Brigitte Herdin (Beitrag von St. Bianchini aus dem Italienischen), Zuzana Kopecká (Beitrag von K. Kaplan aus dem Tschechischen), Wolfgang Maderthaner (Beitrag von K. Hitchins aus dem Amerikanischen) und Berthold Unfried (Beitrag von L. Brankov aus dem Französischen).

Die Autor/inn/en

Bianchini, Stefano, geb. 1953, Historiker, Lehrstuhl an der Universität Bergamo und der Luiss-Universität Rom. Spezialgebiet: Geschichte der Balkanländer und Jugoslawiens. Veröffentlichungen: Nazionalismo croato e autogestione, Mailand 1983; La diversità socialista in Jugoslavia, Triest 1984; Tito, Stalin e i contadini, Mailand 1988; arbeitet derzeit zur Frage des Nationalismus in den heutigen Balkanländern.

Brankov, Lazar, geb. 1912, jugoslawisches Säuberungsopfer in Ungarn. Seit seiner Jugend KP-Mitglied, Partisanenführer im Befreiungskrieg. Nach 1945 Leiter der jugoslawischen Militärmission in Ungarn, dann diplomatische Posten in der Gesandtschaft in Budapest, zugleich Chef des Geheimdienstes UDB in Ungarn. Nach 1948 von der MWD in die Rolle eines Anti-Tito-Propagandisten gezwungen, 1949 verhaftet und im Rajk-Prozeß zu lebenslänglichem Zuchthaus verurteilt. 1956 entlassen und rehabilitiert. Lebt heute in Paris.

Foitzik, Jan, geb. 1948, wissenschaftlicher Mitarbeiter des Arbeitsbereiches Geschichte und Politik der DDR am Institut für Sozialwissenschaften der Universität Mannheim, veröffentlichte u. a.: Zwischen den Fronten. Zur Politik, Organisation und Funktion linker politischer Kleinorganisationen im Widerstand 1933 bis 1939/40, Bonn 1986; arbeitet derzeit an einer vergleichenden Untersuchung über die innenpolitische Nachkriegsordnung in Ostmitteleuropa.

Heyden, Ulrich, geb. 1954, Dipl. Volkswirt, Historiker, arbeitet als Lektor in Hamburg. Derzeitige Forschungsschwerpunkte: KPD nach 1945, Deutschlandpolitik in den sechziger Jahren. Veröffentlichungen zu folgenden Themen: KPD nach 1945, Gewerkschaftspolitik in der Bundesrepublik Deutschland, DDR-Geschichte, Gramsci-Forschung.

Hodos, George Hermann, geb. 1921 in Budapest. 1937 Beitritt zur SDP Ungarns. 1939 - 1945 Schweizer Emigration, Studium, 1942 Mitglied der ungarischen Exil-KP. 1945 Rückkehr nach Ungarn, Redakteur wirtschaftspolitischer Zeitschriften und Berichterstatter westlicher Zeitungen. 1949 im Rajk-Prozeß verhaftet, zu zehn Jahren Zuchthaus verurteilt, 1954 rehabilitiert. 1956 Emigration nach Österreich, 1969 in die USA. Publikationen in amerikanischen, westdeutschen und Schweizer Zeitschriften, Autor des in zahlreichen Ländern erschienenen Buches Schauprozesse. Arbeitet gegenwärtig zum Thema Antisemitismus im stalinistischen Osteuropa.

Kaplan, Karl, geb. 1928, nach dem Einmarsch der Warschauer-Pakt-Truppen 1968 Exil in der BRD, arbeitet derzeit in Institut für Zeitgeschichte der Tschechoslowakischen Akademie der Wissenschaft in Prag. Veröffentlichte u. a.: Der kurze Marsch, Die politische Prozesse in der Tschechoslowakei 1948 - 1954, Staat und Kirche in der Tschechoslowakei 1948 - 1952, Report on the Murder of the General Secretary, Das verhängnisvolle Bündnis, Poválecné Ceskoslovensko, národy a hranice (Die Nachkriegstschechoslowakei, Nationen und Grenzen), Mocni a bezmocni (Die Mächtigen und die Machtlosen). Momentaner Arbeitsschwerpunkt: Nachkriegsgeschichte.

Keith, Hitchins, geb. 1931, Lehrstuhl für Geschichte an der University of Illinois, USA. Veröffentlichte u. a.: Die Idee der Nation bei den Rumänen in Transsilvanien, Bukarest 1989; Zahlreiche Artikel über die Sozialistische und Kommunistische Bewegung in Rumänien und Ungarn; seine History of Rumania (1774 - 1947) erscheint demnächst im Rahmen der Reihe Oxford History of Modern Europe. Momentaner Arbeitsschwerpunkt: Geschichte Süd-Ost-Europas (1600 - 1821).

Keller, Fritz, geb. 1950, Historiker, Mitarbeiter von Memorial Österreich.

Otto, Wilfriede, geb. 1933, Historikerin, bis Anfang 1991 Mitarbeiterin am Institut für Geschichte der Arbeiterbewegung, Berlin (Ost). 1949 - 1989 Mitglied der SED, seit 1989 Mitglied der PDS. Arbeitsschwerpunkt: Stalinisierung der SED und Repressalien in der DDR; Veröffentlichungen: Beiträge in Geschichte der SED, Abriß, Berlin 1978; In den Fängen des NKWD, Berlin 1990; sowie in wissenschaftlichen Zeitschriften zu den Schwerpunkten Stalinisierung der SED, Sowjetische Internierungslager, Waldheimer Prozesse 1950.

Scheuer, Georg, geb. 1915, Publizist, in der "Zwischenkriegszeit" in der sozialistischen Jugendbewegung, 1936 wegen antifaschistischer Propaganda in Wien zu fünf Jahren Kerker verurteilt, nach der Amnestie 1938 Emigration nach Paris, 1940 - 1944 im revolutionären Widerstand in Südfrankreich, seit Kriegsende Pariser Korrespondent. Buchveröffentlichungen: Von Lenin bis ..., Berlin 1957; Marianne auf dem Schafott, Wien 1966; Oktober 17, 1977; Genosse Mussolini, 1985; Szenen aus dem Dreißigjährigen Krieg 1915 - 1945, 1991; Nur Narren fürchten nichts, Wien 1991.

Tosstorff, Reiner, geb. 1951, Studium der Geschichte, Sozialwissenschaften und Romanistik. Promotion: Die POUM im Spanischen Bürgerkrieg, Frankfurt/M. 1987. Arbeitet z. Zt. als Mitherausgeber von Leo Trotzki, Schriften, Hamburg 1988ff. Weitere Veröffentlichungen u. a. als Mitarbeiter der Archives Jules Humbert-Droz. Bd. 2. Les partis communistes dans les pays latins et l'internationale communiste dans les années 1923 - 1927, Dordrecht 1983; Die Kommunistische Partei Spaniens während des Hitler-Stalin-Pakts (Beitrag in einem Sammelband i. V.). Forschungsschwerpunkt: Geschichte der internationalen kommunistischen Bewegung in der Zwischenkriegszeit, Spanien im 19. und 20. Jahrhundert.

Weber, Hermann, geb. 1928, 1945 Mitglied der KPD. 1947 - 1949 Besuch der SED-Parteihochschule Karl Marx. 1954 Ausschluß aus der KPD. Seit 1973 Lehrstuhl für Politische Wissenschaft und Zeitgeschichte an der Universität Mannheim. Leitet dort seit 1981 den Arbeitsbereich "Geschichte und Politik der DDR". Veröffentlichte u. a.: Die Wandlung des deutschen Kommunismus. 2 Bde., Frankfurt/M. 1969; Geschichte der DDR, München 1985; DDR 1945 - 1986, München 1988; Kommunistischer Widerstand gegen die Hitler-Diktatur 1933 - 1939, Berlin 1988; "Weiße Flecken" in der Geschichte; Frankfurt 1989.

Rosa Puhm
Eine Trennung in Gorki

Hans Schafranek
Das kurze Leben des Kurt Landau
Ein österreichischer Kommunist als Opfer
der stalinistischen Geheimpolizei

192 Seiten, 20 Fotos, öS 228,-/DM 33,-

623 Seiten, öS 448,-/DM 64,-

Rosa Puhm wächst in einem sozialdemokratischen Elternhaus in Wien auf. Gegen den Willen der Eltern schließt sie sich dem Kommunistischen Jugendverband an. Als 1932 ihr Freund Dino in die Sowjetunion emigriert, folgt sie ihm in das Land ihrer Hoffnungen. Dort arbeiten beide im Autowerk von Gorki. Am Abend des 31. Dezember 1937 wird Dino von zwei Milizionären abgeführt. In den folgenden 10 Jahren ist sie als Frau eines "Volksfeindes" besonderen Schikanen ausgesetzt. Die Autorin schildert das Alltagsleben in Gorki in der Zeit des "Großen Vaterländischen Krieges".

Moskau – Wien – Prinkipo – Berlin – Paris – Barcelona: das sind die Schauplätze, an denen sich in der vorliegenden Studie die erregende Geschichte der kommunistischen "Häretiker" während der Zwischenkriegszeit entfaltet. Es ist eine Geschichte voll von Illusionen und Hoffnungen, Enttäuschungen, Deformationen und Niederlagen, aber auch von politischer Unbeugsamkeit und Integrität. Anhand der politischen Biografie des österreichischen Kommunisten Kurt Landau (1903 - 1937), eines frühen Trotzki-Anhängers, zeichnet der Autor ein vielschichtiges Bild von den Irrwegen der Kommunistischen Internationale (Komintern) im Prozeß ihrer Stalinisierung.

Verlag für Gesellschaftskritik
Kaiserstraße 91, A-1070 Wien, Tel: 0222/526 35 82